AF884276

कर्म न करने की अपेक्षा कर्म करना श्रेष्ठ है। क्योंकि कर्म न करना, सिर्फ वंचना है, डिसेप्शन है। कर्म तो करना ही पड़ेगा। जो करना ही पड़ेगा, उसे होशपूर्वक करना श्रेष्ठ है। जो करना ही पड़ेगा, उसे जानते हुए करना श्रेष्ठ है। जो करना ही पड़ेगा, उसे स्पष्ट रूप से सामने के द्वार से करना श्रेष्ठ है। जब करना ही पड़ेगा, तो पीछे के द्वार से जाना उचित नहीं। जब करना ही पड़ेगा, तो अनजाने, बेहोशी में, अपने को धोखा देते हुए करना ठीक नहीं। क्योंकि तब करना गलत रास्तों पर ले जा सकता है। जो अनिवार्य है, वह जाग्रत, स्वीकृतिपूर्वक, समग्र चेष्टा से ही किया जाना उचित है। इसलिए कृष्ण कहते हैं, जो करना ही है, उसे परिपूर्ण रूप से जानते हुए, होशपूर्वक, स्वधर्म की तरह करना उचित है।

- **ओशो**

ओशो

कर्मयोग

भगवद्‌गीता का मनोविज्ञान

भाग-3

गीता दर्शन 'अध्याय 3' पर ओशो द्वारा दिए गए
1 से 10 प्रवचनों का संकलन

फ्यूजन बुक्स

ISBN : 81-89182-92-7

प्रकाशक

फ्यूजन बुक्स

X-30, ओखला इंडस्ट्रियल एरिया, फेज-II

नई दिल्ली-110020

फोन : 011-41611861-65, 40712100

फैक्स : 011-41611866

ई-मेल : sales@dpb.in

वेबसाइट : www.dpb.in

संस्करण : 2025

मुद्रक : स्टार प्रिंट-ओ- बाइंड, ओखला, नई दिल्ली-20

मूल पुस्तक : गीता दर्शन - भाग-II से

© ओशो इंटरनेशनल फाउंडेशन, पूना (सर्वाधिकार सुरक्षित)

इस पुस्तक अथवा इस पुस्तक के किसी अंश को इलेक्ट्रानिक, मेकेनिकल, फोटोकापी, रिकार्डिंग या अन्य सूचना-संग्रह साधनों एवं माध्यमों द्वारा मुद्रित अथवा प्रकाशित करने के पूर्व **ओशो इंटरनेशनल फाउंडेशन**, पूना की लिखित अनुमति अनिवार्य है।

KARMYOG (BHAGWATGITA KA MONOVIGYAN)

अनुक्रम

पहला प्रवचन

स्वधर्म की खोज

श्रीमद्भगवद्गीता

अथ तृतीयोऽध्यायः

अर्जुन उवाच

ज्यायसी चेत्कर्मणस्ते मता बुद्धिर्जनार्दन।
तत्किं कर्मणि घोरे मां नियोजयसि केशव।। 1।।

अर्जुन ने कहा, हे जनार्दन, यदि कर्मों की अपेक्षा ज्ञान आपको श्रेष्ठ मान्य है, तो फिर हे केशव, मुझे भयंकर कर्म में क्यों लगाते हैं?

जीवन का सत्य कर्म से उपलब्ध है या ज्ञान से? यदि कर्म से उपलब्ध है, तो उसका अर्थ होगा कि वह हमें आज नहीं मिला हुआ है, श्रम करने से कल मिल सकता है। यदि कर्म से उपलब्ध होगा, तो उसका अर्थ है, वह हमारा स्वभाव नहीं

है, अर्जित वस्तु है। यदि कर्म से उपलब्ध होगा, तो उसका अर्थ है, उसे हम विश्राम में खो देंगे। जिसे हम कर्म से पाते हैं, उसे निष्कर्म में खोया जा सकता है।

निश्चित ही जीवन का सत्य ऐसी कोई वस्तु नहीं है, जो कर्म करने से मिलेगा। जीवन का सत्य मिला ही हुआ है; उसे हमने कभी खोया नहीं है; उसे हम चाहें तो भी खो नहीं सकते हैं; हमारे प्राणों का प्राण वही है।

फिर हमने खोया क्या है? हमने सिर्फ उसकी स्मृति खोई है, उसकी सुरति खोई है। हम केवल, जो है हमारे पास मौजूद, उसे जान नहीं पा रहे हैं। हमारी आंख बंद है; रोशनी मौजूद है। हमारे द्वार बंद हैं; सूरज मौजूद है। सूरज को पाने नहीं जाना; द्वार खोले, सूरज मिला ही हुआ है।

कृष्ण ने अर्जुन को इस सूत्र के पहले सांख्ययोग की बात कही है। कृष्ण ने कहा, जो पाने जैसा है, वह मिला ही हुआ है। जो जानने जैसा है, वह निकट से भी निकट है। उसे हमने कभी खोया नहीं है। वह हमारा स्वरूप है। तो अर्जुन पूछ रहा है, यदि जो जानने योग्य है, जो पाने योग्य है, वह मिला ही हुआ है और यदि जीवन की मुक्ति और जीवन का आनंद मात्र ज्ञान पर निर्भर है, तो मुझ गरीब को इस महाकर्म में क्यों धक्का दे रहे हैं!

कृष्ण ने सांख्य की जो दृष्टि समझाई है, अर्जुन उस सांख्य की दृष्टि पर नया प्रश्न खड़ा कर रहा है। दो शब्द सांख्य की दृष्टि को समझ लेने के लिए जरूरी हैं।

दुनिया में, सारे जगत में मनुष्य जाति ने जितना चिंतन किया है, उसे दो धाराओं में बांटा जा सकता है। सच तो यह है कि बस दो ही प्रकार के चिंतन पृथ्वी पर हुए हैं, शेष सारे चिंतन कहीं न कहीं उन दो शृंखलाओं से बंध जाते हैं। एक चिंतन का नाम है सांख्य; और दूसरे चिंतन का नाम है योग। बस, दो ही सिस्टम्स हैं सारे जगत में। जिन्होंने सांख्य का और योग का नाम भी नहीं सुना है-चाहे अरस्तू, चाहे सुकरात, चाहे अब्राहिम, चाहे इजेकिअल, चाहे लाओत्से, चाहे कन्फ्यूसियस-जिन्हें सांख्य और योग के नाम का भी कोई पता नहीं है, वे भी इन दो में से किसी एक में ही खड़े होंगे। बस, दो ही तरह की निष्ठाएं हो सकती हैं।

सांख्य की निष्ठा है कि सत्य सिर्फ ज्ञान से ही जाना जा सकता है, कुछ और करना जरूरी नहीं है। कृत्य की, कर्म की कोई भी आवश्यकता नहीं है। प्रयास की, प्रयत्न की, श्रम की, साधना की कोई भी जरूरत नहीं है। क्योंकि जो भी खोया है हमने, वह खोया नहीं, केवल स्मृति खो गई है। याद पर्याप्त है, रिमेंबरिंग पर्याप्त है-करने का कोई भी सवाल नहीं है।

योग की मान्यता है, बिना किए कुछ भी नहीं हो सकेगा। साधना के बिना नहीं पहुंचा जा सकता है। क्योंकि योग का कहना है: अज्ञान को भी काटना पड़ेगा; उसके काटने में भी श्रम करना होगा। अज्ञान कुछ ऐसा नहीं है जैसा अंधेरा है कि दीया जलाया और अज्ञान चला गया। अंधेरा कुछ ऐसा है, जैसे एक आदमी जंजीरों से बंधा पड़ा है। माना कि स्वतंत्रता उसका स्वभाव है, लेकिन जंजीरें काटे बिना स्वतंत्रता के स्मरण मात्र से वह मुक्त नहीं हो सकता है।

सांख्य मानता है: अज्ञान अंधेरे की भांति है, जंजीरों की भांति नहीं। इसलिए दीया जलाया कि अंधेरा गया। ज्ञान हुआ कि अज्ञान गया। योग कहता है: अज्ञान का भी अस्तित्व है, उसे भी काटना पड़ेगा।

दो तरह की निष्ठाएं हैं जगत में-सांख्य की और योग की।

कृष्ण ने दूसरे अध्याय में अर्जुन को सांख्य की निष्ठा के संबंध में बताया है। उन्होंने कहा है, ज्ञान पर्याप्त है, ज्ञान परम है, अल्टिमेट है।

साक्रेटीज ने ठीक ऐसी ही बात यूनान में कही है। साक्रेटीज को हम पश्चिम में सांख्य का व्यवस्थापक कह सकते हैं। साक्रेटीज ने कहा है: ज्ञान ही चरित्र है। कुछ और करना नहीं है, जान लेना काफी है। जो हम जान लेते हैं, उससे हम मुक्त हो जाते हैं।

कृष्णमूर्ति जो भी कहते हैं, वह सांख्य की निष्ठा है। वह निष्ठा यह है कि जानना काफी है। टु नो दि फाल्स एज़ फाल्स इज़ इनफ, गलत को गलत जान लेना काफी है, फिर कुछ और करना नहीं पड़ेगा, वह तत्काल गिर जाएगा।

कुंदकुंद ने समयसार में जो कहा है, वह सांख्य की निष्ठा है। ज्ञान अपने आप में पूर्ण है; किसी कर्म की कोई जरूरत नहीं है।

अर्जुन पूछ रहा है कि यदि ऐसा है कि ज्ञान काफी है, तो मुझे इस भयंकर युद्ध के कर्म में उतरने के लिए आप क्यों कहते हैं? तो मैं जाऊं, कर्म को छोड़ूं और ज्ञान में लीन हो जाऊं! यदि ज्ञान ही पाने जैसा है, तो फिर मुझे ज्ञान के मार्ग पर ही जाने दें।

अर्जुन भागना चाहता है। और यह बात समझ लेनी जरूरी है कि हम अपने प्रत्येक काम के लिए तर्क जुटा लेते हैं। अर्जुन को ज्ञान से कोई भी प्रयोजन नहीं है। अर्जुन को सांख्य से कोई भी प्रयोजन नहीं है। अर्जुन को आत्मज्ञान की कोई अभी जिज्ञासा पैदा नहीं हो पाई है। अर्जुन को प्रयोजन इतनी सी ही बात से है कि सामने वह जो युद्ध का विस्तार दिखाई पड़ रहा है, उससे वह भयभीत हो गया है, वह डर गया है। लेकिन वह यह स्वीकार करने को राजी नहीं कि मैं भय के कारण हटना चाहता हूं।

हममें से कोई भी कभी स्वीकार नहीं करता कि हम भय के कारण हटते हैं। अगर हम भय के कारण भी हटते हैं, तो हम और कारण खोजकर रेशनलाइजेशन करते हैं। अगर हम भय के कारण भी भागते हैं, तो हम यह मानने को कभी राजी नहीं होते कि हम भय के कारण भाग रहे हैं। हम कुछ और कारण खोज लेते हैं।

अर्जुन कह रहा है, यदि ज्ञान बिना कर्म के मिलता है, तो मुझे फिर कर्म में धक्का क्यों देते हैं?

ज्ञान पाने के लिए अगर अर्जुन यह कहे, तो कृष्ण पहले आदमी होंगे, जो उससे राजी हो जाएंगे। लेकिन वह फाल्स जस्टीफिकेशन, एक झूठा तर्क खोज रहा है। वह कह रहा है कि मुझे भागना है, मुझे निष्क्रिय होना है। और आप कहते हैं कि ज्ञान ही काफी है, तो कृपा करके मुझे कर्म से भाग जाने दें। उसका जोर कर्म से भागने में है, उसका जोर ज्ञान को पाने में नहीं है। यह फर्क समझ लेना एकदम जरूरी है, क्योंकि उससे ही कृष्ण जो कहेंगे आगे, वह समझा जा सकता है।

अर्जुन का जोर इस बात पर नहीं है कि ज्ञान पा ले; अर्जुन का जोर इस बात पर है कि इस कर्म से कैसे बच जाए। अगर सांख्य कहता है कि कर्म बेकार है, तो अर्जुन कहता है कि सांख्य ठीक है, मुझे जाने दो। सांख्य ठीक है, इसलिए

अर्जुन नहीं भागता है। अर्जुन को भागना है, इसलिए सांख्य ठीक मालूम पड़ता है। और इसे, इसे अपने मन में भी थोड़ा सोच लेना आवश्यक है।

हम भी जिंदगीभर यही करते हैं। जो हमें ठीक मालूम पड़ता है, वह ठीक होता है इसलिए मालूम पड़ता है? सौ में निन्यानबे मौके पर, जो हमें करना है, हम उसे ठीक बना लेते हैं। हमें हत्या करनी है, तो हम हत्या को भी ठीक बना लेते हैं। हमें चोरी करनी है, तो हम चोरी को भी ठीक बना लेते हैं। हमें बेईमानी करनी है, तो हम बेईमानी को भी ठीक बना लेते हैं। हमें जो करना है, वह पहले है, और हमारे तर्क केवल हमारे करने के लिए सहारे बनते हैं।

फ्रायड ने अभी इस सत्य को बहुत ही प्रगाढ़ रूप से स्पष्ट किया है। फ्रायड का कहना है कि आदमी में इच्छा पहले है और तर्क सदा पीछे है; वासना पहले है, दर्शन पीछे है। इसलिए वह जो करना चाहता है, उसके लिए तर्क खोज लेता है। अगर उसे शोषण करना है, तो वह उसके लिए तर्क खोज लेगा। अगर उसे स्वच्छंदता चाहिए, तो वह उसके लिए तर्क खोज लेगा। अगर अनैतिकता चाहिए, तो वह उसके लिए तर्क खोज लेगा। आदमी की वासना पहले है और तर्क केवल वासना को मजबूत करने का, स्वयं के ही सामने वासना को सिद्ध, तर्कयुक्त करने का काम करता है।

इसलिए फ्रायड ने कहा है कि आदमी रेशनल नहीं है। आदमी बुद्धिमान है नहीं, सिर्फ दिखाई पड़ता है। आदमी उतना ही बुद्धिहीन है, जितने पशु। फर्क इतना है कि पशु अपनी बुद्धिहीनता के लिए किसी फिलासफी का आवरण नहीं लेते। पशु अपनी बुद्धिमानी को सिद्ध करने के लिए कोई प्रयास नहीं करते। वे अपनी बुद्धिहीनता में जीते हैं और बुद्धिमानी का कोई तर्क का जाल खड़ा नहीं करते। आदमी ऐसा पशु है, जो अपनी पशुता के लिए भी परमात्मा तक का सहारा खोजने की कोशिश करता है।

अर्जुन यही कर रहा है। कृष्ण की आंख से बचना मुश्किल है। अन्यथा अगर सांख्य की दृष्टि अर्जुन की समझ में आ जाए कि ज्ञान ही काफी है, तो अर्जुन पूछेगा नहीं कृष्ण से एक भी सवाल। बात खतम हो गई; वह उठेगा, नमस्कार करेगा और कहेगा, जाता हूं।

झेन फकीरों की मोनेस्ट्रीज में, आश्रम में एक छोटा-सा नियम है। जापान में जब भी कोई साधक किसी गुरु के पास ज्ञान सीखने आता है, तो गुरु उसे बैठने के लिए एक चटाई दे देता है। और कहता है, जिस दिन बात तुम्हारी समझ में आ जाए, उस दिन अपनी चटाई को गोल करके दरवाजे से बाहर निकल जाना। तो मैं समझ जाऊंगा, बात समाप्त हो गई। और जब तक समझ में न आए, तब तक तुम बाहर चले जाना, चटाई तुम यहीं पड़ी रहने देना। रोज लौट आना; अपनी चटाई पर बैठना; पूछना, खोजना। जिस दिन तुम्हें लगे, बात पूरी हो गई, उस दिन धन्यवाद भी मत देना। क्योंकि जिस दिन ज्ञान हो जाता है, कौन किसको धन्यवाद दे! कौन गुरु, कौन शिष्य? और जिस दिन ज्ञान हो जाता है, उस दिन कौन कहे कि मुझे ज्ञान हो गया, क्योंकि मैं भी तो नहीं बचता है। तो उस दिन तुम अपनी चटाई गोल करके चले जाना, तो मैं समझ लूंगा कि बात पूरी हो गई।

अगर अर्जुन को सांख्य समझ में आ गया हो, तो वह चटाई गोल करेगा और चला जाएगा। उसकी समझ में कुछ आया नहीं है। हां, उसे एक बात समझ में आई कि मैं जो एस्केप, जो पलायन करना चाहता हूं, कृष्ण से ही उसकी दलील मिल रही है।

कृष्ण कहते हैं, ज्ञान ही काफी है, ऐसी सांख्य की निष्ठा है। और सांख्य की निष्ठा परम निष्ठा है। श्रेष्ठतम जो मनुष्य सोच सका है आज तक, वे सांख्य के सार सूत्र हैं। क्योंकि ज्ञान अगर सच में ही घटित हो जाए, तो जिंदगी में कुछ भी करने को शेष नहीं रह जाता है; फिर कुछ भी ज्ञान के प्रतिकूल करना असंभव है। लेकिन तब अर्जुन को पूछने की जरूरत न रहेगी; बात समाप्त हो जाती है। लेकिन वह पूछता है कि हे कृष्ण, आप कहते हैं, ज्ञान ही परम है, तो फिर मुझे इस युद्ध की झंझट में, इस कर्म में क्यों डालते हैं? अगर उसे ज्ञान ही हो जाए, तो युद्ध झंझट न होगी।

ज्ञानवान को जगत में कोई भी झंझट नहीं रह जाती। इसका यह मतलब नहीं है कि झंझटें समाप्त हो जाती हैं। इसका मतलब सिर्फ इतना ही है कि ज्ञानवान को झंझट झंझट नहीं, खेल मालूम पड़ने लगती है। अगर उसे ज्ञान हो

जाए, तो वह यह न कहेगा कि इस भयंकर कर्म में मुझे क्यों डालते हैं? क्योंकि जिसे अभी कर्म भयंकर दिखाई पड़ रहा है, उसे ज्ञान नहीं हुआ। क्योंकि ज्ञान हो जाए तो कर्म लीला हो जाता है। ज्ञान हो जाए तो कर्म अभिनय, एक्टिंग हो जाता है। वह नहीं हुआ है। इसलिए कृष्ण को गीता आगे जारी रखनी पड़ेगी।

सच तो यह है कि कृष्ण ने जो श्रेष्ठतम है, वह अर्जुन से पहले कहा। इससे बड़ी भ्रांति पैदा हुई है। सबसे पहले कृष्ण ने सांख्य की निष्ठा की बात कही; वह श्रेष्ठतम है। साधारणतः, कोई दूसरा आदमी होता, तो अंत में कहता। दुकानदार अगर कोई होता कृष्ण की जगह, तो जो श्रेष्ठतम है उसके पास, वह अंत में दिखाता। निकृष्ट को बेचने की पहले कोशिश चलती। अंत में, जब निकृष्ट खरीदने को ग्राहक राजी न होता, तो वह श्रेष्ठतम दिखाता।

कृष्ण कोई दुकानदार नहीं हैं, वे कुछ बेच नहीं रहे हैं। वे श्रेष्ठतम अर्जुन से पहले कह देते हैं कि सांख्य की निष्ठा श्रेष्ठतम है, वह मैं तुझे कह देता हूं। अगर उससे बात पूरी हो जाए, तो उसके ऊपर फिर कुछ बात करने कों नहीं बचती है।

दूसरे अध्याय पर गीता खतम हो सकती थी, अगर अर्जुन पात्र होता। लेकिन अर्जुन पात्र सिद्ध नहीं हुआ। कृष्ण को श्रेष्ठ से एक कदम नीचे उतरकर बात शुरू करनी पड़ी। अगर श्रेष्ठतम समझ में न आए, तो फिर श्रेष्ठ से नीचे समझाने की वे कोशिश करते हैं। अर्जुन का सवाल बता देता है कि सांख्य उसकी समझ में नहीं पड़ा। क्योंकि समझ के बाद प्रश्न गिर जाते हैं। इसे भी खयाल में ले लें।

आमतौर से हम सोचते हैं कि समझदार को सब उत्तर मिल जाते हैं; गलत है वह बात। समझदार को उत्तर नहीं मिलते, समझदार के प्रश्न गिर जाते हैं। समझदार के पास प्रश्न नहीं बचते। असल में समझदार के पास पूछने वाला ही नहीं बचता है। असल में समझ में कोई प्रश्न ही नहीं है। ज्ञान निष्प्रश्न है, क्योंकि ज्ञान में कोई भी प्रश्न उठता नहीं। ज्ञान मौन और शून्य है, वहां कोई प्रश्न बनता नहीं। ऐसा नहीं कि ज्ञान में सब उत्तर हैं, बल्कि ऐसा कि ज्ञान में कोई प्रश्न नहीं हैं। ज्ञान प्रश्नशून्य है।

अगर सांख्य समझ में आता, तो अर्जुन के प्रश्न गिर जाते। लेकिन वह वापस अपनी जगह फिर खड़ा हो गया है। अब वह सांख्य को ही आधार बनाकर प्रश्न पूछता है। अब ऐसा दिखाने की कोशिश करता है कि सांख्य मेरी समझ में आ गया, तो अब मैं तुमसे कहता हूं कृष्ण, कि मुझे इस भयंकर युद्ध और कर्म में मत डालो। लेकिन उसका भय अपनी जगह खड़ा है। युद्ध से भागने की वृत्ति अपनी जगह खड़ी है। पलायन अपनी जगह खड़ा है। जीवन को गंभीरता से लेने की वृत्ति अपनी जगह खड़ी है।

सांख्य कहेगा कि जीवन को गंभीरता से लेना व्यर्थ है। क्योंकि जो कहेगा कि ज्ञान ही सब कुछ है, उसके लिए कर्म गंभीर नहीं रह जाते, कर्म खेल हो जाते हैं बच्चों के। सांख्य हम सब को, जो कर्म में लीन हैं, जो कर्म में रस से भरे हैं या विरस से भरे हैं, कर्म में भाग रहे हैं या कर्म से भाग रहे हैं-सांख्य की दृष्टि में हम छोटे बच्चों की तरह हैं, जो नदी के किनारे रेत के मकान बना रहे हैं, बड़े कर्म में लीन हैं। और अगर उनके रेत के मकान को धक्का लग जाता है, तो बड़े दुखी और बड़े पीड़ित हैं।

सांख्य कहता है, कर्म स्वप्न से ज्यादा नहीं है। अगर यह समझ में आ जाए, तो कृष्ण के सामने और प्रश्न उठाने की अर्जुन को कोई जरूरत नहीं है। यह समझ में नहीं आया है। फिर भी नासमझी भी समझदारी के प्रश्न खड़े कर सकती है। और अर्जुन वैसा ही प्रश्न खड़ा कर रहा है।

प्रश्न : सांख्य समझ में तो आई है थोड़ी, लेकिन अनुभूति में नहीं आई है, इसलिए प्रश्न तो उठते ही हैं। ज्ञाननिष्ठा अर्थात सांख्य, और कर्मनिष्ठा अर्थात योग क्या अपने में पूर्ण नहीं हैं? अथवा क्या वे एक-दूसरे के पूरक हैं? और उनमें विरोध दिखाई पड़ने का क्या कारण है? कृपया इसे बताएं।

सांख्य और योग में विरोध नहीं है; लेकिन सांख्य की दिशा जिस व्यक्ति के लिए अनुकूल है, उसके लिए योग की दिशा प्रतिकूल है। जिसे योग की दिशा

अनुकूल है, उसे सांख्य की दिशा प्रतिकूल है। सांख्य और योग में विरोध नहीं है, लेकिन इस जगत में व्यक्ति दो प्रकार के हैं, व्यक्तियों का टाइप दो प्रकार का है। और इसलिए किसी के लिए सांख्य बिलकुल गलत हो सकता है और किसी के लिए योग बिलकुल सही हो सकता है। और किसी के लिए योग बिलकुल गलत हो सकता है और सांख्य बिलकुल सही हो सकता है। दो तरह के व्यक्ति हैं जगत में।

अभी गुस्ताव जुंग ने व्यक्तियों के दो मोटे विभाजन किए हैं। एक को गुस्ताव जुंग कहता है एक्स्ट्रोवर्ट, और दूसरे को कहता है इंट्रोवर्ट। एक वे, जो बहिर्मुखी हैं; एक वे, जो अंतर्मुखी हैं।

जो व्यक्ति अंतर्मुखी हैं, उनके लिए योग जरा भी काम का नहीं है। जो व्यक्ति अंतर्मुखी हैं, उनके लिए सांख्य पर्याप्त है। पर्याप्त से ज्यादा है। जो व्यक्ति बहिर्मुखी हैं, सांख्य उनकी पकड़ में ही नहीं आएगा, कर्म ही उनकी पकड़ में आएगा। क्योंकि ध्यान रहे, कर्म के लिए बाहर जाना जरूरी है और ज्ञान के लिए भीतर जाना जरूरी है। कर्म अगर कोई भीतर करना चाहे, तो नहीं कर सकता। आप भीतर कर्म कर सकते हैं? कर्म के लिए बहिर्मुख होना जरूरी है, बाहर जाना जरूरी है। कर्म के लिए अपने से बाहर निकलना पड़ेगा, तो ही कर्म हो सकता है। इसलिए जितना कर्मठ व्यक्ति, उतना अपने से बाहर चला जाता है; चांद-तारों पर चला जाता है; भीतर नहीं आ सकता है।

योग बहिर्मुखी व्यक्ति के लिए मार्ग है; सांख्य अंतर्मुखी व्यक्ति के लिए मार्ग है। और इस तरह के, दो तरह के व्यक्ति हैं। इन दो तरह के व्यक्तियों में विरोध है; सांख्य और योग में विरोध नहीं है।

इस बात को ठीक से समझ लेना जरूरी है। क्योंकि अक्सर व्यक्तियों का विरोध, शास्त्रों का विरोध मालूम पड़ने लगता है। व्यक्तियों का विरोध शास्त्रों का विरोध मालूम पड़ने लगता है, है नहीं। अब महावीर हैं, बुद्ध हैं, शंकर हैं या नागार्जुन हैं-इनके बीच जो भी विरोध हमें मालूम पड़ते हैं, वे इन व्यक्तियों के विरोध हैं; जिस सत्य, जिस अनुभूति, जिस अलौकिक जगत की वे बात कर रहे हैं, वहां कोई विरोध नहीं है। लेकिन जिस मार्ग से वे पहुंचे हैं, वहां भिन्नता है। भिन्नता ही नहीं, विरोध भी है।

अब जैसे एक बहिर्मुखी व्यक्ति है, तो उसके लिए धर्म सेवा बनेगी। अंतर्मुखी व्यक्ति है, उसके लिए धर्म ध्यान बनेगा। अंतर्मुखी व्यक्ति के लिए सेवा की बात एकदम से समझ में नहीं आएगी। बहिर्मुखी व्यक्ति के लिए ध्यान की बात एकदम से समझ में नहीं आएगी-कि भीतर डूबकर क्या होगा? जो भी है करने का, बाहर है। जो भी होने की संभावना है, बाहर है।

ये दो तरह के व्यक्ति हैं, मोटे हिसाब से। आमतौर से कोई भी व्यक्ति एकदम एक्सट्रोवर्ट और एकदम इंट्रोवर्ट नहीं होता। ये मोटे विभाजन हैं। हम सब मिश्रण होते हैं-कुछ अंतर्मुखी, कुछ बहिर्मुखी। मात्राओं के फर्क होते हैं। कभी होता है कि नब्बे प्रतिशत व्यक्ति बहिर्मुखी होता है, दस प्रतिशत अंतर्मुखी होता है।

आमतौर से व्यक्ति मिश्रित होते हैं। ऐसा बहुत कम होता है कि व्यक्ति शुद्ध रूप से अंतर्मुखी हो। क्योंकि शुद्ध रूप से अंतर्मुखी व्यक्ति एक क्षण भी जी नहीं सकता। भोजन करेगा, तो बाहर जाना पड़ेगा; स्नान करेगा, तो बाहर जाना पड़ेगा। अंतर्मुखी व्यक्ति अगर सौ प्रतिशत हो, तो तत्काल मृत्यु घटित हो जाएगी। बहिर्मुखी व्यक्ति भी अगर सौ प्रतिशत हो, तो तत्काल मृत्यु हो जाएगी। क्योंकि निद्रा भी चाहिए, जिसमें भीतर जाना पड़ेगा। विश्राम भी चाहिए, जिसमें अपने में डूबना पड़ेगा। काम से छुट्टी, अवकाश भी चाहिए; मित्रों, प्रियजनों से बचाव भी चाहिए; अन्यथा उसका अपने अंतर-जीवन के स्रोतों से संबंध टूट जाएगा और वह समाप्त हो जाएगा।

इसलिए यह जो विभाजन है, सैद्धांतिक है। व्यक्ति-व्यक्ति में मात्राओं के फर्क होते हैं। नब्बे प्रतिशत कोई व्यक्ति बहिर्मुखी हो सकता है, दस प्रतिशत अंतर्मुखी हो सकता है।

अर्जुन जो है, एक्सट्रोवर्ट है। अर्जुन जो है, बहिर्मुखी व्यक्ति है। इसलिए सांख्य की बात उसकी समझ में पड़नी असंभव है; या इतनी थोड़ी-सी पड़ सकती है कि उससे वह नए सवाल उठा सकता है। लेकिन उससे उसके जीवन का समाधान नहीं हो सकता। क्यों? अर्जुन बहिर्मुखी क्यों है?

अर्जुन का सारा जीवन क्षत्रिय के शिक्षण का जीवन है। सारा जीवन कुछ करने और करने में कुशलता पाने में बीता है। सारा जीवन दूसरे को ध्यान में रखकर बीता है-प्रतियोगिता में, प्रतिस्पर्धा में, संघर्ष में, युद्ध में। क्षत्रिय, इंट्रोवर्ट आदमी क्षत्रिय नहीं हो सकता है। और अगर अंतर्मुखी आदमी क्षत्रिय के घर में भी पैदा हो जाए, तो भी क्षत्रिय नहीं रह सकता।

जैनों के चौबीस तीर्थंकर क्षत्रियों के घर में पैदा हुए, लेकिन क्षत्रिय नहीं रह सके। वे सब इंट्रोवर्ट हैं। महावीर अंतर्मुखी व्यक्ति हैं। बाहर के जगत में उन्हें कोई अर्थ मालूम नहीं होता है। बुद्ध क्षत्रिय घर में पैदा हुए, लेकिन क्षत्रिय नहीं रह सके। बाहर का वह विस्तार, कर्मों का वह जाल, उन्हें बेमानी मालूम पड़ा, छोड़कर हट गए।

अगर ब्राह्मण के घर में भी बहिर्मुखी व्यक्ति पैदा हो जाए-जैसे परशुराम-तो ब्राह्मण नहीं रह सकता, क्षत्रिय हो जाएगा। क्षत्रिय अनिवार्यरूपेण बहिर्मुखी होता है। अगर क्षत्रिय होने में उसे सफल होना है।

अर्जुन, कहना चाहिए, क्षत्रिय होने का आदर्श है। क्षत्रिय जैसा हो सकता है, वैसा व्यक्तित्व है। कृष्ण ने उसे सांख्य की निष्ठा कही सबसे पहले, क्योंकि अर्जुन बातें ब्राह्मणों जैसी कर रहा है। अर्जुन आदमी क्षत्रिय जैसा, सवाल ब्राह्मणों जैसे उठा रहा है। युद्ध के मैदान पर खड़ा है, लेकिन प्रश्न जो पूछ रहा है, वे गुरुकुलों में पूछने जैसे हैं। प्रश्न जो पूछ रहा है, वे किसी बुद्ध से, किसी बोधिवृक्ष के नीचे बैठकर, वन के एकांत में पूछने जैसे हैं। लेकिन प्रश्न जो पूछ रहा है, वह पूछ रहा है युद्ध के समारंभ के शुरुआत में, जब कि शंखनाद हो चुका है और योद्धा आमने-सामने आ गए हैं और जब अब घड़ीभर की देर नहीं है कि लहू की धारें बह जाएंगी-ऐसे क्षण में वह जिज्ञासाएं जो कर रहा है, वे ब्राह्मण जैसी हैं।

कृष्ण ने बड़ी ही अंतर्दृष्टि का प्रमाण दिया है। क्योंकि बात वह ब्राह्मण जैसी कर रहा है, इसलिए ब्राह्मण की जो चरम उत्कृष्ट संभावना है-सांख्य-कृष्ण ने सबसे पहले वही कह दी। उन्होंने कहा कि अगर तू सच में ही ब्राह्मण की स्थिति में आ गया है, तो सांख्य की बात पर्याप्त होगी, ज्ञान पर्याप्त होगा।

उससे कुछ हल नहीं हुआ। अर्जुन वहीं का वहीं रहा, जैसे घड़े पर पानी गिरा और बह गया। दूसरा अध्याय व्यर्थ गया है अर्जुन पर। अर्जुन पर अगर सार्थक हो जाता, तो गीता वहीं बंद हो जाती, आगे गीता के चलने का उपाय न था।

अब कृष्ण को एक-एक कदम नीचे उतरना पड़ेगा। वे एक-एक कदम नीचे उतरकर अर्जुन से बात करेंगे। शायद एक सीढ़ी नीचे की बात अर्जुन की समझ में आ जाए। इतना तय हो गया कि ब्राह्मण वह नहीं है। वह उसका स्वधर्म नहीं है, वह उसका व्यक्तित्व नहीं है। सांख्य बेकार गया-सांख्य बेकार है, इसलिए नहीं। अर्जुन पर बेकार गया, अर्जुन के लिए बेकार है।

लेकिन कृष्ण के लिए सर्वाधिक महत्वपूर्ण था, इसलिए सबसे पहले सांख्य की बात कर ली।

प्रश्न: एक बहुत ही छोटा-सा प्रश्न है, आपने अभी-अभी कहा कि व्यक्ति कुछ अंतर्मुखी है और कुछ बहिर्मुखी है। इसका अर्थ क्या यह है कि व्यक्ति को सांख्य और योग दोनों की साधना साथ-साथ करनी पड़ेगी?

नहीं; दोनों की साधना साथ-साथ नहीं की जा सकती है। दो रास्तों पर कभी भी एक साथ नहीं चला जा सकता है। और जो दो रास्तों पर एक साथ चलेगा, वह कहीं भी नहीं पहुंचेगा। चल ही नहीं सकेगा। न दो नावों पर एक साथ सवार हुआ जा सकता है। और जो दो नावों पर एक साथ सवार होगा, वह सिर्फ डूबेगा; वह कहीं पहुंच नहीं सकता है।

जब मैंने कहा कि व्यक्ति में मात्राएं हैं, तो जिस व्यक्ति में जिस तत्व की ज्यादा मात्रा है, उसे उसी मार्ग पर जाना होगा। मार्ग तो एक ही चुनना होगा। अगर वह बहिर्मुखी है अधिक मात्रा में, तो योग मार्ग है; अगर अंतर्मुखी है अधिक मात्रा में, तो सांख्य मार्ग है। मार्ग तो चुनना ही होगा। दोनों पर नहीं चला जा सकता।

और इसीलिए एक बात और आपसे कह दूं। इसीलिए जो व्यक्ति जिस मार्ग से पहुंचेगा, वह बलपूर्वक कहेगा कि मेरा ही मार्ग ठीक है। उसके कहने में

कोई गलती नहीं है, वह पहुंचा है उस मार्ग से। और वह बलपूर्वक यह भी कहेगा कि दूसरे का मार्ग ठीक नहीं है, जानते हुए भी कि दूसरे का मार्ग भी ठीक है। पर ऐसा क्यों कहेगा? क्योंकि अगर वह ऐसा कहे कि वह मार्ग भी ठीक है, यह मार्ग भी ठीक है, तो जिन लोगों को मार्ग पर चलना है, उनके लिए चुनाव कठिन होता चला जाता है।

इसलिए दुनिया में जब से इक्लेक्टिक रिलीजन पैदा हो गए, जैसे थियोसाफी, जिसने कहा कि सब मार्ग ठीक हैं, तो उस मार्ग पर कोई आदमी चला नहीं कभी। हां, लोग किताब पढ़ लिए। जब सब मार्ग ठीक हैं, तो चुनाव मुश्किल हो गया। जब से दुनिया में कुछ ऐसे लोगों ने बात करनी शुरू की कि सभी ठीक है, तब से करीब-करीब मतलब यह हुआ कि सभी बेकार है, कुछ भी ठीक नहीं है। जो अंततः मतलब हुआ। जब हम कहने लगते हैं कि सभी ठीक है, तो करीब-करीब बात ऐसी हो जाती है कि गलत कुछ भी नहीं है। और अंततः मनुष्य के मन पर जो परिणाम होता है, वह यह होता है कि सभी गलत है।

इसलिए सांख्य अनिवार्य रूप से कहेगा कि गलत है कर्म की बात; ज्ञान ही सही है। और मैं मानता हूं, इसमें करुणा है, इसमें डागमेटिज्म नहीं है। इस बात को ठीक से समझ लेना है। इसमें कोई रूढ़िवाद नहीं है; इसमें सिर्फ करुणा है। क्योंकि वह जो विराट मनुष्य जाति है, उसे चुनाव करना है। एक-एक आदमी को डिसीजन लेना है-कहां चले? अगर सभी ठीक है, तो आदमी इनडिसीसिव हो जाता है। वह अनिश्चय में पड़ जाता है। वह सिर्फ खड़ा रह जाता है।

अगर चौरस्ते पर आप किसी से पूछें कि कौन-सा रास्ता नदी पहुंचता है? और वह कहे कि सभी रास्ते नदी पहुंचते हैं, तो बहुत संभावना यही है कि आप चौरस्ते पर खड़े रह जाएं और दूसरे आदमी की प्रतीक्षा करें, जो एक रास्ता बता सकता हो।

सांख्य कहेगा : ठीक है ज्ञान। योग कहेगा : ठीक है साधना, कर्म, श्रम। उनके कहने में करुणा है। व्यक्तियों को, जिनसे यह बात कही जा रही है, उनके सामने स्पष्ट चुनाव चाहिए। लेकिन एक बात समझ लेनी चाहिए कि प्रत्येक व्यक्ति को अपने को तौलकर मार्ग...।

इसलिए गीता एक अर्थ में अदभुत ग्रंथ है। न कुरान इस अर्थ में अदभुत है, न बाइबिल इस अर्थ में अदभुत है, न महावीर के वचन, न बुद्ध के, इस अर्थ में अदभुत हैं। किसी और अर्थ में वे सारी चीजें अदभुत हैं। लेकिन गीता एक विशेष अर्थ में अदभुत है कि उसमें सब तरह के व्यक्तियों के मार्गों की चर्चा हो गई है। उसमें सब तरह की संभावनाओं पर चर्चा हो गई है, क्योंकि अर्जुन पर कृष्ण ने सभी तरह की संभावनाओं की बात की है। एक-एक संभावना बेकार होती गई है, वे दूसरी संभावना की बात करते चले गए हैं। ऐसे अर्जुन के बहाने कृष्ण ने प्रत्येक मनुष्य के लिए संभावना का द्वार खोल दिया है।

लेकिन उससे उलझन भी पैदा हुई। उलझन यह पैदा हुई कि कृष्ण जब सांख्य की बात करते हैं, तो वे कहते हैं, सांख्य परम है। तब वे ऐसे बोलते हैं, जैसे वे सांख्य स्वयं हैं। बोलना ही पड़ेगा। जब वे योग की बात करते हैं, तो लगता है, योग परम है। जब वे भक्ति की बात करते हैं, तो लगता है कि भक्ति परम है। इससे एक उपद्रव जरूर हुआ। वह उपद्रव यह हुआ कि भक्त ने पूरी गीता में से भक्ति निकाल डाली। निकाल ली भक्ति और पूरी गीता पर भक्ति को थोप देने की कोशिश की। रामानुज, वल्लभ, निम्बार्क-सबकी टीकाएं पूरी गीता पर भक्ति को थोप देती हैं। ज्ञानियों ने ज्ञान निकाल लिया और पूरी गीता पर ज्ञान थोपने की कोशिश की-शंकर। कर्मियों ने कर्म निकाल लिया और पूरी गीता पर कर्म को थोपने की कोशिश की।

लेकिन कोई भी इस सत्य को ठीक से नहीं समझ पाया कि गीता समस्त मार्गों का विचार है। और जब एक मार्ग की कृष्ण बात करते हैं, तो वे उस मार्ग से इतने लीन और एक हो जाते हैं कि वे कहते हैं, परम है, यही परम है। जब अर्जुन पर वह व्यर्थ हो जाता है, तब वे दूसरे मार्ग की बात करते हैं। तब वे अर्जुन से फिर कहते हैं, यही परम है, दिस इज़ दि अल्टिमेट, यही सत्य है पूर्ण। क्योंकि अर्जुन को वे फिर चाहते हैं कि इसे चुन ले। और अर्जुन वैसे ही अनिश्चयमना है, अगर कृष्ण भी स्यातवाद में बोलें कि शायद यह ठीक है, शायद वह ठीक है, तो अर्जुन के लिए चुनाव असंभव है। अगर कृष्ण यह कहें कि वह भी ठीक है, यह भी

ठीक है; किसी के लिए वह ठीक है, किसी के लिए यह ठीक है; कभी वह ठीक है, कभी यह ठीक है। तो अर्जुन, जो इनडिसीजन में पड़ा है, जो अनिर्णय में पड़ा है, जो चिंता में पड़ा है, जिसे मार्ग नहीं सूझता, उसके लिए कृष्ण मार्ग नहीं बना सकेंगे, मार्ग नहीं दे सकेंगे।

इसलिए कृष्ण जब कहते हैं, यही परम है, तो वे अर्जुन की आंख में झांक रहे हैं और देख रहे हैं कि शायद यह उसे ठीक पड़ जाए; तो उसके लिए यही परम हो जाए।

इसलिए गीता विशिष्ट है इस अर्थ में कि अब तक सत्य तक पहुंचने के जितने द्वार हैं, कृष्ण ने उन सबकी बात की है। लेकिन वह बात सिंथेटिक नहीं है, वह बात गांधी जी जैसी नहीं है। वह बात ऐसी नहीं है कि वह भी ठीक है, यह भी ठीक है। कृष्ण कहते हैं, जो ठीक है, उसके लिए वह परम रूप से ठीक है, बाकी उसके लिए सब गलत है। दूसरा किसी के लिए ठीक है, तो वह उसके लिए परिपूर्ण रूप से ठीक है-एब्सोल्यूट-निरपेक्ष ठीक है, और बाकी उसके लिए सब गलत है।

गीता बड़ी हिम्मतवर किताब है। और इतनी हिम्मत के लोग कम होते हैं, जो अपनी ही बात को जिसे उन्होंने दो क्षण पहले कहा है, दो क्षण बाद कह सकें कि वह बिलकुल गलत है, यह बिलकुल ठीक है। और दो क्षण बाद इसको भी कह सकें कि यह बिलकुल गलत है और अब जो मैं कह रहा हूं वही बिलकुल ठीक है। इतना असंगत होने का साहस केवल वे ही लोग कर सकते हैं, जो भीतरी रूप से परम संगति को उपलब्ध हो गए हैं, और अन्य लोग नहीं कर सकते हैं।

यह तो बार-बार ख़याल में आएगा आपको कि कृष्ण जब भी जो कुछ कहते हैं, एब्सोल्यूट, निरपेक्ष कहते हैं; जब जो कुछ कहते हैं, उसे पूर्णता से कहते हैं। खयाल यही है कि वह इतनी पूर्णता में ही अर्जुन के लिए चुनाव बन सकता है, अन्यथा चुनाव नहीं बन सकता है।

इसलिए दुनिया में जब से बहुत कम हिम्मत के दयालु लोग पैदा हो गए हैं-जो कहते हैं, यह भी ठीक है, वह भी ठीक है; सब ठीक है; और सबकी खिचड़ी बनाने की कोशिश में लगे हुए हैं-तब से उन्होंने न हिंदू को ठीक से हिंदू

रहने दिया, न मुसलमान को ठीक से मुसलमान रहने दिया; न अल्लाह के पुकारने में ताकत रह गई, न राम को बुलाने में हिम्मत रह गई। अल्ला-ईश्वर तेरे नाम बिलकुल इम्पोटेंट हो जाता है, बिलकुल मर जाता है; उसमें कोई ताकत नहीं रह जाती। उसमें कोई ताकत ही नहीं रह जाती।

एक व्यक्ति के लिए उसका निर्णय सदा परम होता है। वह निर्णय उसी तरह का है कि मैं किसी स्त्री के प्रेम में पड़ जाऊं, तो उस प्रेम के क्षण में मैं उससे कहता हूं कि तुझसे ज्यादा सुंदर और कोई भी नहीं है। और ऐसा नहीं है कि मैं उसे धोखा दे रहा हूं। ऐसा मुझे उस क्षण में दिखाई ही पड़ता है। ऐसा भी नहीं है कि कल मैं बदल जाऊंगा, तो आप कहें कि कल आप बदल गए तो उस दिन आपने धोखा दिया था? नहीं, तब भी उस क्षण में मैंने ऐसा ही जाना था और वह मेरे पूरे प्राणों से निकला था कि तुझसे ज्यादा सुंदर और कोई भी नहीं है। उस क्षण के लिए मेरे पूरे प्राणों की पुकार वही थी।

कृष्ण जैसे लोग क्षणजीवी होते हैं, लिविंग मोमेंट टु मोमेंट। जब वे सांख्य की बात करते हैं, तब वे सांख्य के साथ इस प्रेम में पड़ जाते हैं कि वे कहते हैं, सांख्य परम है। अर्जुन! सांख्य से श्रेष्ठ कुछ भी नहीं है। और जब वे भक्ति के प्रेम में पड़ जाते हैं क्षणभर के बाद, तो वे कहते हैं, अर्जुन! भक्ति ही मार्ग है; उसके अतिरिक्त कोई भी मार्ग नहीं है।

इसे ध्यान में रखना पड़ेगा। इसमें कोई तुलनात्मक, कोई कंपेरेटिव बात नहीं है। जब कृष्ण कहते हैं, सांख्य परम है, या जब मैं कहता हूं किसी स्त्री से कि तुझसे सुंदर और कोई भी नहीं है, तब मैं दुनिया की स्त्रियों से उसकी तुलना नहीं कर रहा। असल में मेरे लिए वह अतुलनीय हो गई है, इसलिए दुनिया में अब कोई स्त्री उसके मुकाबले नहीं है। मैं कोई तुलना नहीं कर रहा, मैं कोई कंपेयर नहीं कर रहा, सारी तस्वीरें रखकर जांच नहीं कर रहा कि इससे सुंदर कोई स्त्री है या नहीं! न मैंने सारी दुनिया की स्त्रियां देखी हैं, न जानने का सवाल है। न! इस क्षण में मेरे पूरे प्राणों की आवाज यह है कि तुझसे सुंदर और कोई भी नहीं है। वह सिर्फ मैं यह कह रहा हूं कि मैं तुझे प्रेम करता हूं। और जहां प्रेम है, वहां परम, एब्सोल्यूट प्रकट होता है।

और कृष्ण जब सांख्य की बात करते हैं, तो वे सांख्य के साथ उसी तरह प्रेम में हैं, जैसे कोई प्रेमी। और अगर इतने प्रेम में न हों, तो गीता में इतने प्राण नहीं हो सकते थे, तब किताब भगवद्गीता नहीं कही जा सकती थी। तब वह भगवान का वचन नहीं कही जा सकती थी। भगवान का वचन वह इसीलिए कही जा सकी-वह इसीलिए गीत गोविंद बन गई-सिर्फ इसीलिए कि प्रतिपल कृष्ण ने जो भी कहा, उसके साथ वे इतने एक हो गए कि रत्तीभर का फासला न रहा।

सांख्य की बात करते वक्त वे सांख्य हो जाते हैं; भक्ति की बात करते वक्त वे भक्त हो जाते हैं; योग की बात करते वक्त वे महायोगी हो जाते हैं। अतीत गिर जाता, भविष्य शेष नहीं रहता, जो सामने होता है, उसके साथ वे पूरे एक हो जाते हैं।

इसे खयाल में रखेंगे, तो उनके वचन तुलनात्मक नहीं हैं। एक अध्याय की दूसरे अध्याय से तुलना नहीं की गई है। एक श्रृंखला दूसरी श्रृंखला से, एक निष्ठा दूसरी निष्ठा से तौली नहीं गई है। प्रत्येक निष्ठा अपने में परम है। निश्चित ही, जो भी उस निष्ठा से पहुंचता है, उसके लिए उससे श्रेष्ठ कोई निष्ठा नहीं रह जाती।

प्रश्न : बहिर्मुखी व्यक्ति साधना करते-करते अंतर्मुख होता जाए, तो क्या अपना रास्ता जीवन में आगे जाकर उसे बदलना चाहिए?

नहीं; ऐसा होता नहीं। बहिर्मुख व्यक्ति बढ़ते-बढ़ते सारे ब्रह्म से एक हो जाता है। बहिर्मुख व्यक्ति बढ़ते-बढ़ते उस जगह पहुंच जाता है, जहां बाहर कुछ शेष नहीं रहता। सारे बहिर से उसका एकात्म हो जाता है। जिस दिन सारे बहिर से उसका एकात्म हो जाता है, उस दिन भीतर भी कुछ नहीं रह जाता, बाहर भी कुछ नहीं रह जाता। लेकिन वह बाहर के साथ एक होकर स्वयं को और सत्य को पाता है। तब वह कहता है : ब्रह्म मैं हूं, वह सारे ब्रह्म से एक हो जाता है। पूर्ण मैं हूं, तब वह पूरे पूर्ण से एक हो जाता है। तब चांद-तारे उसे अपने भीतर घूमते हुए मालूम पड़ते हैं।

अंतर्मुखी व्यक्ति भीतर डूबते-डूबते इतना भीतर डूब जाता है कि भीतर भी नहीं बचता, शून्य हो जाता है। तब वह कह पाता है, मैं हूं ही नहीं। जैसे दीए की लौ बुझ गई और खो गई, ऐसा ही सब खो गया।

बहिर्मुखी व्यक्ति अंततः पूर्ण को पकड़ पाता है। अंतर्मुखी व्यक्ति अंततः शून्य को पकड़ पाता है। और शून्य और पूर्ण दोनों एक ही अर्थ रखते हैं। लेकिन बहिर्मुखी व्यक्ति बाहर की यात्रा कर-करके पहुंचता है; अंतर्मुखी व्यक्ति भीतर की यात्रा कर-करके पहुंचता है। बहिर्मुखी व्यक्ति अंततः अपने अंतस को बिलकुल काटकर फेंक देता है; भीतर कुछ बचता ही नहीं, बाहर ही बचता है। अंतर्मुखी व्यक्ति बाहर को भूलते-भूलते इतना भूल जाता है कि बाहर कुछ बचता ही नहीं है।

और बड़े मजे की बात है कि बाहर और भीतर दोनों एक साथ बचते हैं। एक नहीं बच सकता दो में से। इसलिए एक खोता है, तो दूसरा तत्काल खो जाता है। अगर आप बाहर ही बाहर बचे और भीतर कुछ न बचे, तो बाहर भी खो जाएगा। क्योंकि बाहर फिर किसका बाहर होगा! उसके लिए एक भीतर चाहिए, भीतर के कारण ही वह बाहर है। अगर भीतर ही बचे और बाहर बिलकुल न बचे, तो उसे भीतर कैसे कहिएगा? वह किसी बाहर की तुलना और अपेक्षा में भीतर है। असल में जैसे आपके कोट का खीसा है। उसका एक हिस्सा भीतर है, जिसमें आप हाथ डालते हैं; और एक हिस्सा उसका बाहर है, जो लटका हुआ है। क्या आप सोच सकते हैं कि कभी ऐसा हो जाए कि खीसे का भीतर ही भीतर बचे और बाहर न बचे!

आपका घर है। कभी आप सोच सकते हैं कि घर का भीतर ही भीतर बचे और घर का बाहर न बचे! अगर भीतर ही भीतर बचे और बाहर न बचे, तो भीतर भी न बचेगा। अगर बाहर ही बाहर बचे और भीतर न बचे, तो बाहर भी न बचेगा। बाहर और भीतर एक ही सिक्के के दो पहलू हैं।

इसलिए दो रास्ते हैं। या तो बाहर को गिरा दो या भीतर को गिरा दो। दोनों गिर जाएंगे और तब जो शेष रह जाएगा, जो बाहर और भीतर दोनों में था, जो बाहर और भीतर दोनों के पार भी था। वह जो बचेगा, उसे हम ब्रह्म कहें-अगर हमने बाहर से यात्रा की हो। या उसे हम शून्य कहें, निर्वाण कहें-अगर हमने भीतर से यात्रा की हो।

जिन लोगों ने परमात्मा को पूर्ण की तरह सोचा है, वे बहिर्यात्रा कर रहे हैं। जिन्होंने परमात्मा को शून्य की तरह सोचा है, वे अंतर्यात्रा कर रहे हैं। ऐसा नहीं है कि योग की साधना करते-करते, बहिर-साधना करते-करते एक दिन फिर सांख्य की साधना करनी पड़ेगी-कोई जरूरत नहीं है! योग ही पहुंचा देगा।

इसे एक और तरह से समझ लें, तो खयाल में आ जाए। एक आदमी दस की संख्या पर खड़ा है। वह दस की संख्या से अगर ग्यारह और बारह ऐसा बढ़ता चला जाए, तो भी असीम पर पहुंच जाएगा। एक जगह आएगी, जहां सब संख्याएं खो जाएंगी। अगर वह दस से नीचे उतरे नौ, आठ...पीछे लौटता है, तो एक के बाद शून्य आ जाएगा, जहां सब संख्याएं खो जाएंगी। आप किसी भी तरफ यात्रा करें, संख्या खोएगी। और जब संख्या खो जाएगी, तो आपने कहां से यात्रा की थी, इससे कोई फर्क नहीं पड़ेगा। जो बचेगा-संख्या के बाहर-वह एक ही होने वाला है।

इसे पाजिटिव और निगेटिव की तरह भी खयाल में ले लेना चाहिए। कुछ लोग हैं जिनको विधायक शब्द प्रीतिकर लगते हैं, वे वे ही लोग हैं, जो बहिर्मुखी हैं। कुछ लोग हैं जिन्हें नकारात्मक, निषेधात्मक शब्द प्रीतिकर लगते हैं, वे वे ही लोग हैं, जो अंतर्मुखी हैं। जैसे बुद्ध। तो बुद्ध को नकारात्मक शब्द बड़े प्रीतिकर लगते हैं। अगर उन्हें परमात्मा भी प्रकट होगा, तो नहीं के रूप में प्रकट होगा, नथिंगनेस के रूप में प्रकट होगा, शून्य के रूप में प्रकट होगा।

इसलिए बुद्ध ने अपने मोक्ष के लिए जो नाम चुना, वह है निर्वाण। अब निर्वाण का मतलब होता है, दीए का बुझ जाना। जैसे दीया बुझ जाता है, बस ऐसे ही एक दिन व्यक्ति बुझ जाता है। तब जो रह गया, वह निर्वाण है। कोई बुद्ध से पूछता है कि आपके निर्वाण के बाद क्या होगा? तो बुद्ध कहते हैं, दीया बुझ जाता है, तो फिर क्या होता है? शून्य के साथ एक हो जाता है। तो बुद्ध का जोर निगेटिव है, नकारात्मक है। वह अंतर्मुखी का जोर है।

दुनिया में जब भी अंतर्मुखी बोलेगा, तो नकार की भाषा बोलेगा, निगेशन की भाषा बोलेगा-नहीं, नेति-नेति। वह कहेगा, यह भी नहीं, यह भी नहीं, यह

भी नहीं। उस जगह पहुंचना है, जहां कुछ भी न बचे। लेकिन जहां कुछ भी न बचे, वहीं सब कुछ बचता है। एक पाजिटिव भाषा है-यह भी, यह भी, यह भी। अगर सब जुड़ जाए, तो जो बचता है, वह भी सब कुछ है।

ये दो ही ढंग हैं। इनमें किसी भी तरफ आप चुन सकते हैं यात्रा। और ये दोनों ढंग बड़े विरोधी मालूम पड़ते हैं। जहां तक ढंग का संबंध है, विरोधी हैं। लेकिन जहां तक उपलब्धि का संबंध है, कोई विरोध नहीं है। वहीं पहुंच जाते हैं शून्य से भी। वहीं पहुंच जाते हैं पूर्ण से भी। वहीं पहुंच जाते हैं नेति-नेति कहकर भी। वहीं पहुंच जाते हैं सब में परमात्मा को जानकर, देखते, मानकर, सोचते, अनुभव करते हुए भी। पहुंचना है वहां, जहां द्वैत न बचे।

तो द्वैत दो तरह से शून्य हो सकता है, मिट सकता है, या तो सब स्वीकृत हो जाए या सब अस्वीकृत हो जाए। या तो सब बंधन गिर जाएं और या सब बंधन आत्मा ही हो जाएं, तब भी हो सकता है। या तो बंधन बचें ही नहीं और या फिर बंधन ही सब कुछ- आत्मा-बन जाएं; तब भी बंधन नहीं बचते।

न तो योगी को सांख्य में जाना पड़ता है, न सांख्य को योग में जाना पड़ता है। लेकिन दोनों जहां पहुंच जाते हैं, वह एक ही जगह है। कहीं कोई बदलाहट नहीं करनी पड़ती। वे दोनों ही वहीं ले जाते हैं। यह प्रत्येक व्यक्ति को अपने भीतर देखने की बात है कि उसकी अपनी रुचि, उसका अपना स्वधर्म, उसका अपना लगाव विधायक के साथ है कि नकारात्मक के साथ है, पूर्ण के साथ कि शून्य के साथ।

इसे ऐसा भी समझ लें। अगर कोई भाव से भरा हुआ व्यक्ति है, इमोशनल, भावुक, तो उसे पूर्ण की भाषा स्वीकार होगी। और अगर कोई बहुत बौद्धिक, बहुत इंटलेक्चुअल व्यक्ति है, तो उसे नकार की, इनकार की भाषा स्वीकार होगी। तर्क इनकार करता है, तर्क इलिमिनेट करता है, काटता है-यह भी बेकार, यह भी बेकार, यह भी बेकार-फेंकता चला जाता है, उस समय तक जब कि फेंकने को कुछ बचता ही नहीं। तब जब कुछ फेंकने को नहीं बचता, तो तर्क भी गिर जाता है।

कभी आपने देखी है एक दीए की बाती! बाती तेल को जलाती है। जब सारे तेल को जला डालती है, फिर खुद जल जाती है। कभी आपने यह देखा कि बाती को आग की लपट जलाती है, फिर पूरी बाती जल जाती है, तो लपट भी बुझ जाती है!

तर्क इनकार करता चला जाता है-यह भी नहीं, यह भी नहीं, यह भी नहीं। आखिर में जब कुछ भी इनकार करने को नहीं बचता, तो इनकार करने वाला तर्क भी मर जाता है। श्रद्धा स्वीकार करती चली जाती है-यह भी, यह भी, यह भी। और जब सब स्वीकार हो जाता है, तो श्रद्धा की भी कोई जरूरत नहीं रह जाती, वह भी गिर जाती है। और जहां तर्क और श्रद्धा दोनों ही गिर जाते हैं, वहां एक ही मुकाम, एक ही मंजिल, एक ही मंदिर आ जाता है।

व्यामिश्रेणेव वाक्येन बुद्धिं मोहयसीव मे।
तदेकंवद निश्चित्य येन श्रेयोऽहमाप्नुयाम्।। 2।।

हे कृष्ण, आप मिले हुए वचन से मेरी बुद्धि को मोहित-सी करते हैं। इसलिए उस एक बात को निश्चय करके कहिए कि जिसमें मैं कल्याण को प्राप्त होऊं।

पूछता है अर्जुन, एक बात निश्चित करके कहिए, ताकि मैं इस उलझाव से मुक्त हो जाऊं। लेकिन क्या दूसरे की कही बात निश्चय बन सकती है? और क्या दूसरा कितने ही निश्चय से कहे, तो भी भीतर का अनिश्चय गिर सकता है? कृष्ण ने कम निश्चय से नहीं कही सांख्य की बात। कृष्ण ने पूरे ही निश्चय से कही है कि यही है मार्ग। लेकिन अर्जुन फिर कहता है, निश्चय से कहिए। इसका क्या अर्थ हुआ?

इसका अर्थ हुआ कि कृष्ण ने कितने ही निश्चय से कही हो, अर्जुन के व्यक्तित्व से उसका कोई तालमेल नहीं हो पाया। अर्जुन के लिए वह कहीं भी निश्चय की ध्वनि भी नहीं पैदा कर पाई। अर्जुन और उसके बीच समानांतर स्थिति रही-पैरेलल। वैसे ही जैसे रेल की दो पटरियां समानांतर होती हैं, चलती हैं जिंदगीभर साथ, मिलती कहीं भी नहीं हैं। साथ ही साथ होती हैं सदा और बहुत

दूर फासले पर मिलती हुई मालूम भी होती हैं; लेकिन जब वहां पहुंचो तो पाया जाता है, उतनी ही अलग हैं, मिलती कहीं भी नहीं। पैरेलल लाइन की तरह अर्जुन और कृष्ण के बीच यह लंबा संवाद चलने वाला है।

अर्जुन कह रहा है, निश्चित कहो कि मेरा भ्रम टूटे, मेरा उलझाव मिटे। लेकिन जो चित्त भीतर उलझा हुआ है, वह निश्चित से निश्चित बात में से भी उलझाव निकाल लेता है। कोई बात निश्चित नहीं हो सकती जब तक चित्त उलझा हुआ है, क्योंकि वह हर निश्चय में से अनिश्चय निकाल लेता है। कितनी ही निश्चित बात कही जाए, वह उसमें से नए दस सवाल उठा लेता है। वे सवाल उसके भीतर से आते हैं, उसके अनिश्चय से आते हैं। और अगर निश्चित चित्त हो, तो कितनी ही अनिश्चित बात कही जाए, वह उसमें से निश्चय निकाल लेता है। हम वही निकाल लेते हैं, जो हमारे भीतर की अवस्था होती है। हममें कुछ डाला नहीं जाता; हम वही अपने में आमंत्रित कर लेते हैं, जो हमारे भीतर तालमेल खाता है।

साक्रेटीज मर रहा था। तो उसके एक मित्र ने साक्रेटीज से पूछा कि आप बड़े निश्चित मालूम पड़ रहे हैं और मृत्यु सामने खड़ी है, जहर पीसा जा रहा है! आपके निश्चय को देखकर मन डरता है, मन कंपता है। यह कैसा निश्चय है? मृत्यु सामने है, आप इतने निश्चितमना क्यों हैं?

साक्रेटीज ने कहा कि मैं सोचता हूं कि नास्तिक कहते हैं कि आत्मा बचेगी नहीं, सब मर जाएगा। अगर वे सही हैं, तो चिंता का कोई भी कारण नहीं। क्योंकि मैं मर ही जाऊंगा, चिंता करने वाला भी कोई बचने वाला नहीं है। आस्तिक कहते हैं कि नहीं मरोगे; शरीर ही मरेगा, आत्मा बचेगी ही; आत्मा को मारा ही नहीं जा सकता। अगर वे सही हैं, तो मेरे चिंतित होने का कोई भी कारण नहीं। क्योंकि जब बचूंगा ही, तो चिंता क्या करनी! साक्रेटीज कहता है, मुझे मालूम नहीं कि नास्तिक ठीक कहते हैं कि आस्तिक ठीक कहते हैं। लेकिन अगर नास्तिक ठीक कहते हैं, तो मैं निश्चित हूं। क्योंकि मर ही जाऊंगा, चिंता किसे है! और अगर आस्तिक ठीक कहते हैं, तो भी मैं निश्चित हूं। क्योंकि जब बचना ही है, तो चिंता कैसी?

अब इसको समझें। यह साक्रेटीज इतनी अनिश्चित स्थिति में से भी

निश्चय निकाल लेता है। और कृष्ण इतनी निश्चित बात कहते हैं। उनका स्टेटमेंट टोटल है, कि सांख्य परम निष्ठा है; ज्ञान पर्याप्त है; स्वयं को जान लेना काफी है, कुछ और करने का कोई अर्थ नहीं है। अर्जुन कहता है, कुछ ऐसी निश्चित बात कहो कि मेरा अनिश्चित मन अनिश्चित न रहे, मेरा विषयों में भागता हुआ यह मन ठहर जाए। अर्जुन यह नहीं समझ पा रहा है कि बातें निश्चित नहीं होतीं, चित्त निश्चित होते हैं। सिद्धांत निश्चित नहीं होते, चेतना निश्चित होती है। सर्टेन्टीज जो हैं, निर्णायक तत्व जो हैं, वे सिद्धांतों से नहीं आते, चित्त की स्थिति से आते हैं।

कभी आपने अर्जुन शब्द का अर्थ सोचा है? बड़ा अर्थपूर्ण है। शब्द है एक-ऋजु। ऋजु का अर्थ होता है : सीधा-सादा, स्ट्रेट। अऋजु, अऋजु का अर्थ होता है : टेढ़ा-मेढ़ा, डांवाडोल। अर्जुन शब्द का अर्थ ही होता है, डोलता हुआ।

हम सबके भीतर अर्जुन है। वह जो हमारा चित्त है, वह अर्जुन की हालत में होता है। वह सदैव डोलता रहता है। वह कभी कोई निश्चय नहीं कर पाता। वह काम भी कर लेता है अनिश्चय में। काम भी हो जाता है, फिर भी निश्चय नहीं कर पाता। काम भी कर चुका होता है, फिर भी तय नहीं कर पाता कि करना था कि नहीं करना था। पूरी जिंदगी अनिश्चय है।

वह जो अर्जुन है, वह हमारे मन का प्रतीक है, सिंबालिक है। वह इस बात की खबर है कि मन का यह ढंग है। और मन से आप कितनी ही निश्चित बात कहें, वह उसमें से नए अनिश्चय निकालकर हाजिर हो जाता है। वह कहता है, फिर इसका क्या होगा? फिर इसका क्या होगा?

एक मित्र कल मुझे मिलने आए। कहने लगे, बर्ट्रेंड रसेल ऐसा कहते हैं कि आत्मा नहीं है, तो मेरा क्या होगा? मैंने कहा, बर्ट्रेंड रसेल कहते हैं, तो उनको चिंता करने दो, तुम क्यों चिंता करते हो? फिर मैंने कहा, बर्ट्रेंड रसेल कहते हैं कि आत्मा नहीं है, लेकिन खुद तो चिंतित नहीं हैं। तुम क्यों चिंतित होते हो? नहीं, उन्होंने कहा कि और ये बुद्ध, महावीर और कृष्ण, ये सब कहते हैं कि आत्मा अमर है, इससे बड़ी चिंता होती है। मैंने कहा कि बर्ट्रेंड रसेल कहते हैं कि आत्मा नहीं है, तो क्या चिंता होती है? तो चिंता होती है कि मैं समाप्त हो जाऊंगा। बुद्ध और महावीर कहते हैं कि आत्मा अमर है, तो क्या चिंता होती है? तो वे कहने

लगे, चिंता यह होती है कि क्या मैं कभी भी समाप्त न होऊंगा! ऐसा ही बना रहूंगा! तब भी मन घबड़ाता है।

अब बड़ी मुश्किल है। एक साक्रेटीज है, जो कहता है, नास्तिक से भी निश्चय निकाल लेता है, आस्तिक से भी निश्चय निकाल लेता है। एक ये मित्र हैं, ये बिलकुल एंटीसाक्रेटीज हैं। ये बुद्ध और महावीर से भी चिंता निकालते हैं, बर्ट्रेंड रसेल से भी चिंता निकालते हैं। ये दोनों विरोधियों से भी चिंता निकाल लेते हैं। तो इसका अर्थ क्या है?

इसका अर्थ यह है, हम वही निकाल लेते हैं, जो हम निकाल सकते हैं। लेकिन फिर भी हम सोचते हैं कि वह बर्ट्रेंड रसेल की वजह से मुझे चिंता पैदा हो रही है; महावीर की वजह से चिंता पैदा हो रही है। सच बात यह है कि मैं चिंतित हूं, अनिश्चित हूं। मैं महावीर से भी अनिश्चय निकालता हूं, रसेल से भी अनिश्चय निकाल लेता हूं।

अर्जुन कहता है, कुछ ऐसा कहें मुझे कि मैं सारे अनिश्चय के पार होकर थिर हो जाऊं। अर्जुन की मांग तो ठीक है; लेकिन साफ-साफ उसे नहीं है कि कारण क्या है। हम सबकी भी यही हालत है। मंदिर में जाते हैं, मस्जिद में जाते हैं, गुरु के पास, साधु के पास-निश्चय खोजने कि कहीं निश्चित हो जाए बात। कहीं निश्चित न होगी। अनिश्चित मन लिए हुए इस जगत में कुछ भी निश्चित नहीं हो सकता। अर्जुन को भीतर लिए हुए इस जगत में कुछ भी निश्चित नहीं हो सकता। और निश्चित, ऋजु मन हो, तो इस जगत में कुछ भी अनिश्चित नहीं, सब निश्चित है। चित्त है आधार-शब्द और सिद्धांत और शास्त्र नहीं, दूसरे के वक्तव्य नहीं।

अब कृष्ण से ज्यादा निश्चित आदमी अर्जुन को कहां मिलेगा! मुश्किल है। जन्मों-जन्मों भी अर्जुन खोजे, तो कृष्ण जैसा आदमी खोज पाना बहुत मुश्किल है। पर उनसे भी वह कह रहा है कि आप कुछ निश्चित बात कहें, तो शायद मेरा मन निश्चित हो जाए! और ध्यान रहे, जो व्यक्ति दूसरे से निर्णय खोजता है, वह अक्सर निर्णय नहीं उपलब्ध कर पाता।

एक व्यक्ति मेरे पास आए। उन्होंने कहा, मैं संन्यास लेना चाहता हूं। आप सलाह दें कि मैं लूं या न लूं? मैंने कहा कि जब तक सलाह मानने की और मांगने की

इच्छा रहे, तब तक मत लेना। जिस दिन सारी दुनिया कहे कि मत लो, फिर भी हो कि लेंगे, तभी लेना। अन्यथा लेकर भी पछताओगे, लेकर भी दुखी होओगे और लोगों से पूछने जाओगे कि कोई गलती तो नहीं की। संन्यास छोड़ दूं कि रखूं!

ध्यान रहे, जब हम दूसरे से पूछते हैं, तो वह केवल इसकी खबर होती है कि अब हम अपने से पूछने की हालत में बिलकुल नहीं रहे। अब हालत इतनी बुरी है कि अपने से पूछना बेकार ही है। अपने से जो उत्तर आते हैं, सब कनफ्यूजिंग हैं, सब...। लेकिन यह जिसके भीतर से हम पूछ रहे हैं, जो पूछ रहा है, वही तो सुनेगा न? वही फिर नए प्रश्न खड़े कर लेता है। अर्जुन करेगा।

ऐसे उसकी बड़ी कृपा है, अन्यथा गीता पैदा नहीं हो सकती थी। इस अर्थ में भर उसकी कृपा है कि वह उठाता जाएगा प्रश्न और कृष्ण से उत्तर संवेदित होते चले जाएंगे। कृष्ण जैसे लोग कभी कुछ लिखते नहीं। कृष्ण जैसे लोग सिर्फ रिस्पांड करते हैं, प्रतिसंवेदित होते हैं। लिखते तो केवल वे ही लोग हैं, जो किसी को कुछ थोपना चाहते हों। कृष्ण जैसे लोग तो कोई पूछता है, पुकारता है, तो बोल देते हैं।

तो अर्जुन खुद तो परेशानी में है, लेकिन अर्जुन से आगे आने वाले जो और अर्जुन होंगे, उन पर उसकी बड़ी कृपा है। गीता पैदा नहीं हो सकती थी अर्जुन के बिना; अकेले कृष्ण से गीता पैदा नहीं हो सकती थी। अर्जुन पूछता है, तो कृष्ण से उत्तर आता है। कोई नहीं पूछेगा, तो कृष्ण शून्य और मौन रह जाएंगे; कुछ भी उत्तर वहां से आने को नहीं है। उनसे कुछ लिया जा सकता है, उनसे कुछ बुलवाया जा सकता है। और अर्जुन ने वह बुलवाने का काम किया है। उसकी जिज्ञासा, उसके प्रश्न, कृष्ण के भीतर से नए उत्तर का जन्म बनते चले जाते हैं।

श्रीभगवानुवाच

लोकेऽस्मिन्द्विविधा निष्ठा पुरा प्रोक्ता मयानघ।
ज्ञानयोगेन सांख्यानां कर्मयोगेन योगिनाम्।। 3।।

इस प्रकार अर्जुन के पूछने पर भगवान श्री कृष्ण बोले,

हे निष्पाप अर्जुन, इस लोक में दो प्रकार की निष्ठा मेरे द्वारा पहले कही गई है : ज्ञानियों की ज्ञानयोग से और योगियों की निष्काम कर्मयोग से।

कहते हैं कृष्ण, निष्पाप अर्जुन! संबोधन करते हैं, निष्पाप अर्जुन! क्यों? क्यों? इसे थोड़ा समझना जरूरी है। यह एक बहुत मनोवैज्ञानिक संबोधन है।

मनोविज्ञान कहता है, चित्त में जितना ज्यादा पाप, अपराध और गिल्ट हो, उतना ही इनडिसीजन पैदा होता है। चित्त में जितना पाप हो, जितना अपराध हो, उतना चित्त डांवाडोल होता है। पापी का चित्त सर्वाधिक डांवाडोल हो जाता है। अपराधी का चित्त भीतर से भूकंप से भर जाता है।

बड़े मजे की बात है कि कृष्ण से पूछा है अर्जुन ने, कोई निश्चित बात कहें। कृष्ण जो उत्तर देते हैं, वह बहुत और है। वे निश्चित बात का उत्तर नहीं दे रहे हैं। वे पहले अर्जुन को आश्वस्त करते हैं कि वह भीतर निश्चित हो पाए। वे उससे कहते हैं, निष्पाप अर्जुन!

यह भी समझ लेने जैसा है कि पाप कम सताता है; पाप किया मैंने, यह ज्यादा सताता है। इसलिए जीसस ने रिपेंटेंस और प्रायश्चित्त की एक बड़ी मनोवैज्ञानिक प्रक्रिया निकाली और कहा कि अपने अपराध को और पाप को जो स्वीकार कर ले, वह पाप से मुक्त हो जाता है। सिर्फ स्वीकार करने से!

पाप के साथ एक मजा है कि पाप को हम छिपाना चाहते हैं। अगर इसे और ठीक से समझें, तो कहना होगा कि जिसे हम छिपाना चाहते हैं, वह पाप है। इसलिए जिसे हम प्रकट कर दें, वह पाप नहीं रह जाता। जिसे हम घोषित कर दें, वह पाप नहीं रह जाता।

जीसस ने एक मनोवैज्ञानिक प्रक्रिया ईसाइयत को दी और वह यह कि अपने पाप को स्वीकार कर लो और तुम पाप से मुक्त हो जाओगे। ऐसी और भी प्रक्रियाएं सारी पृथ्वी पर पैदा हुईं, जिनमें यही किया गया कि व्यक्ति को आश्वासन दिलाया गया कि अब तुम निष्पाप हो। और अगर व्यक्ति को यह भरोसा आ जाए कि वह निष्पाप है, तो उसके भविष्य में पाप करने की क्षमता क्षीण होती है।

यह भी बहुत मजे की बात है कि हम वही करते हैं, जो हमारी अपने बाबत इमेज होती है। अगर एक आदमी को पक्का ही पता है कि वह चोर है, तो उसे चोरी से बचाना बहुत मुश्किल है। वह चोरी करेगा ही। वह अपनी प्रतिमा को ही

जानता है कि वह चोर की प्रतिमा है, और तो कुछ उससे हो भी नहीं सकता। इसलिए अगर हम एक आदमी को चारों तरफ से सुझाव देते रहें कि तुम चोर हो, तो हम अचोर को भी चोर बना सकते हैं।

इससे उलटा भी संभव है, घटित होता है। अगर हम चोर को भी सुझाव दें चारों तरफ से कि तुम चोर नहीं हो, तो हम उसे चोर होने में कठिनाई पैदा करते हैं। अगर दस भले आदमी एक बुरे आदमी को भला मान लें, तो उस बुरे आदमी को भले होने की सुविधा और मार्ग मिल जाता है।

इसलिए सारी दुनिया में धर्मों ने बहुत-बहुत रूप विकसित किए थे। सब रूप विकृत हो जाते हैं, लेकिन इससे उनका मौलिक सत्य नष्ट नहीं होता।

हम इस देश में कहते थे कि गंगा में स्नान कर आओ, पाप धुल जाएंगे। गंगा में कोई पाप नहीं धुल सकते। गंगा के पानी में पाप धोने की कोई कीमिया, कोई केमिस्ट्री नहीं है। लेकिन एक साइकोलाजिकल सत्य है कि अगर कोई आदमी पूरे भरोसे और निष्ठा से गंगा में नहाकर अनुभव करे कि मैं निष्पाप हुआ, तो लौटकर पाप करना मुश्किल हो जाएगा। डिसकंटिन्युटी हो गई। वह जो कल तक पापी था, गंगा में नहाकर बाहर निकला और अब वह दूसरा आदमी है, आइडेंटिटी टूटी। संभावना है कि उसको निष्पाप होने का यह जो क्षणभर को भी बोध हुआ है... ।

गंगा कुछ भी नहीं करती। लेकिन अगर पूरे मुल्क के कलेक्टिव माइंड में, अगर पूरे मुल्क के अचेतन मन में यह भाव हो कि गंगा में नहाने से पाप धुलता है, तो गंगा में नहाने वाला निष्पाप होने के भाव को उपलब्ध होता है। और निष्पाप होने का भाव निश्चय में ले जाता है, पापी होने का भाव अनिश्चय में ले जाता है।

इसलिए अर्जुन तो पूछता है कि कृष्ण, कुछ ऐसी बात कहो, जो निश्चित हो और जिससे मेरा डांवाडोलपन मिट जाए। लेकिन कृष्ण कहां से शुरू करते हैं, वह देखने लायक है। कृष्ण कहते हैं, हे निष्पाप अर्जुन!

कृष्ण जैसे व्यक्ति के मुंह से जब अर्जुन ने सुना होगा, हे निष्पाप अर्जुन! तो गंगा में नहा गया होगा। सारी गंगा उसके ऊपर गिर पड़ी होगी; जब उसने कृष्ण की आंखों में झांका होगा और देखा होगा कि कृष्ण कहते हैं, हे निष्पाप अर्जुन!

और कृष्ण जैसे व्यक्ति जब किसी को ऐसी बात कहते हैं, तो सिर्फ शब्द से नहीं कहते; खयाल रखें! उनका सब कुछ कहता है। उनका रोआं-रोआं, उनकी आंख, उनकी श्वास, उनका होना-उनका सब कुछ कहता है, हे निष्पाप अर्जुन!

जब कृष्ण की उस गंगा में अर्जुन को निष्पाप होने का क्षणभर को बोध हुआ होगा। तो जो निश्चय कृष्ण के कोई वचन नहीं दे सकते, वह अर्जुन को निष्पाप होने से मिला होगा।

इसलिए कृष्ण पहले उसे मनोवैज्ञानिक रूप से उसके भीतर के आंदोलन से मुक्त करते हैं। कहते हैं, हे निष्पाप अर्जुन! और मजे की बात यह है कि यह कहकर, फिर वे वही कहते हैं कि दो निष्ठाएं हैं। वह कह चुके हैं। वह दूसरे अध्याय में कह चुके हैं। लेकिन तब तक अर्जुन को निष्पाप उन्होंने नहीं कहा था। अर्जुन डांवाडोल था। अब वे फिर कहते हैं कि दो तरह की निष्ठाएं हैं अर्जुन! सांख्य की और योग की, कर्म की और ज्ञान की।

एकदम तत्काल! कृष्ण ने तीन बार नहीं कहा कि हे निष्पाप अर्जुन, हे निष्पाप अर्जुन, हे निष्पाप अर्जुन। नियम यही था। नियम यही था। अदालत में शपथ लेते हैं तो तीन बार। इमाइल कुए है फ्रांस में; अगर वह सुझाव देता है, तो तीन बार। दुनिया के किसी भी सम्मोहनशास्त्री और मनोवैज्ञानिक से पूछें, तो वह कहेगा कि जितनी बार सुझाव दो, उतना गहरा परिणाम होगा। कृष्ण कुछ ज्यादा जानते हैं। कृष्ण कहते हैं एक बार, और छोड़ देते हैं। क्योंकि दुबारा कहने का मतलब है, पहली बार कही गई बात झूठ थी क्या!

जब अदालत में एक आदमी कहता है कि मैं परमात्मा की कसम खाकर कहता हूं कि सच बोलूंगा; और फिर दुबारा कहता है कि मैं परमात्मा की कसम खाकर कहता हूं कि सच बोलूंगा; तो पहली बात का क्या हुआ! और जिसकी पहली बात झूठ थी, उसकी दूसरी बात का कोई भरोसा है? वह तीन बार भी कहेगा, तो क्या होगा?

कृष्ण कुए से ज्यादा जानते हैं। कृष्ण एक बार कहते हैं इनोसेंटली-जैसे कि जानकर कहा ही नहीं-हे निष्पाप अर्जुन! और बात छोड़कर आगे बढ़ जाते हैं;

एक क्षण ठहरते भी नहीं। शक का मौका भी नहीं देते, हेजिटेशन का मौका भी नहीं देते, अर्जुन को विचारने का भी मौका नहीं देते। ऐसा भी नहीं लगता अर्जुन को कि उन्होंने कोई जानकर चेष्टा से कहा हो। बस, ऐसे संबोधन किया और आगे बढ़ गए।

असल में उसका निष्पाप होना, कृष्ण ऐसा मान रहे हैं, जैसे कोई बात ही नहीं है। जैसे उन्होंने कहा हो, हे अर्जुन! और बस, ऐसे ही चुपचाप आगे बढ़ गए। जितना साइलेंट सजेशन, उतना गहरा जाता है। जितना चुप, जितना इनडायरेक्ट, जितना परोक्ष-चुपचाप भीतर सरक जाता है। जितनी तीव्रता से, जितनी चेष्टा से, जितना आग्रहपूर्वक-उतना ही व्यर्थ हो जाता है।

पश्चिम के मनोविज्ञान को बहुत कुछ सीखना है। कुए जब अपने मरीज को कहता है कि तुम बीमार नहीं हो, और जब दुबारा कहता है कि तुम बीमार नहीं हो, और जब तिबारा कहता है कि तुम बीमार नहीं हो, तो कृष्ण उस पर हंसेंगे। वे कहेंगे कि तुम तीन बार कहते हो, तो तीन बार तुम उसे याद दिलाते हो कि बीमार हो, बीमार हो, बीमार हो।

हे निष्पाप अर्जुन! आगे बढ़ गए वे और कहा कि दो निष्ठाएं हैं। अर्जुन को मौका भी नहीं दिया कि सोचे-विचारे, पूछे कि कैसा निष्पाप? क्यों कहा निष्पाप? मुझ पापी को क्यों कहते हैं? कोई मौका नहीं दिया। बात आई और गई, और अर्जुन के मन में सरक गई।

ध्यान रहे, जैसे ही चित्त सोचने लगता है, वैसे ही बात गहरी नहीं जाती है। चित्त ने सोचा, उसका मतलब है कि हुक्स में अटक गई। चित्त ने सोचा, उसका मतलब है कि ऊपर-ऊपर रह गई, लहरों में जकड़ गई-गहरे में कहां जाएगी! विचार तो लहर है। सिर्फ वे ही बातें गहरे में जाती हैं, जो बिना सोचे उतर जाती हैं। इसलिए सोचने का जरा भी मौका नहीं है। और सोचने का मौका दूसरी बात में है, ताकि इसमें सोचा ही न जा सके।

वे कहते हैं, दो निष्ठाएं हैं। एक निष्ठा है ज्ञान की, एक निष्ठा है कर्म की।

न कर्मणामनारम्भान्नैष्कर्म्यं पुरुषोऽश्नुते।
न च संन्यसनादेव सिद्धिं समधिगच्छति।। 4।।

मनुष्य न तो कर्मों के न करने से निष्कर्मता को प्राप्त होता है और न कर्मों को त्यागने मात्र से भगवत् साक्षात्कार रूप सिद्धि को प्राप्त होता है।

कर्मों के न करने से निष्कर्म को मनुष्य प्राप्त नहीं होता है और न ही सब कुछ छोड़कर भाग जाने से भगवत् साक्षात्कार को उपलब्ध होता है।

बड़े ही विद्रोही और क्रांतिकारी शब्द हैं। क्या होगा त्यागियों का! क्या होगा भागने वालों का?

कृष्ण कहते हैं, मात्र कर्म को छोड़कर भाग जाने से कोई निष्कर्म को उपलब्ध नहीं होता। क्योंकि निष्कर्म कर्म के अभाव से ज्यादा बड़ी बात है। मात्र कर्म का न होना निष्कर्म नहीं है। निष्कर्म और भी बड़ी घटना है।

जैसे कि बीमारी का न होना स्वास्थ्य नहीं है; स्वास्थ्य और बड़ी घटना है। ऐसा हो सकता है कि आदमी बिलकुल बीमार न हो और बिलकुल स्वस्थ न हो। सब तरह की जांच-परख कहे कि कोई बीमारी नहीं है और आदमी बिलकुल ही स्वस्थ न हो। बीमारी का न होना मात्र, स्वास्थ्य नहीं है। और मात्र कर्मों को छोड़कर भाग जाने से निष्कर्म उपलब्ध नहीं होता। क्यों?

तो निष्कर्म की व्याख्या कृष्ण की समझनी पड़ेगी। क्योंकि आमतौर से हम अब तक कर्म के न करने को निष्कर्म समझते रहे हैं; निष्क्रियता को निष्कर्म समझा है। निष्क्रियता निष्कर्म नहीं है। तब तो आलसी भी निष्कर्म को उपलब्ध हो जाएंगे। तब तो मुरदे भी निष्कर्म को उपलब्ध हो जाएंगे। तब तो पत्थर इत्यादि परमात्म-साक्षात्कार में ही होंगे।

निष्कर्म नहीं, लेकिन कर्म कर्तारहित निष्कर्म बनता है। कर्म, जहां भीतर करने वाला मैं मौजूद नहीं है, निष्कर्म बनता है। निष्कर्म कर्म का अभाव नहीं, कर्ता का अभाव है-नाट एब्सेंस आफ डूइंग, बट एब्सेंस आफ दि डुअर, वह जो करने वाला है।

कृष्ण कह रहे हैं अर्जुन से कि अगर तू यह छोड़ दे कि तू कर रहा है, तो तेरा कोई कर्म कर्म नहीं है, सब निष्कर्म हो जाता है। अगर तू यह पकड़े रहे कि मैं कर रहा हूं, तो तू कर्म से भाग भी जा, तो भागना भी तेरा कर्म बन जाता है।

भागना भी कर्म है, भागना भी तो पड़ेगा। त्यागना भी तो कर्म है, त्यागना भी तो पड़ेगा। जहां कर्ता मौजूद है, जहां लग रहा है कि मैं कर रहा हूं, वहां कर्म मौजूद है, चाहे वह करना आलस्य ही क्यों न हो, चाहे वह करना न-करना ही क्यों न हो। लेकिन जहां लग रहा है कि मेरे करने का कोई सवाल ही नहीं, परमात्मा कर रहा है; जो है, वह कर रहा है, सारा जीवन कर रहा है; जहां मैं एक हवा में डोलते हुए पत्ते की तरह हूं, जहां मैं नहीं डोल रहा, हवा डोल रही है; जहां मैं एक सागर की लहर की तरह हूं, मैं नहीं लहरा रहा, सागर लहरा रहा है; जहां मेरा मैं नहीं-वहां निष्कर्म है। निष्क्रियता नहीं, निष्कर्म।

कर्म होगा, फिर भी कर्म का जो उत्पात है, वह नहीं होगा। कर्म होगा, लेकिन कर्म की जो चिंता और संताप है, वह नहीं होगा। कर्म होगा, लेकिन कर्म के साथ जो विफलता और सफलता का रोग है, वह नहीं होगा। कर्म होगा, लेकिन कर्म के पीछे वह जो महत्वाकांक्षा का ज्वर है, बुखार है, वह नहीं होगा। कर्म होगा, लेकिन कर्म के पीछे वह जो फलाकांक्षा की विक्षिप्तता है, वह नहीं होगी। और तब कर्म फूल की तरह आनंददायी हो जाता है; तब उस पर कोई वजन नहीं रह जाता; तब कर्म फूल की तरह खिलता है। तब करने वाला मौजूद नहीं होता; तब कर्म का आनंद ही और हो जाता है; तब वह परमात्मा को समर्पित हो जाता है।

कृष्ण कह रहे हैं कि कर्म को छोड़कर तू अगर भाग गया, तो तू यह मत समझना कि तू निष्कर्म को उपलब्ध हो गया है। क्योंकि जो निष्कर्म को उपलब्ध होता है, वह कर्म को छोड़कर क्यों भागेगा! वह स्वीकार कर लेगा, जो नियति है, जो डेस्टिनी है, जो हो रहा है, उसे स्वीकार कर लेगा।

दूसरी बात वे कहते हैं कि चीजों को त्यागकर, छोड़कर कोई अगर सोचता हो कि संसार को त्यागकर परमात्मा का साक्षात्कार हो जाए, तो जरूरी नहीं है। ऐसा नहीं होता है। परमात्मा का साक्षात्कार किसी भी सौदे से नहीं होता है। कि आपने ये-ये चीजें छोड़ दीं, तो परमात्मा का साक्षात्कार हो जाएगा।

एक संन्यासी मेरे पास आए थे। वे कहने लगे कि मैंने घर छोड़ दिया, पत्नी छोड़ दी, बच्चे छोड़ दिए, दुकान छोड़ दी, अभी तक परमात्मा का साक्षात्कार क्यों नहीं हुआ है? तो मैंने कहा, कितनी कीमत थी मकान की, दुकान की, पत्नी की, बच्चों की? हिसाब है? तो उन्होंने कहा, आपका मतलब? मैंने कहा कि पक्का हो जाए कि कितने मूल्य की चीजें छोड़ी हैं, तो फिर परमात्मा के सामने शिकायत की जाए कि यह आदमी इतने दाम लग रहा है तुम्हारे लिए और तुम अभी तक छिपे हो! इसने एक मकान छोड़ दिया। मकान के बदले में परमात्मा?

असल में जहां भी बदले का खयाल है, वहां व्यवसाय है, वहां धर्म नहीं है। त्यागी कहता है, मैंने यह छोड़ दिया और अभी तक नहीं हुआ! लेकिन तुमसे कहा किसने कि छोड़ने से हो जाएगा! और जो तुमने छोड़ दिया है, उसका मूल्य क्या है? और कल जब मौत आएगी, तब तुम क्या करोगे? उसे छोड़ोगे कि पकड़े लिए चले जाओगे? मौत आएगी तो वह छूट जाएगा। और तुम नहीं थे, तब भी वह था। और तुम नहीं रहोगे, तब भी वह होगा। तो तुम अपने को छोड़ने वाला समझ रहे हो! जो तुम्हारे होने के पहले था और तुम्हारे होने के बाद रहेगा, उसे तुम छोड़ सकते हो? उसकी मालकियत पागलपन है। और ध्यान रहे, त्याग में भी मालकियत का खयाल है। और जब एक आदमी कहता है, मैंने त्यागा, तो वह यह कह रहा है कि मालकियत मेरी थी। सच बात यह है, मालकियत नहीं है। त्यागेंगे कैसे?

कृष्ण कहते हैं, कुछ त्याग देने से परमात्मा का साक्षात्कार नहीं हो जाता।

परमात्मा का साक्षात्कार बात ही अलग है। वह त्याग से फलित नहीं होती है। हां, ऐसा हो सकता है कि परमात्मा के साक्षात्कार से त्याग फलित हो जाए। ऐसा होता है। क्योंकि जब कोई उस विराट को जान लेता है, तो क्षुद्र को पकड़ने को राजी नहीं रहता। जब किसी को हीरे मिल जाते हैं, तो कंकड़-पत्थर छोड़ता है। त्याग से परमात्मा मिलता है, ऐसा नहीं; लेकिन परमात्मा से अक्सर त्याग फलित होता है। क्योंकि परमात्मा महाभोग है, वह परम रस है।

कृष्ण यहां एक बहुत ही कैटेगोरिकल वक्तव्य, एक बहुत निश्चयात्मक वक्तव्य दे रहे हैं। वह वक्तव्य बहुत कीमती है। उस वक्तव्य पर पूरे जीवन का यहां

से वहां होना निर्भर है। वह वक्तव्य यह है कि कर्म नहीं छोड़ना है। छोड़ा भी नहीं जा सकता। जीते-जी कर्म को छोड़ने का कोई उपाय भी नहीं है।

संन्यासी भी कर्म करेगा ही! दुकान नहीं चलाएगा, तो भीख मांगेगा। फर्क क्या पड़ता है? भीख मांगना कोई कम कर्म है दुकान करने से? उतना ही कर्म है। घर नहीं बनाएगा, आश्रम बनाएगा। घर छोड़कर आश्रम बनाना कोई कम कर्म है? उतना ही कर्म है।

कर्म से भागा नहीं जा सकता। जब कर्म से भागा ही नहीं जा सकता, तो कर्म से भागना सिर्फ हिपोक्रेसी में ले जाएगा, पाखंड में ले जाएगा। जो असंभव है, उसे करने की कोशिश पाखंड पैदा करती है। अगर अर्जुन भाग भी जाए युद्ध के मैदान को छोड़कर, तो करेगा क्या? कुछ तो करेगा। वह जो भी करेगा, वह भी कर्म है। कर्म से नहीं भागा जा सकता। तो फिर क्या कोई उपाय नहीं है?

कृष्ण एक नया द्वार, एक नया डायमेंशन, एक नया आयाम खोलते हैं। वे कहते हैं, कर्म जारी रखो, कर्ता से भाग जाओ। कृष्ण मनुष्य के व्यक्तित्व में बड़ी गहरी क्रांति की बात कहते हैं। वे कहते हैं, कर्म जारी रखो। वह असंभव है, उससे जाया नहीं जा सकता; लेकिन कर्ता से जाया जा सकता है। कर्म को चलने दो, कर्ता को जाने दो। भीतर से कर्ता को छोड़ो, यह छोड़ो कि मैं कर रहा हूं।

इसलिए कृष्ण बार-बार गीता में अर्जुन को कहते हैं कि जिन्हें तू सोचता है कि तू मारेगा, मैं तुझे कहता हूं कि वे पहले ही मारे जा चुके हैं। जिन्हें तू सोचता है कि तेरे कारण मरेंगे, तू नासमझ है, तू मात्र निमित्त है, वे तेरे बिना भी मरेंगे। पूरे समय वे यह कह रहे हैं कि तू एक खयाल छोड़ दे कि तू करने वाला है। और अर्जुन की परेशानी यही है, उसे लग रहा है कि करने वाला मैं हूं। अगर मैं भाग जाऊं, तो युद्ध बच जाए।

यह जरूरी नहीं है। अर्जुन अकेला नहीं है। अर्जुन के भागने से भी युद्ध बच जाएगा, यह जरूरी नहीं है। युद्ध अनंत कारणों पर निर्भर है।

लोग सोचते थे कि पहला महायुद्ध हो गया, अब दूसरा महायुद्ध नहीं होगा। दूसरा भी हो गया। फिर दूसरे के बाद लोग सोचने लगे, अब तीसरा नहीं होगा।

क्योंकि अब तो हिटलर भी मर गया, अब तो मुसोलिनी भी नहीं है, अब तीसरा किसलिए होगा? लेकिन क्या फर्क पड़ता है! माओ को पैदा होने से कैसे रोकिएगा? और नामों से फर्क पड़ता है! कोई फर्क नहीं पड़ता। नहीं हिटलर, तो माओ होगा। नहीं माओ, तो कोई और होगा। नहीं कोई और, तो कोई अ ब स होगा।

युद्ध इतना विराट जाल है कि वह कोई अर्जुन यह सोचता हो कि मेरे भाग जाने से हट जाएगा, तो बहुत ही ईगोइस्ट है, बहुत अहंकारी है। सोच रहा है, मेरी वजह से ही यह इतना बड़ा विराट युद्ध हो रहा है!

सभी को ऐसा खयाल होता है कि सारी दुनिया उन्हीं के कारण चल रही है। सबको यह खयाल होता है। छोटों को, बड़ों को; अनुयायियों को, नेताओं को-सबको यह खयाल होता है कि उनसे ही सारी दुनिया चल रही है। वे गए कि एकदम से सब चला जाएगा। लेकिन नेपोलियन चला जाता है, कहीं कोई पत्थर नहीं हिलता। सिकंदर चले जाते हैं, किसी पत्ते को खबर नहीं होती है। हिटलर आते हैं, चले जाते हैं; चर्चिल, गांधी, नेहरू, सब आते हैं, खो जाते हैं; जगत चलता चला जाता है।

कृष्ण अर्जुन से कह रहे हैं कि तू यह पागलपन छोड़ कि तेरी वजह से कुछ हो रहा है। वजह बड़ी है। विराट है जाल उसका। उस विराट जाल को ही नियति कहते हैं, डेस्टिनी कहते हैं। जो एक व्यक्ति पर निर्भर नहीं है। अनंत-अनंत कारणों के जाल पर जो निर्भर है। उससे हो रहा है। इसलिए तू यह पागलपन छोड़ कि तेरे हट जाने से कोई युद्ध नहीं होगा, कि तेरे होने से युद्ध हो रहा है। तू नहीं भी हो, तो भी हो जाएगा। क्योंकि तू बहुत छोटा पुर्जा है। तेरे बिना हो सकता है। शायद पुर्जा भी नहीं है। क्योंकि जिसने तुझे पुर्जा चुना है, वह किसी दूसरे को भी पुर्जा चुन सकता है। और तुझसे तो पूछकर चुना नहीं है उसने, दूसरे को भी बिना पूछे चुन लेगा।

कर्ता होने का खयाल अगर गिर जाए और व्यक्ति देखे कि अनंत नियमों के जाल में जीवन चलता है। एक धारा है, जो बही जा रही है; उसमें हम तिनकों-से बहते हैं-तिनके। हम बहते हैं, यह कहना भी शायद ठीक नहीं। धारा बहती है।

हम तो तिनके हैं, हम क्या खाक बहते हैं! धारा बहती है, हम सिर्फ धारा में होते हैं। धारा पूरब बहती है, तो हम पूरब बहते हैं; धारा पश्चिम बहती है, तो हम पश्चिम बहते हैं।

कृष्ण का सारा जोर इस बात पर है कि तू यह भूल जा कि तू करने वाला है और फिर कर्म को होने दे; और फिर मैं तुझे विश्वास दिलाता हूं कि फिर कोई कर्म नहीं छूता।

पाप नहीं छूता, पाप का कर्ता होना छूता है। पुण्य नहीं छूता, पुण्य का कर्ता होना छूता है। अगर ठीक से समझें, आध्यात्मिक अर्थों में समझें, तो करने का खयाल एकमात्र पाप है। कर्ता का बोध एकमात्र पाप है। ओरिजिनल सिन अगर किसी चीज को कहें, मूल पाप, तो कर्ता का खयाल कि मैं कर रहा हूं।

लेकिन सोचने जैसा है। इधर कृष्ण तो कहते हैं अर्जुन को कि कर्त्ता एक ही है, परमात्मा। तू छोड़। अठारहवीं सदी के बाद सारी दुनिया में हमने परमात्मा को हटाने की कोशिश की है। कास्मिक आर्डर से, एक जगत की व्यवस्था से हमने कहा कि तुम रिटायर हो जाओ। परमात्मा को कहा कि आप छोड़ो। बहुत दिन हो गए, आप हटो। आदमी को कर्ता बनने दो!

ध्यान रहे, परमात्मा को अगर हम हटा दें जगत के खयाल से-जगत से तो नहीं हटा सकते, अपने खयाल से हटा सकते हैं-हटा दें, तो आदमी कर्ता हो जाता है। क्या आपने कभी यह सोचा कि जिन-जिन समाजों में आदमी कर्त्ता हो गया और परमात्मा कर्ता नहीं रहा, वहां मानसिक तनाव अपनी अति पर पहुंच गए हैं! वहां चिंता भयंकर हो गई है! वहां चित्त एकदम विक्षिप्त होने की हालत में पहुंच गया है! क्योंकि सारा बोझ मेरे मैं पर पड़ गया है। दुनिया चल रही है मेरे मैं पर; मैं हो गया है सेंटर।

आज पश्चिम की सारी सभ्यता मैं पर खड़ी है। इसलिए बड़ी पीड़ा है। न रात नींद है, न दिन चैन है। कहीं कोई शांति नहीं; कहीं कोई अर्थ नहीं; सब बेबूझ हो गया है। लेकिन एक बात खयाल में नहीं आती है कि जिस दिन से आदमी कर्ता बनने के खयाल में पड़ा है, उस दिन से चिंता उसने पुकार ली है।

अर्जुन भी चिंता में पड़ गया है। चिंता पैदा ही कर्ता होने के खयाल से पैदा होती है; कर्म से चिंता नहीं होती। आप कितना ही कर्म करें, कर्म चिंता नहीं लाता। और जरा-सा भी कर्ता बने कि चिंता आनी शुरू हो जाती है। एंग्जाइटी जो है, वह कर्ता की छाया है। अर्जुन बड़ा चिंतित है। उसकी सारी चिंता एक बात से है कि वह सोच रहा है, मैं मारने वाला हूं, मैं न मारूं तो ये न मरेंगे। मैं अगर युद्ध न करूं, तो युद्ध बंद हो जाएगा, शांति छा जाएगी। उसे ऐसा लग रहा है कि वही निर्णायक है। कोई निर्णायक नहीं है, समष्टि निर्णायक है; नियति निर्णायक है।

इसलिए कृष्ण उसको कहते हैं कि तू कर्त्ता को छोड़ और कर्म को चलने दे। निष्पाप बताकर उसे, वे जो दूसरी बात कहते हैं, वह निष्पाप में ले जाने वाली है। पहले उसे कहते हैं, तू निष्पाप है। और फिर वे जो दूसरा वक्तव्य देते हैं, वह समस्त पापों के बाहर ले जाने वाला है। वे निष्पाप कहकर चुप नहीं हो जाते, वे निष्पाप बनाने के लिए राह भी देते हैं। आश्वासन देकर मान नहीं लेते कि बात समाप्त हो गई। बात सिर्फ शुरू हुई है। और आदमी पूर्ण निष्पाप उसी दिन होता है, जिस दिन पूर्ण अकर्ता हो जाता है। कर्म नहीं बांधते, कर्त्ता बांध लेता है। कर्म नहीं छोड़ते, कर्त्ता छूट जाए तो छूटना हो जाता है।

ठीक उसके साथ ही दूसरी बात उन्होंने कही, त्याग नहीं साक्षात्कार को ले जाता है।

क्यों नहीं ले जाता है त्याग साक्षात्कार को? नहीं ले जाता इसलिए कि हम परमात्मा के सामने सौदे की हालत में खड़े नहीं हो सकते, बारगेनिंग नहीं हो सकती, खरीद-फरोख्त नहीं हो सकती। त्याग नहीं, समर्पण।

इस पर आगे हम बात करेंगे।

त्यागी कभी समर्पित नहीं होता। त्यागी आदमी कभी समर्पण नहीं करता। वह तो कहता है कि मेरे पास कारण है कि मैंने इतना छोड़ा, अब मुझे मिलना चाहिए। समर्पण तो वह करता है, जो कहता है, मेरे पास तो कुछ भी नहीं है, मैं तो कुछ भी नहीं हूं जो दावा कर सकूं कि मुझे मिलना चाहिए। मैं तो सिर्फ प्रार्थना कर सकता हूं, मैं तो सिर्फ चरणों में सिर रख सकता हूं। मेरे पास देने को कुछ भी नहीं है।

समर्पण वह करता है, जिसके खयाल में यह बात आ जाती है कि मैं असहाय हूं, टोटल हेल्पलेस हूं। मैं बिलकुल, मेरे पास कुछ भी नहीं है परमात्मा को देने को। रो सकता हूं, चिल्ला सकता हूं, पुकार सकता हूं; दे तो कुछ भी नहीं सकता। जो इतना दीन, इतना दरिद्र, इतना असहाय, इतना बेसहारा पुकारता है, वह समर्पित हो जाता है, वह साक्षात्कार को उपलब्ध हो जाता है।

त्यागी की तो अकड़ होती है, वह बेसहारा नहीं होता। उसके पास तो बैंक बैलेंस होता है त्याग का। कहता है कि यह मेरे पास है, इतना मैंने छोड़ा है-इतने हाथी, इतने घोड़े, इतने मकान-कहां हो, बाहर निकलो! त्याग पूरा कर दिया है, साक्षात्कार होना चाहिए।

त्यागी के पास तो दंभ होगा ही। त्यागी कभी दंभ के बाहर नहीं हो पाता। हां, उनकी बात दूसरी है, जिनके दंभ के जाने से त्याग फलित होता है। पर उनको त्याग का कभी पता नहीं चलता। उनको पता ही नहीं चलता कि उन्होंने कुछ त्यागा है। अगर आप उनसे कहें कि आपने कुछ त्यागा है? तो वे कहेंगे कि कभी था ही नहीं हमारे पास कुछ, हम त्यागेंगे कैसे! अगर उनसे आप कहें, आपने कुछ छोड़ा है? तो वे कहेंगे, कभी कुछ पकड़ा क्या था? छोड़ेंगे कैसे! खाली हाथ हैं, हमारे पास कुछ है नहीं। हम सिर्फ खाली हाथ ही परमात्मा के चरणों में रखते हैं।

और ध्यान रहे, जो भरे हाथ परमात्मा के सामने जाता है, वह खाली हाथ लौट आता है; और जो खाली हाथ जाता है, उसके हाथ भर दिए जाते हैं।

आज इतना ही। फिर कल हम बात करेंगे।

दूसरा प्रवचन

कर्त्ता का भ्रम

न हि कश्चित्क्षणमपि जातु तिष्ठत्यकर्मकृत्।
कार्यते ह्यवशः कर्म प्रकृतिजैर्गुणैः।। 5।।

सर्वथा कर्मों का स्वरूप से त्याग हो भी नहीं सकता है, क्योंकि कोई भी पुरुष किसी काल में क्षणमात्र भी बिना कर्म किए नहीं रहता है। निःसंदेह सभी पुरुष प्रकृति से उत्पन्न हुए गुणों द्वारा परवश हुए कर्म करते हैं।

जीवन ही कर्म है। मृत्यु कर्म का अभाव है। जन्म कर्म का प्रारंभ है, मृत्यु कर्म का अंत है। जीवन में कर्म को रोकना असंभव है। ठीक से समझें, तो जीवन और कर्म पर्यायवाची हैं। एक ही अर्थ है उनका। इसलिए जीते-जी क़र्म चलेगा ही। इस संबंध में मनुष्य की कोई स्वतंत्रता नहीं है।

सार्त्र ने अपने एक बहुत प्रसिद्ध वचन में कहा है, मैन इज कंडेम्ड टु बी फ्री-आदमी स्वतंत्र होने के लिए परवश है। लेकिन सार्त्र को शायद पता नहीं है कि आदमी कुछ बातों में परतंत्र होने के लिए भी परवश है, जैसे कर्म।

कर्म के संबंध में जीते-जी छुटकारा असंभव है। जीने की प्रत्येक क्रिया कर्म है। श्वास भी लूंगा, तो भी कर्म होगा। उठूंगा तो भी, बैठूंगा तो भी कर्म होगा। जीना कर्म की प्रोसेस, कर्म की प्रक्रिया का ही नाम है।

इसलिए जो लोग सोचते हैं कि जीते-जी कर्मत्याग कर दें, वे सिर्फ असंभव बातें सोच रहे हैं। वह संभव नहीं हो सकता है। संभव इतना ही हो सकता है कि वे एक कर्म को छोड़कर दूसरे कर्म को करना शुरू कर दें।

जिसे हम गृहस्थ कहते हैं, वह एक तरह के कर्म करता है। और जिसे संन्यासी कहते हैं, वह दूसरे तरह के कर्म करता है। संन्यासी कर्म नहीं छोड़ पाता। इसमें संन्यासी का कोई कसूर नहीं है। जीवन का स्वभाव ऐसा है। इसलिए जो कर्म छोड़ने की असंभव आकांक्षा करेगा, वह पाखंड में और हिपोक्रेसी में गिर जाएगा।

इस देश में वैसी दुर्घटना घटी। कृष्ण की बात नहीं सुनी गई। यद्यपि आप कहेंगे, गीता से ज्यादा कुछ भी नहीं पढ़ा गया है। लेकिन साथ ही मैं यह भी कहूंगा कि गीता से कम कुछ भी नहीं समझा गया है। अक्सर ऐसा होता है कि जो बहुत पढ़ा जाता है, उसे हम समझना बंद कर देते हैं। बहुत बार पढ़ने से ऐसा लगता है, बात समझ में आ गई। स्मरण हो जाने से लगता है, समझ में आ गई। स्मृति ही ज्ञान मालूम होने लगती है। गीता कंठस्थ है और पृथ्वी पर सर्वाधिक पढ़ी गई किताबों में से एक है, लेकिन सबसे कम समझी गई किताबों में से भी एक है।

जैसे यही बात, कर्म नहीं छोड़ा जा सकता; फिर भी इस देश का संन्यासी हजारों साल से कर्म छोड़ने की असंभव चेष्टा कर रहा है। कर्म नहीं छूटा, सिर्फ निठल्लापन पैदा हुआ है। कर्म नहीं छूटा, सिर्फ निष्क्रियता पैदा हुई है। और निष्क्रियता का अर्थ है, व्यर्थ कर्मों का जाल, जिनसे कुछ फलित भी नहीं होता। लेकिन कर्म जारी रहते हैं। पाखंड उपलब्ध हुआ है। जो कर्म को छोड़कर भागेगा, उसकी कर्म की ऊर्जा व्यर्थ के कामों में सक्रिय हो जाती है।

दो तरह से लोग कर्म को छोड़ने की कोशिश करते हैं। दोनों ही एक-सी भ्रांतियां हैं। एक कोशिश संन्यासी ने की है कर्म को छोड़ने की-सब छोड़ दे,

कुछ न करे। लेकिन कुछ न करने का मतलब सिर्फ आत्मघात हो सकता है। और आत्मघात भी करना पड़ेगा; वह भी अंतिम कर्म होगा। एक और रास्ता है, जिससे कर्म छोड़ने की आकांक्षा की जाती रही है। वह भी समझ लेना जरूरी है।

पूरब ने संन्यासी के रास्ते से कर्मत्याग की कोशिश की है और असफल हुआ है। कृष्ण की बात नहीं सुनी गई। पश्चिम ने दूसरे ढंग से कर्म को छोड़ने की कोशिश की है और वह यह है कि यदि यंत्र सारे काम कर दें, तो आदमी कर्म से मुक्त हो जाए! अगर सारा काम यंत्र कर सके, तो आदमी काम से मुक्त हो जाए, कर्म से मुक्त हो जाए, तो परम आनंद को उपलब्ध हो जाएगा। लेकिन पश्चिम दूसरी मुश्किल में पड़ गया है। और वह मुश्किल यह है कि जितना कम काम आदमी के हाथ में है, उतना आदमी ज्यादा उपद्रव हाथ में लेता चला जा रहा है। वह जो कर्म की ऊर्जा है, वह प्रकट होना मांगती है। वह कर्म की ऊर्जा कहीं से प्रकट होगी।

इसलिए पश्चिम में छुट्टी के दिन ज्यादा दुर्घटनाएं होंगी, ज्यादा हत्याएं होंगी, ज्यादा चोरियां होंगी, ज्यादा बलात्कार होंगे। क्योंकि छुट्टी के दिन कर्म की ऊर्जा क्या करे? अगर एक महीने के लिए पूरी छुट्टी दे दी जाए पश्चिम को, तो सारी सभ्यता एक महीने में नष्ट हो जाएगी और नीचे गिर जाएगी।

इसलिए पश्चिम के विचारक अब परेशान हैं कि आज नहीं कल यंत्र के हाथ में सारा काम चला जाएगा, फिर हम आदमी को कौन-सा काम देंगे! और अगर आदमी को काम न मिला, तो आदमी कुछ तो करेगा ही। और वह कुछ खतरनाक हो सकता है; अगर वह काम का न हुआ, तो आत्मघाती हो सकता है।

कृष्ण की बात पश्चिम में भी नहीं सुनी गई। असल में कृष्ण की बात किसी ने भी नहीं सुनी कि कर्म से छुटकारा नहीं है, क्योंकि जीवन और कर्म एक ही चीज के दो नाम हैं। सिर्फ एक बात हो सकती है। इसका यह मतलब नहीं है कि हम जैसे जी रहे हैं और जो कर रहे हैं, वैसे ही जीते रहें और वैसे ही करते चले जाएं। अगर ऐसा कोई समझता है, तो उसे भी कृष्ण की बात सुनाई नहीं पड़ी।

कृष्ण यह कह रहे हैं कि कर्म को बदलने की उतनी फिक्र मत करो, कर्ता को बदलने की फिक्र करो। असली सवाल यह नहीं है कि क्या तुम कर रहे हो, क्या नहीं

कर रहे हो! असली सवाल यह है कि तुम क्या हो और क्या नहीं हो! असली सवाल डूइंग का नहीं, बीइंग का है। असली सवाल यह है कि भीतर तुम क्या हो! अगर तुम भीतर गलत हो, तो तुम जो भी करोगे, उससे गलत फलित होगा। और अगर तुम भीतर सही हो, तो तुम जो भी करोगे, उससे सही फलित होगा।

कर्म का प्रश्न नहीं है। वह भीतर जो व्यक्ति है, चेतना है, आत्मा है, कर्म उससे ही निकलते हैं, उससे ही फलते-फूलते हैं। उस चेतना, उस आत्मा का सवाल है। और वह आत्मा बीमार है एक बहुत बड़ी बीमारी से। लेकिन वह बड़ी बीमारी, हमें लगता है कि हमारा बड़ा स्वास्थ्य है। वह आत्मा बीमार है मैं के भाव से, ईगोइज्म से। मैं हूं-यही आत्मा की बीमारी है।

कभी शायद आपने खयाल न किया हो, अगर शरीर पूरा स्वस्थ हो, तो आपको शरीर का पता नहीं चलता। ठीक से समझा जाए, तो स्वास्थ्य का एक ही प्रमाण होता है कि शरीर का पता न चलता हो, बाडीलेसनेस हो जाए। आपके सिर में दर्द होता है, तो सिर का पता चलता है। अगर सिर में दर्द न हो, तो सिर का पता नहीं चलता। और अगर सिर का थोड़ा भी पता चलता हो, तो समझना कि थोड़ा न थोड़ा सिर बीमार है। अगर पैर में पीड़ा हो, तो पैर का पता चलता है; पांव में कांटा गड़ा हो, तो पांव का पता चलता है। जहां भी वेदना है, वहीं बोध है। जहां वेदना नहीं, वहां बोध नहीं। जहां वेदना है, वहीं चेतना सघन हो जाती है। और जहां वेदना नहीं है, वहां चेतना विदा हो जाती है।

यह वेदना शब्द भी बहुत अदभुत है। इसके दो अर्थ होते हैं। इसका अर्थ ज्ञान भी होता है और दुख भी होता है। हमारे पास शब्द है, वेद। वेद का अर्थ होता है ज्ञान। वेद से ही वेदना बना है। वेदना का एक अर्थ तो होता है : ज्ञान, बोध, कांशसनेस; और एक अर्थ होता है : पीड़ा, दुख। यह अकारण अर्थ नहीं होता है इस शब्द का। असल में जहां पीड़ा है, वहीं बोध टिक जाता है। अगर पैर में कांटा गड़ा है, तो सारा बोध, सारी अटेंशन वहीं, उसी कांटे पर पहुंच जाती है। अगर शरीर में कहीं भी कोई पीड़ा नहीं है, तो शरीर का बोध मिट जाता है। बाडी कांशसनेस चली जाती है। शरीर का पता ही नहीं चलता है। विदेह हो जाता है आदमी, अगर शरीर स्वस्थ हो।

ठीक ऐसे ही अगर आत्मा स्वस्थ हो, तो मैं का पता नहीं चलता। मैं का पता चलता है तभी तक, जब तक आत्मा बीमार है। इसलिए जो आत्मा के तल पर स्वस्थ हो जाते हैं, वे होते तो हैं, लेकिन उन्हें ऐसा नहीं लगता है कि मैं हूं। उन्हें ऐसा ही लगता है-हूं। हूं काफी हो जाता है, मैं विदा हो जाता है।

वह मैं भी एक कांटे की तरह चुभता है चौबीस घंटे। रास्ते पर चलते, उठते-बैठते, कोई देखे तो, कोई न देखे तो, वह मैं का कांटा चुभता रहता है। उस मैं के घाव से भरे हुए हम कर्ता से घिर जाते हैं।

वह अर्जुन भी उसी पीड़ा में पड़ा है। उसका मैं सघन होकर उसे पीड़ा दे रहा है। वह कह क्या रहा है? वह यह नहीं कहता है, युद्ध में हिंसा होगी, इसलिए मैं युद्ध नहीं करना चाहता हूं। नहीं, वह यह नहीं कहता। वह कहता है, युद्ध में मेरे लोग मर जाएंगे, इसलिए मैं युद्ध नहीं करना चाहता हूं। कहता है, मेरे प्रियजन, मेरे संबंधी, मेरे मित्र दोनों तरफ युद्ध के लिए आतुर खड़े हैं। सब मेरे हैं, और मर जाएंगे।

कभी आपने सोचा है कि जब मेरा मरता है, तो पीड़ा क्यों होती है? क्या इसलिए पीड़ा होती है कि जो मेरा था, वह मर गया! या इसलिए पीड़ा होती है कि मेरा होने की वजह से मेरे मैं का एक हिस्सा था, जो मर गया! ठीक से समझेंगे, तो किसी दूसरे के मरने से किसी को कभी कोई पीड़ा नहीं होती है। लेकिन मेरा है, तो पीड़ा होती है। क्योंकि जब भी मेरा कोई मरता है, तो मेरे ईगो का एक हिस्सा, मेरे अहंकार का एक हिस्सा बिखर जाता है भीतर, जो मैंने उसके सहारे सम्हाला था।

इसीलिए तो हम मेरे को बढ़ाते हैं-मेरा मकान हो, मेरी जमीन हो, मेरा राज्य हो, मेरा पद हो, मेरी पदवी हो, मेरा ज्ञान हो, मेरे मित्र हों-जितना मेरा मेरे का विस्तार होता है, उतना मेरा मैं मजबूत और बीच में सघन होकर सिंहासन पर बैठ जाता है। अगर मेरा सब विदा हो जाए, तो मेरे मैं को खड़े होने के लिए कोई सहारा न रह जाएगा और वह भूमि पर गिरकर टूट जाएगा, बिखर जाएगा।

अर्जुन की पीड़ा क्या है? अर्जुन की पीड़ा यह है कि सब मेरे हैं। इसलिए वह बार-बार कहता है कि जिनके लिए राज्य जीता जाता है, जिनके लिए धन

कमाया जाता है, जिनके लिए यश की कामना की जाती है, वे सब मेरे मर जाएंगे युद्ध में, तो मैं इस राज्य का, इस धन का, इस साम्राज्य का, इस वैभव को पाकर करूंगा भी क्या? जब मेरे ही मर जाएंगे...!

लेकिन उसे भी साफ नहीं है कि मेरे के मरने का इतना डर मैं के मरने का डर है। जब पत्नी मरती है, तो पति भी एक हिस्सा मर जाता है। उतना ही जितना जुड़ा था, उतना ही जितना पत्नी उसके भीतर प्रवेश कर गई थी और उसके मैं का हिस्सा बन गई थी। एकदम से खयाल में नहीं आता कि हम सब एक-दूसरे से अपने मैं के लिए भोजन जुटाते हैं।

एक बच्चा हो रहा है एक मां को। एक स्त्री को बच्चा हो रहा है। जिस दिन बच्चा पैदा होता है, उस दिन अकेला बच्चा ही पैदा नहीं होता है, उस दिन मां भी पैदा होती है। उसके पहले सिर्फ स्त्री है, बच्चे के जन्म के बाद वह मां है। यह जो मां होना उसमें आया, यह बच्चे के होने से आया है। अब उसके मैं में मां होना भी जुड़ गया। कल यह बच्चा मर जाए, तो उसका मां होना फिर मरेगा, अब उसके मैं से फिर मां होना गिरेगा। बच्चे का मरना नहीं अखरता; गहरे में अखरता है, मेरे भीतर कुछ मरता है, मेरे मैं की कोई संपदा छिनती है, मेरे मैं का कोई आधार टूटता है।

उपनिषदों ने कहा है, कोई किसी दूसरे के लिए दुखी नहीं होता, सब अपने लिए दुखी होते हैं। कोई किसी दूसरे के लिए आनंदित नहीं होता, सब अपने लिए आनंदित होते हैं। कोई किसी दूसरे के लिए जीता नहीं, सब अपने मैं के लिए जीते हैं। हां, जिन-जिन से हमारे मैं को सहारा मिलता है, वे अपने मालूम पड़ते हैं; और जिन-जिन से हमारे मैं को विरोध मिलता है, वे पराए मालूम पड़ते हैं। जो मेरे मैं को आसरा देते हैं, वे मित्र हो जाते हैं; और जो मेरे मैं को खंडित करना चाहते हैं, वे शत्रु हो जाते हैं।

इसलिए जिसका मैं गिर जाता है, उसका मित्र और शत्रु भी पृथ्वी से विदा हो जाता है। उसका फिर कोई मित्र नहीं और फिर कोई शत्रु नहीं। क्योंकि शत्रु और मित्र सभी मैं के आधार पर निर्मित होते हैं।

यह जो कृष्ण अर्जुन को कह रहे हैं कि कर्म से भागने का कोई उपाय नहीं, मनुष्य परवश है; कर्म तो करना ही होगा, क्योंकि कर्म जीवन है। इस पर इतना जोर इसीलिए दे रहे हैं कि अर्जुन को दिखाई पड़ जाए कि असली बदलाहट, असली म्यूटेशन, असली क्रांति कर्म में नहीं, कर्त्ता में करनी है। कर्म नहीं मिटा डालना, कर्ता को विदा कर देना है। वह भीतर से कर्ता विदा हो जाए, तो कर्म चलता रहेगा, लेकिन तब, तब कर्म परमात्मा के हाथ में समर्पित होकर चलता है। तब मेरा कोई भी दायित्व, तब मेरा कोई भी बोझ नहीं रह जाता। इस बात को ही कृष्ण आगे और स्पष्ट करेंगे।

प्रश्न : पांचवें श्लोक पर प्रश्न करने के पहले कल की चर्चा के संबंध में तीन छोटे प्रश्न रह गए हैं। कल आपने कहा कि क्षत्रिय बहिर्मुखी है और ब्राह्मण अंतर्मुखी है और तदनुरूप उनकी साधना में भेद है। कृपया बताएं कि वैश्य और शूद्र को आप किस चित्त-कोटि में रखेंगे?

क्षत्रिय बहिर्मुखता का प्रतीक है, ब्राह्मण अंतर्मुखता का प्रतीक है। फिर शूद्र और वैश्य किस कोटि में हैं? दो-तीन बातें समझनी होंगी।

अंतर्मुखता अगर पूरी खिल जाए, तो ब्राह्मण फलित होता है; अंतर्मुखता अगर खिले ही नहीं, तो शूद्र फलित होता है। बहिर्मुखता पूरी खिल जाए, तो क्षत्रिय फलित होता है; बहिर्मुखता खिले ही नहीं, तो वैश्य फलित होता है। इसे ऐसा समझें। एक रेंज है अंतर्मुखी का, एक शृंखला है, एक सीढ़ी है। अंतर्मुखता की सीढ़ी के पहले पायदान पर जो खड़ा है, वह शूद्र है; और अंतिम पायदान पर जो खड़ा है, वह ब्राह्मण है। बहिर्मुखता भी एक सीढ़ी है। उसके प्रथम पायदान पर जो खड़ा है, वह वैश्य है; और उसके अंतिम पायदान पर जो खड़ा है, वह क्षत्रिय है।

यहां जन्म से क्षत्रिय, वैश्य और शूद्र की मैं बात नहीं कर रहा हूं। मैं व्यक्तियों के टाइप की बात कर रहा हूं। ब्राह्मणों में शूद्र पैदा होते हैं, शूद्रों में ब्राह्मण पैदा होते हैं। क्षत्रियों में वैश्य पैदा हो जाते हैं, वैश्यों में क्षत्रिय पैदा हो जाते हैं। यहां मैं जन्मजात वर्ण की बात नहीं कर रहा हूं। यहां मैं वर्ण के मनोवैज्ञानिक तथ्य की बात कर रहा हूं।

इसलिए यह भी ध्यान में रखने जैसा है कि ब्राह्मण जब भी नाराज होगा किसी पर, तो कहेगा, शूद्र है तू! और क्षत्रिय जब भी नाराज होगा, तो कहेगा, बनिया है तू! कभी सोचा है? क्षत्रिय की कल्पना में बनिया होना नीचे से नीची बात है। ब्राह्मण की कल्पना में शूद्र होना नीचे से नीची बात है। क्षत्रिय की कल्पना अपनी ही बहिर्मुखता में जो निम्नतम सीढ़ी देखती है, वह वैश्य की है। इसलिए अगर क्षत्रिय पतित हो तो वैश्य हो जाता है; और अगर वैश्य विकसित हो तो क्षत्रिय हो जाता है।

इसकी बहुत घटनाएं घटीं। और कभी-कभी जब कोई व्यक्ति समझ नहीं पाता अपने टाइप को, अपने व्यक्तित्व को, अपने स्वधर्म को, तो बड़ी मुश्किल में पड़ जाता है। महावीर क्षत्रिय घर में पैदा हुए, लेकिन वे व्यक्ति अंतर्मुखी थे और उनकी यात्रा ब्राह्मण की थी। बुद्ध क्षत्रिय घर में पैदा हुए, लेकिन वे व्यक्ति ब्राह्मण थे और उनकी यात्रा ब्राह्मण की थी। इसलिए बुद्ध ने बहुत जगह कहा है कि मुझसे बड़ा ब्राह्मण और कोई भी नहीं है। लेकिन बुद्ध ने ब्राह्मण की परिभाषा और की है। बुद्ध ने कहा, जो ब्रह्म को जाने, वह ब्राह्मण है।

बुद्ध और महावीर क्षत्रिय हैं और ब्राह्मण उनका व्यक्तित्व है। जन्म से वे क्षत्रिय हैं। जब महावीर जैसा क्षत्रिय ब्राह्मण की यात्रा पर गया, इंट्रोवर्शन की, अंतर्यात्रा पर गया, सारे बाहर के जगत को छोड़कर भीतर ध्यान और समाधि में डूबा। स्वभावतः, महावीर के आस-पास क्षत्रियों के ही संबंध थे-मित्र थे, प्रियजन थे-वे भी महावीर से प्रभावित हुए और महावीर के पीछे यात्रा पर गए। यह बड़े मजे की बात है कि महावीर के पीछे जो क्षत्रिय यात्रा पर गए, अंत में वे वैश्य होकर रह गए। सारा जैन समाज वैश्यों का हो गया।

असल में महावीर से प्रभावित होकर जो क्षत्रिय महावीर के पीछे गया था, वह इंट्रोवर्ट नहीं था। वह ब्राह्मण हो नहीं सकता था। था तो वह क्षत्रिय, महावीर से प्रभावित होकर पीछे चला गया। ब्राह्मण हो नहीं पाया, क्षत्रिय होना मुश्किल हो गया, वैश्य होने का एकमात्र मार्ग रह गया। वह क्षत्रिय होने से नीचे गिरा और वैश्य हो गया।

यह होने ही वाला था। ब्राह्मण अंतर्मुखता की श्रेष्ठतम स्थिति है। सभी ब्राह्मण ब्राह्मण नहीं हैं। अगर ठीक से समझें, तो हम सब पैदा तो होते हैं या शूद्र की तरह या वैश्य की तरह, विकसित हो सकते हैं ब्राह्मण की तरह या क्षत्रिय की तरह। पैदा तो हम होते हैं नीचे पायदान पर, विकसित हो सकते हैं। बीज में तो हम या तो होते हैं शूद्र, या होते हैं वैश्य। फिर अगर बीज खिल जाए, तो बन सकते हैं क्षत्रिय, या बन सकते हैं ब्राह्मण।

मेरे देखे, जन्म से सारे लोग दो तरह के होते हैं-शूद्र और वैश्य। उपलब्धि से, एचीवमेंट से दो तरह के हो जाते हैं-ब्राह्मण और क्षत्रिय। जो विकसित नहीं हो पाते, वे पिछली दो कोटियों में रह जाते हैं। वर्ण तो दो ही हैं।

अगर सारे लोग विकसित हों, तो जगत में दो ही वर्ण होंगे- बहिर्मुखी और अंतर्मुखी। लेकिन जो विकसित नहीं हो पाते, वे भी दो वर्ण निर्मित कर जाते हैं। इसलिए चार वर्ण निर्मित हुए : दो, जो विकसित हो जाते हैं; दो, जो विकसित नहीं हो पाते और पीछे छूट जाते हैं।

क्षत्रिय की आकांक्षा शक्ति की आकांक्षा है, ब्राह्मण की आकांक्षा शांति की आकांक्षा है। क्षत्रिय की आकांक्षा शक्ति की है। और अगर क्षत्रिय न हो पाए कोई वैश्य रह जाए। तो बहुत भयभीत, डरा हुआ, कायर व्यक्तित्व होता है वैश्य का, लेकिन बीज उसके पास क्षत्रिय के हैं, इसलिए शक्ति की आकांक्षा भी नहीं छूटती। लेकिन क्षत्रिय होकर शक्ति को पा भी नहीं सकता। इसलिए वैश्य फिर धन के द्वारा शक्ति को खोजता है। वह धन के द्वारा शक्ति को निर्मित करने की कोशिश करता है। लड़ तो नहीं सकता, युद्ध के मैदान पर नहीं हो सकता, हाथ में तलवार नहीं ले सकता, लेकिन तिजोरी तो ली जा सकती है और तलवारें खरीदी जा सकती हैं। इसलिए इनडाइरेक्टली धन की आकांक्षा, शक्ति की आकांक्षा है-परोक्ष, पीछे के रास्ते से, भयभीत रास्ते से।

ब्राह्मण होने की आकांक्षा शूद्र में भी है। होगी ही। बीज उसके भीतर है अंतर्मुखता का। अगर वह विकसित हो, तो वह पूर्ण अंतर्मुखी यात्रा पर निकल जाएगा। अगर विकसित न हो, तो सिर्फ आलस्य में खड़ा रह जाएगा। बहिर्मुखी हो न पाएगा, अंतर्मुखी होगा नहीं। तब बीच में खड़ा रह जाएगा। आलस्य,

तमस, प्रमाद उसकी जिंदगी हो जाएगी। बाहर की यात्रा पर जाएगा नहीं, भीतर की यात्रा पर जा सकता था, जा नहीं रहा है। यात्रा ठहर जाएगी। दोनों यात्राएं ठहर जाएंगी। शूद्र का अर्थ है, प्रमादी। शूद्र का अर्थ है, सोया हुआ। शूद्र का अर्थ है, आलस्य, तमस से घिरा हुआ। शूद्र का अर्थ है, जो कुछ भी नहीं कर रहा है; न बाहर जा रहा है, न भीतर जा रहा है; जो प्रमाद में, अंधेरे में सोया रह गया है।

यह जो मैं कह रहा हूं-यह ध्यान रख लेंगे-यह किसी शूद्र, किसी ब्राह्मण, किसी वैश्य, किसी क्षत्रिय के लिए नहीं कह रहा हूं। यह मनोवैज्ञानिक टाइप के लिए कह रहा हूं।

इसलिए शूद्र निरंतर ही ब्राह्मण के विपरीत अनुभव करेगा। और अगर आज सारी दुनिया में और विशेषकर इस मुल्क में, जिसने कि यह टाइप की मनोवैज्ञानिक व्यवस्था सबसे पहले खोजी थी, शूद्र ने ब्राह्मण के खिलाफ बगावत कर दी है। बगावत करने का एक ढंग और भी था; वह ढंग यह था कि शूद्र ब्राह्मण होने की यात्रा पर निकल जाए। वह नहीं हो सका। और अब राममोहन राय, गांधी और उन सारे लोगों के आधार पर, जिनकी कोई मनोवैज्ञानिक समझ नहीं है, शूद्र एक दूसरी यात्रा पर निकला है। वह कह रहा है कि हम ब्राह्मण को भी शूद्र बनाकर रहेंगे। अब हम तो ब्राह्मण नहीं बन सकते। वह बात छोड़ें। लेकिन अब हम ब्राह्मण को भी शूद्र बनाकर रहेंगे।

शूद्र ब्राह्मण बने, यह हितकर है। लेकिन वह यात्रा आंतरिक यात्रा है। लेकिन शूद्र सिर्फ ब्राह्मण को खींचकर शूद्र बनाने की चेष्टा में लग जाए, तो वह सिर्फ आत्मघाती बात है। शूद्र आतुर है कि ब्राह्मण और उसके बीच का फासला टूट जाए। फासला टूटना चाहिए। लेकिन वह एक मनोवैज्ञानिक साधना है; वह एक सामाजिक व्यवस्था मात्र नहीं है।

और यह भी ध्यान में रखना जरूरी है कि उसी तरह ब्राह्मण भी बहुत बेचैन है कि कहीं फासला न टूट जाए। शंकराचार्य पुरी के बहुत बेचैन हैं कि कहीं फासला न टूट जाए! कहीं ब्राह्मण और शूद्र का फासला न टूट जाए! यह डर भी इसी बात की सूचना है कि अब ब्राह्मण ब्राह्मण नहीं है, अन्यथा फासला टूटने से वह डरने वाला नहीं था। फासला टूट नहीं सकता। शूद्र बगल में बैठ जाए ब्राह्मण

के, इससे फासला नहीं टूटता। शूद्र ब्राह्मण की थाली में बैठकर खा ले, इससे फासला नहीं टूटता। अगर ब्राह्मण असली है, तो फासला ऐसे टूटता नहीं। लेकिन अगर ब्राह्मण खुद ही शूद्र है, तो फासला तत्काल टूट जाता है। ब्राह्मण डरा हुआ है, क्योंकि वह शूद्र हो चुका है करीब-करीब। और शूद्र आतुर है कि ब्राह्मण को शूद्र बनाकर रहे।

यह मैं जो कह रहा हूं, वह इसलिए कह रहा हूं, ताकि यह खयाल आ सके कि भारत की वर्ण की धारणा के पीछे बड़े मनोवैज्ञानिक खयाल थे। मनोवैज्ञानिक खयाल यह था कि प्रत्येक व्यक्ति ठीक से पहचान ले कि उसका टाइप क्या है, ताकि उसकी आगे जीवन की यात्रा व्यर्थ यहां-वहां न भटक जाए; वह यहां-वहां न डोल जाए। वह समझ ले कि वह अंतर्मुखी है कि बहिर्मुखी है, और उस यात्रा पर चुपचाप निकल जाए। एक क्षण भी खोने के योग्य नहीं है। और जीवन का अवसर एक बार खोया जाए, तो न मालूम कितने जन्मों के लिए खो जाता है। व्यक्तित्व ठीक से पहचानकर साधना में उतरे, यह जरूरी है।

इसलिए मैंने कहा, अगर आप बहिर्मुखी हैं, तो या तो आप वैश्य हो सकते हैं या क्षत्रिय हो सकते हैं। अंतर्मुखी हैं, तो या शूद्र हो सकते हैं या ब्राह्मण हो सकते हैं। ये पोलेरिटीज हैं, ये ध्रुवताएं हैं। लेकिन शूद्र होना तो प्रकृति से ही हो जाता है; ब्राह्मण होना उपलब्धि है। वैश्य होना प्रकृति से ही हो जाता है; क्षत्रिय होना उपलब्धि है।

प्रश्न : दूसरी बात, कल आपने बताया कि अंतर्मुखी, इंट्रोवर्ट व्यक्ति ज्ञान से शून्यत्व को अर्थात निर्वाण को प्राप्त होता है; उसी तरह बहिर्मुखी, एक्सट्रोवर्ट व्यक्ति साधना से पूर्णत्व अर्थात ब्रह्म को प्राप्त करता है। तो फिर गीता के द्वितीय अध्याय के अंतिम श्लोक में श्रीकृष्ण ने बताया है, ब्रह्मनिर्वाणमृच्छति। यह क्या है? क्या यह दोनों का समन्वय है?

समन्वय की जरूरत सत्य को कभी नहीं होती, सिर्फ असत्यों को होती है। सत्य समन्वित है। ब्रह्म-निर्वाण, ऐसे शब्द के प्रयोग का एक ही मतलब

होता है कि कुछ लोग जिसे ब्रह्म कहते हैं, कुछ लोग उसी को निर्वाण कहते हैं। जो शून्य से चलते हैं, वे निर्वाण कहते हैं; जो पूर्ण से चलते हैं, वे ब्रह्म कहते हैं। लेकिन जिस अनुभूति के लिए ये शब्द प्रयोग किए जा रहे हैं, वह एक ही है। ब्रह्म-निर्वाण, ब्रह्म की अनुभूति और निर्वाण की अनुभूतियों के बीच समन्वय नहीं है, क्योंकि समन्वय के लिए दो का होना जरूरी है। ब्रह्म-निर्वाण एक ही अनुभूति के लिए दिए गए दो नामों का इकट्ठा उच्चारण है। सिर्फ इस बात को बताने के लिए कि कुछ लोग उसे निर्वाण कहते हैं और कुछ लोग उसे ब्रह्म कहते हैं। लेकिन वह जो है, वह एक ही है। जो लोग विधायक हैं, पाजिटिव हैं, वे उसे ब्रह्म कहते हैं; जो लोग निगेटिव हैं, नकारात्मक हैं, वे उसे निर्वाण कहते हैं। लेकिन वे जिसे कहते हैं, वह एक्स, वह अज्ञात, वह एक ही है।

इसलिए कृष्ण ब्रह्म-निर्वाण दोनों का एक साथ प्रयोग कर रहे हैं, समन्वय के लिए नहीं, सिर्फ इस बात की सूचना के लिए कि सत्य एक ही है, जिसे जानने वाले बहुत तरह से कहते हैं। और बड़े से बड़े जो भेद हो सकते हैं उनके कहने के, वे दो हो सकते हैं : या तो वे कह दें कि वह शून्य है या वे कह दें कि वह पूर्ण है। यह अपनी रुचि की, व्यक्तित्व की बात है। यह अपने देखने के ढंग की बात है।

और हम जब भी कुछ कहते हैं, तो हम उस संबंध में कम कहते हैं जिस संबंध में कह रहे हैं, अपने संबंध में ज्यादा कहते हैं। जब भी हम कुछ कहते हैं, तो वह खबर हमारे बाबत होती है कि हम किस तरह के व्यक्ति हैं। हमें जो दिखाई पड़ता है, वह गेस्टाल्ट है। उसमें हम भी जुड़ जाते हैं।

अब जैसे उदाहरण के लिए, कहीं एक गिलास में आधा पानी भरा रखा हो और एक व्यक्ति कमरे के बाहर आकर कहे कि गिलास आधा खाली है और दूसरा आदमी बाहर आकर कहे कि गिलास आधा भरा है। इन दोनों ने दो चीजें नहीं देखीं। इन दोनों ने दो चीजें कही भी नहीं। लेकिन फिर भी इन दो व्यक्तियों के देखने का ढंग बिलकुल प्रतिकूल है।

एक ने देखा कि आधा खाली है। खाली पर उसकी नजर गई है, भरे पर उसकी नजर नहीं गई। एंफेटिकली खाली उसे दिखाई पड़ा है, भरा किनारे पर रहा

है। खाली बीच में रहा है, सेंटर में, भरा परिधि पर रहा है। खाली ने उसको पकड़ा है; भरे ने उसे नहीं पकड़ा है। दूसरा व्यक्ति कहता है, आधा भरा है। भरा उसके बीच में है ध्यान के, खाली बाहर है, परिधि पर है। खाली उसे दिखाई नहीं पड़ा, दिखाई उसे भरा पड़ा है, खाली ने सिर्फ भरे की सीमा बनाई है। भरा है असली, खाली पड़ोस में है, सिर्फ सीमांत है। तो वह कह रहा है, आधा भरा है।

और गिलास, गिलास से पूछें कि गिलास आधा भरा है या आधा खाली है? गिलास कुछ भी नहीं कहेगा। क्योंकि गिलास कहेगा, यह विवाद पागलपन का है। मैं दोनों हूं। मैं एक साथ दोनों हूं। लेकिन यह दो भी इसलिए कहना पड़ रहा है, क्योंकि दो लोगों ने मुझे देखा है। असल में मैं तो जो हूं, हूं। यहां तक पानी है और यहां से पानी नहीं है। बीच तक पानी है और बीच तक पानी नहीं है। एक रेखा है, जहां मेरा आधा खालीपन और आधा भरापन मिलते हैं।

दो आदमियों ने दो तरह से देखा है। ये दो आदमी दो तरह से कहते हैं। और अगर ये दोनों आदमी बाजार में चले जाएं और ऐसे लोगों के बीच में पहुंच जाएं जिन्होंने कभी आधी भरी और आधी खाली चीज न देखी हो, तो दो संप्रदाय बन जाएंगे उस बाजार में। एक आधे खाली वालों का संप्रदाय होगा, एक आधे भरे वालों का संप्रदाय होगा। और उनमें भारी विवाद चलेगा; और उनके पंडित बड़ा तर्क करेंगे और विश्वविजय की यात्राएं निकालेंगे और झंडे फहराएंगे और शास्त्रों से सिद्ध करेंगे कि सत्य बात क्या है। दूसरा असत्य है।

ठीक भी है। जिनको पता न हो, उनके लिए दोनों वक्तव्य एकदम कंट्राडिक्टरी हैं। कि गिलास आधा खाली है; खाली है, इस पर ध्यान जाता है। गिलास आधा भरा है; भरा है, इस पर ध्यान जाता है। एक कहता है, खाली है। एक कहता है, भरा है। और जिन्होंने देखा नहीं, जिन्हें कुछ पता नहीं, वे कहेंगे, इससे ज्यादा विरोधी वक्तव्य क्या हो सकते हैं! ये दोनों अलग-अलग बातें हैं। दो में से कोई एक ही सही हो सकता है। इसलिए निर्णय करो कि सही कौन है।

यह निर्णय हजारों साल तक चलेगा और कभी नहीं हो पाएगा। क्योंकि वहां सिर्फ एक ही गिलास है, जो आधा खाली है और आधा भरा है। दो आदमियों ने देखा है। बस, वक्तव्य इसीलिए भिन्न हो गए हैं।

ब्रह्म-निर्वाण दो बातों का समन्वय नहीं है। एक सत्य के लिए उपयोग किए गए दो शब्दों का समवेत प्रयोग है। समन्वय सिर्फ असत्यों में करना पड़ता है। सत्य में समन्वय नहीं हो सकता, क्योंकि सत्य एक है। दूसरा है नहीं, जिससे समन्वय करना पड़े।

इसलिए जितने लोग समन्वय की बातें करते हैं, इन्हें सत्य का कोई भी पता नहीं है। सत्य को समन्वय की कोई भी जरूरत नहीं है। सत्य है ही एक। किससे समन्वय करना है? असत्य से! हां, असत्य से करना हो तो हो सकता है। लेकिन सत्य से असत्य का समन्वय कैसे होगा? कोई उपाय नहीं है। और दो सत्य नहीं हैं कि जिनका समन्वय करना हो। हां, एक ही सत्य को बहुत लोगों ने देखा है, बहुत शब्दों में कहा है। भेद शब्दों के हैं, सत्यों के नहीं।

प्रश्न : कल आपने कहा कि कर्ता तो प्रभु है, मनुष्य तो केवल निमित्त-मात्र है। तो कोई व्यक्ति जब दुष्कर्म की ओर प्रवृत्त होता है, तो क्या दुष्कर्म का कर्त्ता और प्रेरक भी प्रभु है? और कर्तापन के अभाव से बुरे कर्म का अभिनय करना कहां तक उचित है?

अच्छे और बुरे का फासला आदमी का है, परमात्मा का नहीं है। और जो अच्छे-बुरे में फर्क करता है, उससे कभी न कभी बुरा होगा; वह बुरे से बच नहीं सकता है। सिर्फ बुरे से वही बच सकता है, जिसने सभी परमात्मा पर छोड़ दिया हो।

लेकिन हम कहेंगे कि एक आदमी चोरी कर सकता है और कह सकता है कि मैं तो निमित्त-मात्र हूं; चोरी मैं नहीं करता हूं, परमात्मा करता है। कहे; अड़चन अभी नहीं है, अड़चन जब घर के लोग पकड़कर उसे मारने लगते हैं, तब पता चलेगी। क्योंकि अगर वह तब भी यही कहे कि परमात्मा ही मार रहा है और ये घर के लोग कर्ता नहीं हैं, निमित्त-मात्र हैं, तभी पता चलेगा।

और ध्यान रहे, जो आदमी, कोई दूसरा उसे मार रहा हो और फिर भी जानता हो कि परमात्मा ही मार रहा है, निमित्त-मात्र हैं दूसरे, ऐसा आदमी चोरी करने जाएगा, इसकी संभावना नहीं है। असंभव है, यह बिलकुल असंभव है।

हम बुरा करते ही अहंकार से भरकर हैं। बिना अहंकार के बुरा हम कर नहीं सकते। और जिस क्षण हम परमात्मा को सब कर्तृत्व दे देते हैं, अहंकार छूट जाता है; बुरे को करने की बुनियादी आधारशिला गिर जाती है। बुरा करिएगा कैसे?

कभी आपने खयाल किया है कि बुरे कर्म को करके तो कोई भी अपने को कर्ता नहीं बताना चाहता है। कभी आपने यह खयाल किया है! एक आदमी चोरी भी करता है, तो वह कहता है, मैंने नहीं की। फंस जाए, हम सिद्ध कर दें, बात अलग। लेकिन अपनी तरफ से वह इनकार ही करता चला जाता है कि मैंने नहीं की। बुरे का कर्ता तो कोई भी होने को राजी नहीं है। और मजा यह है कि बुरा बिना कर्त्ता के होता नहीं है।

उलटी बात भी खयाल में ले लें, कोई आदमी दो पैसे दान दे, तो दो लाख जैसे दान दिया हो, ऐसी खबरें उड़ाना चाहता है! न भी खबर उड़ा पाए, दो पैसा दान दे, तो भी दो लाख दिया है, इतनी अकड़ से चलना तो चाहता ही है। भिखारी भी जानते हैं, अगर आप अकेले मिल जाएं रास्ते पर, तो उनको भरोसा कम होता है कि दान मिलेगा। चार आदमी आपके साथ हों, तब उनका भरोसा बढ़ जाता है। तब वे आपका पैर पकड़ लेते हैं। तब आप पर भरोसा नहीं होता, चार आदमियों की मौजूदगी पर भरोसा होता है। ये चार आदमियों के सामने यह आदमी इतनी दीनता प्रकट न कर पाएगा कि कह दे कि नहीं देते। इसलिए भिखारी को अकेला कोई मिल जाए, तो काम नहीं सधता। उसे भीड़ में पकड़ना पड़ता है।

अच्छा काम आदमी न भी किया हो, तो भी घोषणा करना चाहता है कि मैं कर्त्ता हूं। और मजा यह है कि जब तक कर्त्ता होता है, तब तक अच्छा काम होता नहीं है। अब इस मिस्ट्री को, इस रहस्य को ठीक से समझ लेना चाहिए।

कर्त्ता की मौजूदगी, अहंकार की मौजूदगी ही जीवन में पाप का जन्म है। अहंकार की अनुपस्थिति, गैर-मौजूदगी ही जीवन में पुण्य की सुगंध का फैलाव है। इसलिए अगर कोई कर्त्ता रहकर पुण्य भी करे, तो पाप हो जाता है। कर नहीं सकता, इसीलिए हो जाता है। हो ही नहीं सकता। दूसरी बात भी नहीं हो सकती। कोई कर्त्ता मिट जाए और पाप करे, यह भी नहीं हो सकता।

हमने जो फर्क किया है पाप और पुण्य का, अच्छे और बुरे का, वह उन लोगों ने किया है, जिनके पास कर्त्ता मौजूद है, जिनका अहंकार मौजूद है। और इस अहंकार के मौजूद रहते हमें ऐसा इंतजाम करना पड़ा है कि हम बुरे आदमी को बहुत बुरा कहते हैं, ताकि अहंकार को चोट लगे। हम अहंकार से ही बुराई को रोकने की कोशिश कर रहे हैं। इसलिए बुराई रुक नहीं पाई, सिर्फ अहंकार बढ़ा है। सारी मारेलिटी, सारा नीतिशास्त्र क्या करता है? वह इतना ही करता है कि आपके अहंकार को ही उपयोग में लाता है बुराई से रोकने के लिए।

बाप अपने बेटे से कहता है, ऐसा करोगे तो गांव के लोग क्या कहेंगे? बात गलत है या सही है, यह सवाल नहीं है बड़ा। बड़ा सवाल यह है कि गांव के लोग क्या कहेंगे! कोई आदमी किसी के घर में चोरी करने जाता है, तो सोचता है-यह नहीं कि चोरी बुरी है-यह कि पकड़ तो न जाऊंगा! अगर पक्का विश्वास दिला दिया जाए कि नहीं पकड़े जा सकोगे, तो कितने लोग हैं जो अचोर रह पाएंगे! पुलिस वाला चौरस्ते पर न हो चौबीस घंटे के लिए, अदालत चौबीस घंटे के लिए छुट्टी पर चली जाएं, कानून चौबीस घंटे के लिए स्थगित कर दिया जाए, कितने भले लोग भले रह जाएंगे? और चौबीस घंटे के लिए यह भी तय कर लिया जाए कि जो बुरा करेगा, उसे सम्मान मिलेगा और जो अच्छा करेगा, उसे अपमान मिलेगा, तब तो और मुश्किल हो जाएगी।

नहीं, हम बुरे से नहीं रुके हैं। बुरे से रोकने के लिए भी हमने अहंकार का ही उपयोग किया है कि लोग क्या कहेंगे? इज्जत का क्या होगा? कुल का क्या होगा? वंश का क्या होगा? प्रतिष्ठा, सम्मान, आदर-इसका क्या होगा? इससे हम रोके हुए हैं आदमी को।

लेकिन जिस चीज का हम उपयोग कर रहे हैं रोकने के लिए, वही पाप की जड़ है। हम जहर सींचकर ही बुराई को मिटाने की कोशिश कर रहे हैं। इसलिए हजारों साल हो गए, बुराई मिटती नहीं है। सिर्फ जहर सिंचता है और बुराई नए रास्तों से निकलकर प्रकट होती है।

अच्छे आदमी से भी हम क्या करवाते हैं? उसके भी अहंकार को बल देते हैं। हम कहते हैं, तुम्हारे नाम की तख्ती लगा देंगे मंदिर पर, तुम्हारा संगमरमर पर नाम

खोद देंगे। काम अच्छा है, यह सवाल नहीं है; हम तुम्हारे अहंकार के लिए सील-मोहर दे देंगे। अच्छा आदमी भी मंदिर बनाने के लिए मंदिर नहीं बनाता, मंदिर में नाम का पत्थर लगाने के लिए मंदिर बनाता है। अच्छे काम के लिए भी हमें जहर को ही सींचना पड़ता है। इसलिए सब मंदिर, मस्जिद अगर जहरीले हो गए हैं, तो कोई आश्चर्य नहीं है। उनकी जड़ में जहर है, वहां अहंकार खड़ा हुआ है। अच्छाई करवानी हो तो भी अहंकार, बुराई रोकनी हो तो भी अहंकार!

कृष्ण कुछ और ही सूत्र कह रहे हैं; वह बहुत अदभुत है। वह एक अर्थ में, कहें कि धर्म का बुनियादी सूत्र है। वे यह कह रहे हैं कि नीति से काम नहीं चलेगा अर्जुन, क्योंकि नीति तो अहंकार पर ही खड़ी होती है। धर्म से काम चलेगा, क्योंकि धर्म कहता है, छोड़ो तुम मैं को, परमात्मा को करने दो जो कर रहा है, तुम निमित्त-मात्र हो जाओ।

हमें डर लगता है कि अगर हम निमित्त-मात्र हुए, तो अभी चोरी पर निकल जाएंगे। हमें डर लगता है कि अगर हम निमित्त-मात्र हुए और हमने कहा कि अब हम कर्त्ता नहीं हैं, तो हम अभी चोरी पर निकल जाएंगे।

मैंने सुना है कि एक दफ्तर में एक मैनेजर को एक बुद्धिमानी की बात सूझी। वैसे आमतौर से मैनेजर्स को बुद्धिमानी की बात नहीं सूझती। या ऐसा हो सकता है कि मैनेजर होते-होते तक आदमी को बुद्धि खो देनी पड़ती है। या ऐसा हो सकता है कि मैनेजर तक पहुंचने के लिए बुद्धि बिलकुल ही गैरजरूरी तत्व है, या बाधा है। लेकिन एक मैनेजर को बुद्धिमानी सूझी और उसने अपने दफ्तर में एक तख्ती लगा दी। लोग काम नहीं करते थे, टालते थे, पोस्टपोन करते थे, तो उसने एक तख्ती लगा दी। एक वचन किसी संत का लगा दिया। लगा दिया: काल करे सो आज कर, आज करे सो अब। जो कल करना चाहता था, वह आज कर; जो आज करना चाहता था, वह अभी कर, क्योंकि समय का कोई भरोसा नहीं है कि कल आएगा कि नहीं आएगा।

सात दिन बाद उसके मित्रों ने पूछा, तख्ती का क्या परिणाम हुआ? उसने कहा, बड़ी मुश्किल में पड़ गया हूं। मेरा सेक्रेटरी टाइपिस्ट को लेकर भाग गया। एकाउंटेंट सारा पैसा लेकर नदारत हो गया। सब गड़बड़ हो गई है। पत्नी का सात

दिन से कोई पता नहीं चल रहा है, चपरासी के साथ भाग गई है। दफ्तर में अकेला ही रह गया हूं। क्योंकि उन लोगों ने, जो-जो उन्हें कल करना था, आज ही कर लिया है; और जो आज करना था, वह अभी कर लिया है।

हमें भी ऐसा लगता है कि अगर हम परमात्मा पर सब छोड़ दें, तो फिर तो छूट मिल जाएगी। फिर तो हमें जो भी करना है, वह हम अभी कर लेंगे। हां, अगर उसको करने के लिए ही निमित्त बन रहे हैं, अगर उसे करने के लिए ही परमात्मा को कर्त्ता बना रहे हैं, तो जरूर ऐसा हो जाएगा।

लेकिन जो कुछ करने के लिए निमित्त बन रहा है, वह निमित्त बन ही नहीं रहा है। और जो कुछ करने के लिए परमात्मा को कर्ता बना रहा है, वह परमात्मा को कर्ता बना ही नहीं रहा है। योजना तो उसकी अपनी ही है, अहंकार तो अपना ही है, परमात्मा का भी शोषण करना चाह रहा है।

नहीं, कृष्ण उसके लिए नहीं कह रहे हैं। कृष्ण कह रहे हैं कि अगर तुम परमात्मा में अपने को छोड़ दो, तो छोड़ने के साथ ही अपनी योजनाएं भी छूट जाती हैं; छोड़ने के साथ ही अपनी कामनाएं भी छूट जाती हैं; छोड़ने के साथ ही अपनी वासनाएं भी छूट जाती हैं; छोड़ने के साथ ही अपना भविष्य भी छूट जाता है; छोड़ने के साथ ही हम ही छूट जाते हैं। फिर हम बचते ही नहीं। फिर जो हो। फिर जो हो!

लेकिन हमें डर लगेगा। क्योंकि जो-जो होने की, हमें करने की इच्छा है, वह फौरन दिखाई पड़ेगी कि यह-यह होगा। तब हम कृष्ण को नहीं समझ पा रहे हैं। तब कृष्ण को समझना मुश्किल होगा।

जिस दिन कोई व्यक्ति स्वयं को समर्पित करने का साहस जुटाता है-और स्वयं को समर्पित करना बड़े से बड़ा साहस है। उससे बड़ा कोई साहस नहीं, कोई एडवेंचर नहीं, उससे बड़ा कोई दुस्साहस नहीं। स्वयं को छोड़ना परमात्मा के चरणों में, आसान बात नहीं है। और जो आदमी स्वयं को छोड़ सकता है, वह चोरी नहीं छोड़ पाएगा, यह सोचना भी मुश्किल है। जो स्वयं को ही छोड़ सकता है, वह चोरी किसके लिए करेगा? जो स्वयं को छोड़ सकता है, हत्या किसके लिए करेगा? जो स्वयं को छोड़ सकता है, बेईमानी किसके लिए करेगा?

उसका कोई उपाय नहीं है। स्वयं को छोड़ते ही, सब छूट जाता है। फिर जो भी हो-कृष्ण कहते हैं-वह परमात्मा का है। तू निमित्त भर है। निमित्त भर जो है, उसे योजना नहीं बनानी है। निमित्त भर जो है, उसे कामना नहीं करनी है। निमित्त की क्या कामना? निमित्त की क्या वासना?

कृष्ण का संदेश धार्मिक है, नैतिक नहीं। और नैतिक संदेश भी कोई संदेश होता है! कामचलाऊ, कनवीनिएंट होता है। अनीति को किसी तरह रोकने का उपाय हम करते रहते हैं। रुकती नहीं। किसी तरह इंतजाम करते रहते हैं, काम चलाते हैं। धर्म का संदेश कामचलाऊ नहीं है। धर्म का संदेश तो जीवन की आमूल क्रांति का संदेश है। जो स्वयं को सब भांति छोड़ देता है, उसके जीवन से सब कुछ गिर जाता है, जो कल तक था। न बुरा, न अच्छा-दोनों गिर जाते हैं। फिर तो परमात्मा ही शेष रह जाता है। फिर जो भी हो, उससे अंतर नहीं पड़ता, वह सभी कुछ परमात्मा के लिए समर्पित है।

चौबीस घंटे के लिए भी कभी प्रयोग करके देखें। फिर वासना को उठाना मुश्किल होगा। क्योंकि वासना केवल कर्त्ता ही उठा सकता है। निमित्त वासना कैसे उठाएगा? फिर यह सोचना मुश्किल होगा कि मैं करोड़ रुपया इकट्ठा कर लूं, क्योंकि मैं हूं कौन? मैं हूं कहां? यह करोड़ रुपया इकट्ठा करने की वासना निमित्त-मात्र व्यक्ति में नहीं उठ सकती। सारी वासना का आधार, मूल स्रोत अहंकार है।

प्रश्न : कल की चर्चा पर एक छोटा-सा प्रश्न और आया है। आपने कहा कि तीन बार किसी बात का संकल्प करना कमजोर संकल्प घोषित करता है। आपके ध्यान में संकल्प तीन बार किया जाता है, तो यह क्या है? और ध्यान-साधना से ज्ञान होगा कि ध्यान-साधना स्वयं में कर्म है?

ध्यान के प्रयोग में तीन बार संकल्प किया जाता है, वह भी कम पड़ता है। तीन सौ बार किया जाए, तब पूरा पड़े! क्योंकि आप अर्जुन नहीं हैं। आप अर्जुन नहीं हैं। आपको तीन सौ बार कहने पर भी एक बार सुनाई पड़ जाए तो बहुत है।

तीन बार इसीलिए कहा जाता है कि शायद एकाध बार सुनाई पड़ जाए। बहरों के बीच मेहनत अलग तरह की होती है।

कृष्ण भीड़ को नहीं बता रहे हैं। और जब मैं ध्यान करवा रहा हूं, तो भीड़ को। कृष्ण एक आदमी से बात कर रहे हैं-सीधे, आमने-सामने। जब मैं हजारों लोगों से कुछ बात कर रहा हूं, तो आमने-सामने कोई भी नहीं है। दिखाई पड़ते हैं आमने-सामने, है कोई भी नहीं। तीन सौ बार भी कहा जाए, तो थोड़ा पड़ेगा। आशा यही है कि तीन सौ बार कहने में शायद एकाध बार आपको सुनाई पड़ जाए। काम तो एक ही बार में हो जाता है, लेकिन वह एक बार सुनाई पड़ना चाहिए नं!

और पूछ रहे हैं कि ध्यान से क्या फलित होगा?

अगर बहिर्मुखी व्यक्तित्व है, तो ध्यान से वह ब्रह्म की यात्रा पर निकल जाता है। अगर अंतर्मुखी व्यक्तित्व है, तो ध्यान से निर्वाण की यात्रा पर निकल जाता है। ध्यान दोनों यात्राओं पर वाहन का काम करता है। इसलिए ध्यान किसी व्यक्ति विशेष के टाइप से संबंधित नहीं है। ध्यान तो ऐसा है, जैसे कि आप ट्रेन पर पश्चिम जाना चाहें, तो पश्चिम चले जाएं; और पूर्व जाना चाहें, तो पूर्व चले जाएं। ट्रेन नहीं कहती कि कहां जाएं। ट्रेन कहीं भी जा सकती है।

ध्यान सिर्फ एक वाहन है। बहिर्मुखी व्यक्ति अगर ध्यान में उतरे, तो वह ब्रह्म की यात्रा पर, बहिर्यात्रा पर निकल जाएगा, कास्मिक जर्नी पर निकल जाएगा-जहां सारा अखंड जगत उसे अपना ही स्वरूप मालूम होने लगेगा। अगर अंतर्मुखी व्यक्ति ध्यान के वाहन पर सवार हो, तो अंतर्यात्रा पर निकल जाएगा, शून्य में, और शून्य में, और महाशून्य में-जहां सब बबूले फूटकर मिट जाते हैं और महासागर अस्तित्व का, शून्य का ही शेष रह जाता है। ध्यान दोनों के काम आ सकता है। ध्यान का टाइप से संबंध नहीं है। ध्यान का संबंध यात्रा के वाहन से है!

कर्मेन्द्रियाणि संयम्य य आस्ते मनसास्मरन्।
इन्द्रियार्थान्विमूढात्मा मिथ्याचारः स उच्यते।। 6।।

इसलिए जो मूढ़बुद्धि पुरुष कर्मेंद्रियों को हठ से रोककर इंद्रियों के भोगों का मन से चिंतन करता है, वह मिथ्याचारी अर्थात दंभी कहा जाता है।

अदभुत वचन है। कृष्ण कह रहे हैं कि जो मूढ़ व्यक्ति- मूढ़ खयाल रखना- जो नासमझ, जो अज्ञानी इंद्रियों को हठपूर्वक रोककर मन में काम के चिंतन को चलाए चला जाता है, वह दंभ में, पाखंड में, अहंकार में पतित होता है। मूढ़ कहेंगे! कह रहे हैं, ऐसा व्यक्ति मूढ़ है, जो इंद्रियों को दमन करता है, सप्रेस करता है!

काश! फ्रायड को यह वचन गीता का पढ़ने मिल जाता, तो फ्रायड के मन में धर्म का जो विरोध था, वह न रहता। लेकिन फ्रायड को केवल ईसाई दमनवादी संतों के वचन पढ़ने को मिले। उसे केवल उन्हीं धार्मिक लोगों की खबर मिली, जिन्होंने जननेंद्रियां काट दीं, ताकि कामवासना से मुक्ति हो जाए। फ्रायड को उन सूरदासों की खबर मिली, जिन्होंने आंखें फोड़ दीं, ताकि कोई सौंदर्य आकर्षित न कर सके। उन विक्षिप्त, न्यूरोटिक लोगों की खबर मिली, जिन्होंने अपने शरीर को कोड़े मारे, लहू बहाया, ताकि शरीर कोई मांग न करे। जो रात-रात सोए नहीं, कि कहीं कोई सपना मन को वासना में न डाल दे। जो भूखे रहे, कि कहीं शरीर में शक्ति आए, तो कहीं इंद्रियां बगावत न कर दें।

स्वभावतः, अगर फ्रायड को लगा कि इस तरह का सब धर्म न्यूरोटिक है, पागल है और मनुष्य जाति को विक्षिप्त करने वाला है, तो आश्चर्य नहीं। लेकिन कृष्ण का एक वचन भी फ्रायड के मन की सारी ग्रंथियों को खोल देता।

कृष्ण कह रहे हैं, मूढ़ है वह व्यक्ति-फ्रायड से पांच हजार साल पहले-जो अपनी इंद्रियों को दबाता है। क्योंकि इंद्रियों को दबाने से मन नहीं दबता, बल्कि इंद्रियों को दबाने से मन और प्रबल होता है। इसलिए मूढ़ है वह व्यक्ति। क्योंकि इंद्रियों का कोई कसूर ही नहीं, इंद्रियों का कोई सवाल ही नहीं है। असली सवाल भीतर छिपे मन का है। वह मन मांग कर रहा है, इंद्रियां तो केवल उस मन के पीछे चलती हैं। वे तो मन की नौकर-चाकर, मन की सेविकाएं, इससे ज्यादा नहीं हैं।

मन कहता है, सौंदर्य देखो, तो आंख सौंदर्य देखती है। और मन कहता है, बंद कर लो आंख, तो आंख बंद हो जाती है। आंख की अपनी कोई इच्छा है? आंख ने कभी कहा कि मेरी यह इच्छा है? हाथ ने कभी कहा कि छुओ इसे? मन कहता है, छुओ, तो हाथ छूने चला जाता है। मन कहता है, मत छुओ, तो हाथ ठहर जाता है और रुक जाता है। इंद्रियों की अपनी कोई इच्छा ही नहीं है।

लेकिन कितनी इंद्रियों को गालियां दी गई हैं! इंद्रियों के खिलाफ कितने वक्तव्य दिए गए हैं! और इंद्रियां बिलकुल निष्पाप और निर्दोष और इनोसेंट हैं। इंद्रियों का कोई संबंध नहीं है। कोई इंद्रिय मनुष्य को किसी काम में नहीं ले जाती, मन ले जाता है। और जब कोई इंद्रियों को दबाता है, इंद्रियों को रोकता है और मन जब इंद्रियों का सहयोग नहीं पाता है, तो पागल होकर भीतर ही उन चीजों की रचना करने लगता है, जो उसने बाहर चाही थीं।

अगर दिनभर आप भूखे रहे हैं, तो रात सपने में आप राजमहल में आमंत्रित हो जाते हैं। मन ने इंतजाम किया, मन ने कहा कि ठीक है। मन ने जिस स्त्री, जिस पुरुष के प्रति दिन में अपने को रोका, रात सपने में मन नहीं रोक पाता।

खुद फ्रायड ने अपने एक पत्र में लिखा है-और फ्रायड जानता है-खुद लिखा है। कोई पैंतालीस साल की उम्र में लिखा गया पत्र है। एक मित्र को लिखा है कि आज मैं रास्ते पर चलते वक्त हैरान हुआ, एक सुंदर स्त्री को देखकर मेरे मन में उसे छूने की इच्छा जगी। फिर मैंने सोचा भी कि मैं कैसा पागल हूं। इस उम्र में! और फ्रायड जैसा आदमी, जिसने जिंदगीभर सेक्स को समझने की शायद मनुष्य जाति के इतिहास में सर्वाधिक कोशिश की है, जो जानता है कि सेक्स क्या है, जो जानता है वासना क्या है। उसने लिखा है कि मैंने अपने को रोकना चाहा, लेकिन मैं रोकता भी रहा और मैंने बढ़कर भीड़ में उस स्त्री को छू भी लिया, स्पर्श भी कर लिया। आधे मन से रोकता भी रहा, आधे मन से स्पर्श भी कर लिया। पछताता भी रहा, कामना भी करता रहा। फ्रायड ने लिखा है कि अब भी मेरे भीतर यह संभव है, यह मैंने सोचा न था।

मरते वक्त तक भी संभव है। मुर्दा भी, अगर थोड़ी-बहुत शक्ति बची हो, तो उठकर यही कर सकता है। मुर्दों ने तो कभी नहीं किया, लेकिन मुर्दों के साथ करने वाले लोग मिल गए हैं।

क्लियोपैट्रा जब मरी और उसकी लाश दफना दी गई कब्र में, तो उसकी लाश चोरी चली गई। सुंदर स्त्री! पंद्रह दिन बाद उसकी लाश मिली और चिकित्सकों ने कहा कि पंद्रह दिन में हजारों लोगों ने उसकी लाश से संभोग किया है। लाशों से भी संभोग होता है! अगर लाशें भी उठ आएं, तो वे भी कर सकती हैं।

कृष्ण कह रहे हैं कि बाहर से दबा लोगे इंद्रियों को-इंद्रियों का तो कोई कसूर नहीं, इंद्रियों का कोई हाथ नहीं। इररेलेवेंट हैं इंद्रियां, असंगत हैं, उनसे कोई वास्ता ही नहीं है। सवाल है मन का। रोक लोगे इंद्रियों को, न करो भोजन आज, कर लो उपवास। मन, मन दिनभर भोजन किए चला जाएगा। ऐसे मन दो ही बार भोजन कर लेता है दिन में, उपवास के दिन दिनभर करता रहता है। यह जो मन है, मूढ़ है वह व्यक्ति, जो इस मन को समझे बिना, इस मन को बदले बिना, केवल इंद्रियों के दबाने में लग जाता है। और उसका परिणाम क्या होगा? उसका परिणाम होगा कि वह दंभी हो जाएगा। वह दिखावा करेगा कि देखो, मैंने संयम साध लिया; देखो, मैंने संयम पा लिया; देखो, मैं तप को उपलब्ध हुआ; देखो, ऐसा हुआ, ऐसा हुआ। वह बाहर से सब दिखावा करेगा और भीतर, भीतर बिलकुल उलटा और विपरीत चलेगा।

अगर हम साधुओं के-तथाकथित साधुओं के, सो काल्ड साधुओं के; और उनकी ही संख्या बड़ी है, वही हैं निन्यानबे प्रतिशत-अगर उनकी खोपड़ियों को खोल सकें और उनके हृदय के द्वार खोल सकें, तो उनके भीतर से शैतान निकलते हुए दिखाई पड़ेंगे। अगर हम उनके मस्तिष्क के सेल्स को तोड़ सकें और उनसे पूछ सकें कि तुम्हारे भीतर क्या चलता है? तो जो चलता है, वह बहुत घबड़ाने वाला है। ठीक विपरीत है। जो बाहर दिखाई पड़ता है, उससे ठीक उलटा भीतर चलता चला जाता है।

कृष्ण इसे मूढ़ता कह रहे हैं। क्योंकि जो भीतर चलता है, वही असली है। जो बाहर चलता है, उसका कोई मूल्य नहीं है। धर्म का दिखावे से, एक्जीबिशन से कोई संबंध नहीं है। धर्म का प्रदर्शन से क्या संबंध है? धर्म का होने से संबंध है। हो सकता है, बाहर कुछ उलटा भी दिखाई पड़े, तो कोई फिक्र नहीं; भीतर ठीक चलना चाहिए। बाहर भोजन भी चले, तो कोई फिक्र नहीं, भीतर उपवास होना चाहिए। लेकिन होता उलटा है। बाहर उपवास चलता है, भीतर भोजन चलता है। बाहर स्त्री भी पास में बैठी रहे तो कोई हर्ज नहीं, पुरुष भी पास में बैठा रहे तो कोई हर्ज नहीं, भीतर-भीतर स्वयं के अतिरिक्त और कोई भी नहीं होना चाहिए। लेकिन होता उलटा है। बाहर आदमी मंदिर में बैठा है, मस्जिद में बैठा है,

गुरुद्वारे में बैठा है; और भीतर उसके गुरुद्वारे में, खुद के गुरुद्वारे में कोई और बैठे हुए हैं; वे चल रहे हैं।

जिंदगी को बदलाहट देनी है, तो बाहर से नहीं दी जा सकती; जिंदगी को बदलाहट देनी है, तो वह भीतर से ही दी जा सकती है। और जो आदमी बाहर से देने में पड़ जाता है, वह भूल ही जाता है कि असली काम भीतर है। सवाल इंद्रियों का नहीं, सवाल मन का है। सवाल वृत्ति का है; सवाल वासना का है; सवाल शरीर का जरा भी नहीं है।

इसलिए शरीर को कोई कितना ही दबाए और नष्ट करे, मार ही डाले, तो भी कोई फर्क नहीं पड़ता है। उसकी प्रेतात्मा भटकेगी, उन्हीं वासनाओं में वह नए जन्म लेगा। नए शरीर ग्रहण करेगा उन्हीं वासनाओं के लिए, जिनको छोड़ दिया था पिछले शरीर में। उसकी यात्रा जारी रहेगी। वह अनंत-अनंत जन्मों तक वही खोजता रहेगा, जो उसका मन खोजना चाहता है।

दंभ, पाखंड, धोखा-किसको दे रहे हैं हम? दूसरे को? दूसरे को दिया भी जा सके, स्वयं को कैसे देंगे? और इसलिए प्रत्येक उस व्यक्ति को जो धर्म की दिशा में उत्सुक होता है, ठीक से समझ लेना चाहिए कि स्वयं को धोखा तो देने नहीं जा रहा है! सेल्फ डिसेप्शन, आत्मवंचना में तो नहीं पड़ रहा है! कृष्ण उसी के लिए कह रहे हैं-मूढ़!

सोचने जैसा है, कृष्ण जैसा आदमी मूढ़ जैसे शब्द का उपयोग करे! अगर मैं किसी को कह दूं कि तुम मूढ़ हो, तो वह लड़ने खड़ा हो जाएगा। कृष्ण ने अर्जुन को मूढ़ कहा। उन सब को मूढ़ कहा। एक आगे के सूत्र में तो अर्जुन को महामूढ़ कहा, कि तू बिलकुल महामूर्ख है। फिर भी अर्जुन लड़ने खड़ा नहीं हो गया। कृष्ण जो कह रहे हैं, वह फैक्चुअल है, कंडेमनेटरी नहीं है। कृष्ण जो कह रहे हैं, वह मूढ़ शब्द का उपयोग किसी की निंदा के लिए नहीं है, तथ्य की सूचना के लिए है।

मूढ़ हैं जगत में; कहना पड़ेगा, उन्हें मूढ़ ही कहना पड़ेगा। अगर सज्जनता और शिष्टाचार के कारण उन्हें कहा जाए कि हे बुद्धिमानो! तो बड़ा अहित होगा। लेकिन कृष्ण जैसे हिम्मत के धार्मिक लोग अब नहीं रह गए। अब तो

धार्मिक आदमी के पास कोई भी जाए, तो उसको मूढ़ नहीं कह सकता। धार्मिक आदमी ही नहीं रहा।

झेन फकीर होते हैं जापान में, तो डंडा पास में रखते हैं। जरा गलत-सलत पूछा, तो सिर पर एक डंडा भी लगाते हैं। यहां तो किसी से अगर इतना भी कह दो कि गलत पूछ रहे हो, तो वह लड़ने को खड़ा हो जाएगा। चूंकि कोई पूछने की जिज्ञासा भी नहीं है और सैकड़ों वर्षों से उस हिम्मतवर धार्मिक आदमी का भी तिरोधान हो गया है, जो तथ्य जैसे थे उनको वैसा कहने की हिम्मत रखता था। तो आज किसी को मूढ़ कह दो, तो वह कहेगा कि अरे! उन्होंने मूढ़ कह दिया। तो वह आदमी ठीक नहीं है, जिसने मूढ़ कह दिया।

कृष्ण कह रहे हैं कि मूढ़ हैं वे, जो इंद्रियों को दबाते, दमन करते, रिप्रेस करते और परिणामतः भीतर जिनका चित्त उन्हीं-उन्हीं वासनाओं में परिभ्रमण करता है, तूफान लेता है, आंधियां बन जाता है; ऐसे व्यक्ति दंभ को, पाखंड को पतित हो जाते हैं। और इस जगत में अज्ञान से भी बुरी चीज पाखंड है। इसलिए उन्होंने कहा कि वे मिथ्या आचरण में, मिथ्यात्व में, फाल्सिटी में गिर जाते हैं।

इस शब्द को भी ठीक से समझ लेना उचित है। मिथ्या किसे कहें? एक तो होता है सत्य; एक होता है असत्य। मिथ्या क्या है? असत्य? मिथ्या का अर्थ असत्य नहीं है। मिथ्या का अर्थ है, दोनों के बीच में। जो है तो असत्य और सत्य जैसा दिखाई पड़ता है। मिथ्या मिडिल टर्म है।

कृष्ण कह रहे हैं-ऐसे लोग असत्य में पड़ते हैं, यह नहीं कह रहे हैं-वे कह रहे हैं, ऐसे लोग मिथ्या में पड़ जाते हैं। मिथ्या का मतलब? दिखाई पड़ते हैं, बिलकुल ठीक हैं; और बिलकुल ठीक होते नहीं हैं। ऐसे धोखे में पड़ जाते हैं। बाहर से दिखाई पड़ते हैं, बिलकुल सफेद हैं; और भीतर बिलकुल काले होते हैं। अगर बाहर भी काले हों, तो वह सत्य होगा; अगर भीतर भी सफेद हों, तो वह सत्य होगा। इसको क्या कहें? यह मिथ्या स्थिति है, यह इल्यूजरी स्थिति है। हम और तरह की शकल बाहर बना लेते हैं और भीतर कुछ और चलता चला जाता है।

इस मिथ्या में जो पड़ता है, वह अज्ञानी से भी गलत जगह पहुंच जाता है। क्योंकि अज्ञान में पीड़ा है। गलत का बोध हो और मुझे पता हो कि मैं गलत हूं, तो

मैं अपने को बदलने में भी लगता हूं। मुझे पता हो कि मैं बीमार हूं, तो मैं चिकित्सा का भी इंतजाम करता हूं, मैं चिकित्सक को भी खोजता हूं, मैं निदान भी करवाता हूं। लेकिन मैं हूं बीमार और मैं घोषणा करता हूं कि मैं स्वस्थ हूं, तब कठिनाई और भी गहरी हो जाती है। अब मैं चिकित्सक को भी नहीं खोजता, अब मैं निदान भी नहीं करवाता, अब मैं डाइग्नोसिस्ट के पास भी नहीं फटकता। अब तो मैं स्वस्थ होने की घोषणा किए चला जाता हूं और भीतर बीमार होता चला जाता हूं। भीतर होती है बीमारी, बाहर होता है स्वास्थ्य का दिखावा। तब आदमी सबसे ज्यादा जटिल उलझाव में पड़ जाता है। मिथ्यात्व, मनुष्य के जीवन में सबसे बड़ी जटिलता पैदा कर देता है।

तो कृष्ण कहते हैं, ऐसा आदमी अंततः बहुत जटिल और कांप्लेक्स हो जाता है। करता कुछ, होता कुछ। जानता कुछ, मानता कुछ। दिखलाता कुछ, देखता कुछ। सब उसका अस्तव्यस्त हो जाता है। वह आदमी अपने ही भीतर दो हिस्सों में कट जाता है।

मनोविज्ञान की भाषा में कहें तो वैसा आदमी सीजोफ्रेनिक, सिजायड हो जाता है। दो हिस्से हो जाते हैं उसके और दो तरह जीने लगता है-डबल बाइंड। उसके दोनों दाएं-बाएं पैर उलटे चलने लगते हैं। उसकी एक आंख इधर और एक आंख उधर देखने लगती है। उसका सब इनर एलाइनमेंट टूट जाता है। बाईं आंख इस तरफ देखती है, दाईं आंख उस तरफ देखती है; बायां पैर इस तरफ चलता है, दायां पैर उस तरफ चलता है। सब उसके भीतर की हार्मनी, उसके भीतर का सामंजस्य, तारतम्य-सब टूट जाता है।

ऐसे व्यक्ति को मिथ्या में गिरा हुआ व्यक्ति कहते हैं, जिसका इनर एलाइनमेंट, जिसकी भीतरी ट्यूनिंग, जिसके भीतर का सब सुर-संगम अस्तव्यस्त हो जाता है। जिसके भीतर आग जलती है और बाहर से जो कंपकंपी दिखाता है कि मुझे सर्दी लग रही है। जिसके भीतर क्रोध जलता है, ओंठ पर मुस्कुराहट होती है कि मैं बड़ा प्रसन्न हूं। जिसके भीतर वासना होती, और बाहर त्याग होता कि मैं संन्यासी हूं। जिसके बाहर-भीतर ऐसा भेद पड़ जाता है, ऐसा व्यक्ति अपने जीवन के अवसर को, जिससे एक महासंगीत उपलब्ध हो सकता था, उसे गंवा

देता है और मिथ्या में गिर जाता है। मिथ्या रोग है, सीजोफ्रेनिया। मिथ्या का मतलब, खंड-खंड चित्त, स्वविरोध में बंटा हुआ व्यक्तित्व, डिसइंटिग्रेटेड।

कृष्ण क्यों अर्जुन को ऐसा कह रहे हैं? इसकी चर्चा उठाने की क्या जरूरत है? लेकिन कृष्ण इसे सीधा नहीं कह रहे हैं। वे ऐसा नहीं कह रहे हैं कि अर्जुन, तू मिथ्या हो गया है। वे ऐसा नहीं कह रहे हैं। कृष्ण बहुत कुशल मनोवैज्ञानिक हैं, जैसा मैंने कल कहा। वे ऐसा नहीं कह रहे हैं कि अर्जुन, तू मिथ्या हो गया है। ऐसा कह रहे हैं कि ऐसा व्यक्ति मूढ़ है अर्जुन, जो इस भांति मिथ्या में पड़ जाता है।

वे अर्जुन को भलीभांति जानते हैं। वह व्यक्तित्व उसका भीतर से एक्सट्रोवर्ट है, बहिर्मुखी है; क्षत्रिय है। तलवार के अतिरिक्त उसने कुछ जाना नहीं। उसकी आत्मा अगर कभी भी चमकेगी, तो तलवार की झलक ही उससे निकलने वाली है। उसके प्राणों को अगर उघाड़ा जाएगा, तो उसके प्राणों में युद्ध का स्वर ही बजने वाला है। उसके प्राणों को अगर खोला जाएगा, तो उसके भीतर से हम एक योद्धा को ही पाएंगे। लेकिन बातें वह पेसिफिस्ट की कर रहा है, बर्ट्रेंड रसेल जैसी कर रहा है। आदमी है वह अर्जुन और बात कर रहा है बर्ट्रेंड रसेल जैसी। मिथ्या में पड़ रहा है अर्जुन। अगर यह अर्जुन भाग जाए छोड़कर, तो यह दिक्कत में पड़ेगा। इसको फिर अपनी इंद्रियों को दबाना पड़ेगा। और इसके मन में यही सब उपद्रव चलेगा।

इसलिए कृष्ण बड़े इशारे से, सीधा नहीं कह रहे हैं। और बहुत बार सीधी कही गई बात सुनी नहीं जाती। मैंने भी बहुत बार अनुभव किया। कोई व्यक्ति सीधा आ जाता है पूछने, साथ में उसके दो मित्र आ जाते हैं। तो मैं निरंतर जानकर हैरान हुआ हूं कि जो व्यक्ति सीधा सवाल पूछता है, वह कम समझ पाता है; और वे दो लोग जो साथ में चुपचाप बैठे रहते हैं, पूछने नहीं आते, वे ज्यादा समझकर जाते हैं। क्योंकि जो आदमी सीधा सवाल पूछता है, वह बहुत कांशस हो जाता है, बहुत ईगो से भर जाता है। उसका सवाल है। और जब उसे समझाया जा रहा होता है, तब वह समझने की कोशिश में कम और नए सवाल के चिंतन में ज्यादा होता है। जब उससे कहा जा रहा है, तब वह उसके खिलाफ और पक्ष-विपक्ष में सोचता हुआ होता है।

वह पूरा का पूरा डूब नहीं पाता। लेकिन दो लोग शांत पास बैठे हैं, न उनका सवाल है, न ही उनका कोई सवाल है, वे बाहर हैं। वे परिधि पर हैं। वे चुपचाप मौजूद हैं, वे आब्जर्वर्स हैं। उनके मन में ज्यादा शीघ्रता से चली जाती है बात।

कृष्ण अर्जुन को सीधा नहीं कह रहे हैं कि तू मिथ्या में पड़ रहा है। क्योंकि हो सकता है, ऐसा कहने से अहंकार मजबूत हो जाए। और अर्जुन कहे, मिथ्या में? कभी नहीं; मैं और मिथ्या में! आप कैसी बात करते हैं? समझाना फिर मुश्किल होता चला जाएगा।

कृष्ण कहते हैं, मिथ्या में पड़ जाता है ऐसा व्यक्ति, जिसकी इंद्रियों को दबा लेता है जो और भीतर जिसका मन रूपांतरित नहीं होता। तो मन जाता है पश्चिम, इंद्रियां हो जाती हैं पूरब, फिर उसके भीतर का सब संगीत टूट जाता है। ऐसा व्यक्ति रुग्ण, डिसीज्ड हो जाता है। और करीब-करीब सारे लोग ऐसे हैं। इसीलिए जीवन में फिर कोई आनंद, फिर कोई सुवास, कोई संगीत अनुभव नहीं होता है।

प्रश्न: पिछले श्लोक में श्रीकृष्ण अर्जुन को कहते हैं कि क्षणमात्र भी बिना कर्म किए आदमी नहीं रह सकता है और सब लोग प्रकृति के गुणों द्वारा परवश हुए कर्म करते हैं। तो शरीर व इंद्रियों की प्राकृतिक क्रियाओं को कर्म क्यों कहा गया है? कर्म और क्रिया क्या अलग नहीं हैं? इसे समझाएं।

कर्म और क्रिया गहरे में अलग नहीं हैं। ऊपर से अलग दिखाई पड़ते हैं। अब जैसे मैं सो भी जाऊं, तो भी शरीर पचाने का काम करता रहेगा, खून बनाने का काम करता रहेगा; हड्डियां निर्मित होती रहेंगी, पुराने सेल मरते रहेंगे, निकलते रहेंगे, नए सेल बनते रहेंगे। रात मैं सोया रहूंगा, क्रिया जारी रहेगी। उसको हम कर्म न कह सकेंगे, क्योंकि मैं तो बिलकुल भी नहीं था, अहंकार को तो मौका नहीं था। असल में जिस क्रिया से हम अहंकार को जोड़ने में सफल हो जाते हैं, उसको कर्म कहने लगते हैं। और जिस क्रिया में हम अहंकार को नहीं जोड़ पाते, उसको हम क्रिया कहते हैं, उसको हम फिर कर्म नहीं कहते। लेकिन गहरे में कोई भी क्रिया मात्र क्रिया नहीं है; क्रिया भी कर्म है।

यह क्यों ? ऐसा क्यों ? क्योंकि रात जब मैं सो रहा हूं, या मुझे बेहोश कर दिया गया है-समझ लें कि मुझे मार्फिया दे दिया गया है, अब मैं बिलकुल बेहोश पड़ा हूं-तो भी तो खून अपना काम करेगा, हड्डियां अपना काम करेंगी, पेट अपना काम करेगा, श्वास चलती रहेगी, फेफड़े-फुफ्फस अपना काम करेंगे। सब काम जारी रहेगा। मैं तो बिलकुल बेहोश हूं। तो इसको कैसे कर्म से जोड़ा जा सकता है ?

इसलिए जोड़ना पड़ेगा, इसलिए जोड़ना जरूरी है कि मेरे जीने की आकांक्षा, लस्ट फार लिविंग, जीवेषणा, मेरी गहरी से गहरी बेहोशी में भी मौजूद है। और मेरी जीवेषणा के कारण ही ये सारी क्रियाएं चलती हैं। अगर मेरी जीवेषणा छूट जाए, तो स्वस्थ शरीर भी इसी वक्त बंद हो जाएगा। अगर मेरे जीने की इच्छा तत्काल छूट जाए, तो सारी क्रियाएं तत्काल बंद हो जाएंगी। गहरे में, मेरा ही अचेतन, मेरा ही अनकांशस मेरी क्रियाओं को भी चला रहा है; मैं ही चला रहा हूं। लेकिन चूंकि अचेतन मन में अहंकार का कोई भाव नहीं है, इसलिए मैं उनको कर्म नहीं कहता।

आप रात सो रहे हैं; गहरी नींद में पड़े हैं। हम इतने लोग हैं यहां, हम सारे लोग यहीं सो जाएं। और फिर कोई आदमी जोर से आकर चिल्लाए, राम ! तो हजारों लोगों में कोई नहीं सुनेगा, सब सोए रहेंगे। राम बस करवट लेगा और कहेगा कि कौन रात डिस्टर्ब कर रहा है ? कौन परेशान कर रहा है ? किसने नाम लिया ?

इतने लोग सो रहे हैं, किसी ने नहीं सुना। लेकिन जिसका नाम राम था, चाहे नींद में भी हो, सुन रहा था कि मेरा नाम लिया जा रहा है; मेरा नाम राम है। नींद के गहरे में भी इतना उसे पता है कि मैं राम हूं। नींद में भी !

एक मां है। तूफान चल रहा हो बाहर, आंधी बह रही हो, बर्फ पड़ रही हो, वर्षा हो रही हो, बिजली कड़क रही हो, उसे पता नहीं चलता। उसका छोटा-सा बच्चा इतनी कड़कती बिजली में, गूंजते बादलों के बीच जरा-सा रोता है, करवट लेता है, वह जाग जाती है। जरूर कोई मन का हिस्सा पहरा दे रहा है रात के गहरे में भी। तूफान को नहीं सुनता, लेकिन बच्चे की आवाज सुनाई पड़ जाती है।

हिप्नोटिस्ट कहते हैं-जो लोग सम्मोहन की गहरी खोज करते हैं, वे कहते हैं-कि कितना ही किसी आदमी को सम्मोहित, हिप्नोटाइज कर दिया जाए, लेकिन उससे भी गहरे में उसकी इच्छा के विपरीत काम नहीं करवाया जा सकता है।

जैसे एक, एक सती स्त्री को, जिसके मन में एक पुरुष के अलावा दूसरे पुरुष का कभी कोई खयाल नहीं आया। कठिन है बहुत, अस्वाभाविक है बहुत, करीब-करीब असंभव है। इसीलिए तो सती का मूल्य भी है। अगर बहुत सरल, संभव और स्वाभाविक होता, तो इतना मूल्य नहीं हो सकता था। अगर उसे हिप्नोटाइज किया जाए, बेहोश कर दिया जाए, कोई मैक्स कोली या कोई उसे बेहोश कर दे पूरा और गहरी बेहोशी में उससे कहे कि नाचो-वह नाचे। उससे कहे, दूध दुहो-वह दूध दुहे। उससे कहे कि भागो-वह भागे। लेकिन उससे कहे कि इस पुरुष को आलिंगन करो-फौरन हिप्नोटिज्म टूट जाएगा, फौरन बेहोशी टूट जाएगी। वह स्त्री खड़ी हो जाएगी कि आप क्या बात कह रहे हैं! भागती थी, दौड़ती थी, रोती थी, हंसती थी, यह सब करती थी। लेकिन कहा, इस पुरुष का आलिंगन करो। आलिंगन नहीं होगा, सम्मोहन टूट जाएगा। क्यों? इतने गहरे में भी, इतने गहरे में भी, इतने अचेतन में भी, उसकी जो गहरी से गहरी मनोभावना है, वह मौजूद है। नहीं, यह नहीं हो सकता।

मनुष्य के भीतर जो भी चल रहा है, उसमें हमारा सहारा है। सहारे का मतलब, हमारी गहरी आकांक्षा है कि हम जीएं, इसलिए नींद में भी जीने का काम चलता है, बेहोशी में भी चलता है।

मैं एक स्त्री को देखने गया, जो नौ महीने से बेहोश है, कोमा में पड़ी है। और चिकित्सक कह रहे थे कि वह तीन साल तक बेहोश पड़ी रहेगी। ठीक नहीं हो सकेगी, लेकिन ऐसी ही बेहोश पड़ी रहेगी। ऐसे ही इंजेक्शंस से, दवाएं और भोजन और ये सब दिया जाता रहेगा। कभी मर जाएगी। बड़ी हैरानी की बात है कि वह नौ महीनों से बेहोश पड़ी है। तो मैंने कहा कि और जब जीने की अब कोई लौटने की आशा ही नहीं है, फिर क्या कारण होगा? उन्होंने कहा, हम कुछ भी नहीं कह सकते। लेकिन मनसविद कहेगा कि जीने की आकांक्षा अभी भी गहरे में है। जीवेषणा, अचेतन से अचेतन में जीवेषणा अभी भी है। वह जीवेषणा चलाए जा रही है।

अब पूछें कि यह जीवेषणा किसकी है? यह जीवेषणा अगर हमारी ही हो, तो शायद कभी-कभी हम चूक भी जाएं। यह जीवेषणा परमात्मा की ही है, अन्यथा

हम चूक जाएं कभी-कभी। इसलिए जो भी गहरे हिस्से हैं जीवन के, वे हम पर नहीं छोड़े गए हैं। वे हमारे कर्म नहीं, हमारी क्रियाएं बन गए हैं। जैसे अगर श्वास लेना आपके ही हाथ में हो कि आप श्वास लें तो लें; न लें तो न लें-जैसे पैर का चलना, चलें तो चलें, न चलें तो न चलें-ऐसा अगर श्वास लेना भी आपके हाथ में हो, तो आदमी दिन में दस-बीस दफा मर जाए; जरा चूके और मरे।

तो आपके हाथ में जो बिलकुल व्यर्थ की बातें हैं, जिनके हेर-फेर से कोई खास फर्क नहीं पड़ता, वे ही दिखाई पड़ती हैं। बाकी सब महत्त्वपूर्ण गहरी जीवनधारा के हाथ में, परमात्मा के हाथ में हैं। वे आपके हाथ में नहीं हैं। नहीं तो आप तो कई दफे भूल-चूक कर जाएं। भूल गए, दो मिनट श्वास न ली। दस रुपए का नोट खो गया; दस मिनट भूल गए, श्वास न ली; पत्नी गुस्से में आ गई, भूल गए, दो मिनट हृदय न धड़काया-गए।

नहीं, आपके चेतन मन पर वह निर्भर नहीं है, अचेतन पर निर्भर है। और अचेतन एक तरफ आपसे जुड़ा है और एक तरफ परमात्मा से जुड़ा है। अचेतन एक तरफ आपसे जुड़ा है और दूसरी तरफ गहरे में परमात्मा से जुड़ा है।

इसलिए जब हम कहते हैं, परमात्मा स्त्रष्टा है, क्रिएटर है, तो उसका यह मतलब नहीं होता, जैसा कि लोग समझ लेते हैं। मानने वाले भी और न मानने वाले भी, दोनों ही गलत समझते हैं। उसका यह मतलब नहीं है कि किसी तिथि-तारीख में, किसी मुहूर्त को देखकर परमात्मा ने दुनिया बना दी। उसका यह मतलब नहीं है। मानने वाले भी ऐसा ही समझते हैं, विरोध करने वाले भी ऐसा ही समझते हैं। वे दोनों ही एक से नासमझ हैं।

परमात्मा स्त्रष्टा है, उसका मतलब केवल इतना ही है कि इस क्षण भी उसकी शक्ति ही सृजन कर रही है और जीवन को चला रही है। इस क्षण भी, अभी भी, वही है। गहरे में वही निर्मित करता है। अगर सागर में लहर उठती है, तो वह उसी की लहर है। अगर हवाओं में आंधी आती है, तो वह उसी की आंधी है। अगर प्राणों में जीवन आता है, तो वह उसी का जीवन है। अगर मस्तिष्क के जड़ सेल्स में बुद्धि चमकती है, तो वह उसी की बुद्धि है।

ऐसा नहीं है कि किसी इतिहास के किसी क्षण में-जैसा ईसाई कहते हैं कि

जीसस से चार हजार चार वर्ष पहले-एक तिथि कैलेंडर में, परमात्मा ने सारी दुनिया बना दी। मामला खतम हो गया; तब से उसकी कोई जरूरत भी नहीं है। एक दफा आर्किटेक्ट मकान बना गया, फिर उसको विदा कर दिया। अब उसको बार-बार, उसकी क्या जरूरत है बीच में लाने की! वह गया। परमात्मा ऐसा कुछ निर्माण करके चला नहीं गया है। जीवन की सारी प्रक्रिया उसकी ही प्रक्रिया है। एक छोर पर हम यहां चेतन हो गए हैं, तो वहां हमको भ्रम पैदा हुआ है कि हम कर रहे हैं।

कृष्ण वही कह रहे हैं कि तू कर रहा है, ऐसा मानना भर छोड़। कर्म तो होता ही रहेगा, क्रिया तो चलती ही रहेगी, तू अपना भ्रम भर बीच से छोड़ दे कि तू कर रहा है। तब तुझे दिखाई पड़ेगा कि तेरे पीछे, तेरे पार, परमात्मा के ही हाथ तेरे हाथों में हैं; परमात्मा की ही आंख तेरी आंख में है; परमात्मा की ही धड़कन तेरी धड़कन में है; परमात्मा की ही श्वास तेरी श्वास में है। तब रोएं-रोएं में तू अनुभव करेगा, वही है। अपने ही नहीं, दूसरे के रोएं-रोएं में भी अनुभव करेगा कि वही है।

एक बार अहंकार का भ्रम टूटे, एक बार आदमी अहंकार की नींद से जागे, तो पाता है कि मैं तो था ही नहीं। जो था, वह बहुत गहरा है, मुझसे बहुत गहरा है। पहले है, मुझसे बहुत पहले है। बाद में भी होगा, मेरे बाद भी। मैं भी उसमें हूं। लेकिन मेरा मैं, लहर को आ गया अहंकार है। लेकिन अहंकार आ जाए, तो भी लहर सागर से अलग नहीं हो जाती, होती तो सागर में ही है। लहर अगर सोचने भी लगे कि मैं उठ रही हूं, तो भी लहर नहीं उठती; उठता तो सागर ही है। और लहर सोचने लगे कि मैं चल रही हूं, तब भी चलती नहीं; चलता तो सागर ही है। और लहर गिरती है और सोचने लगे, मैं गिर रही हूं, तब भी लहर गिरती नहीं है; गिरता तो सागर ही है। और इस पूरे वहम में, इस पूरे भ्रम में जब लहर होती है, तब भी वह होती सागर ही है।

इतना ही कृष्ण कह रहे हैं कि तू पीछे देख, गहरे देख, ठीक से देख! करना तेरा नहीं है, करना उसका है। तू नाहक बीच में मैं को खड़ा कर रहा है। उस, उस मैं को जाने दे।

एक छोटी-सी कहानी और अपनी बात, आज की बात मैं पूरी करूं।

मैंने सुना है कि एक आदमी परदेश में गया है। वहां की भाषा नहीं जानता,

अपरिचित है, किसी को पहचानता नहीं। एक बहुत बड़े महल के द्वार पर खड़ा है। लोग भीतर जा रहे हैं, वह भी उनके पीछे भीतर चला गया है। वहां देखा कि बड़ा साज-सामान है, लोग भोजन के लिए बैठ रहे हैं, तो वह भी बैठ गया है। भूख उसे जोर से लगी है। बैठते ही भोजनों से भरी थाली उसके सामने आ गई, तो उसने भोजन कर लिया। उसने सोचा कि ऐसा मालूम पड़ता है, सम्राट का महल है और कोई भोज चल रहा है। अतिथि आ-जा रहे हैं।

वह उठकर धन्यवाद देने लगा है। जिस आदमी ने भोजन लाकर रखा है, उसे बहुत झुक-झुककर सलाम करता है। लेकिन वह आदमी उसके सामने बिल बढ़ाता है। वह एक होटल है। वह आदमी उसे बिल देता है कि पैसे चुकाओ। और वह सोचता है कि शायद मेरे धन्यवाद का प्रत्युत्तर दिया जा रहा है! वह बिल लेकर खीसे में रखकर और फिर धन्यवाद देता है कि बहुत-बहुत खुश हूं कि मेरे जैसे अजनबी आदमी को इतना स्वागत, इतना सम्मान दिया, इतना सुंदर भोजन दिया। मैं अपने देश में जाकर प्रशंसा करूंगा।

लेकिन वह बैरा कुछ समझ नहीं पाता, वह उसे पकड़कर मैनेजर के पास ले जाता है। वह आदमी सोचता है कि शायद मेरे धन्यवाद से सम्राट का प्रतिनिधि इतना प्रसन्न हो गया है कि शायद किसी बड़े अधिकारी से मिलने ले जा रहा है। जब वह मैनेजर भी उससे कहता है कि पैसे चुकाओ, तब भी वह यही समझता है कि धन्यवाद का उत्तर दिया जा रहा है। वह फिर धन्यवाद देता है। तब मैनेजर उसे अदालत में भेज देता है।

तब वह समझता है कि अब मैं सम्राट के सामने ही मौजूद हूं। मजिस्ट्रेट उससे बहुत कहता है कि तुम पैसे चुकाओ, तुम यह क्या बातें करते हो? या तो तुम पागल हो या किस तरह के आदमी हो? लेकिन वह धन्यवाद ही दिए जाता है, वह कहता है, मेरी खुशी का कोई ठिकाना ही नहीं। तब वह मजिस्ट्रेट कहता है कि इस आदमी को गधे पर उलटा बिठाकर, इसके गले में एक तख्ती लगाकर कि यह आदमी बहुत चालबाज है, गांव में निकालो।

जब उसे गधे पर बिठाया जा रहा है, तो वह सोचता है कि अब मेरा

प्रोसेशन, अब मेरी शोभायात्रा निकल रही है। निकलती है शोभायात्रा। दस-पांच बच्चे भी ढोल-ढमाल पीटते हुए पीछे हो लेते हैं। लोग हंसते हैं, खिलखिलाते हैं, भीड़ लग जाती है। वह सबको झुक-झुककर नमस्कार करता है। वह कहता है कि बड़े आनंद की बात है, परदेशी का इतना स्वागत!

फिर भीड़ में उसे एक आदमी दिखाई पड़ता है, जो उसके ही देश का है। उसे देखकर वह आनंद से भर जाता है। क्योंकि जब तक अपने देश का कोई देखने वाला न हो, तो मजा भी बहुत नहीं है। घर जाकर कहेंगे भी, तो कोई भरोसा भी करेगा कि नहीं करेगा! एक आदमी भीड़ में दिखाई पड़ता है, तो वह चिल्लाकर कहता है कि अरे भाई, ये लोग कितना स्वागत कर रहे हैं! लेकिन वह आदमी सिर झुकाकर भीड़ से भाग जाता है। क्योंकि उसे तो पता है कि यह क्या हो रहा है! लेकिन वह गधे पर सवार आदमी समझता है, ईर्ष्या से जला जा रहा है। ईर्ष्या से जला जा रहा है।

करीब-करीब अहंकार पर बैठे हुए हम इसी तरह की भ्रांतियों में जीते हैं। उनका जीवन के तथ्य से कोई संबंध नहीं होता, क्योंकि जीवन की भाषा हमें मालूम नहीं है। और हम जो अहंकार की भाषा बोलते हैं, उसका जीवन से कहीं कोई तालमेल नहीं होता।

शेष कल।

तीसरा प्रवचन

परमात्म समर्पित कर्म

यस्त्विन्द्रियाणि मनसा नियम्यारभतेऽर्जुन।
कर्मेन्द्रियैः कर्मयोगमसक्तः स विशिष्यते।। 7।।

और हे अर्जुन, जो पुरुष मन से इंद्रियों को वश में करके अनासक्त हुआ कर्मेंद्रियों से कर्मयोग का आचरण करता है, वह श्रेष्ठ है।

मनुष्य के मन में वासना है, कामना है। उस कामना का परिणाम सिवाय दुख के और कुछ भी नहीं है। उस वासना से सिवाय विषाद के, फ्रस्ट्रेशन के और कभी कुछ मिलता नहीं है। लगता है, मिलेगा सुख, मिलता है सदा दुख। लगता है, मिलेगी शांति, मिलती है सदा अशांति। लगता है, उपलब्ध होगी स्वतंत्रता, लेकिन आदमी और भी गहरे बंधन में बंधता चला जाता है। कामना मनुष्य का दुख है, तृष्णा मनुष्य की पीड़ा है।

निश्चित ही, वासना से उठे बिना, वासना के पार हुए बिना, कोई व्यक्ति

कभी आनंद को उपलब्ध नहीं हुआ है। पर इस वासना से ऊपर उठने के लिए दो काम किए जा सकते हैं; क्योंकि इस वासना के दो हिस्से हैं। एक तो वासना से भरा हुआ चित्त है, मन है; और एक वासना के उपयोग में आने वाली इंद्रियां हैं। जो आदमी ऊपर से पकड़ेगा; उसे इंद्रियां पकड़ में आती हैं और वह इंद्रियों की शत्रुता में पड़ जाता है।

कृष्ण ने कहा, वैसा आदमी नासमझ है, अज्ञानी है, मूढ़ है। दूसरी बात अब वे कह रहे हैं। वे कह रहे हैं, लेकिन वह मनुष्य श्रेष्ठ है, जो मन को ही रूपांतरित करके इंद्रियों को वश में कर लेता है। इंद्रियों का वश में होना, इंद्रियों का मर जाना नहीं है। इंद्रियों का वश में होना, इंद्रियों का निर्वीर्य हो जाना नहीं है। इंद्रियों का वश में होना, इंद्रियों का अशक्त हो जाना नहीं है। क्योंकि अशक्त को वश में भी किया, तो क्या वश किया? निर्बल को जीत भी लिया, तो क्या जीता?

कृष्ण कहते हैं, श्रेष्ठ है वह पुरुष, जो इंद्रियों से लड़ता ही नहीं, बल्कि मन को ही रूपांतरित करता है और इंद्रियों को वश में कर लेता है। मारता नहीं, लड़ता नहीं, वश में कर लेता है।

निश्चित ही, लड़ने की कला बिलकुल ही नासमझी से भरी है। कहना चाहिए, कला नहीं है, कला का धोखा है। वश में करने की कला बहुत ही भिन्न है। इंद्रियां किसके वश में होती हैं? साधारणतः तो हम प्रतीत होता है कि इंद्रियों के वश में हैं। इस बात को ठीक से समझ लेना जरूरी है।

साधारणतः तो ऐसा प्रतीत होता है कि हम इंद्रियों के गुलाम हैं। साधारणतः तो जिंदगी ऐसी ही है, जहां इंद्रियां आगे चलती मालूम पड़ती हैं और हम पीछे चलते मालूम पड़ते हैं। जब मैं कह रहा हूं, इंद्रियां आगे चलती मालूम पड़ती हैं, तो उसका मतलब है कि वासनाएं आगे चलती मालूम पड़ती हैं। वासनाएं हमें दिखाई नहीं पड़ती हैं, जब तक कि वे इंद्रियों में प्रविष्ट न हो जाएं। वासनाएं तब तक अदृश्य होती हैं, जब तक इंद्रियों पर हावी न हो जाएं। इसलिए हमें तो इंद्रियां ही दिखाई पड़ती हैं। वासनाओं का जो सूक्ष्मतम रूप है, अतींद्रिय, वह हमें दिखाई नहीं पड़ता है।

आपके मन में कोई भी वासना उठे, तो वासना दिखाई नहीं पड़ती, जब तक उस वासना से संबंधित इंद्रिय आविष्ट न हो जाए। अगर आपके मन में किसी को छूने की वासना उठी है, तो तब तक उसका स्पष्ट बोध नहीं होता, जब तक छूने के लिए शरीर आतुर न हो जाए। जब तक वासना शरीर नहीं लेती, आकार नहीं लेती, जब तक वासना इंद्रियों में गति नहीं बन जाती, तब तक हमें पता नहीं चलता। इसलिए बहुत बार ऐसा होता है कि क्रोध का हमें तभी पता चलता है, जब हम कर चुके होते हैं। काम का हमें तभी पता होता है, जब वासना हम पर आविष्ट हो गई होती है। हम पजेस्ड हो गए होते हैं, तभी पता चलता है। और शायद तब तक लौटना मुश्किल हो गया होता है, तब तक शायद वापसी असंभव हो गई होती है।

वासना हमारे आगे चलती है और हम छाया की तरह पीछे चलते हैं। मनुष्य की गुलामी यही है। और जो मनुष्य ऐसी गुलामी में है, उसे कृष्ण कहेंगे, वह निकृष्ट है, उसे अभी मनुष्य कहे जाने का हक नहीं है। मनुष्य का हक तो उसे है, जिसकी वासनाएं उसके पीछे चलती हैं। लेकिन इधर फ्रायड के बाद सारी दुनिया को यह समझाया गया है कि वासनाएं कभी पीछे चल ही नहीं सकतीं; वासनाएं आगे ही चलेंगी। और यह भी समझाया गया है कि वासनाओं को वश में किया ही नहीं जा सकता। आदमी को ही वासना के वश में रहना होगा। और यह भी समझाया गया है कि विल पावर या संकल्प की शक्ति की जितनी बातें हैं, वे सब झूठी हैं। आदमी के पास कोई संकल्प नहीं है।

इसके परिणाम हुए हैं। इसके परिणाम ये हुए हैं कि आदमी ने इंद्रियों की गुलामी को परिपूर्ण रूप से स्वीकार कर लिया है। आदमी राजी हो गया है कि हम तो वासनाओं के गुलाम रहेंगे ही। और जब गुलाम ही रहना है, तो फिर ठीक तरह से, पूरी तरह से ही गुलाम हो जाना उचित है; जब मालिक होने का कोई उपाय ही नहीं है।

शरीरवादी सदा से यही कहते रहे हैं। इस देश में भी शरीरवादी थे। सच तो यह है, अधिक लोग शरीरवादी ही हैं। अधिक लोग चार्वाक से सहमत ही हैं। अधिक लोग मार्क्स से सहमत ही हैं। अधिक लोग फ्रायड से सहमत ही हैं। अधिक लोग इस बात से राजी ही हैं कि हम शरीर से ज्यादा कुछ भी नहीं हैं।

इसलिए शरीर की मांग ही हमारी जिंदगी है और शरीर की वासना ही हमारी आत्मा है। इसलिए जहां ले जाएं अंधी इंद्रियां और जहां ले जाएं अंधी वासनाएं, हमें वहीं भागते चले जाना है। आदमी का कोई वश नहीं है।

यह बात अगर एक बार कोई मानने को राजी हो जाए, तो वह सदा के लिए अपनी आत्मा खो देता है। क्योंकि आत्मा पैदा ही तब होती है, जब वासना पीछे हो और स्वयं का होना आगे हो। आत्मा का जन्म ही तब होता है, जब वासना छाया बन जाए। जब तक वासना आगे होती है और हम छाया होते हैं, तब तक हममें आत्मा पैदा नहीं होती है। सिर्फ संभावना होती है, पोटेंशियलिटी होती है, एक्चुएलिटी नहीं होती है। तब तक आत्मा हमारे लिए बीज की तरह होती है, वृक्ष की तरह नहीं होती है।

कृष्ण कह रहे हैं, वह आदमी श्रेष्ठ है अर्जुन, जो अपनी इंद्रियों को मन के वश में कर लेता है।

मन के वश में इंद्रियों को करिएगा कैसे? हमें तो एक ही रास्ता दिखाई पड़ता है कि लड़ो, इंद्रियों को दबा दो, तो इंद्रियां वश में हो जाएंगी। दबाने से कोई इंद्रिय वश में नहीं होती। दबाने से सिर्फ इंद्रियां परवर्ट होती हैं, विकृत होती हैं और सीधी मांगें तिरछी मांगें बन जाती हैं; और हम सीधे न चलकर पीछे के दरवाजों से पहुंचने लगते हैं; और पाखंड फलित होता है। दबाना मार्ग नहीं है। फिर क्या मार्ग है?

मनुष्य की वासनाएं तब तक उसे पकड़े रहती हैं, जब तक उसके पास संकल्प, विल न हो, जब तक उसके पास संकल्प जैसी सत्ता का जन्म न हो। इस संकल्प के संबंध में थोड़ा गहरे उतरना आवश्यक है, क्योंकि इसके बिना कोई आदमी कभी वासनाओं पर वश नहीं पा सकता है।

संकल्प का क्या अर्थ है? संकल्प का अर्थ इंद्रियों का दमन नहीं, संकल्प का अर्थ स्वयं के होने का अनुभव है। संकल्प का अर्थ है, स्वयं की मौजूदगी का अनुभव।

आपको भूख लगी है, शरीर कहता है कि भूख लगी है; आप कहते हैं कि सुन ली मैंने आवाज, लेकिन अभी, अभी मैं भोजन करने को राजी नहीं हूं। और अगर आप पूरे मन से यह बात कह सकें कि अभी मैं भोजन करने को राजी नहीं

हूं, तो शरीर तत्काल मांग बंद कर देता है। तत्काल मांग बंद कर देता है। जैसे ही शरीर को पता चल जाए कि आपके पास शरीर से ऊपर भी संकल्प है, वैसे ही शरीर तत्काल मांग बंद कर देता है। आपकी कमजोरी ही शरीर की ताकत बन जाती है। आपकी ताकत ही शरीर की कमजोरी बन जाती है।

लेकिन हम कभी शरीर से भिन्न अपनी कोई घोषणा नहीं करते हैं।

कभी छोटे-छोटे प्रयोग करके देखना जरूरी है। बहुत छोटे प्रयोग, जिनमें आप शरीर से भिन्न अपने होने की घोषणा करते हैं। सारे धर्मों ने इस तरह के प्रयोग विकसित किए हैं। लेकिन करीब-करीब सभी प्रयोग नासमझ लोगों के हाथ में पड़कर व्यर्थ हो जाते हैं। उपवास इसी तरह का प्रयोग था, जो मनुष्य के संकल्प को जन्माने के लिए था।

आदमी अगर कह सके कि नहीं, भोजन नहीं, पूरे मन से, तो शरीर मांग बंद कर देता है। और जब पहली दफा यह पता चलता है कि शरीर के अतिरिक्त भी मेरी कोई स्थिति है, तो आपके भीतर एक नई ऊर्जा, एक नई शक्ति जन्मने लगती है, अंकुरित होने लगती है। नींद आ रही है और आपने कहा कि नहीं, मैं नहीं सोना चाहता हूं। और अगर यह टोटल है, अगर यह बात पूरी है, अगर यह पूरे मन से कही गई है, तो शरीर तत्काल नींद की आकांक्षा छोड़ देगा। आप अचानक पाएंगे कि नींद खो गई है और जागरण पूरा आ गया है। लेकिन हम जिंदगी में कभी इसका प्रयोग नहीं करते हैं। हम कभी शरीर से भिन्न होने का कोई भी प्रयोग नहीं करते हैं। शरीर जो कहता है, हम चुपचाप उसको पूरा करते चले जाते हैं।

मैं यह नहीं कह रहा हूं कि शरीर जो कहे, उसे आप पूरा न करें। लेकिन कभी-कभी किन्हीं क्षणों में अपने अलग होने का अनुभव भी करना जरूरी है। और एक बार आपको यह अनुभव होने लगे कि आप, शरीर से भिन्न भी आपका कुछ होना है, तो आप हैरान हो जाएंगे, उसी दिन से आपके मन की ताकत आपकी इंद्रियों पर फैलनी शुरू हो जाएगी।

गुरजिएफ, एक अदभुत फकीर, अभी कुछ दिन पहले था। जैसा मैंने पिछली चर्चा में आपसे कहा कि अगर इस युग में हम सांख्य का कोई ठीक-ठीक व्यक्तित्व खोजना चाहें, तो कृष्णमूर्ति हैं। और अगर हम योग का कोई

ठीक-ठीक व्यक्तित्व खोजना चाहें, तो वह जार्ज गुरजिएफ है। गुरजिएफ एक छोटा-सा प्रयोग अपने साधकों को कराता था। बहुत छोटा। कभी आप भी करें, तो बहुत हैरान होंगे और आपको पता चलेगा कि संकल्प का अनुभव क्या है।

उस प्रयोग को वह कहता था, स्टाप एक्सरसाइज। वह अपने साधकों को बिठा लेता और वह कहता कि मैं अचानक कहूंगा, स्टाप! तो तुम जहां हो, वहीं रुक जाना। अगर किसी ने हाथ उठाया था, तो वह हाथ यहीं रुक जाए; अगर किसी की आंख खुली थी, तो वह खुली रह जाए; अगर किसी ने बोलने को ओंठ खोले थे, तो वे खुले रह जाएं; अगर किसी ने चलने के लिए कदम उठाया था एक और एक जमीन पर था, तो वहीं रह जाए। स्टाप! ठहर जाओ! तो जो जहां है, वह वहीं ठहर जाए; वैसा ही ठहर जाए।

और जिन साधकों पर वह दो-तीन महीने प्रयोग करता इस छोटे-से अभ्यास का, उन साधकों को पता चलता कि जैसे ही वे ठहरते हैं, शरीर तो कहता है, पैर नीचे रखो; आंख तो कहती है, पलक झपकाओ; ओंठ तो कहते हैं, बंद कर लो; लेकिन वे रुक गए हैं-न आंख झपकेंगे, न पैर हटाएंगे, न हाथ हिलाएंगे-अब मूर्ति की तरह रह गए हैं। तीन महीने के थोड़े-से अभ्यास में ही उन्हें पता चलना शुरू होता है कि उनके भीतर कोई एक और भी है, जो शरीर को जहां चाहे वहां आज्ञा दे सकता है।

कभी आपने अपने शरीर को आज्ञा दी है? कभी भी आपने आदेश दिया है? आपने सिर्फ आदेश लिए हैं; आपने कभी भी आदेश दिया नहीं है। वन वे ट्रैफिक है अभी। शरीर की तरफ से आदेश आते हैं, शरीर की तरफ कोई आदेश जाता नहीं है; कभी नहीं जाता है। उसके परिणाम खतरनाक हैं। उसका बड़े से बड़ा परिणाम है वह यह है कि हमें कल्पना ही मिट गई है कि हमारे भीतर विल जैसी, संकल्प जैसी भी कोई चीज है! और जिस व्यक्ति के पास संकल्प नहीं है, वह व्यक्ति श्रेष्ठ नहीं हो सकता। संकल्पहीनता ही निकृष्टता है। संकल्पवान होना ही आत्मवान होना है।

कृष्ण कह रहे हैं, अर्जुन। वह मनुष्य श्रेष्ठ है, जो अपनी इंद्रियों पर वश पा लेता है। जो इंद्रियों का मालिक हो जाता है। जो इंद्रियों को आज्ञा दे सकता है। जो कह सकता है, ऐसा करो।

हम सिर्फ इंद्रियों से पूछते हैं, क्या करें? हम जिंदगीभर, जन्म से लेकर मृत्यु तक इंद्रियों से पूछते चले जाते हैं, क्या करें? इंद्रियां बताए चली जाती हैं और हम करते चले जाते हैं। इसलिए हम शरीर से ज्यादा कभी कोई अनुभव नहीं कर पाते।

आत्म-अनुभव संकल्प से शुरू होता है। और मनुष्य की श्रेष्ठता संकल्प के जन्म के साथ ही यात्रा पर निकलती है।

प्रश्न : कृष्ण यहां मन से इंद्रियों को वश में करने को कह रहे हैं; लेकिन आप तो मन को ही विसर्जित करने को कहते हैं! यह कैसी बात है?

कृष्ण भी यही कहेंगे, मन को विसर्जित करने को कहेंगे। लेकिन मन विसर्जित करने के लिए होना भी तो चाहिए! अभी तो मन है ही नहीं। इंद्रियां और इंद्रियों के पीछे दौड़ना हमारा अस्तित्व है। हमारे पास मन जैसी कोई, संकल्प जैसी चीज नहीं है। पहले चरण पर संकल्प पैदा करना पड़ेगा और दूसरे चरण पर संकल्प को भी समर्पित कर देना होगा। लेकिन समर्पित तो वही कर पाएंगे, जिनके पास होगा। जिनके पास नहीं है, वे समर्पित क्या करेंगे!

हम एक आदमी से कहते हैं, धन का त्याग कर दो। लेकिन त्याग के लिए धन तो होना चाहिए न! जब हम कहते हैं, धन का त्याग कर दो, धन हो ही न, तो त्याग क्या करेगा?

मन आपके पास है या सिर्फ इंद्रियों की आकांक्षाओं के जोड़ का नाम आपने मन समझा हुआ है? तो जब हमसे कोई कहेगा कि समर्पण कर दो मन को परमात्मा के चरणों में, तो हमारे पास कुछ होता ही नहीं, जिसको हम समर्पण कर दें। हमारे पास केवल दौड़ती हुई वासनाओं का समूह होता है, जिनको समर्पित नहीं किया जा सकता। किसी ने कभी कहा है कि वासनाओं को परमात्मा को समर्पित कर दो? किसी ने कभी नहीं कहा। मन को समर्पित किया जा सकता है। एक इंटिग्रेटेड विल हो, तो समर्पित की जा सकती है। और समर्पण सबसे बड़ा संकल्प है। बड़े से बड़ा, अंतिम संकल्प जो है, वह समर्पण है।

समर्पण दूसरे चरण में संभव है। पहले चरण में तो संकल्प ही निर्मित करना पड़ेगा। आत्मा भी तो चाहिए! परमात्मा के चरणों में नैवेद्य चढ़ाना हो, तो वासनाओं को लेकर पहुंच जाइएगा? आत्मा चाहिए उसके पास चढ़ाने को। आप भी तो होने चाहिए! आप हैं? अगर बहुत खोजेंगे, तो आप कहीं न पाएंगे कि आप हैं। आप पाएंगे कि यह इच्छा है, वह इच्छा है, यह वासना है, वह वासना है। आप कहां हैं?

डेविड ह्यूम ने अपने संस्मरणों में लिखा है कि मैंने डेल्फी के मंदिर पर लिखा हुआ वचन पढ़ा-नो दाई सेल्फ-अपने को जानो, और तब से मैं अपने भीतर जाकर कोशिश करता हूं कि अपने को जानूं। लेकिन मैं तो स्वयं को कहीं मिलता ही नहीं हूं; जब भी मिलता है भीतर तो कोई इच्छा मिलती है, कोई विचार मिलता है, कोई वासना मिलती है, कोई कामना मिलती है। मैं तो कभी भीतर मिलता ही नहीं हूं। मैं थक गया खोज-खोजकर। जब भी मिलती है-कोई वासना, कोई कामना, कोई इच्छा, कोई विचार, कोई स्वप्न-मैं तो कहीं मिलता ही नहीं हूं।

मिलेगा भी नहीं। क्योंकि स्वयं को जानने के पहले वासनाओं के बीच में स्वयं की सत्ता को भी तो अंकुरित करना पड़ेगा। वह डेविड ह्यूम ठीक कहता है। आप भी भीतर जाएंगे, तो आत्मा नहीं मिलेगी, विचार मिलेंगे, वासनाएं मिलेंगी, इच्छाएं मिलेंगी। आत्मा तो संकल्प के द्वार से ही मिल सकती है।

इसलिए निश्चित ही धर्म का पहला चरण है, संकल्प को निर्मित करो, क्रिएट दि विल फोर्स। और दूसरा चरण है, निर्मित संकल्प को सरेंडर करो, समर्पण करो। पहला चरण है, आत्मवान बनो; दूसरा चरण है, आत्मा को परमात्मा के चरणों में फूल की तरह चढ़ा दो। पहला चरण है, आत्मा को पाओ; दूसरा चरण है, परमात्मा को पाओ। आत्मा को पाना हो तो वासनाओं से ऊपर उठना पड़ेगा। और परमात्मा को पाना हो तो आत्मा से भी ऊपर उठना पड़ेगा। आत्मा को पाना हो तो वासनाओं पर वश चाहिए; और परमात्मा को पाना हो तो आत्मा पर भी वश चाहिए। वह लेकिन दूसरा चरण है। वह इसके विपरीत नहीं है। वह इसी का आगे का कदम है। जिसके पास है, वही तो समर्पित कर सकेगा।

जीसस का एक बहुत अदभुत वचन है, वह मैं आपको याद दिलाऊं, वह कृष्ण की बात के बहुत करीब है। जीसस ने कहा है, जो अपने को बचाएगा, वह अपने को खो देगा; और जो अपने को खो देगा, वह अपने को बचा लेगा। लेकिन खोने या बचाने के पहले होना भी तो चाहिए। आप हैं?

गुरजिएफ के पास कोई जाता था और पूछता था कि मैं स्वयं को जानना चाहता हूं, तो वह गुरजिएफ कहता था, आप हो? आर यू? आप भी चौंकेंगे, अगर आप जाएं ऐसे आदमी के पास और वह पूछे, आप हो? तो आप कहेंगे, हूं तो! लेकिन आपका होना सिर्फ एक जोड़ है। आपमें से सारी वासनाएं निकाल ली जाएं, और सारी इच्छाएं और सारे विचार, तो आप एकदम खो जाएंगे शून्य की भांति। आपके पास ऐसा कोई संकल्प नहीं है, जो विचार के पार हो, वासना से अलग हो, इच्छाओं से भिन्न हो। आपके पास आत्मा का कोई भी अनुभव नहीं है। आप सिर्फ एक जोड़ हैं, एक एक्युमुलेशन, एक संग्रह। इस संग्रह को कहां समर्पित करिएगा? कौन समर्पित करेगा? समर्पित करने वाला भी भीतर नहीं है।

इसलिए कृष्ण अर्जुन से कह रहे हैं, पहले तू श्रेष्ठ बन। श्रेष्ठ बनने का अर्थ, पहले तू आत्मवान बन, पहले तू मनस्वी हो, पहले तू संकल्प को उपलब्ध हो। फिर पीछे वे कहेंगे कृष्ण अर्जुन से, सब छोड़ दे और शरण में आ जा। लेकिन छोड़ तो वही सकता है सब, जिसके पास संकल्प हो। लेकिन जो जरा-सा कुछ भी नहीं छोड़ सकता, वह सब कैसे छोड़ सकेगा! जो एक पैसा नहीं छोड़ सकता, वह स्वयं को कैसे छोड़ सकेगा! जो एक मकान नहीं छोड़ सकता, वह स्वयं की आत्मा को कैसे छोड़ सकेगा? स्वयं को छोड़ने के पहले स्वयं का परिपूर्ण शक्ति से होना जरूरी है।

इसलिए संकल्प धर्मों की पहली साधना है; समर्पण अंतिम साधना है। कहें कि धर्म के दो ही कदम हैं। पहले कदम का नाम है, संकल्प, विल; और दूसरे कदम का नाम है, समर्पण, सरेंडर। इन दो कदमों में यात्रा पूरी हो जाती है। जो संकल्प पर रुक जाएंगे, उनको आत्मा का पता चलेगा, लेकिन परमात्मा का कोई पता नहीं चलेगा। जो वासना पर ही रुक जाएंगे, उनको वासना का पता चलेगा, आत्मा का कोई पता नहीं चलेगा। लेकिन जो आत्मा को भी समर्पित कर देंगे, उन्हें

परमात्मा का पता चलता है। वह अंतिम घटना है, वह अल्टिमेट है। वह चरम, परम अनुभूति है। और उसके लिए कृष्ण अर्जुन को अ, ब, स से शुरू कर रहे हैं। वे उससे कह रहे हैं, पहले तू संकल्पवान बन। फिर पीछे जब देखेंगे कि उसके भीतर संकल्प पैदा हुआ है, तो वे उससे कहेंगे, अब तू सब छोड़ दे-सर्व धर्मान् परित्यज्य, मामेकं शरणं व्रज-अब तू सब छोड़ और मेरी शरण में आ जा।

लेकिन शरण में कमजोर लोग कभी नहीं आ सकते। यह सुनकर आपको कठिनाई होगी। आमतौर से कमजोर लोग शरण में जाते हैं। कमजोर आदमी कभी शरण में नहीं जा सकता। कमजोर आदमी के पास इतनी शक्ति ही नहीं होती कि दूसरे के चरणों में अपने को पूरा समर्पित कर दे। समर्पण बड़ी से बड़ी शक्ति है-बहुत कठिन, बहुत आरडुअस। आसान बात मत समझ लेना आप समर्पण। आमतौर से लोग समझते हैं कि हम कमजोर हैं, हम तो समर्पण में ही भगवान को पा लेंगे। लेकिन कमजोर समर्पण कर नहीं सकता। कमजोर इतना कमजोर होता है...कमजोर होता ही नहीं; समर्पण करेगा किसका? हां, वह सिर चरणों में रख देता है। स्वयं को रखना बिलकुल और बात है। सिर रखना, बच्चे भी रख सकते हैं। स्वयं को चरणों में रखना और ही बात है।

स्वयं को चरणों में रखने की एक घटना कीर्कगार्ड ने...ईसाइयत में एक कहानी है। कहानी है कि एक व्यक्ति को परमात्मा ने कहा कि तू अपने इकलौते बेटे को आकर और मेरे मंदिर में गरदन काटकर चढ़ा दे। ऐसी उसे आवाज आई कि वह जाए और अपने बेटे को मंदिर में काटकर चढ़ा दे। वह उठा, उसने अपने बेटे को लिया और मंदिर में पहुंच गया। उसने तलवार पर धार रखी। बेटे की गरदन मंदिर में रखी, तलवार उठाई और गरदन काटने को था, तब आवाज आई कि बस, रुक जा! मैं तो सिर्फ यही जानना चाहता था कि तू समर्पण की बातें करता है, लेकिन समर्पण के योग्य शक्ति तुझमें है?

बेटे की गरदन काटने में भी लेकिन उतनी शक्ति नहीं पड़ती, जितनी अपनी गरदन काटने में पड़ती है। समर्पण का मतलब है, अपनी ही गरदन चढ़ा देना, सिर झुकाना नहीं। क्योंकि वह तो क्षण झुकाया और उठा लिया। समर्पण का मतलब है, झुके तो झुके रहे, झुके तो झुक गए। समर्पण का मतलब है, अब यह

गरदन न उठेगी। समर्पण का मतलब है, अब हम गए चरणों में; अब वे चरण ही सब कुछ हैं, अब हम नहीं हैं। लेकिन कौन करेगा यह? यह वही कर सकता है, जिसने पहले संकल्प को संगृहीत कर लिया हो, जिसके भीतर एक इंटिग्रेटेड इंडिविजुएशन घटित हो गया हो, जिसके भीतर आत्मा क्रिस्टलाइज्ड हो गई हो। जिसके भीतर आत्मा निर्मित हो गई हो, वह आदमी आत्मा से आखिरी काम भी कर सकता है कि समर्पण कर दे।

इसलिए कृष्ण अर्जुन को पहला पाठ दे रहे हैं। वे कह रहे हैं, श्रेष्ठ पुरुष वह है, जिसका मन वासनाओं पर, इंद्रियों पर वश पा लेता है।

नियतं कुरु कर्म त्वं ज्यायो ह्यकर्मणः।
शरीरयात्राऽपि च ते न प्रसिद्ध्येदकर्मणः।। 8।।

इसलिए शास्त्र-विधि से नियत किए हुए स्वधर्म कर्म को कर। कर्म न करने की अपेक्षा कर्म करना श्रेष्ठ है तथा कर्म न करने से तेरा शरीर-निर्वाह भी नहीं सिद्ध होगा।

कर्म न करने की अपेक्षा कर्म करना श्रेष्ठ है। क्योंकि कर्म न करना, सिर्फ वंचना है, डिसेप्शन है। कर्म तो करना ही पड़ेगा। जो करना ही पड़ेगा, उसे होशपूर्वक करना श्रेष्ठ है। जो करना ही पड़ेगा, उसे जानते हुए करना श्रेष्ठ है। जो करना ही पड़ेगा, उसे स्पष्ट रूप से सामने के द्वार से करना श्रेष्ठ है। जब करना ही पड़ेगा, तो पीछे के द्वार से जाना उचित नहीं। जब करना ही पड़ेगा, तो अनजाने, बेहोशी में, अपने को धोखा देते हुए करना ठीक नहीं। क्योंकि तब करना गलत रास्तों पर ले जा सकता है। जो अनिवार्य है, वह जाग्रत, स्वीकृतिपूर्वक, समग्र चेष्टा से ही किया जाना उचित है।

इसलिए कृष्ण कहते हैं, जो करना ही है, उसे परिपूर्ण रूप से जानते हुए, होशपूर्वक, स्वधर्म की तरह करना उचित है। और एक दूसरी बात कहते हैं। वे कहते हैं, जो स्वधर्म है, और साथ में एक बात कहते हैं, शास्त्र-सम्मत। जो शास्त्र-सम्मत स्वधर्म है। शास्त्र का अर्थ है-किताब नहीं-शास्त्र का मौलिक,

गहरा अर्थ है, आज तक जिन लोगों ने जाना, उनके द्वारा सम्मत; जो जानते हैं, उनके द्वारा सम्मत; जो पहचानते हैं, उनके द्वारा सम्मत।

एक लंबी यात्रा है मनुष्य की चेतना की, उसमें हम सौ-पचास वर्ष के लिए आते हैं और विदा हो जाते हैं। आदमी आता है, विदा हो जाता है, आदमीयत चलती चली जाती है। आदमी के अनुभव हैं करोड़ों वर्ष के, सार है अनुभव का। आदमी ने जाना है, उस जाने को निचोड़कर रखा है। कृष्ण कह रहे हैं कि वह जो अनादि से, सदा से जानने वाले लोगों ने जिस बात को कहा है, उससे सम्मत स्वधर्म।

इसमें दो बातें समझ लेनी जरूरी हैं। एक तो इस देश में बहुत प्राचीन समय से हमने समाज को चार वर्णों में बांट रखा था। अर्जुन उसमें क्षत्रिय वर्ण से आता है। जन्म से ही हमने समाज को चार हिस्सों में बांट रखा था। कोई हाइरेरकी नहीं थी, कोई ऊंचा-नीचा नहीं था। सिर्फ गुण विभाजन था-वर्टिकल नहीं, हॉरिजांटल। दो तरह के विभाजन होते हैं, एक तो क्षैतिजिक विभाजन होता है कि मैं यहां मंच पर बैठा हूं, मेरे बगल में एक और आदमी बैठा है और मेरे पीछे एक और आदमी बैठा है। हम तीनों एक ही तल पर बैठे हैं, लेकिन फिर भी तीन हैं, विभाजन हॉरिजांटल है। एक विभाजन होता है कि मैं एक सीढ़ी पर खड़ा हूं, दूसरा उससे ऊंची सीढ़ी पर खड़ा है, तीसरा उससे ऊंची सीढ़ी पर खड़ा है। तब भी विभाजन होता है, तब विभाजन वर्टिकल है।

भारत में जो वर्ण का प्राथमिक विभाजन था, हॉरिजांटल था। उसमें शूद्र, ब्राह्मण, वैश्य, क्षत्रिय एक-दूसरे के ऊपर-नीचे हाइरेरकी में बंटे हुए नहीं थे। समाज में एक ही भूमि पर खड़े हुए चार विभाजन थे। बाद में हॉरिजांटल विभाजन वर्टिकल हो गया, ऊपर-नीचे हो गया। जिस दिन से ऊपर-नीचे हुआ, उस दिन से वर्ण की जो कीमती आधारशिला थी, वह गिर गई और वर्ण का सिद्धांत और वर्ण का मनसशास्त्र शोषण का आधार बन गया।

लेकिन कृष्ण के समय तक यह बात घटित न हुई थी। इसलिए कृष्ण कहते हैं कि जो तेरा स्वधर्म है, जिस वर्ण में तू जन्मा है और जिस वर्ण में तू बड़ा हुआ है और जिस वर्ण की तूने शिक्षा पाई है और जिस वर्ण की तेरी तैयारी है और जिस वर्ण से तेरा हड्डी, खून, मांस, तेरा मन, तेरे संस्कार, तेरी पूरी कंडीशनिंग हुई

है, उस वर्ण को छोड़कर भागने से उस वर्ण के काम को करना ही श्रेयस्कर है। क्यों? अनेक कारण हैं। दो-तीन गहरे कारणों पर खयाल कर लेना जरूरी है।

एक तो प्रत्येक व्यक्ति की अनंत संभावनाएं हैं। लेकिन उन अनंत संभावनाओं में से एक ही संभावना वास्तविक बन सकती है। सभी संभावनाएं वास्तविक नहीं बन सकतीं। एक व्यक्ति जब जन्मता है, तो उसके जीवन की बहुत यात्राएं हो सकती हैं, लेकिन अंततः एक ही यात्रा पर उसे जाना पड़ता है। जीवन की वास्तविकता हमेशा वन डायमेंशनल होती है, एक आयामी होती है; और जीवन की पोटेंशियलिटी मल्टी-डायमेंशनल होती है, जीवन की संभावना अनंत आयामी होती है।

हम एक बच्चे को डॉक्टर भी बना सकते हैं, वकील भी बना सकते हैं, इंजीनियर भी बना सकते हैं। हम एक बच्चे को बहुत-बहुत रूपों में ढाल सकते हैं। बच्चे में बहुत लोच है, वह अनंत आयामों में जाने की संभावना रखता है। लेकिन जाएगा एक ही आयाम में। हम उसे अनंत आयामों में ले जा नहीं सकते। और अगर ले जाएंगे, तो हम सिर्फ उसको विक्षिप्त कर देंगे, पागल कर देंगे।

आज विज्ञान इस बात को स्वीकार करता है। वह कहता है, प्रत्येक व्यक्ति के जानने की क्षमता अनंत है। लेकिन जब भी कोई व्यक्ति जानने जाएगा, तो स्पेशलाइजेशन हो जाएगा। अगर एक व्यक्ति जानने निकलेगा, तो वह डॉक्टर ही हो पाएगा। अब तो पूरा डॉक्टर होना मुश्किल है, क्योंकि डॉक्टर की भी बहुत शाखाएं हैं। वह कान का डॉक्टर होगा कि आंख का डॉक्टर होगा कि हृदय का डॉक्टर होगा कि मस्तिष्क का डॉक्टर होगा! ये भी शाखाएं हैं।

मैंने तो एक मजाक भी सुनी है कि आज से पचास साल बाद एक औरत एक डॉक्टर के दरवाजे पर अंदर प्रवेश हुई है और उसने कहा कि मेरी आंख में बड़ी तकलीफ है। डॉक्टर उसे भीतर ले गया और फिर पूछा कि कौन-सी आंख में? बाईं या दाईं? क्योंकि मैं सिर्फ दाईं आंख का डॉक्टर हूं। बाईं आंख का डॉक्टर पड़ोस में है।

असल में एक आंख भी इतना बड़ा फिनामिनन है, एक छोटी-सी आंख इतनी बड़ी घटना है कि उसे एक आदमी पूरी जिंदगी जानना चाहे, तो भी पूरा नहीं

जान सकता है। इसलिए स्पेशलाइजेशन हो जाएगा, इसलिए विशेषज्ञ पैदा होगा ही; उससे बचा नहीं जा सकता है। आज पश्चिम में जिस तरह विशेषज्ञ ज्ञान के पैदा हुए हैं कि एक आदमी गणित को, तो गणित को ही जानता है; फिजिक्स के संबंध में वह उतना ही नासमझ है, जितना नासमझ कोई और आदमी है। और जो आदमी फिजिक्स को जानता है, वह केमिस्ट्री के संबंध में उतना ही अज्ञानी है, जितना गांव का कोई किसान। प्रत्येक व्यक्ति की जानने की एक सीमा है और उस सीमा में उसको यात्रा करनी पड़ती है। और रोज सीमा नैरो होती चली जाएगी, संकरी होती चली जाएगी।

जैसे आज पश्चिम में विज्ञान स्पेशलाइज्ड हुआ, ऐसे ही भारत में हजारों साल पहले हमने चार व्यक्तित्वों को स्पेशलाइज्ड कर दिया था। हमने कहा था, जब कुछ लोग क्षत्रिय ही होना चाहते हैं, तो उचित है कि उन्हें बचपन से ही क्षत्रिय होने का मौका मिले। हमने सोचा कि जब कुछ लोग ब्राह्मण ही हो सकते हैं और क्षत्रिय नहीं हो सकते, तो उचित है कि उन्हें बचपन के पहले क्षण से ही ब्राह्मण की हवा मिले, ब्राह्मण का वातावरण मिले। उनका एक क्षण भी व्यर्थ न जाए।

इसमें एक और गहरी बात आपसे कह दूं, जो कि साधारणतः आपके खयाल में नहीं होगी। और वह यह है कि जब हमने यह बिलकुल तय कर दिया कि जन्म से ही कोई व्यक्ति ब्राह्मण हो जाएगा और कोई व्यक्ति क्षत्रिय हो जाएगा, तब भी हमने यह उपाय रखा था कि कभी अपवाद हो, तो हम व्यक्तियों को दूसरे वर्णों में प्रवेश दे सकते थे। लेकिन वह एक्सेप्शन की बात थी। वह नियम नहीं था, नियम की जरूरत न थी। कभी-कभी ऐसा होता था कि कोई विश्वामित्र वर्ण बदल लेता था। लेकिन वह अपवाद था, वह नियम नहीं था। साधारणतः जो व्यक्ति जिस दिशा में दीक्षित होता था, जिस दिशा में निर्मित होता था, साधारणतः वह उसी दिशा में आनंदित होता था, उसी दिशा में यात्रा करता था।

कृष्ण भी अर्जुन को कह सकते थे कि तू वर्ण बदल ले, लेकिन कृष्ण बहुत भलीभांति अर्जुन को जानते हैं। वह क्षत्रिय होने के अतिरिक्त कुछ और हो नहीं सकता। उसका रोआं-रोआं क्षत्रिय का है, उसकी श्वास-श्वास क्षत्रिय की है। सच तो यह है कि अर्जुन जैसा क्षत्रिय फिर दुबारा हम पैदा नहीं कर पाए।

इसके स्वधर्म के बदलने का कोई उपाय नहीं है। इसका व्यक्तित्व वन डायमेंशनल हो गया है। सारी तैयारी उसकी जिस काम के लिए है, उसी को वह छोड़कर भागने की बात कर रहा है।

जब हमने यह तय कर लिया था कि लोग जन्म से ही, चार वर्गों में हमने उन्हें बांट दिया था, तो हमने आत्माओं को भी जन्म लेने के चयन की सुविधा दे दी थी। यह जरा खयाल में ले लेना जरूरी है और इस पर ही वर्णों का जन्मगत आधार टिका था। आज जो लोग भी वर्ण के विरोध में बात करते हैं, उन्हें इस संबंध का जरा भी कोई पता नहीं है। जैसे ही एक व्यक्ति मरता है, उसकी आत्मा नया जीवन खोजती है। नया जीवन, पिछले जन्मों में उसने जो कुछ किया है, सोचा है, पिछले जन्म में वह जो कुछ बना है, पिछले जन्म में उसकी जो-जो निर्मिति हुई है, उसके आधार पर वह नया गर्भ खोजता है। वर्ण की व्यवस्था ने उस गर्भ खोजने में आत्माओं को बड़ी सुविधा बना दी थी।

एक ब्राह्मण मरते ही ब्राह्मण-गर्भ को खोज पाता था। वह सरल था। इतनी कठिन नहीं रह गई थी वह बात; वह बहुत आसान बात हो गई थी। वह उतनी ही आसान बात थी, जैसे हमने दरवाजों पर आंख के स्पेशलिस्ट की तख्ती लगा रखी है, तो बीमार को खोजने में आसानी है। हमने हृदय की जांच करने वाले डॉक्टर की तख्ती लगा रखी है, तो बीमार को खोजने में आसानी है। ठीक हमने आत्मा को भी, उसके अपने इंट्रोवर्ट या एक्सट्रोवर्ट होने की जो भी सुविधा और संभावना है, उसके अनुसार गर्भ खोजने के लिए सील लगा रखी थी। इसलिए आमतौर से यह होता था कि ब्राह्मण अनंत-अनंत जन्मों तक ब्राह्मण के गर्भ में प्रवेश कर जाता था। क्षत्रिय अनंत जन्मों तक क्षत्रिय का गर्भ खोज लेता था। इसके परिणाम बहुत कीमती थे।

इसका मतलब यह हुआ कि हम एक जन्म में ही स्पेशलाइजेशन नहीं देते थे, हम अनंत जन्मों की श्रृंखला में स्पेशलाइजेशन दे देते थे। अगर किसी दिन यह हो सके कि आइंस्टीन फिर एक ऐसे बाप के घर में पैदा हो जाए जो फिजिसिस्ट हो, अगर यह संभव हो सके कि आइंस्टीन फिर एक ऐसी मां को मिल जाए जो गणितज्ञ हो, अगर यह संभव हो सके कि आइंस्टीन फिर नए जन्म के साथ ही, जहां उसका पिछला जन्म समाप्त हुआ था, वहां से उसे जो-जो उसने विकसित

किया था, उसको विकास करने का मौका मिल जाए, तो हम दुनिया में बहुत-बहुत विकास करने की संभावनाएं पैदा कर पाएंगे। लेकिन आइंस्टीन को फिर नया गर्भ खोजना पड़ेगा। हो सकता है, वह एक घर में पैदा हो, जो दुकानदार का घर है। और तब उसकी पिछले जन्म की यात्रा और नई यात्रा में बहुत व्याघात पड़ जाएगा।

यह आज हमारी कल्पना में भी आना मुश्किल है कि अनेक जन्मों की शृंखला में भी व्यक्ति को हमने चैनेलाइज करने की कोशिश की थी। इसलिए कृष्ण कहते हैं कि शास्त्र-सम्मत, वह जो अनंत-अनंत दिनों से अनंत-अनंत लोगों के द्वारा जाना हुआ विज्ञान है! तो तेरी आत्मा आज ही कोई क्षत्रिय हो, ऐसा भी नहीं है। क्षत्रिय होना तेरा बहुत जन्मों का स्वधर्म है। उसे लेकर तू पैदा हुआ है। आज तू अचानक उससे मुकरने की बात करेगा, तो तू सिर्फ एक असफलता बन जाएगा, एक विषाद, एक फ्रस्ट्रेशन। तेरी जिंदगी एक भटकाव हो जाएगी। लेकिन तेरी जिंदगी अनुभव की उस चरम सीमा को, उस पीक एक्सपीरिएंस को नहीं पा सकती, जो तू क्षत्रिय होकर ही पा सकता है।

वर्ण के संबंध में जब भी लोग वर्ण के विरोध में या पक्ष में बोलते हैं, तो उन्हें कोई भी अंदाज नहीं है कि वर्ण के पीछे अनंत जन्मों का विज्ञान है। ध्यान इस बात का है कि हम व्यक्ति की आत्मा को दिशा दे सकें, वह अपने योग्य गर्भ खोज सके, अपने स्वधर्म के अनुकूल घर खोज सके। आज धीरे-धीरे कनफ्यूजन पैदा हुआ है। आज धीरे-धीरे सारी व्यवस्था टूट गई, क्योंकि सारा विज्ञान खो गया। और आज हालत यह है कि आत्माओं को निर्णय करना अत्यंत कठिन होता चला जाता है कि वे कहां जन्म लें! और जहां भी जन्म लें, वहां से उनकी पिछली यात्रा का तारतम्य ठीक से जुड़ेगा या नहीं जुड़ेगा, यह बिलकुल सांयोगिक हो गई है बात। इसको हमने वैज्ञानिक विधि बनाई थी।

ऐसे तो नदियां भी बहती हैं, लेकिन जब विज्ञान विकसित होता है, तो हम नहर पैदा कर लेते हैं। नदियां भी बहती हैं, लेकिन नहर सुनियोजित बहती है। वर्ण की व्यवस्था आत्माओं के लिए नहर का काम करती थी। वर्ण की व्यवस्था जिस दिन टूट गई, उस दिन से आत्माएं नदियों की तरह बह रही हैं। अब उनकी यात्रा का कोई सुसम्मत मार्ग नहीं है।

इसलिए कृष्ण कहते हैं, शास्त्र-सम्मत। शास्त्र-सम्मत अर्थात उस दिन तक जानी गई आत्माओं का जो विज्ञान था, उससे सम्मत जो बात है अर्जुन, तू उस स्वधर्म को कर। वही श्रेयस्कंर है। और वैसे भी न-करने से, सदा करना श्रेयस्कर है, क्योंकि करने से बचने का कोई उपाय नहीं है।

प्रश्न : पिछले श्लोक में आपने कहा, संकल्प की बात की, तो संकल्प में और इंद्रियों के दमन में क्या फर्क है ? यह जानना चाहते हैं।

संकल्प में और इंद्रियों के दमन में बुनियादी फर्क है। संकल्प पाजिटिव एक्ट है, विधायक कृत्य है और इंद्रियों का दमन निगेटिव एक्ट है, नकारात्मक कृत्य है। इसे ऐसा समझें, एक आदमी को भूख लगी है। वह भूख को दबा रहा है-नकारात्मक। वह यह नहीं कह रहा है कि मैं खाना नहीं खाऊंगा, भूख अब मत लग। नहीं, वह यह नहीं कह रहा है। मन में तो वह सोच रहा है कि खाना खाना है, भूख लगी है। उसे उभार रहा है और दबा भी रहा है। लेकिन उसका कोई पाजिटिव विल नहीं है कि जो कहे कि नहीं, खाना नहीं खाना है; बात बंद ! ऐसा कोई विधायक कृत्य नहीं है। भूख लगी है, वह उसको दबाए जा रहा है, भूख से लड़ रहा है। लेकिन भूख से अन्यथा उसके पास कोई संकल्प का जन्म नहीं हो रहा है।

इसे ऐसा समझें, एक आदमी, अपने भीतर कोई भी कामना उठी है, समझें कि कामवासना उठी है; जिसके प्रति उठी है, उसके साथ काम का संबंध संभव नहीं है। सामाजिक होगी परिस्थिति, और कोई परिस्थिति होगी, संभव नहीं है। वासना को उकसा रहा है और दबा भी रहा है। वासना को उकसा रहा है, अगर संभव हो, तो वासना को पूरा करना चाहेगा। लेकिन संभव नहीं है। असुविधापूर्ण है, खतरनाक है, सुरक्षा नहीं है, मर्यादा के बाहर है, समाज के नियम के विपरीत है, प्रतिष्ठा को धक्का लगेगा, अहंकार के पक्ष में नहीं पड़ता है; पत्नी क्या कहेगी ? पिता क्या कहेगा ? भाई क्या कहेगा ? लोग क्या कहेंगे ? ये सारी बातें नकारात्मक हैं। इसलिए वह अपनी कामवासना को दबा रहा है। हालांकि साथ में ही वह कामवासना से बंधे हुए चित्रों को भी उभारता चला जा

रहा है। रस भी ले रहा है, दबा भी रहा है। इससे विल पैदा नहीं होगी, इससे विल थोड़ी-बहुत होगी, तो वह भी नष्ट हो जाएगी।

नहीं, वह आदमी न इसकी फिक्र कर रहा है कि कौन क्या कहेगा, न वह फिक्र कर रहा है कि पत्नी क्या कहेगी, पति क्या कहेगा, भाई क्या कहेगा, समाज क्या कहेगा, यह कोई सवाल नहीं है। वह आदमी यह कह रहा है कि मेरे भीतर ऐसी कोई वासना उठ आए, जिसमें मेरा वश न हो, तो यह गलत है। कोई और डर नहीं है। कोई और कारण नहीं है। सिर्फ मैं अपने भीतर वासनाओं के पीछे नहीं चलना चाहता हूं। मैं मालिक होना चाहता हूं। इसलिए वह कहता है, चुप! तब फिर वह कल्पनाएं नहीं करता, इमेजिनेशन नहीं करता, सेक्सुअल इमेज नहीं पैदा करता, प्रतिमाएं नहीं बनाता, सपने नहीं देखता। वह कहता है, बस। और यह जो बस है, यह किसी चीज को दबाने में कम लगता है, किसी चीज को जगाने में ज्यादा लगता है। अब वह अपने को जगा रहा है। अब वह कह रहा है कि इतनी ताकत मुझमें होनी चाहिए कि मैं जब कहूं, बस! तो बात समाप्त हो जाए। तब उसके भीतर संकल्प पैदा होगा।

संकल्प एक क्रिएटिव एक्ट है। संकल्प अपने भीतर किसी नई शक्ति को जगाना है। और दमन अपने भीतर पुरानी वासनाओं की शक्तियों को ही दबाना है। दबाने में पुरानी शक्तियां ही नजर में होंगी, उठाने में नई शक्ति का आविर्भाव होगा। अब इस नई शक्ति के आविर्भाव के लिए, इसीलिए सीधा वासनाओं से प्रयोग करना शुभ नहीं होता। ज्यादा शुभ होता है और तरह की चीजों से करना। जैसे कि आप, सर्दी चल रही है और आप सर्दी में बैठे हैं। और आप अपने भीतर उस शक्ति को जगा रहे हैं, जो इस सर्दी को झेलेगी, लेकिन भागेगी नहीं। आप कहते हैं, मैं इस सर्दी में घंटेभर बैठूंगा, भागूंगा नहीं। अब इसमें कोई समाज का डर नहीं है, कोई सामाजिक नियम-नैतिकता नहीं है, कोई बात नहीं है। आप कहते हैं, मैं भागूंगा नहीं। एक घंटा मैं सर्दी को झेलने की तैयारी रखकर बैठा हूं और देखूंगा कि मेरे भीतर कोई शक्ति जगती है जो सर्दी को घंटे भर झेल पाए! आप कुछ दबा नहीं रहे हैं, आप कुछ जगा रहे हैं।

तिब्बत में तो एक पूरा प्रयोग ही है, जिसको वे हीट योग कहते हैं, जिसको

संकल्प से गर्मी पैदा करना कहते हैं। और ल्हासा युनिवर्सिटी में प्रत्येक विद्यार्थी को परीक्षा के साथ वह प्रयोग में से भी गुजरना पड़ता था। वह परीक्षा भी बड़ी अजीब थी। सर्द बर्फ से भरी रात में विद्यार्थियों को नग्न खड़ा रहना पड़ेगा और उनके शरीर से पसीना चूना चाहिए, तब वे परीक्षा उत्तीर्ण हो सकेंगे। न केवल पसीना, क्योंकि पसीना तो सबसे चू जाएगा। वह तो प्रयोग है कि अगर संकल्पपूर्वक आप कहें कि सर्दी नहीं है और गर्मी है, तो शरीर पसीना छोड़ता है।

हिप्नोसिस में किसी को भी छूट जाता है। अगर किसी को बेहोश कर दें, सम्मोहित कर दें और कहें कि तेज धूप पड़ रही है और गर्मी सख्त है, तो उस आदमी के माथे से, शरीर से पसीना बहना शुरू हो जाएगा। गर्मी पड़ रही हो, आप पसीने से भरे हों। और हिप्नोटाइज्ड आदमी बेहोश पड़ा है। हिप्नोटिस्ट उससे कहे कि सर्दी बहुत जोर की है, बर्फ पड़ रही है बाहर, और ठंडी हवाएं आ रही हैं, हाथ-पैर कंप रहे हैं, उस गर्मी की हालत में उसके हाथ-पैर कंपने शुरू हो जाएंगे। अगर बेहोशी की, सम्मोहन की हालत में आपके हाथ में एक साधारण रुपया रख दिया जाए और आपसे कहा जाए कि हाथ पर अंगारा रखा है, तो आप इस तरह चीखकर उसको फेंकेंगे, जैसे हाथ पर अंगारा हो। यहां तक तो ठीक है। लेकिन हाथ पर फफोला भी आ जाएगा! क्योंकि जब संकल्प ने स्वीकार कर लिया कि अंगारा है, तो शरीर को स्वीकार करना ही पड़ता है। अगर हाथ ने मान लिया कि अंगारा है, तो शरीर को जलना ही पड़ेगा, फफोला उठ ही आएगा।

उस युनिवर्सिटी में, ल्हासा युनिवर्सिटी में, तिब्बती लामा जब अपनी पूरी शिक्षा करके बाहर निकलेगा, तो उसे यह भी प्रमाण देना पड़ेगा। यह संकल्प की परीक्षा होगी। पसीना तो सभी को आ जाएगा, लेकिन यह कैसे पता चलेगा कि पहला कौन आया? दूसरा कौन आया? तो सबके पास पानी में डुबाए हुए गीले कपड़े रखे रहेंगे। उन कपड़ों को पहनो और शरीर को इतना गरमा लो कि कपड़े सूख जाएं! तो जो जितने कपड़े रातभर में सुखा देगा, वह प्रथम। जो उससे कम सुखा पाएगा, वह द्वितीय। जो उससे कम सुखा पाएगा, वह तृतीय। और अब यह कोई तिब्बत की ही बात नहीं रह गई है, आज तो पश्चिम की भी बहुत-सी

प्रयोगशालाओं में सम्मोहन के द्वारा यह बात सिद्ध हो चुकी है कि मनुष्य के मन का संकल्प जो स्वीकार कर ले, वही घटित होना शुरू हो जाता है।

संकल्प को जगाएं, तब आपको वासनाओं से लड़ना न पड़ेगा। वासनाओं को दबाना ही इसलिए पड़ता है कि संकल्प पास में नहीं है। संकल्प पास में होगा, तो दबाना नहीं पड़ेगा।

बर्ट्रेंड रसेल ने कहीं अपने एक संस्मरण में लिखा है। बर्ट्रेंड रसेल तो काफी जिंदा रहा न! बहुत, एक सदी के करीब जिंदा रहा; तो उसने दुनिया बहुत रंगों में देखी। उसने लिखा है कि अब जब मैं आक्सफोर्ड जाता हूं या कैंब्रिज जाता हूं, तो बड़ा माइक से शोरगुल मचाना पड़ता है कि चुप हो जाओ, चुप हो जाओ। उपकुलपति आ रहे हैं, वाइस चांसलर आ रहे हैं, चुप हो जाओ। फिर भी कोई चुप नहीं होता। और जब शुरू-शुरू में युनिवर्सिटी में गया था, तो उसने लिखा है, जैसे ही भीड़ चुप होने लगती थी विद्यार्थियों की, हम समझते थे कि वाइस चांसलर आ रहे हैं। जैसे ही चुप्पी छाने लगती थी, वैसे ही हम समझते थे कि उपकुलपति आ रहे हैं। लोगों का चुप हो जाना बताता था कि गुरु आ रहा है। अब चिल्लाना पड़ता है कि चुप हो जाओ, क्योंकि गुरु आ रहे हैं। फिर भी कोई चुप नहीं होता। जब चिल्लाना पड़ेगा, तो चुप कौन होगा?

जब संकल्प होता है भीतर, तो वासनाएं चुप हो जाती हैं। जब संकल्प नहीं होता, तो वासनाओं को जबर्दस्ती चुप करना पड़ता है। वह संकल्प के अभाव के कारण मुखर है।

पुरानी परिभाषा आपसे कहूं। अब साधारणतः हम कहते हैं, गुरु के पैर छूने चाहिए। पुरानी परिभाषा और है। वह यह कहती है कि जिसके चरण के पास पहुंचकर छूना ही पड़े, वह आदमी गुरु है। अब हम कहते हैं, पिता को आदर करना चाहिए। पुरानी परिभाषा और है। जिसको आदर दिया ही जाता है, वह पिता है। आज नहीं कल हम माताओं को सिखाएंगे कि बच्चों को प्रेम करना ही चाहिए; सिखाएंगे ही, सिखाना ही पड़ेगा। लेकिन बच्चे को जो प्रेम देती है, वही मां है। करना चाहिए, तो बात ही फिजूल हो गई।

संकल्प जब भीतर होता है, पाजिटिव शक्ति जब भीतर होती है, तो वासनाओं

को दबाना नहीं पड़ता। इशारा काफी है। इधर संकल्प खड़ा हुआ, उधर वासना विदा हुई। वासना दबानी पड़ती है, क्योंकि संकल्प भीतर नहीं है। वासनाओं को दबाकर संकल्प पैदा नहीं होगा। संकल्प पैदा होगा, तो वासनाओं से छुटकारा होता है। और उस संकल्प की दिशा में आपको...सिर्फ वासनाओं से मत लड़ते रहें। क्योंकि एक नियम खयाल में ले लें कि आप जिस चीज से लड़ते हैं, उस चीज को आप जरूरत से ज्यादा ध्यान दे देते हैं। और जिसको भी ध्यान मिल जाता है, वह मजबूत हो जाता है।

वासनाओं के लिए ध्यान भोजन है। अगर कोई आदमी सेक्स से लड़ेगा, तो उसका सेक्स बढ़ेगा, कम नहीं होगा। क्योंकि सेक्स पर जितना ध्यान दिया जाएगा, उतना ही सेक्स शक्तिशाली होता चला जाता है। ध्यान भोजन है। आपने ध्यान दिया कि और शक्ति पकड़ेगी। नहीं, सेक्स की फिक्र छोड़ें। इसलिए हम, हमने जो शब्द खोजा है, वह है ब्रह्मचर्य। ब्रह्मचर्य का मतलब आपने सोचा है कभी! उसका मतलब होता है, ब्रह्म में चर्या, ब्रह्म में डूबना। हम कहते हैं, कामवासना की फिक्र छोड़ो, तुम तो ब्रह्म में डूबने की फिक्र करो। इधर तुम ब्रह्म में डूबोगे, उधर कामवासना विदा होने लगेगी। कामवासना से लड़े कि मुश्किल में पड़े। फिर वह विदा नहीं होगी, फिर वह पीछा करेगी।

और एक ला आफ रिवर्स इफेक्ट का एक नियम है। जिसको पीछे पश्चिम में फ्रांस के एक विचारक इमाइल कुए ने खोजा। उसका कहना है, विपरीत परिणाम का नियम। आप जो भी करना चाहते हैं, अगर बहुत ज्यादा कोशिश की, तो उससे विपरीत परिणाम आ जाता है।

जैसे एक नया आदमी साइकिल चलाना सीखता है। साठ फीट चौड़े रास्ते पर साइकिल चलाता है। और किनारे पर मील का पत्थर लगा है जरा-सी जगह में। नया सिक्खड़ है; एकदम से पत्थर उसको पहले दिखाई पड़ता है। इतना बड़ा रास्ता दिखाई नहीं पड़ता, साठ फीट चौड़ा। उसे पत्थर दिखाई पड़ता है कि मरे, अब कहीं यह पत्थर से टकराहट न हो जाए। और जैसे ही उसकी पत्थर से टकराहट न हो जाए, यह निगेटिव खयाल उसको पकड़ा, रास्ता मिटा और पत्थर ही उसको अब दिखाई पड़ेगा। अब उसकी साइकिल चली पत्थर की तरफ। अब

वह घबड़ाया। जितनी साइकिल चली पत्थर की तरफ, उतना वह घबड़ाया; और उतना उसने ध्यान दिया पत्थर को कि बचना है इस पत्थर से।

लेकिन जिससे बचना है, उस पर ध्यान देना पड़ेगा। और जिस पर ध्यान देना पड़ेगा, उससे बचना मुश्किल है। वह जाकर टकराएगा। अंधा आदमी भी साइकिल चलाए, तो सौ में एक मौका है पत्थर से टकराने का। क्योंकि रास्ता साठ फीट चौड़ा है। लेकिन यह आंख वाला पत्थर पर पहुंच जाता है एकदम। क्या, मामला क्या है? यह पत्थर पर हिप्नोटाइज्ड होकर जाता है। इसको पत्थर से बचना है, बस यही इसकी मुश्किल हो जाती है। इसी में उलझ जाता है। और जो चाहता है कि न हो, चाहने के कारण, वही हो जाता है।

आपने अगर तय किया कि क्रोध न करेंगे, तो आपसे क्रोध जल्दी होने लगेगा। नहीं, आप क्रोध की फिक्र छोड़ें, आप क्षमा करने की फिक्र करें। आप पाजिटिवली क्षमा की तरफ देखें, क्रोध की फिक्र छोड़ें। आप क्षमा करेंगे, इसकी फिक्र करें। आप क्रोध नहीं करेंगे, ऐसी नकारात्मक फिक्र मत करें। आप कामवासना से बचेंगे, ऐसी नकारात्मक दृष्टि मत लें। आप ब्रह्मचर्य में प्रवेश करेंगे, ऐसी विधायक दृष्टि लें। नहीं तो आप ला आफ रिवर्स इफेक्ट में फंस जाएंगे। अधिक लोग फंसे हुए हैं। इसलिए जो वे चाहते हैं कि न हो, रोज-रोज वही होता है। और जब वही होता है, तो संकल्प और कमजोर होता है कि इतना तो चाहा कि न हो, फिर भी वही हुआ। अब अपने से कुछ भी न हो सकेगा। संकल्प और कमजोर होता चला जाता है। संकल्प बढ़ता है विधायक मार्ग से। वासनाओं का दबाना नकारात्मक है। यह अंतर है।

यज्ञार्थात्कर्मणोऽन्यत्र लोकोऽयं कर्म बन्धनः।
तदर्थं कर्म कौन्तेय मुक्तसंगः समाचर।। ९।।

और हे अर्जुन, बंधन के भय से भी कर्मों का त्याग करना योग्य नहीं है। क्योंकि यज्ञ-कर्म के सिवाय अन्य कर्म में लगा हुआ ही यह मनुष्य कर्मों द्वारा बंधता है। इसलिए हे अर्जुन, आसक्ति से रहित हुआ उस परमेश्वर के निमित्त कर्म का भली प्रकार आचरण कर।

एक और भी अदभुत बात कृष्ण कहते हैं। वे कहते हैं, कर्मों के बंधन से बचने के ही निमित्त जो आदमी कर्म से भागता है, वह उचित नहीं करता है। वह जो मैं कह रहा था वही बात, लॉ आफ रिवर्स इफेक्ट। जो आदमी कर्मों के बंधन से बचने के लिए ही कर्मों को छोड़कर भागता है, वह उलटे परिणाम को उपलब्ध होगा। वह और बंध जाएगा। और फिर कर्मों के बंधन से भागने की जो इच्छा है, वह स्त्रयं की स्वतंत्रता की घोषणा नहीं, स्वयं की परतंत्रता की ही घोषणा है। कर्म के बंधन से कोई भाग भी न सकेगा। क्योंकि कहीं भी जाए, कुछ भी करे, कर्म करना ही पड़ेगा। तब क्या करे आदमी?

कृष्ण कहते हैं, यज्ञरूपी कर्म। कृष्ण कहते हैं, ऐसा कर्म जो प्रभु को समर्पित है, ऐसा कर्म जो मैं अपने लिए नहीं कर रहा हूं। परमात्मा ने जीवन दिया, जन्म दिया, जगत दिया, उसने ही कर्म दिया। उसके लिए ही कर रहा हूं। ऐसे यज्ञरूपी कर्म को जो करता है, वह बंधन में नहीं पड़ता है।

इसमें दो बातें ध्यान देने योग्य हैं। एक तो सिर्फ बंधन से बचने के लिए जो भागता है, वह भाग नहीं पाएगा। वह नए बंधनों में घिर जाएगा। ध्यान रहे, बंधन से बचने के लिए भागने वाला शक्तिशाली व्यक्ति नहीं है। भागते सिर्फ कमज़ोर हैं। शक्तिशाली भागते नहीं, कमजोर ही भागता है। और जितना भागता है, उतना और कमजोर हो जाता है। भयभीत भागता है। और जो भयभीत है, वह यहां बंधन में है; जहां भी जाएगा, वहां बंधन में पड़ जाएगा। कमजोर बंधन से बचेगा कैसे!

एक आदमी गृहस्थी में है। वह कहता है, घर बंधन है। बड़े आश्चर्य की बात है। घर कहीं भी नहीं बांधता। दरवाजे खुले हैं। घर कहीं भी लोहे की शृंखला नहीं बना हुआ है! घर कहीं पैर में जंजीर की तरह अटका नहीं है। घर कहीं नहीं बांधता है। लेकिन वह आदमी कहता है, घर बांधता है। तो मैं घर छोड़ दूं। अब समझने जैसा जरूरी है कि उसको घर बांधता है? तब तो घर छोड़ने से वह मुक्त हो जाएगा। लेकिन घर किसको बांधेगा? घर तो बिलकुल जड़ है। वह न बांधता है, न स्वतंत्र करता है। जब यह छोड़कर जाने लगेगा, तब इतना भी नहीं कहेगा कि रुको, कहां जा रहे हो? वह इसकी फिक्र ही नहीं करेगा! लेकिन यह कहता है, घर बांधता है।

असल में, यह बात कहीं न कहीं गलत समझ रहा है। यह घर को अपना मानता है, इससे बंधता है। घर नहीं बांधता। मेरा है घर, मेरे से घर बंधता है। लेकिन मेरा तो इसके पास ही रहेगा। यह घर छोड़कर भाग जाएगा, तब मेरा आश्रम। फिर मेरा आश्रम बांध लेगा। वह मेरा इसके साथ चला जाएगा। वह मेरा इसकी कमजोरी है। घर तो छूट जाएगा। घर छोड़ने में क्या कठिनाई है! घर जरा भी नहीं रोकेगा कि रुकिए! बल्कि प्रसन्न ही होगा कि गए तो अच्छा हुआ, उपद्रव टला! लेकिन आप उस तरकीब को तो साथ ही ले जाएंगे, जो गुलामी बनेगी। मेरा आश्रम हो जाएगा, फिर वह बांध लेगा।

पत्नी नहीं बांधती। पत्नी को छोड़कर भाग जाएं। तो क्या कामवासना पत्नी को छोड़कर भागने के साथ पत्नी के पास छूट जाएगी? तो पत्नी नहीं थी आपके पास, तब कामवासना नहीं थी? जब यात्रा पर चले जाते हैं, पत्नी नहीं होती है, तब कामवासना नहीं होती है? और जब पत्नी को छोड़कर चले जाएंगे, तो कामवासना पत्नी के पास छूट जाएगी कि आपके साथ चली जाएगी? वह कामवासना आपके साथ चली जाएगी। और ध्यान रहे, पत्नी तो पुरानी पड़ गई थी, नई स्त्रियां दिखाई पड़ेंगी जो बिलकुल नई होंगी, वह वासना उन नई पर और भी ज्यादा लोलुप होकर बंध जाएगी। भागता हुआ आदमी यह भूल जाता है कि जिससे वह भाग रहा है, वह बांधने वाली चीज नहीं है। जो भाग रहा है, वही बंधने वाला है।

इसलिए कृष्ण कहते हैं, भागना व्यर्थ है, पलायन व्यर्थ है, एस्केप व्यर्थ है। और ध्यान रहे, इस पृथ्वी पर एस्केप के खिलाफ, पलायन के खिलाफ कृष्ण से ज्यादा बड़ी आवाज दूसरी पैदा नहीं हुई। पलायन व्यर्थ है, भागना व्यर्थ है। भागकर जाओगे कहां? अपने से भागोगे कैसे? सबसे भाग जाओगे, खुद तो साथ ही रहोगे। और उस खुद में ही सारी बीमारियां हैं। इसलिए कृष्ण कहते हैं, कर्म से कोई अगर बंधन से छूटने के लिए भागता है, तो नासमझ है। कर्म में कोई बंधन नहीं है। कर्म मेरा है, यही बंधन है। इसलिए अगर कर्म को परमात्मा का है, ऐसा कहने का कोई साहस जुटा ले, तो कर्म यज्ञ हो जाता है और उसका बंधन गिर जाता है। क्यों गिर जाता है? क्योंकि वह फिर मेरा नहीं रह जाता।

सार बात इतनी है कि मेरा ही बंधन है-चाहे वह मेरा मकान हो, चाहे मेरा

धन हो, चाहे मेरा बेटा हो, चाहे मेरा धर्म हो, चाहे मेरा कर्म हो, चाहे मेरा संन्यास हो-जो भी मेरा है, वह बंधन बन जाएगा। सिर्फ एक तरह का कर्म बंधन नहीं बनता है, ऐसा कर्म जो मेरा नहीं, परमात्मा का है। ऐसे कर्म का नाम यज्ञ है।

यज्ञ बहुत पारिभाषिक शब्द है। इसका अनुवाद दुनिया की किसी भी भाषा में नहीं हो सकता है। असल में कर्म का एक बिलकुल ही नया रूप, जिसमें मैं कर्ता नहीं रहता, बल्कि परमात्मा कर्ता होता है। कर्म की एक बिलकुल नई अवधारणा, कर्म का एक बिलकुल नया कंसेप्शन कि जिसमें मैं कर्त्ता नहीं होता, मैं सिर्फ निमित्त होता हूं और कर्त्ता परमात्मा होता है। जिसमें मैं सिर्फ बांसुरी बन जाता हूं, गीत परमात्मा का, स्वर उसके।

यज्ञरूपी कर्म बंधन नहीं लाता है। इसलिए कृष्ण अर्जुन से कहते हैं, तू कर्म से मत भाग, बल्कि कर्म को यज्ञ बना ले। यज्ञ बना ले अर्थात उसको तू परमात्मा को समर्पित कर दे। तू कह दे पूरे प्राणों से कि मैं सिर्फ निमित्त हूं और तुझे जो करवाना हो, करवा ले।

नानक की जिंदगी में एक घटना है, जिस घटना से नानक संत बने। उस दिन से नानक का कर्म यज्ञ हो गया। छोटी-मोटी जागीरदारी में वे नौकर हैं। और काम उनका है सिपाहियों को राशन बांटना। तो वे दिनभर सुबह से शाम तक गेहूं, दाल, चना, तौलते रहते हैं और सिपाहियों को देते रहते हैं।

पर एक दिन कुछ गड़बड़ हो गई। ऐसी गड़बड़ बड़ी सौभाग्यपूर्ण है। और जब किसी की जिंदगी में हो जाती है, तो परमात्मा प्रवेश हो जाता है। एक दिन सब अस्तव्यस्त हो गया, सब गणित टूट गया, सब नाप टूट गई। नापने बैठे थे; एक से गिनती शुरू की। बारह तक सब ठीक चला। लेकिन तेरह की जो गिनती आई, तो अचानक उन्हें तेरा से तेरे का खयाल आ गया, उसका, परमात्मा का। बारह तक तो सब ठीक चला, तेरहवें पल्ले को उलटते वक्त उनको आया खयाल, तेरा। वह जो तेरह शब्द है, वह तेरा। फिर चौदह नहीं निकल सका मुंह से। फिर दूसरा भी पलवा भरा और फिर भी कहा, तेरा। फिर तीसरा भी पलवा भरा...। फिर लोग समझे कि पागल हो गए। भीड़ इकट्ठी हो गई। उन्होंने कहा, यह क्या कर रहे हो, गिनती आगे नहीं बढ़ेगी? तो नानक ने कहा, उसके आगे अब और क्या गिनती हो

सकती है! मालिक ने बुलाया और कहा, पागल हो गए! नानक ने कहा, अब तक पागल था। अब बस, इस गिनती के आगे कुछ नहीं है। अब सब तेरा।

फिर नौकरी तो छूट ही गई। लेकिन बड़ी नौकरी मिल गई, परमात्मा की नौकरी मिल गई। छोटे-मोटे मालिक की नौकरी छूटी, परम मालिक की नौकरी मिल गई। और जब भी कोई नानक से पूछता कि तुम्हारी जिंदगी में यह कहां से आई रोशनी? तो वे कहते, तेरे, तेरा, उस शब्द से यह रोशनी आई। जब भी कोई पूछता, कहां से आया यह नृत्य? कहां से आया यह संगीत? कहां से यह उठा नाद? तो वे कहते, बस एक दिन स्मरण आ गया कि तू ही है, तेरा ही है, मेरा नहीं है।

तो जो कृष्ण कह रहे हैं अर्जुन से, वह यही कह रहे हैं कि एक दफा हिम्मत करके, संकल्प करके अगर तू जान पाए कि तेरा नहीं है कृत्य, तो फिर कोई बंधन नहीं। क्यों बंधन नहीं? क्योंकि बंधने के लिए भी मैं का भाव चाहिए। बंधेगा कौन? मैं तो चाहिए ही, अगर बंधना है।

अब यह बड़े मजे की बात है कि मैं अगर नहीं हूं, तो बंधेगा कौन? बंधूंगा कैसे? मैं चाहिए बंधने के लिए और मेरा चाहिए बांधने के लिए। ये दो सूत्र खयाल में ले लें। मैं चाहिए बंधने के लिए और मेरा चाहिए बांधने के लिए। मैं बनेगा कैदी और मेरा बनेगा जंजीर। लेकिन जिस दिन कोई व्यक्ति कह पाता है, मैं नहीं, तू ही; मेरा नहीं, तेरा; उस दिन न तो बंधन बचता है और न बंधने वाला बचता है। ऐसे क्षण में व्यक्ति का जीवन यज्ञ हो जाता है। यज्ञ मुक्ति है। यज्ञ के भाव से किया गया कर्म स्वतंत्रता है।

सहयज्ञाः प्रजाः सृष्ट्वा पुरोवाच प्रजापतिः।
अनेन प्रसविष्यध्वमेष वोऽस्त्विष्टकामधुक्।। 10।।

प्रजापति ब्रह्मा ने कल्प के आदि में यज्ञ सहित प्रजा को रचकर कहा कि इस यज्ञ द्वारा तुम वृद्धि को प्राप्त होओ और यह यज्ञ तुम लोगों को इच्छित कामनाओं को देने वाला होवे।

यज्ञपूर्वक कर्म, इसे कहने के ठीक पीछे कृष्ण कहते हैं, सृष्टि के प्रथम क्षण में स्त्रष्टा ने भी ऐसे ही यज्ञरूपी कर्म का विस्तार किया है।

इसे भी थोड़ा समझ लेना उपयोगी है।

हम निरंतर परमात्मा को स्त्रष्टा कहते हैं। हम निरंतर परमात्मा को बनाने वाला, क्रिएटर कहते हैं। लेकिन बनाना, सृजन, निर्माण-किसी भी चीज का-दो ढंग से हो सकता है। अगर परमात्मा भी मैं के भाव से सृजन करे, तो वह यज्ञ नहीं रह जाएगा। परमात्मा के लिए यह सृजन बिलकुल ईगोलेस, मैं-भाव से रिक्त और शून्य है। कहना चाहिए, यह सारी सृष्टि परमात्मा के लिए सहज आविर्भाव है, स्पांटेनियस फ्लावरिंग है। मैं सृजन करूं, मैं बनाऊं, ऐसा कहीं कोई भाव नहीं है। हो भी नहीं सकता। क्योंकि मैं सिर्फ वहीं पैदा होता है, जहां तू की संभावना हो। परमात्मा के लिए कोई भी तू नहीं है, अकेला है। इसलिए मैं का कोई भाव परमात्मा में नहीं हो सकता। और जिस दिन हम में भी मैं का कोई भाव नहीं रह जाता, हम परमात्मा के हिस्से हो जाते हैं।

यह सारी सृष्टि परमात्मा के भीतर किसी वासना के कारण नहीं है, फल नहीं है। यह सारी सृष्टि, कहना चाहिए, परमात्मा का स्वभाव है। ऐसे ही जैसे बीज टूटकर अंकुर बन जाता है और जैसे अंकुर टूटकर वृक्ष बन जाता है और जैसे वृक्ष फूलों से भर जाता है, ठीक ऐसे ही परमात्मा के लिए सृष्टि अलग चीज नहीं है। परमात्मा का स्वभाव है।

इसलिए मैं निरंतर एक बात कहना पसंद करता हूं कि हम परमात्मा को क्रिएटर कहकर थोड़ी-सी गलती करते हैं, स्त्रष्टा कहकर थोड़ी-सी गलती करते हैं। क्योंकि जब हम परमात्मा को स्त्रष्टा कहते हैं, तो हम सृष्टि और स्त्रष्टा को अलग तोड़ देते हैं। ऐसा नहीं है। ज्यादा उचित होगा कि हम परमात्मा को स्त्रष्टा न कहकर, सृजन की प्रक्रिया कहें। ज्यादा उचित होगा कि हम क्रिएटर न कहकर, क्रिएटिविटी कहें। ज्यादा उचित होगा कि हम सृष्टि और स्त्रष्टा को दो में न तोड़ें, बल्कि एक में ही रखें। वही है।

प्रथम दिन-कहने के लिए प्रथम दिन, बात करने के लिए प्रथम दिन, अन्यथा

सृष्टि के लिए कोई प्रथम दिन नहीं है और कोई अंतिम दिन नहीं है-कृष्ण कह रहे हैं, प्रथम दिन जगत का स्त्रष्टा जगत को जो जीवन, गति और सृजन देता, वह भी यज्ञ है। और जिस दिन कोई दूसरा व्यक्ति भी उसी तरह यज्ञरूपी कर्म में संयुक्त हो जाता है, वह भी स्त्रष्टा का हिस्सा हो जाता है, वह भी उसका अंग हो जाता है।

मीरा नाचती है। कोई अगर मीरा को पूछे, तू नाचती है? तो मीरा कहेगी, नहीं, वही नचाता है, वही नाचता है। अगर कोई कबीर को कहे कि तुम कपड़े बुनते हो, किसके लिए? तो कबीर कहते हैं, वही बुनता है, उसी के लिए बुनता है। इसलिए कबीर जब कपड़ा बुनते और गांव की तरफ कपड़े बेचने जाते, तो राह पर जो भी मिलता उससे कहते कि राम! देखो कितना अच्छा, तुम्हारे लिए बनाया है। कहते, राम! बाजार में बैठते, तो ग्राहकों को कहते कि राम, कहां चले जा रहे हो? कितनी मेहनत की है! ग्राहक भी मुश्किल में पड़ते। उनकी कल्पना में न होता यह कि उन्हें कोई राम पुकारेगा।

और जब कबीर के पास हजारों, सैकड़ों भक्त आने लगे, तो उन्होंने कहा, बंद करिए आप कपड़ा बुनना। आपको कपड़ा बुनने की क्या जरूरत है? तो कबीर ने कहा, जब परमात्मा को अभी बुनने की जरूरत है, तो मैं बुनने से कैसे बचूं! अभी परमात्मा ही बुने जा रहा है जीवन को और जगत को। तो मैंने तो अपने को उसी के हाथ में छोड़ दिया है। अब उसी की अंगुलियां मेरी अंगुलियों से बुनती हैं। उसी की आंखें मेरी आंखों से देखती हैं। अब वह चाहेगा, तो बंद हो जाएगा बुनना। और वह चाहेगा, तो जारी रहेगा। अब उसकी मरजी।

तो कबीर कपड़ा बुनना बंद नहीं करते, कपड़ा बुने चले जाते हैं। मेरे देखे कबीर ज्यादा गहरे साधु हैं, कपड़ा बुनना जारी रखते हैं। जो चलता था, चलता है। फर्क पड़ गया लेकिन। यज्ञ हो गया अब कर्म। अब वे कहते हैं, वही बुनता है, उसी के लिए बुनता है। मैं हूं ही नहीं। इसलिए ठीक है, जो उसकी मर्जी।

जीसस को जिस दिन सूली लगाई गई, उस दिन सूली पर जब उनके हाथ में कीले ठोंके गए, तो एक क्षण को जीसस भी कंप गए। एक क्षण को जीसस भी डांवाडोल हो गए। एक क्षण को जीसस के मुंह से निकल गया, हे परमात्मा!

यह क्या कर रहा है? यह क्या दिखला रहा है? शिकायत हो गई। जीसस को खयाल में भी आ गई। और दूसरे ही वाक्य में उन्होंने कहा, क्षमा कर, माफ कर, भूल हो गई; जो तेरी मर्जी।

मेरे देखे, इन दो वाक्यों के बीच में क्रांति घटित हुई। जिस क्षण जीसस ने कहा, यह क्या कर रहा है? उस समय जीसस का मैं मौजूद है। अभी कर्म यज्ञ नहीं हुआ। दिखाई पड़ गया जीसस को कि भूल हो गई। क्योंकि जब कोई कहता है परमात्मा से कि यह क्या कर रहा है? तो उसका मतलब यह है कि कुछ गलत कर रहा है। उसका मतलब यह है कि जो होना चाहिए था, वह नहीं हो रहा है। उसका मतलब यह है कि मैं तुझसे ज्यादा समझदार था। मुझसे भी पूछ लेता, तो यह करने को न कहता! भूल हो रही है ईश्वर से कुछ। जब जीसस कहते हैं, यह क्या कर रहा है? गहरी शिकायत है। जीसस अभी कर्म में हैं। अभी यज्ञ नहीं हो पाया। लेकिन एक ही क्षण में सारी क्रांति घटित हो गई।

तो मैं तो निरंतर कहता हूं कि सूली पर जिस क्षण जीसस ने कहा कि परमात्मा, यह क्या दिखला रहा है? उस समय तक वे मरियम के बेटे जीसस थे। और एक क्षण बाद-एक क्षण, मोमेंट-जैसे ही उन्होंने कहा, जो तेरी मर्जी; माफ कर, जो तू चाहे; दाई विल बी डन, तेरी इच्छा पूरी हो, उसी क्षण वे क्राइस्ट हो गए। उसी क्षण क्रांति घटित हो गई। वे मरियम के बेटे नहीं रहे। उसी क्षण वे परमात्मा के हिस्से हो गए। उसी क्षण में यज्ञ हो गया कर्म। अब अपनी कोई मर्जी न रही; अपनी कोई बात न रही। जो उसकी मर्जी!

परमात्मा इस बड़े सृजन को फैलाकर भी निरंतर यही कह रहा है, इस बड़ी धारा को चलाकर निरंतर यही कह रहा है-पहले दिन, बीच के दिन, आखिरी दिन-एक ही बात है कि हम इस छोटे-से मैं को बीच में न ले आएं। उस मैं के कारण ही सारा उपद्रव, सारा विघ्न, सारा उत्पात खड़ा हो जाता है। उस मैं के आस-पास ही कर्म बंधन बन जाता है। जैसे परमात्मा मुक्त...।

कभी आपने खयाल किया कि परमात्मा कहीं दिखाई नहीं पड़ता। सृष्टि दिखाई पड़ती है और स्रष्टा दिखाई नहीं पड़ता। लेकिन कभी सोचा आपने कि इसका कारण क्या होगा? अनेक लोग कहते हैं, ईश्वर कहां है? असल में

जिसका मैं नहीं है, वह दिखाई कहां पड़े! असल में जिसको कभी खयाल ही नहीं आया कि मैंने सृष्टि की है, वह दिखाई कहां पड़े! जो किया है, वह दिखाई पड़ रहा है और करने वाला बिलकुल दिखाई नहीं पड़ रहा है! कर्ता बिलकुल अदृश्य है और कर्म बिलकुल दृश्य है।

ऐसे ही कृष्ण कह रहे हैं कि तू ऐसे कर्म में जूझ जा कि कर्म ही दिखाई पड़े और कर्ता बिलकुल दिखाई न पड़े; कर्ता रहे ही न।

परमात्मा को देखते हैं, कितना एब्सेंट है! जगत बहुत प्रेजेंट है। संसार बहुत मौजूद है और परमात्मा बिलकुल गैर-मौजूद है। असल में जिसके पास अहंकार नहीं, वह मौजूद हो भी कैसे सकता है! उसके मौजूद होने का कोई उपाय भी तो नहीं है, वह गैर-मौजूद ही हो सकता है। उसकी एब्सेंस ही उसकी प्रेजेंस है; उसकी अनुपस्थिति ही उसकी मौजूदगी है।

मैंने सुना है, एक ईसाई फकीर पर देवता प्रसन्न हो गए-कहानी है-और उन्होंने आकर उसके पैर पकड़ लिए, देवताओं ने, उन्होंने कहा कि हम तुझे कोई वरदान देने आए हैं। मांग ले, तुझे जो कुछ मांगना हो। तो उस फकीर ने कहा, बड़ी गलती की, बड़ी देर से आए। जब मेरे पास मांग थी, तब तुम्हारा कोई पता न चला; और अब जब मेरी कोई मांग नहीं रह गई, तब तुम आए हो! अब तो कुछ मांगने को नहीं बचा, क्योंकि मांगने वाला ही नहीं बचा। अब तुम व्यर्थ परेशान हो रहे हो। तुम किससे कह रहे हो? उन्होंने कहा, हम तुम से कह रहे हैं! उस फकीर ने कहा, लेकिन मैं तो अब हूं नहीं; तुम परमात्मा से ही पूछ लेना, अब तो वही है।

लेकिन ऐसे आदमी पर देवता और प्रसन्न हो गए। उन्होंने बिलकुल उसके पैर ही पकड़ लिए और कहा कि कुछ मांगना ही पड़ेगा। उसने कहा, लेकिन अब मांगे कौन? किससे मांगे? और अगर मैं मांगूंगा, तो वह सबूत होगा इस बात का कि परमात्मा पर मेरा भरोसा नहीं। जो उसे देना होगा, देगा; जो उसे नहीं देना होगा, नहीं देगा। जो उचित होगा, वह होगा। जो उचित नहीं होगा, वह नहीं होगा। असल में जो होगा, वह उचित होगा। और जो नहीं होगा, वह अनुचित होगा। इसलिए तुम जाओ। तुम गलत आदमी के पास आ गए हो।

लेकिन उन्होंने कहा कि हम ऐसे आदमी की तलाश में रहते हैं; जो मांगता

है, उसके पास तो हम कभी नहीं जाते। जो नहीं मांगता, हम उसके पास आते हैं। जो होता है, उसके पास तो हम कभी नहीं जाते, क्योंकि उसके भीतर जगह ही नहीं होती हमारे आने लायक। जो नहीं हो जाता है, हम उसके भीतर आते हैं। हम आ गए हैं। तुम जरूर मांगो! उस फकीर ने कहा, अब तुम नहीं मानते, तुम्हें कुछ देना हो तो दे जाओ। मेरा मांगने का कोई सवाल नहीं है।

तो उन्होंने कहा, हम तुम्हें एक वरदान देते हैं कि तुम अगर मुरदे को छू दोगे, तो वह जिंदा हो जाएगा। अगर तुम बीमार पर हाथ रख दोगे, तो वह स्वस्थ हो जाएगा। अगर तुम मुरझाए फूल की तरफ देख दोगे, तो वह फिर से खिल जाएगा।

उस फकीर ने कहा, यह तो ठीक, लेकिन अब जब तुम दे ही रहे हो, तो थोड़ी बात और दे दो। और क्या? पहले तो तुमने कुछ भी न मांगा! उसने कहा, पहले मांगने की कोई जरूरत न थी। लेकिन एक चीज जहां मिले, वहां चीजों की श्रृंखला शुरू हो जाती है। एक चीज और दे जाओ। वह चीज क्या?

उस फकीर ने कहा, यह और जोड़ दो इसमें कि इसका मुझे पता न चले। मुरदा जिंदा हो, हो; लेकिन मुझे पता न चले कि जिंदा हो गया। बीमार ठीक हो, हो; लेकिन मुझे पता न चले। क्योंकि अब वापस मेरे मैं को बुलाने की पीड़ा और नर्क में मैं नहीं पड़ना चाहता हूं। अब तुम मुझे क्षमा कर दो। यह वरदान खतरनाक है। जब मुरदा जिंदा होगा, तो मुझे पता न चल जाए कि मैंने जिंदा किया है। तो तुम ऐसा करो कि यह वरदान मुझे मत दो, मेरी छाया को दे दो। मेरी छाया किसी मुरदे पर पड़ जाएगी, वह जिंदा हो जाएगा, तो मुझे पता ही नहीं चलेगा। छाया पीछे पड़ेगी, मुरदा ठीक हो जाएगा, फूल खिल जाएंगे; मुरझाए हुए पौधे ठीक हो जाएंगे, मैं भागता रहूंगा छाया से। कृपा करके तुम यह वरदान मेरी छाया को दे दो।

परमात्मा कहीं दिखाई नहीं पड़ता, सिर्फ उसकी छाया कभी-कभी कहीं-कहीं दिखाई पड़ती है। सिर्फ उसकी छाया। इतना सारा जगत उसकी छाया से चलता है।

कृष्ण अर्जुन से यही कह रहे हैं, तू छाया भर हो जा, इस मैं को जाने दे। तू जी, श्वास ले, कर्म कर। भाग मत। क्योंकि भागने में भी तेरा अहंकार तो बना

ही रहेगा कि मैं बच निकला, मैं भाग निकला। मैं हूं। मैंने अपने को बंधन से बचा लिया, कर्म से बचा लिया। तेरा मैं तो जाएगा नहीं; बंधन मौजूद होगा। तू तो इतना ही भर कर कि मैं को छोड़ दे और यज्ञरूपी कर्म में प्रवृत्त हो जा। जैसे पूरा परमात्मा जगत को यज्ञरूपी कर्म में निर्मित कर रहा है, ऐसे ही तू भी उसका एक हिस्सा हो जा, तो तू मुक्त हो जाता है।

देवान्भावयतानेन ते देवा भावयन्तु वः।
परस्परं भावयन्तः श्रेयः परमवाप्स्यथ।। 11।।

तथा तुम लोग इस यज्ञ द्वारा देवताओं की उन्नति करो और वे देवता लोग तुम लोगों की उन्नति करें। इस प्रकार आपस में कर्तव्य समझकर उन्नति करते हुए परम कल्याण को प्राप्त होओगे।

अंतिम श्लोक। कृष्ण कह रहे हैं, इस भांति यज्ञरूपी कर्म करते हुए तुम देवताओं के सहयोगी बनो और वे देवता तुम्हारे सहयोगी बनें। इस भांति तुम कर्तव्य को उपलब्ध हो सकते हो।

यह देवता शब्द को थोड़ा समझना जरूरी है। इस शब्द से बड़ी भ्रांति हुई है। देवता शब्द बहुत पारिभाषिक शब्द है। देवता शब्द का अर्थ है...इस जगत में जो भी लोग हैं, जो भी आत्माएं हैं, उनके मरते ही साधारण व्यक्ति का जन्म तत्काल हो जाता है। उसके लिए गर्भ तत्काल उपलब्ध होता है। लेकिन बहुत असाधारण शुभ आत्मा के लिए तत्काल गर्भ उपलब्ध नहीं होता। उसे प्रतीक्षा करनी पड़ती है। उसके योग्य गर्भ के लिए प्रतीक्षा करनी पड़ती है। बहुत बुरी आत्मा, बहुत ही पापी आत्मा के लिए भी गर्भ तत्काल उपलब्ध नहीं होता। उसे भी बहुत प्रतीक्षा करनी पड़ती है। साधारण आत्मा के लिए तत्काल गर्भ उपलब्ध हो जाता है। इसलिए साधारण आदमी इधर मरा और उधर जन्मा। इस जन्म और मृत्यु और मृत्यु और नए जन्म के बीच में बड़ा फासला नहीं होता। कभी क्षणों का भी फासला होता है। कभी क्षणों का भी नहीं होता। चौबीस घंटे गर्भ उपलब्ध हैं; तत्काल आत्मा गर्भ में प्रवेश कर जाती है।

लेकिन एक श्रेष्ठ आत्मा नए गर्भ में प्रवेश करने के लिए प्रतीक्षा में रहती है। इस तरह की श्रेष्ठ आत्माओं का नाम देवता है। निकृष्ट आत्माएं भी प्रतीक्षा में होती हैं। इस तरह की आत्माओं का नाम प्रेतात्माएं हैं। वे जो प्रेत हैं, ऐसी आत्माएं जो बुरा करते-करते मरी हैं; लेकिन इतना बुरा करके मरी हैं। अब जैसे कोई हिटलर, कोई एक करोड़ आदमियों की हत्या जिस आदमी के ऊपर है, इसके लिए कोई साधारण मां गर्भ नहीं बन सकती, और न कोई साधारण पिता गर्भ बन सकता है। ऐसे आदमी को तो गर्भ के लिए बहुत प्रतीक्षा करनी पड़ेगी। लेकिन इसकी आत्मा इस बीच क्या करेगी? इसकी आत्मा इस बीच खाली नहीं बैठी रह सकती। भला आदमी तो कभी खाली भी बैठ जाए, बुरा आदमी बिलकुल खाली नहीं बैठ सकता। कुछ न कुछ करने की कोशिश जारी रहेगी।

तो जब भी आप कोई बुरा कर्म करते हैं, तब तत्काल ऐसी आत्माओं को आपके द्वारा सहारा मिलता है, जो बुरा करना चाहती हैं। आप वीहिकल बन जाते हो; आप साधन बन जाते हो। जब भी आप कोई बुरा कर्म करते हो, तो ऐसी कोई आत्मा अति प्रसन्न होती है और आपको सहयोग देती है, जिसे बुरा करना है, लेकिन उसके पास शरीर नहीं है। इसलिए कई बार आपको लगा होगा कि बुरा काम आपने कोई किया और पीछे आपको लगा होगा, बड़ी हैरानी की बात है, इतनी ताकत मुझमें कहां से आ गई कि मैं यह बुरा काम कर पाया! यह अनेक लोगों का अनुभव है।

आप क्रोध में इतना बड़ा पत्थर उठा सकते हो, जितना आप शांति में नहीं उठा सकते, तब आपको कल्पना भी नहीं हो सकती कि कोई बुरी आत्मा भी आपके लिए सहयोग देती है। जब एक आदमी किसी की हत्या करने जाता है, तो उसकी साधारण स्थिति नहीं रह जाती, असाधारण पजेस्ड हो जाता है। और अनेक हत्यारे अदालतों में यह कहते हैं कि हम मान नहीं सकते कि हमने हत्या की है, क्योंकि हमें तो खयाल ही नहीं आता कि हम कैसे हत्या कर सकते हैं! असल में आपमें हत्या की वृत्ति उठे, तो हत्या के लिए उत्सुक कोई आत्मा आपके ऊपर सवार हो सकती है, आपका सहयोग कर सकती है।

ठीक इससे उलटा, अर्जुन से कृष्ण कह रहे हैं कि अगर तू एक शुभ कर्म में कर्त्ता को छोड़कर संलग्न होता है, तो अनेक देवताओं का सहारा तुझे मिलता है। जब आप कोई अच्छा कर्म करते हैं, तब भी आप अकेले नहीं होते। तब भी वे अनेक आत्माएं, जो अच्छा करने के लिए आतुर, अभीप्सित होती हैं, तत्काल आपके आस-पास इकट्ठी और सक्रिय हो जाती हैं। तत्काल आपको उनका सहयोग मिलना शुरू हो जाता है। तत्काल आपके लिए अनंत मार्गों से शक्ति मिलनी शुरू हो जाती है, जो आपकी नहीं है।

इसलिए अच्छा आदमी भी अकेला नहीं है इस पृथ्वी पर और बुरा आदमी भी अकेला नहीं है इस पृथ्वी पर, सिर्फ बीच के आदमी अकेले होते हैं। सिर्फ बीच के आदमी अकेले होते हैं, जो न इतने अच्छे होते हैं कि अच्छों से सहयोग पा सकें, न इतने बुरे होते हैं कि बुरों से सहयोग पा सकें। सिर्फ साधारण, बीच के, मीडियाकर, मिडिल क्लास-पैसे के हिसाब से नहीं कह रहा-आत्मा के हिसाब से जो मध्यवर्गीय हैं, उनको, वे भर अकेले होते हैं, वे लोनली होते हैं। उनको कोई सहारा-वहारा ज्यादा नहीं मिलता। और कभी-कभी हो सकता है कि या तो वे बुराई में नीचे उतरें, तब उन्हें सहारा मिले; या भलाई में ऊपर उठें, तब उन्हें सहारा मिले। लेकिन इस जगत में अच्छे आदमी अकेले नहीं होते, बुरे आदमी अकेले नहीं होते।

जब महावीर जैसा आदमी पृथ्वी पर होता है या बुद्ध जैसा आदमी पृथ्वी पर होता है, तो चारों ओर से अच्छी आत्माएं इकट्ठी सक्रिय हो जाती हैं। इसलिए जो आपने कहानियां सुनी हैं, वे सिर्फ कहानियां नहीं हैं। यह बात सिर्फ कहानी नहीं है कि महावीर के आगे और पीछे देवता चलते हैं। यह बात कहानी नहीं है कि महावीर की सभा में देवता उपस्थित हैं। यह बात कहानी नहीं है कि जब बुद्ध गांव में प्रवेश करते हैं, तो देवता भी गांव में प्रवेश करते हैं। यह बात माइथोलॉजी नहीं है, पुराण नहीं है।

इसलिए भी कहता हूं, पुराण नहीं है, क्योंकि अब तो वैज्ञानिक आधारों पर भी सिद्ध हो गया है कि शरीरहीन आत्माएं हैं। उनके चित्र भी, हजारों की तादात में

चित्र लिए जा सके हैं। अब तो वैज्ञानिक भी अपनी प्रयोगशाला में चकित और हैरान हैं। अब तो उनकी भी हिम्मत टूट गई है यह कहने की कि भूत-प्रेत नहीं हैं। कोई सोच सकता था कि कैलिफोर्निया या इलेनाइस ऐसी युनिवर्सिटीज में भूत-प्रेत का अध्ययन करने के लिए भी कोई डिपार्टमेंट होगा! पश्चिम के विश्वविद्यालय भी कोई डिपार्टमेंट खोलेंगे, जिसमें भूत-प्रेत का अध्ययन चलता होगा! पचास साल पहले पश्चिम पूर्व पर हंसता था कि सुपरस्टीटस हो। हालांकि पूर्व में अभी भी ऐसे नासमझ हैं, जो पचास साल पुरानी पश्चिम की बात अभी दोहराए चले जा रहे हैं।

पचास साल में पश्चिम ने बहुत कुछ समझा है और पीछे लौट आया है। उसके कदम बहुत जगह से वापस लौटे हैं। उसे स्वीकार करना पड़ा है कि मनुष्य के मर जाने के बाद सब समाप्त नहीं हो जाता। स्वीकार कर लेना पड़ा है कि शरीर के बाहर कुछ शेष रह जाता है, जिसके चित्र भी लिए जा सकते हैं। स्वीकार करना पड़ा है कि अशरीरी अस्तित्व संभव है, असंभव नहीं है। और यह छोटे-मोटे लोगों ने नहीं, ओलिवर लाज जैसा नोबल प्राइज विनर गवाही देता है कि प्रेत हैं। सी.डी.ब्राड जैसा वैज्ञानिक चिंतक गवाही देता है कि प्रेत हैं। जे.बी.राइन और मायर्स जैसे जिंदगीभर वैज्ञानिक ढंग से प्रयोग करने वाले लोग कहते हैं कि अब हमारी हिम्मत उतनी नहीं है पूर्व को गलत कहने की, जितनी पचास साल पहले हमारी हिम्मत थी।

कृष्ण कह रहे हैं अर्जुन से कि अगर तू अपने कर्त्ता को भूलकर परमात्मा के दिए कर्म में प्रवृत्त होता है, तो देवताओं का तुझे साथ है, तुझे सहयोग है। और न केवल तू अपना कर्तव्य निभाने में पूर्ण हो पाएगा, बल्कि बहुत से देवता भी, जो अपना कर्तव्य निभाने के लिए आतुर हैं, तेरे माध्यम से वे भी अपने कर्तव्य को निभाने में पूर्ण हो जाएंगे।

अकेला नहीं है अच्छा आदमी। अकेला नहीं है बुरा आदमी। इसलिए बुरा आदमी भी बड़ा शक्तिशाली हो जाता है और अच्छा आदमी भी बड़ा शक्तिशाली हो जाता है। वह शक्ति चारों तरफ अशरीरी आत्माओं से उपलब्ध होनी शुरू होती है।

शेष कल।

चौथा प्रवचन

समर्पित जीवन का विज्ञान

इष्टान्भोगान्हि वो देवा दास्यन्ते यज्ञभाविताः।
तैर्दत्तानप्रदायैभ्यो यो भुङ्क्तेस्तेन एव सः।। 12।।
यज्ञशिष्टाशिनः सन्तो मुच्यन्ते सर्वकिल्बिषैः।
भुग्जते ते त्वघं पापा ये पचन्त्यात्मकारणात्।। 13।।

तथा यज्ञ द्वारा प्रेरित हुए देवता लोग तुम्हारे लिए, बिना मांगे ही प्रिय भोगों को देंगे। उनके द्वारा दिए हुए भोगों को जो पुरुष उनके लिए बिना दिए ही भोगता है, वह निश्चय चोर है।

यज्ञ से शेष बचे हुए अन्न को खाने वाले श्रेष्ठ पुरुष सब पापों से छूटते हैं और जो पापी लोग अपने शरीर पोषण के लिए ही पकाते हैं, वे तो पाप को ही खाते हैं।

आध्यात्मिक विवाद का इस सूत्र को हम जन्मदाता कह सकते हैं। इस सूत्र में दो बातें कही गई हैं। एक तो सबसे पहली बात और बहुत महत्वपूर्ण, यज्ञरूपी कर्म से दिव्य शक्तियां प्रसन्न होकर बिना मांगे ही सब कुछ देती हैं।

जीवन के रहस्यात्मक नियमों में से एक नियम यह है कि जो मांगा जाएगा, वह नहीं मिलेगा; जो नहीं मांगा जाएगा, वही मिलता है। जिसके पीछे हम दौड़ते हैं, उसे ही खो देते हैं; और जिसको हम दौड़ना छोड़ देते हैं जिसके पीछे, वह हमारे पीछे छाया की तरह चला आता है। इस नियम को न समझ पाने से जीवन में बड़ा दुख और बड़ी पीड़ा है। और साधारण जीवन में शायद कभी हमें ऐसा भ्रम भी हो जाए कि मांगने से भी कुछ मिल जाता है, लेकिन दिव्य शक्तियों से तो कभी भी मांगने से कुछ नहीं मिलता है। दिव्य शक्तियों के लिए जो अपने हृदय में द्वार खोल देता है, उसे सब मिल जाता है, लेकिन बिना मांगे ही।

जीसस का एक वचन है, जिसमें जीसस ने कहा है, सीक यी फर्स्ट दि किंगडम ऑफ गॉड, देन आल एल्स शैल बी एडेड अनटु यू-तुम पहले प्रभु के राज्य को खोज लो और शेष सब फिर तुम्हें अपने आप ही मिल जाएगा। लेकिन हम शेष सबको खोजते हैं, प्रभु के राज्य को नहीं। और शेष सब तो हमें मिलता ही नहीं, प्रभु का राज्य भी खो जाता है। जिसे जीसस ने किंगडम ऑफ गॉड कहा है, प्रभु का राज्य कहा है, उसे ही कृष्ण दिव्य शक्ति, देवता कह रहे हैं।

जैसे ही हम मांगते हैं... मांगने में होता क्या है? कामना करने में होता क्या है? इच्छा करने में होता क्या है? जैसे ही हम मांगते हैं, हमारा हृदय सिकुड़ जाता है मांग के आस-पास, और चेतना के द्वार तत्काल बंद हो जाते हैं। मांगें और देखें। भिखारी कभी भी फूल की तरह खिला हुआ नहीं होता; हो नहीं सकता। भिखारी सदा सिकुड़ा हुआ, अपने में बंद, क्लोज्ड। जब भी हम कुछ मांगते हैं, तो मन एकदम बंद हो जाता है। जब हम कुछ देते हैं, तब मन खुलता है। दान से तो मन खुलता है और मांग से मन बंद होता है। तो जब कोई परमात्मा के सामने भी, दिव्य शक्तियों के सामने भी मांगने खड़ा हो जाता है, तो उसे पता नहीं कि मांगने के कारण ही उसके हृदय के द्वार बंद हो जाते हैं, वह पाने से वंचित रह जाता है।

जीसस का एक और वचन मुझे स्मरण आता है, जिसमें उन्होंने कहा है, भिखारियों के लिए नहीं, सम्राटों के लिए है। जीसस ने कहा है, जिनके पास है, उन्हें और दे दिया जाएगा; और जिनके पास नहीं है, उनसे और भी छीन लिया जाएगा। बड़ी उलटी बात है। जिनके पास है, उन्हें और भी दे दिया जाएगा; और

जिनके पास नहीं है, उनसे और भी छीन लिया जाएगा। और जब भी आप मांगते हैं, तब आप खबर देते हैं, मेरे पास नहीं है। और जब भी आप देते हैं, तब आप खबर देते हैं, मेरे पास है। असल में इस सूत्र का भी अर्थ यही है कि जो बांटता है, उसे मिल जाएगा; और जो बटोरता है, वह खो देगा।

भिखारी बटोर रहा है। भिखारी के चित्त की दो-चार बातें और खयाल में ले लेनी चाहिए, क्योंकि एक अर्थ में हम सब भिखारी हैं। दानी होना बड़ा असंभव है। भिखारी होना बिलकुल आसान है। लेकिन कठिनाई यही है कि भिखारियों को कभी कुछ नहीं मिल पाता और देने वालों को सदा सब कुछ मिल जाता है।

जैसे ही कोई मांगता है-वैसे ही उसका मन तो सिकुड़ता ही है, चित्त के द्वार तो बंद हो ही जाते हैं-जैसे ही कोई मांगता है, वैसे ही भीतर डर भी समा जाता है कि पता नहीं मिलेगा या नहीं मिलेगा! मांगने वाला कभी निर्भय नहीं हो सकता। मांग के साथ भय, फिअर हमेशा मौजूद होता है। मांगा कि भय खड़ा है। और परमात्मा से केवल वे ही जुड़ सकते हैं, जो निर्भय हैं; जो भयभीत हैं, वे नहीं जुड़ सकते।

जब भी आप मांगेंगे, तभी प्राण कंप जाएंगे और भयभीत हो जाएंगे और डर पकड़ जाएगा, पता नहीं मिलेगा या नहीं! यह जो डर है, यह भी मन को बंद कर देगा। और यह जो डर है, यह परमात्मा और स्वयं के बीच फासला पैदा कर देता है। परमात्मा के पास इसलिए जो मांगने जाता है, वह अपने हाथ से ही खोने का कारण बन जाता है।

तीसरी बात भी खयाल रखें, जब भी हम मांगते हैं, तो हम गलत ही मांगते हैं। हम सही मांग ही नहीं सकते। हम सही इसलिए नहीं मांग सकते कि हमें सही का कुछ पता ही नहीं है। हम सही इसलिए नहीं मांग सकते कि हम खुद सही नहीं हैं। और यह और मजे की बात है कि जो सही है, उसे मांगना नहीं पड़ता है; क्योंकि जो सही है, उसे तत्काल मिलना शुरू हो जाता है। जो ठीक है, उस पर संपदा बरसने लगती है जीवन के सब रूपों में। जो गलत है, वही वंचित रह जाता है; और वही मांगता है। और उसकी मांग भी गलत ही होगी; वह सही मांग नहीं सकता है। गलत आदमी गलत ही मांग सकता है।

एक छोटी-सी घटना से आपको समझाऊं। विवेकानंद के पिता मर गए। कर्ज छोड़ गए बहुत। चुकाने का कोई उपाय नहीं। खाने-पीने तक की सुविधा नहीं। घर में इतना मुश्किल से जुटा पाते कि एक बार एक जन का भोजन हो पाए। और दो थे घर में; मां थी और विवेकानंद थे। तो मां उन्हें खिला दे और खुद भूखी रह जाए, पानी पीकर। तो विवेकानंद उससे कहते कि आज फलां मित्र के घर निमंत्रण है, मैं वहां जा रहा हूं; सिर्फ इसलिए कि वह खाना खा लेगी। और वे सड़कों पर चक्कर लगाकर वापस बड़ी खुशी से घर लौटें और उन भोजन की चर्चा करें, जो उन्होंने किए नहीं हैं। कोई मित्र के घर निमंत्रण था नहीं। लेकिन यह कितने दिन चलता!

रामकृष्ण को खबर लगी, तो रामकृष्ण ने कहा, तू कैसा पागल है! तू जा और काली से मांग ले। मांग क्यों नहीं लेता है! जो चाहिए, मिल जाएगा; मांग ले। विवेकानंद को रामकृष्ण ने वस्तुतः धक्का दे दिया मंदिर में कि तू जा और मां से मांग ले। क्षण बीते, घड़ी बीती। रामकृष्ण बार-बार झांककर भीतर देखे; विवेकानंद खड़े हैं। वे बड़े हैरान हुए कि इतनी-सी बात मांगनी है, इतनी देर! फिर विवेकानंद लौटे, तो रामकृष्ण ने कहा, मांगा? तो विवेकानंद ने कहा, अरे! काली के सामने पहुंचा, तो मांग की बात ही भूल गई! तो रामकृष्ण ने कहा, पागल, भेजा तुझे मांगने को था; फिर से जा। विवेकानंद फिर गए, और फिर घड़ी बीती, रामकृष्ण दरवाजे पर बैठे राह देखते रहे और विवेकानंद फिर वहां से आनंदित लौटे। रामकृष्ण ने कहा, लगता है कि मांग पूरी हो गई! मिल गया? मांग लिया? विवेकानंद ने कहा, कौन-सी मांग? रामकृष्ण ने कहा, तू पागल तो नहीं है! तुझे मांगने भेजा था। विवेकानंद ने कहा, बड़ी मुश्किल मालूम होती है। जब तक मैं बाहर रहता हूं, तब तक तो मांग का खयाल रहता है। जैसे ही मंदिर में प्रविष्ट होता हूं और काली की मूर्ति सामने आती है, तो खुद ही सम्राट हो जाता हूं। उनकी मौजूदगी में मांगने का सवाल ही नहीं उठता; गुंजाइश भी नहीं रह जाती। तीसरी बार, और तीसरी बार भी यही हुआ। और रामकृष्ण ने कहा, कैसा है तू! विवेकानंद ने कहा कि आप क्यों मेरी नाहक परीक्षा ले रहे हैं! मैं जानता हूं कि अगर मांग लूं, तो ये द्वार मेरे लिए सदा के लिए बंद हो जाएंगे।

ये द्वार तो उन्हीं के लिए खुले हैं, जो मांगते नहीं हैं। और फिर जो उसकी मर्जी! जो ठीक है, वही हो रहा है। जो होना चाहिए, वही हो रहा है। उससे अन्यथा चाहने का कोई कारण भी नहीं है।

कृष्ण इस सूत्र में कहते हैं कि बिना मांगे, बिना मांगे यज्ञ की भांति जो जीवन को जीता, यज्ञरूपी कर्म में जो प्रविष्ट होता, दिव्य शक्तियां उसे बिना मांगे सब दे जाती हैं। लेकिन हमें अपने पर भरोसा ज्यादा, जरूरत से ज्यादा, खतरनाक भरोसा है। या तो हम कोशिश करते हैं, पा लें, तब हमारा कर्म यज्ञरूपी नहीं हो पाता। और या फिर हम मांगते हैं कि मिल जाए, तब आकांक्षा से दूषित हो जाता है और दिव्य शक्तियों से हमारे संबंध टूट जाते हैं।

इसलिए ध्यान रखें, जो प्रार्थना भी मांग के साथ जुड़ी है, वह प्रार्थना नहीं रह जाती। जिस प्रार्थना में भी रंचमात्र मांग है, वह प्रार्थना प्रार्थना नहीं रह गई। जो प्रार्थना निस्पृह, निपट प्रार्थना है, जिसमें कोई मांग नहीं, सिर्फ धन्यवाद है उसका, जो मिला है; उसकी मांग नहीं, जो मिलना चाहिए। इसलिए ठीक प्रार्थना सदा ही धन्यवाद होती है। और गलत प्रार्थना सदा ही मांग होती है। मंदिर में ठीक आदमी वही है प्रार्थना करने गया, जो धन्यवाद देने गया है कि परमात्मा कितना दिया है! गलत आदमी वह है, जो मांगने गया है कि फलां चीज नहीं दी, फलां चीज नहीं दी, यह और मिलनी चाहिए। मांग प्रार्थना में जहर हो जाती है, धन्यवाद प्रार्थना में अमृत बन जाता है।

यज्ञरूपी कर्म, धन्यवादपूर्वक परमात्मा जो कर रहा है, जो करा रहा है, उसकी परम स्वीकृति, टोटल एक्सेप्टिबिलिटी है। और तब बड़े रहस्य की बात है कि सब मिल जाता है। सीक यी फर्स्ट दि किंगडम आफ गॉड, देन आल एल्स शैल बी एडेड अनटु यू, पहले खोज लो परमात्मा का राज्य और फिर सब उसके पीछे चला आता है। जिसे कभी नहीं मांगा, वह मिल जाता है। जिसे मांग-मांगकर भी कभी नहीं पाया था, वह बिन मांगे मिल जाता है। यह तो पहला हिस्सा, प्रार्थना करते समय खयाल में रखें, मंदिर में प्रवेश करते समय खयाल में रखें, साधु-संत के पास जाते समय खयाल में रखें।

और यह भी खयाल में रखें कि जो साधु-संत प्रलोभन देता हो कि आओ, मैं यह दे दूंगा, वहां भूलकर मत जाना। क्योंकि वहां प्रार्थना घटित ही नहीं हो सकती। वहां प्रार्थना असंभव है। और चूंकि लोग मांगते हैं, इसलिए साधु देने वाले पैदा हो गए हैं। वे आपने पैदा किए हैं। आप नौकरी मांगते हैं, तो नौकरी देने वाले साधु हैं। धन मांगते हैं, तो धन देने वाले साधु हैं। स्वास्थ्य मांगते हैं, तो स्वास्थ्य देने वाले साधु हैं। राख मांगते हैं, तो राख देने वाले साधु हैं। ताबीज मांगते हैं, तो ताबीज देने वाले साधु हैं। जो-जो बेवकूफी हम मांगते हैं, उसको सप्लाई कोई तो करना चाहिए। परमात्मा नहीं करता, तो दूसरे लोग करते हैं। लेकिन ध्यान रखें, वहां धर्म का फूल कभी नहीं खिलेगा, वहां प्रार्थना प्राणों से कभी नहीं निकलेगी और गूंजेगी। बाजार है, वह भी बाजार का ही हिस्सा है। धर्म का उससे कोई लेना-देना नहीं है। यह पहला सूत्र है।

इस सूत्र का दूसरा हिस्सा है, जिसमें कृष्ण और भी गहरी बात कहते हैं। वे यह कहते हैं कि यज्ञरूपी कर्म से जो मिले, उसे बांट दो, उसमें दूसरों को साझीदार बना लो! क्यों? उसे शेयर करो! क्यों? यह भी एक नियम है जीवन का-परम नियमों में से एक-कि जितना हम अपने आनंद को बांटते हैं, उतना वह बढ़ता है; और जितना उसे रोकते हैं, उतना सड़ता है। जितना हम अपने आनंद में दूसरों को सहभागी बनाते हैं, शेयरिंग करते हैं, उतना वह अनंत गुना होता चला जाता है। और जितना हम कंजूस की तरह अपने आनंद को तिजोरी में बंद कर लेते हैं, आखिर में हम पाते हैं कि वहां सिर्फ सड़ांध और बदबू रह गई और कुछ भी नहीं बचा है। आनंद का जीवन विस्तार में है, फैलाव में है।

और खयाल रखें, जब आप दुख में होते हैं, तो सिकुड़ जाते हैं। दुख में मन करता है कि किसी कोने में दबकर बैठ जाएं, कोई मिले न, कोई देखे न, कोई बात न करे। बहुत दुखी होते हैं, तो मन होता है, मर ही जाएं। उसका मतलब यह है कि ऐसे कोने में चले जाएं, जहां से कोई संबंध जिंदगी से न रह जाए। लेकिन जब भी आप आनंद में होते हैं, तब आप कोने में नहीं बैठना चाहते हैं, तब आप चाहते हैं, मित्र के पास, प्रियजनों के पास जाएं।

कभी आपने खयाल किया कि बुद्ध जब दुखी थे, तो जंगल में गए; और जब आनंद से भर गए, तो शहर में वापस लौट आए! महावीर जब दुखी थे, तो पहाड़ों में गए; और जब आनंद भर गया जीवन में, तो वापस भीड़ में लौट आए। मोहम्मद जब दुखी हैं, तो पहाड़ पर; और जब आनंद से भर गए, तो जिंदगी में, बाजार में। जहां भी आनंद घटित होगा, आनंद को बांटना पड़ेगा। वैसे ही जैसे जब बादल पानी से भर जाते हैं, तो बरसते हैं; ऐसे ही जब आनंद प्राणों में भरता है, तो बरसता है। बरसना ही चाहिए। अगर न बरसा, तो रोग बन जाएगा।

इसलिए कृष्ण दूसरा सूत्र कहते हैं कि अर्जुन! जब यज्ञरूपी कर्म से दिव्य शक्तियां वह सब देने लगें जिसकी कि प्राणों में सदा से प्यास और मांग रही, लेकिन कभी मिला नहीं और अब बिना मांगे मिल गया है, तो कंजूस मत हो जाना। उसे रोक मत लेना, उसे बांट देना। क्योंकि जितना तुम बांटोगे, उतना ही वह बढ़ता चला जाता है।

आनंद का यह नियम अगर खयाल में आ जाए कि बांटने से बढ़ता है...। कबीर ने कहा है, दोनों हाथ उलीचिए। आनंद को ऐसे ही उलीचना चाहिए जैसे नाव चलती हो और पानी नाव में भर जाए, तब दोनों हाथ आदमी उलीचने लगता है। आनंद को भी ऐसे ही दोनों हाथ उलीचिए। उसे बांट दीजिए, उसे रोकिए मत। उसे रोका कि वह सड़ा। वही नहीं सड़ेगा, उसे रोकने से वह जो द्वार खुला था-अन-मांगा मिलने का-वह भी बंद हो जाएगा। क्योंकि वह द्वार उसी के लिए खुला रह सकता है, जो बिना मांगे खुद भी दे।

आप जानते हैं कि घर में अगर दो खिड़कियां हों, तो आप एक नहीं खोलते। एक खोलने से कुछ मतलब नहीं होता। क्रास वेंटिलेशन चाहिए। एक खिड़की खोलते हैं, उससे हवा नहीं आती, जब तक कि दूसरी खिड़की न खुले, जिससे हवा बाहर जाए। एक खिड़की खोले बैठे रहें, तो कमरे में हवा नहीं आएगी। खिड़की तो खुली है, लेकिन हवा नहीं आएगी कमरे में। ताजी हवाएं कमरे में नहीं भरेंगी, क्योंकि कमरे से हवाओं को निकलने का कोई मार्ग ही नहीं है। इसलिए इसके पहले कि आप हवाओं को निमंत्रित करें, उस द्वार को भी खोल दें, जहां से हवाएं आएं और जा भी सकें।

आनंद भी क्रास वेंटिलेशन है। इधर से परमात्मा की तरफ से आनंद मिलना शुरू हो, तो दूसरी तरफ से बांट दें। और जितना बांटेंगे, उतना ही परमात्मा की तरफ से आनंद बढ़ता चला जाता है। जितने रिक्त होंगे, खाली होंगे, उतने भर दिए जाएंगे।

इसलिए जीसस कहते हैं, जिसके पास भी हिम्मत नहीं है देने की, वह पाने का पात्र भी नहीं है। जिसमें देने की हिम्मत है, वह पाने का भी पात्र है। हम सिर्फ पाना चाहते हैं और देना कभी नहीं चाहते। इसलिए कृष्ण ऐसे आदमी को कहते हैं, वह चोर है।

कृष्ण ने यह बात जो कही कि वह आदमी चोर है, जो परमात्मा से, जीवन से, जगत से जो भी मिल रहा है, उसे रोक लेता है। अपने तईं, निजी अहंकार के आस-पास, इर्द-गिर्द इकट्ठा कर लेता है, वह चोर है। प्रूधो ने तो बहुत बाद में कहा कि लोग चोर हैं। मार्क्स ने तो बहुत बाद में कहा कि लोग चोर हैं। कृष्ण ने सबसे पहले कहा कि लोग चोर हैं। अगर वे शेयर नहीं करते, अगर वे बांटते नहीं, अगर वे आनंद में दूसरे को साझीदार नहीं बनाते, तो वे चोर हैं।

लेकिन कृष्ण जब लोगों को चोर कहते हैं, तो बहुत और मतलब है। और जब मार्क्स और प्रूधो लोगों को चोर कहते हैं, तो मतलब और है। जब मार्क्स और प्रूधो लोगों को कहते हैं कि लोग चोर हैं, तो उनका मतलब यह है कि उनकी गरदन दबा दो; छीन लो, जो उनके पास है; बांट दो, जो उनके पास है। लेकिन कृष्ण जब कहते हैं कि चोर हो तुम, तो वे यह नहीं कहते कि कोई तुम्हारी गरदन दबा दे और छीन ले। वे यह कहते हैं कि तुम ही जानो कि तुम अपने ही दुश्मन हो। तुम्हें और बहुत मिल सकता था, लेकिन तुम रोककर बैठ गए हो और उस बड़े मिलने से वंचित रह गए हो। इसे तुम बांट दो, ताकि तुम्हें और बड़ा मिलता चला जाए। तुम जितना बांट सकोगे, उतने बड़े को पाने के निरंतर अधिकारी और हकदार होते चले जाओगे।

और अगर कृष्ण कहते हैं कि ऐसा आदमी गलत कर रहा है, तो उनका मतलब यही है कि वह दूसरों के लिए तो गलत कर रहा है, वह ठीक ही है, लेकिन वह गौण है, वह अपने लिए ही गलत कर रहा है। वह आदमी आत्मघाती है। उसको एक किरण मिली थी, और उसने दरवाजा बंद कर लिया कि कहीं वह

निकल न जाए। एक किरण उतरी आपके घर में, आपने जल्दी से दरवाजा बंद कर लिया कि कहीं वह किरण निकलकर पड़ोसी के घर में न चली जाए। लेकिन आपको पता नहीं कि जब आप दरवाजा बंद कर रहे हैं, तभी वह किरण मर गई! और जिस दरवाजे से वह आई थी, उसको ही आपने बंद कर दिया। अब आने का भी द्वार बंद हो गया। और किरणें बचती नहीं, आती रहें, तो ही बचती हैं।

यह बात भी खयाल में ले लें कि आनंद कोई ऐसी चीज नहीं है कि मिल गया, और मिल गया। आनंद ऐसी चीज है कि आता ही रहे, तो ही रहता है। आनंद एक बहाव है, प्रवाह है, एक धारा है। ऐसा नहीं कि गंगा आ गई, और आ गई। आती ही रहे रोज, तो ही। अगर एक दिन आए और फिर बस आ गई; और दूसरे दिन से धारा बंद हो जाए, तो सिर्फ डबरा बन जाएगा, गंगा नहीं होगी। उस डबरे में गंदगी होगी, बास उठेगी, उसके पास रहना मुश्किल हो जाएगा। गंगा आए और जाए, आती रहे और जाती रहे। रुके न, ठहरे न। ऐसे ही जिस दिन कोई व्यक्ति अपने पूरे जीवन को परमात्मा को समर्पित करके जीता है, उसके जीवन में आनंद की गंगा आती रहती है और बढ़ती रहती है, आती रहती है और बढ़ती रहती है। उसकी जिंदगी एक बहाव, एक सरिता की भांति है, जीवित; रुके हुए सरोवर की भांति नहीं, घेरों में बंद नहीं, बहती हुई।

और कभी आपने खयाल किया कि जब गंगा आती है, कहां से लाती है यह गंगा पानी? और कहां ले जाती है? कभी आपने इस वर्तुल का खयाल किया, इस सर्कल का खयाल किया कि गंगा जहां से लाती है, वहीं लौटा देती है! सागर की तरफ भागी चली जा रही है। सागर में गिरेगी, सूरज की किरणों पर चढ़ेगी, बादलों में उठेगी, हिमालय पर बरसेगी, फिर भागेगी। फिर सागर, फिर सूरज की किरणों पर चढ़ना, फिर बादल, फिर पहाड़, फिर मैदान, फिर सागर। एक वर्तुल है, एक सर्कल है।

जीवन की सभी गतियां सरक्युलर हैं। आनंद की भी वैसी ही गति है। परमात्मा से ही आता है, परमात्मा में ही जाता है। आप में आए, तत्काल उसे आस-पास जो भी परमात्मा का रूप फैला है, उसे बांट दें, ताकि वह सागर तक फिर पहुंच जाए। फिर बादलों में उठे, फिर आप में गिरे। अगर आपने

कहा कि नहीं, पता नहीं, फिर आया कि नहीं आया। रोक लें। बस, उस रोकने से आदमी चोर हो जाता है।

सब तरह के आनंद में जब भी रोकने का खयाल पैदा होता है, तभी थेफ्ट, चोरी पैदा हो जाती है। और यह चोरी परमात्मा के खिलाफ है। जहां से आया है, वहां जाने दें। आप से गुजरा, यही क्या कम है! आप से गुजरता रहेगा, यही क्या कम है! और सतत गुजरता रहे, यही जीवन की धन्यता है।

प्रश्न : तेरहवें श्लोक के पहले हिस्से में कहा गया है, यज्ञ से बचे हुए अन्न को खाने वाला श्रेष्ठ पुरुष सब पापों से मुक्त हो जाता है। कृपया यज्ञ से बचे हुए अन्न का अर्थ स्पष्ट करें।

साधारणतः, तो यज्ञ से बचे हुए अन्न को अगर हम शाब्दिक अर्थों में लें, जैसा कि भूल से लिया जाता रहा है, तो जो यज्ञ की प्रक्रिया है, सबको बांट देने के बाद; यज्ञ में जो भी है सबको बांट देने के बाद, जो बच रहा, उसे लेने वाला श्रेष्ठ पुरुष है। सबको बांट देने के बाद जो बच रहा!

जो पहले ही ले ले और फिर जो बच रहे उसे बांट दे, वह निकृष्ट पुरुष है। घर में मेहमान आए, तो पहले घर के लोग खा लें और फिर मेहमान को जो बच रहे, दे दें, तो वह निकृष्ट परिवार है। मेहमान को पहले दे दें, फिर जो बच रहे, जो बच रहे; अगर कुछ भी न बच रहे, तो उसी को भोजन मानकर सो जाएं, तो वह श्रेष्ठ पुरुष है, वह श्रेष्ठ परिवार है।

सामान्य अर्थ तो यह है। लेकिन और गहरे में जिस यज्ञ का मैं अर्थ कर रहा हूं, ऐसा कर्म, जो परमात्मा को समर्पित है। ऐसे कर्म से जो भी उपलब्ध हो, पहले बांट देना; और जब कोई लेने वाला न बचे, तो जो बच रहे, उसको अपने लिए स्वीकार कर लेना, तो ऐसा पुरुष श्रेष्ठ है। जो भी मिले, उसे पहले बांट देना।

मोहम्मद की जिंदगी में इस सूत्र की सीधी व्याख्या है। और कई बार बड़ा मजेदार...कि कृष्ण का सूत्र और मोहम्मद के जीवन में व्याख्या होती है। जिंदगी इतनी ही रहस्यपूर्ण है। लेकिन हिंदू- मुसलमान, जो पागलों के गिरोह हैं, वे नहीं

समझ पाते। मोहम्मद ने कह रखा था अपनी पत्नी को, अपने परिवार के लोगों को, अपने मित्रों को, प्रेम करने वालों को कि अगर तुम घर में भोजन बनाओ, तो जहां तक उसकी सुगंध पहुंचे, समझो वहां तक निमंत्रण हो गया। निमंत्रण देने तुम गए नहीं, लेकिन तुम्हारे घर में बने हुए भोजन की सुगंध जहां तक पहुंच गई, वहां तक निमंत्रण हो गया। उन सबको खबर कर आना कि आ जाओ।

यह जो सुगंध भी पहुंचे, तो निमंत्रण हो जाए! तो पहले उन सबको खिला देना, फिर बच रहे, तो खुद खा लेना। सारे जीवन के लिए। जीवन में जो भी मिले, जिसने अपने जीवन को ही यज्ञ बना लिया, जीवन में जो भी मिले-चाहे ज्ञान, चाहे धन, चाहे अन्न, चाहे शक्ति-जो भी जीवन में मिले, उसे पहले बांट देना। और जब कोई और लेने वाला न बचे, तो जो आखिरी हिस्सा बच जाए-यदि बच जाए-तो वह अपने लिए उपयोग कर लेना। ऐसा व्यक्तित्व श्रेष्ठ है।

लेकिन हमारा सारा व्यक्तित्व निकृष्ट है। अगर कभी हम बांटते हैं, तो तभी बांटते हैं, जब वह हमारे काम का नहीं होता। अगर कभी देते हैं, तो तभी देते हैं, जब वह व्यर्थ होता है हमारे लिए। जब वह हमारे लिए किसी अर्थ का नहीं होता और सिर्फ बोझ बनता है, तब हम देते हैं। ठीक है, न देने से तो अच्छा ही है; लेकिन निकृष्ट दान है। न देने से तो अच्छा है, अदान से तो बेहतर है; क्योंकि हो सकता है, किसी के काम पड़ जाए। लेकिन दान से जो व्यक्तित्व का फूल खिलता है, वह इससे खिलने वाला नहीं है। क्योंकि आप सिर्फ कचरा फेंक रहे हैं। आप कुछ भी मूल्यवान नहीं दे रहे हैं। देने में आपके भीतर कहीं भी आपको अपने लिए कोई कटौती नहीं करनी पड़ रही है। देने में आपके भीतर कहीं भी कोई प्रेम, कहीं भी कोई प्रेम नहीं है। यह अर्थ है।

और अगर कोई व्यक्ति इसका स्मरण रखे, तो धीरे-धीरे हैरान होगा कि जो हम सोचते हैं कि बचा लेंगे और उससे आनंद पाएंगे, हमें पता ही नहीं है। एक बार उसे देकर भी देखें और हैरान होंगे कि चीजें बचाने से उतना आनंद कभी भी नहीं देतीं, जितना देने से दे जाती हैं। मगर वह हमें पता नहीं चलता, क्योंकि हमने कभी उसका कोई प्रयोग नहीं किया है जीवन में। वह हमारे लिए अपरिचित गली है, उस रास्ते हम कभी गुजरे नहीं।

इस जीवन में जो भी श्रेष्ठतम अनुभव हैं, वे सभी किसी न किसी अर्थों में देने से पैदा होते हैं। प्रेम का अनुभव है, वह देने का अनुभव है। केवल वे ही ,लोग प्रेम अनुभव कर पाते हैं, जो दे सकते हैं। अन्यथा अनुभव नहीं कर पाते। प्रार्थना का अनुभव है, वह देने का अनुभव है। वे ही लोग अनुभव कर पाते हैं, जो चरणों में अपने को परमात्मा के दे पाते हैं। एक वैज्ञानिक को एक आनंद की प्रतीति होती है, क्योंकि वह अपने समस्त जीवन को विज्ञान के लिए दे पाता है। एक चित्रकार को एक आनंद का अनुभव होता है, क्योंकि वह अपने समस्त जीवन को कला को दे पाता है। एक संगीतज्ञ को आनंद अनुभव होता है, क्योंकि वह अपना समस्त, सब कुछ संगीत को दे पाता है। जहां भी इस जगत में आनंद का अनुभव है, वहां पीछे सदा दान खड़ा ही रहता है, चाहे वह दान दिखाई पड़ता हो या न दिखाई पड़ता हो।

इसलिए कृष्ण कहते हैं, श्रेष्ठ है वह पुरुष, जो पहले बांट देता, फिर जो बचता है, उसे ही अपना भाग, उसे ही अपना भाग मान लेता है। जो बच जाता है, उसे ही अपना भाग मान लेता है। लेकिन सदा ही बहुत बच जाता है उनके पास, जो बहुत देने में समर्थ हैं। और जो बहुत रोकने में समर्थ हैं, उनके पास कभी कुछ भी नहीं बचता है।

असल में, वे रोकने में इतने समर्थ हैं कि जब खुद को भी देने का वक्त आता है, वे नहीं दे पाते। जो आदमी रोकने में इतना समर्थ है कि कभी किसी को कुछ नहीं दिया, पक्का समझना कि यह आदमी अपने को भी उसमें से नहीं दे पाएगा। इसको देने की आदत ही नहीं है। यह अपने को भी वंचित रख लेगा, दूसरों को भी वंचित रख देगा। यह सिर्फ चीजों को सम्हाले हुए मर जाएगा। यह पागल है, यह विक्षिप्त है, आब्सेस्ड है।

इस तरह के व्यक्ति के लिए वे कह रहे हैं कि ऐसा व्यक्ति श्रेष्ठ की, श्रेष्ठत्व की, गरिमापूर्ण जीवन की यात्रा पर नहीं निकल पाता है। ऐसे व्यक्ति का जीवन यज्ञ नहीं बन पाता।

प्रश्न : एक मित्र पूछते हैं कि आपने अभी कहा कि आनंद आदि जो मिले, उसे बांट देना चाहिए। तो उसी तरह क्या दुख को भी बांट देना चाहिए? इस पर आपका क्या खयाल है?

दुख बांटा नहीं जा सकता। दुख बांटा ही नहीं जा सकता। जैसे आनंद रोकने से रोका नहीं जा सकता, सिर्फ चेष्टा की जा सकती है; दुख बांटा नहीं जा सकता। लेकिन हम दुख को बांटने की कोशिश करते हैं। और आनंद, जो कि बांटा ही जा सकता है, उसे हम रोकने की कोशिश करते हैं। हम दुख को बांटने की बहुत कोशिश करते हैं। कैसे करते हैं?

एक तो दुखी आदमी दूसरों को दुखी करना शुरू कर देता है। हजार तरकीबें निकालता है दूसरे को दुखी करने की। असल में उसे किसी को सुखी देखकर बड़ी बेचैनी और तकलीफ होने लगती है। अगर दुनिया सुखी है, तो उसकी पीड़ा हजार गुनी ज्यादा हो जाती है; उसका दुख भारी हो जाता है। तो दुखी आदमी दूसरे को दुखी करना शुरू कर देता है, दुखी देखने की आकांक्षा शुरू कर देता है, दुखी देखकर थोड़ा प्रसन्न होने लगता है। और दुखी आदमी दूसरों से निरंतर अपने दुख की बात करके भी उनको उदास करना चाहता है, दुखी करना चाहता है। व्यवहार भी करता है, अगर एक आदमी दुखी है, तो वह दूसरों के साथ ज्यादा क्रोधित होगा; अगर आनंदित है, तो ज्यादा क्रोधित नहीं होगा। आनंदित आदमी क्रोधित हो नहीं सकता, दुखी आदमी ही हो सकता है।

दुखी आदमी दूसरों को दबाने, सताने के हजार उपाय करने लगेगा। और दुख की चर्चा तो करेगा ही, जो भी मिलेगा, उससे दुख की चर्चा करेगा। और अगर आपके चेहरे पर उसकी दुख की चर्चा से कोई कालिमा नहीं आई, तो दुखी होगा। अगर कालिमा आई और आप भी उदास हुए, तो उसका चित्त हलका होगा। दुखी आदमी दुख बांटने की कोशिश करता है। लेकिन दुख बांटा नहीं जा सकता। और जो बांटता है, उसका भी उसी तरह दुख बढ़ जाता है, जैसा आनंद बांटने से आनंद बढ़ जाता है।

इसको भी समझ लेना जरूरी है। बांटना बहुत मुश्किल प्रक्रिया है। क्यों मुश्किल प्रक्रिया है? इंट्रिंजिकली मुश्किल है, आंतरिक स्वभाव से मुश्किल है। आनंद इसलिए बांटा जा सकता है कि दूसरे आनंद लेने को तैयार हैं। दुख लेने को कोई तैयार नहीं है, इसलिए नहीं बांटा जा सकता। आखिर बांटिएगा न किसी को, तो वह तैयार भी होना चाहिए लेने को! तभी बांट सकते हैं न? बांटने में दूसरा भी तो मौजूद है, आप अकेले नहीं हैं।

आनंद बांटा जा सकता है, क्योंकि दूसरे उसे लेने को तैयार हैं। दुख बांटा नहीं जा सकता, क्योंकि कोई उसे लेने को तैयार नहीं है। जिसके दरवाजे पर जाएंगे, वही दरवाजा बंद कर लेगा। आप और दुखी होकर वापस लौटेंगे कि हम गए थे दान करने और दरवाजा बंद कर लिया! जिसके भिक्षापात्र में डालेंगे, वह भिक्षापात्र छिपाकर और भाग खड़ा होगा। आप और दुखी होकर लौटेंगे।

दुख बांटा नहीं जा सकता, क्योंकि कोई दुख लेने को तैयार नहीं है। दुख ऐसे ही इतना ज्यादा है कि अब और आपसे कौन लेने को तैयार होगा! लोग आनंद लेने को तैयार हैं, क्योंकि लोग दुखी हैं। लोग दुख लेने को तैयार नहीं हैं, क्योंकि लोग दुखी पहले से ही काफी हैं। लेकिन दुख देने की कोशिश चलती है। और देने में आपका दुख उसी तरह बढ़ेगा, जिस तरह आनंद भी देने में बढ़ता है। लेकिन बढ़ने की प्रक्रिया दोनों की अलग होगी, परिणाम एक होगा। आनंद इसलिए बढ़ेगा कि जैसे ही आप किसी को आनंद देते हैं, आपकी आत्मा विस्तीर्ण होती है। असल में दूसरे को आनंद देने की कल्पना करने से भी आप बड़े होते हैं, छोटे नहीं रह जाते। असल में दूसरे को आनंदित देखना ही आत्मा का फैलाव है।

बहुत कठिन है। दूसरे के आनंद में आनंदित होना बड़ी कठिन बात है। दूसरे के दुख में दुखी होना उतनी कठिन बात नहीं है, दूसरे के आनंद में आनंदित होना बड़ी कठिन बात है। किसी के घर में आग लग गई है, तो आप दुखी हो पाते हैं; लेकिन आपके बगल में किसी ने एक महल खड़ा कर लिया, तो सुखी नहीं हो पाते। किसी की पत्नी मर गई है, तो आप दुखी हो पाते हैं; लेकिन किसी को सुंदर पत्नी मिल गई है, तो आप फिर भी दुखी होते हैं, सुखी नहीं हो पाते।

दूसरे के सुख में सुख अनुभव करना बहुत बड़ा आत्मिक फैलाव है।

लेकिन इससे भी बड़ा फैलाव तो तब होगा, जब हम दूसरे को आनंद देने में भी समर्थ होंगे। यह तो दूसरे का अपना आनंद है, उसमें हम आनंदित हों, तो भी आत्मा बड़ी होती है; दूसरे को आनंद देना तो और भी बड़ी घटना है। बड़ी, जिसको कहें, एक्सपैंशन आफ कांशसनेस, चेतना का विस्तार है।

चेतना का विस्तार होता है आनंद को देने से। और जब चेतना का विस्तार होता है, तो आपका परमात्मा से आनंद लेने का आयतन बढ़ जाता है। जितनी बड़ी आत्मा है आपके पास, उतनी ही परमात्मा की वर्षा आप पर हो सकती है। छोटी-सी आत्मा है, छोटा-सा पात्र है, तो उतनी वर्षा होती है। आत्मा बड़ी हो जाती है, तो उतना बड़ा। जिस दिन किसी के पास पूरे ब्रह्मांड जैसी आत्मा हो जाती है, तो ब्रह्म का सारा आनंद उस पर बरस पड़ता है। पात्रता चाहिए।

लेकिन ध्यान रहे, दुख में उलटा होता है। जब आप किसी को दुख देना चाहते हैं, तो आप और छोटे हो जाते हैं। आपने कभी दुख दिया हो, तो आपको पता चलेगा, कि एक संकोच का, फिजिकल संकोच का पता चलता है; भीतर कुछ सिकुड़ जाता है। किसी को मारें एक चांटा, तो आपको पता लगेगा कि कोई चीज भीतर सिकुड़ गई है। किसी के घाव पर मलहम-पट्टी रखें, और आपको-फिजिकली मैं कह रहा हूं-भौतिक रूप से आपको अनुभव होगा कि भीतर कोई चीज फैल गई, समथिंग एक्सपैंडिंग। रास्ते पर गिर पड़े किसी को उठाएं और भीतर देखें, तो आपको पता लगेगा, कोई चीज बड़ी हो गई। किसी की छाती में छुरा भोंक दें, तो आपको पता लगेगा, भीतर कोई चीज एकदम छोटी हो गई। दुख जब आप दूसरे को देते हैं, तब आप एकदम सिकुड़ जाते हैं। और जितने सिकुड़ जाते हैं, तो उतना ही आनंद पाने में असमर्थ हो जाते हैं।

अब यह बड़े मजे की बात है कि आनंद के लिए बड़ा हृदय चाहिए और दुख के लिए छोटा हृदय चाहिए। दुख छोटे हृदय को पात्र बनाता है और आनंद बड़े हृदय को पात्र बनाता है। दुख चूहों जैसा है, छोटी-छोटी पोलों में प्रवेश करता है। जितना छोटा हृदय होता है, दुख उतने जल्दी प्रवेश करता है। क्योंकि जितना छोटा हृदय रहता है, उतना ही कम प्रकाशित है। वहां प्रकाश मुश्किल है पहुंचना। अंधेरा, गंदगी, वह सब वहां होगी।

और जब आप दूसरे को दुख देते चले जाते हैं, तो धीरे-धीरे हृदय सिकुड़कर पत्थर की भांति कड़ा हो जाता है। हम ऐसे ही नहीं कहते हैं भाषा में कि फलां आदमी पाषाण-हृदय है; हम ऐसे ही नहीं कहते कि पत्थर जैसा उसका हृदय है! क्यों? पत्थर जैसे हृदय में क्या बात होती है? पत्थर में बिलकुल भी जगह नहीं होती प्रवेश की। ठोस, उसमें कहीं से कोई चीज प्रवेश नहीं कर सकती। जितना हृदय पत्थर जैसा हो जाता है-और दूसरे को दुख देने में पत्थर जैसा हो ही जाता है। दूसरे को दुख देने के लिए पत्थर जैसा होना जरूरी है, अन्यथा दूसरे को दुख नहीं दे सकते। और जितने पथरीले हो जाएंगे, उतने ही आनंद को पाने की क्षमता क्षीण हो जाएगी।

दुख है क्या? आनंद को पाने की जो अक्षमता है, आनंद को पाने की जो इनकैपेसिटी है, जो अपात्रता है, वही दुख है। जितना हम कम आनंद को पा सकते हैं, उतने दुखी हो जाते हैं। और जितना हम दुख बांटते हैं, उतने दुखी होते चले जाते हैं। क्योंकि कोई दुख तो लेता नहीं, दुख लौट-लौटकर आ जाता है। हर जगह द्वार बंद मिलते हैं। और हृदय क्रोधित होता है, और दुख लौट आता है। और हृदय क्रोधित होता है, और हम बांटने जाते हैं, और दरवाजे बंद होते चले जाते हैं। आखिर में दुखी आदमी पाता है, आइलैंड बन गया, अकेला रह गया, लोनली हो गया, कोई नहीं है उसका संगी-साथी। दुख में कोई मित्र होता है? दुख में कोई संगी-साथी होता है? दुख में आप अकेले हो जाते हैं।

एक पंक्ति मुझे याद आती है बचपन में पढ़ी हुई। एक आंग्ल कवि की पंक्ति है, रोओ और तुम अकेले रोते हो, वीप एंड यू वीप एलोन; हंसो और सारा जगत तुम्हारे साथ हंसता है, लाफ एंड दि होल वर्ल्ड लाफ्स विद यू। देखें करके: रोओ और तुम अकेले रोते हो, हंसो और सारा जगत तुम्हारे साथ हंसता है।

जितना दुखी आदमी, उतना अकेला रह जाता है। जितना आनंदित आदमी, उतना ही सबके साथ एक हो जाता है। इसलिए दुख बांटा नहीं जा सकता, बांटा जाता है। आनंद बांटा जा सकता है, बांटा नहीं जाता है। आनंद जो बांटता है, उसका आनंद बढ़ जाता है। दुख जो बांटता है, उसका दुख बढ़ जाता है।

अन्नाद्भवन्ति भूतानि पर्जन्यादन्नसम्भवः।
यज्ञाद्भवति पर्जन्यो यज्ञः कर्मसमुद्भवः।। 14।।

संपूर्ण प्राणी अन्न से उत्पन्न होते हैं और अन्न की उत्पत्ति वृष्टि से होती है। और वृष्टि यज्ञ से होती है। और यह यज्ञ कर्मों से उत्पन्न होने वाला है।

इस सूत्र को समझने के लिए कुछ और बातें भी भूमिका के रूप में समझनी जरूरी हैं।

पूर्व और पश्चिम के दृष्टिकोण में एक बुनियादी फर्क है। और चूंकि आज सारी दुनिया ही पश्चिम के दृष्टिकोण से प्रभावित है-पूर्व भी-इसलिए इस सूत्र को समझना बहुत कठिन हो गया है।

पूर्व ने सदा ही प्रकृति को और मनुष्य को दुश्मन की तरह नहीं लिया, मित्र की तरह लिया। प्रकृति को हमने कहा मां, पृथ्वी को हमने कहा माता, आकाश को हमने कहा पिता। यह सिर्फ काव्य नहीं है, यह एक दृष्टि है, जिसमें हम जीवन को समग्रीभूत एक परिवार मानते हैं, इस सारे विश्व को एक परिवार मानते हैं। इसलिए हमने कभी प्रकृति को जीतने की भाषा नहीं सोची। कांकरिंग दि नेचर! पश्चिम में प्रकृति और आदमी के बीच बुनियादी शत्रुता की दृष्टि है। इसलिए वे कहते हैं, जीतना है प्रकृति को। अब मां को कोई जीतता नहीं! लेकिन पश्चिम में प्रकृति और जीवन और जगत और मनुष्य के बीच एक शत्रुता का भाव है-जीतना है, लड़ना है, हराना है।

बर्ट्रेंड रसेल की एक किताब है, कांक्वेस्ट आफ नेचर। पश्चिम का कोई दार्शनिक लिख सकता है, प्रकृति की विजय। लेकिन कोई कणाद, कोई कपिल, कोई महावीर, कोई बुद्ध, कोई कृष्ण, पूर्व का कोई भी दार्शनिक नहीं कह सकता, प्रकृति की विजय। क्योंकि हम प्रकृति के ही तो हिस्से हैं, अंश हैं। उसकी विजय हम कैसे करेंगे? वह विजय वैसा ही पागलपन है, जैसे मेरा हाथ सोचे, शरीर की विजय कर ले। पागलपन है। मेरा हाथ शरीर की विजय कैसे करेगा? मेरा हाथ मेरे शरीर का एक हिस्सा है। मेरा हाथ मेरा शरीर ही है। हाथ लड़ेगा किससे? जीतेगा किससे? जीतने की भाषा ही खतरनाक है।

लेकिन पश्चिम कांफ्लिक्ट, द्वंद्व की भाषा में सोचता है। वह सोचता है, प्रकृति और हम दुश्मन हैं। यह बड़े आश्चर्य की बात है। और इसलिए पश्चिम में अगर बेटा बाप का दुश्मन हुआ जा रहा है, तो ठीक कोरोलरी है। उसका परिणाम होने वाला है। क्योंकि प्रकृति मां है अगर, और आदमी उसका दुश्मन है, तो अपनी मां से दोस्ती कितने दिन चलेगी? उस मां से भी दुश्मनी हो ही जाने वाली है।

इस सूत्र के लिए मैं यह क्यों कह रहा हूं कि यह समझ लेना जरूरी है? यह समझ लेना इसलिए जरूरी है कि जब लोग अत्यंत सरल भाव से भरते हैं और जीवन को और अपने को तोड़कर नहीं देखते-कोई गल्फ, कोई खाई नहीं देखते-तो फिर उस स्थिति में सब कुछ परिवर्तित होता है और ढंग से।

जैसे कृष्ण कहते हैं, अन्न से बनता है मनुष्य। अन्न से बनता है मनुष्य। हम कहेंगे, अन्न से? बड़ी मैटीरियलिस्ट, बड़ी भौतिकवादी बात कहते हैं कृष्ण। और कृष्ण जैसे आध्यात्मिक व्यक्ति से ऐसी बात! फिर वह पश्चिम का दृष्टिकोण दिक्कत देता है। असल में पश्चिम कहता है कि यह सब पदार्थ है। पूर्व तो कहता ही नहीं कि पदार्थ कुछ है। पूर्व तो कहता है, सभी परमात्मा है। अन्न भी। अन्न भी पदार्थ नहीं है, वह भी जीवंत परमात्मा है।

इसलिए कृष्ण जब कहते हैं, अन्न से निर्मित होता है मनुष्य, तो कोई इस भूल में न पड़े कि वे वही कह रहे हैं जैसा कि भौतिकवादी कहता है कि बस खाना-पीना, इसी से निर्मित होता है; मिट्टी, पदार्थ, तत्व, इन्हीं से निर्मित होता है। वे यह नहीं कह रहे हैं। यहां मामला बिलकुल उलटा है। यहां वे यह कह रहे हैं कि अन्न से निर्मित होता है मनुष्य; और जब अन्न से मनुष्य निर्मित होता है, तो अन्न भी जीवंत है, जीवन है। अन्न भी पदार्थ नहीं है। और अन्न आता है वृष्टि से। वह आता है वर्षा से। वर्षा न हो, तो अन्न न हो। यहां वे जोड़ रहे हैं, जीवन और प्रकृति को गहरे में।

वे कहते हैं, अन्न आता है वर्षा से। और वर्षा कहां से आती है? अब वर्षा कहां से आती है? कृष्ण कहते हैं, यज्ञ से। वैज्ञानिक कहेगा, बेकार की बात कर रहे हैं! वर्षा और यज्ञ से? पागल हैं! वैज्ञानिक कहेगा, वर्षा! वर्षा यज्ञ से नहीं आती, वर्षा बादलों से आती है। लेकिन कृष्ण पूछना चाहेंगे कि बादल कहां से आते हैं? विज्ञान उत्तर देता चला जाएगा, समुद्र से आता है, नदी से आता है।

लेकिन अंततः सवाल यह है कि क्या मनुष्य में और आकाश में चलने वाले बादलों के बीच कोई आत्मिक संबंध है या नहीं है?

कृष्ण जब कहते हैं कि वर्षा आती है यज्ञ से, तो वे यह कह रहे हैं कि वर्षा और हमारे बीच भी संबंध है। वर्षा हमारे लिए आती है; हमारी कामनाओं, हमारी आकांक्षाओं, हमारी भूख, हमारी प्यास को पूरा करने आती है। वे यह कह रहे हैं कि हमारी प्रार्थनाएं सुनकर आती है। समझने की बात सिर्फ इतनी है कि प्रकृति और मनुष्य के बीच कोई लेन-देन है, कोई कम्यूनिकेशन है या नहीं है? पश्चिम कहता है, कोई कम्यूनिकेशन नहीं है; प्रकृति बिलकुल अंधी है; उसे मनुष्य से कोई मतलब नहीं है। लेकिन ऐसा दिखाई नहीं पड़ता। वैज्ञानिक खोजों से भी दिखाई नहीं पड़ता। दो-चार उदाहरण मैं देना चाहूंगा, ताकि खयाल में बात आ सके।

शायद आपको पता न हो, जब भी युद्ध होते हैं, जब भी युद्ध होते हैं, तो युद्ध के बाद बच्चे जो पैदा होते हैं, उनमें पुरुष बच्चों की संख्या एकदम से बढ़ जाती है और स्त्री बच्चों की संख्या कम हो जाती है। बड़ी हैरानी की बात है। अब वैज्ञानिक मुश्किल में पड़ा है दो युद्धों के बाद। क्योंकि कोई अर्थ समझ में नहीं आता। युद्ध से क्या मतलब कि पुरुष ज्यादा पैदा हों कि स्त्रियां ज्यादा पैदा हों! युद्ध से क्या संबंध! लेकिन युद्ध के बाद...और आमतौर से सौ लड़कियां पैदा होती हैं, तो एक सौ सोलह लड़के पैदा होते हैं। और पंद्रह साल के होते-होते सौ लड़कियां रह जाती हैं और सौ लड़के रह जाते हैं, सोलह लड़के मर जाते हैं। लड़के का शरीर, स्त्री के शरीर से रेजिस्टेंस में कमजोर है। इसलिए लड़कियां सोलह कम पैदा होती हैं; लड़के सोलह ज्यादा पैदा होते हैं; क्योंकि विवाह की उम्र आते-आते तक बराबर संख्या रह जानी चाहिए। अगर बराबर लड़के-लड़कियां पैदा हों, तो लड़के कम पड़ जाएंगे। लेकिन युद्ध के बाद अनुपात बहुत हैरानी का हो जाता है, अनुपात एकदम बढ़ जाता है। पुरुष बहुत बड़ी संख्या में पैदा होते हैं। क्योंकि युद्ध पुरुषों को मार डालता है।

अगर प्रकृति और मनुष्य के बीच कोई बहुत आंतरिक संबंध नहीं है, तो यह घटना नहीं घटनी चाहिए। अगर आंतरिक संबंध नहीं है, तो इसकी भी कोई जरूरत नहीं है कि कितनी लड़कियां पैदा हों और कितने लड़के पैदा हों। कितने ही

हों। कभी ऐसा भी हो सकता है कि किसी जमाने में पुरुष इतने ज्यादा हो जाएं कि स्त्रियां बहुत कम पड़ जाएं। कभी ऐसा हो सकता है कि स्त्रियां बहुत ज्यादा हो जाएं और पुरुष कम पड़ जाएं। लेकिन ऐसा कभी नहीं होता। जरूर स्त्री और पुरुष के पैदा होने के पीछे प्रकृति कोई हार्मनी बनाए रखती है, कोई व्यवस्था बनाए रखती है। जीवन और हम जुड़े हैं, गहरे में जुड़े हैं।

अभी एक नई साइंस है, इकोलाजी; अभी नई विकसित होती है। आज नहीं कल इकोलाजी जब बहुत विकसित हो जाएगी, तो कृष्ण का वचन पूरी तरह समझ में आ सकेगा। यह इकोलाजी नया विज्ञान है, जो पश्चिम में विकसित हो रहा है; क्योंकि वहां मुश्किल खड़ी हो गई, क्योंकि उन्होंने सारी की सारी प्रकृति को अस्तव्यस्त कर दिया है।

पिछली बार तिब्बत में एक गांव में ऐसा हुआ कि डी.डी.टी. छिड़का गया। तिब्बत के ग्रामीण, उन्होंने बहुत कहा कि मत छिड़किए, मच्छड़ चलते हैं, कोई हर्जा नहीं; हमारे साथी हैं। और हम भी हैं, वे भी हैं। और हम सदा से साथ रह रहे हैं। ऐसी कोई ज्यादा अड़चन भी नहीं है। लेकिन एक्सपर्ट तो मान नहीं सकता! तो उसने डी.डी.टी. छिड़ककर सारे मच्छड़ मार डाले। गांव के बूढ़े प्रधान ने, लामा ने कहा भी कि भई, मच्छड़ तो मर जाएंगे, वह तो ठीक है। लेकिन मच्छड़ों के साथ, उनके मरने के साथ कोई और दिक्कत तो हमें खड़ी नहीं हो जाएगी? क्योंकि वे सदा से थे और हमारे जीवन के हिस्से थे; उनके गिरने से कहीं और ईंटें तो नहीं गिर जाएंगी? लेकिन उन्होंने कहा, क्या पागलपन की बातें करते हैं!

लेकिन हुआ यही। मच्छड़ तो मरे सो मरे, बिल्लियां भी मर गईं। वह डी.डी.टी. में बिल्लियां मर गईं। बिल्लियां मर गईं, तो चूहे बढ़ गए। चूहे बढ़ गए तो मलेरिया तो गांव के बाहर हुआ, प्लेग गांव के भीतर आ गई। गांव के प्रधान लामा ने कहा कि अब बड़ी मुश्किल में हमको डाल दिया! मलेरिया फिर भी ठीक था, यह प्लेग और मुसीबत है। और फिर मलेरिया से तो हम लड़ ही लेते थे, अब यह प्लेग हमारे लिए बिलकुल नई घटना है। अब इसके लिए हम क्या करें?

तो उन्होंने कहा, ठहरो; एक्सपर्ट्स ने कहा, ठहरो, हम दूसरा पाउडर लाते हैं, जिससे हम चूहों को मार डालेंगे। लेकिन उस बूढ़े ने कहा, अब हम तुम्हारी न मानेंगे। क्योंकि पहले ही हमने तुमसे पूछा था कि मच्छड़ मर जाएं, तो

कोई और दिक्कत तो न आएगी! लेकिन तुमने कहा, कोई दिक्कत न आएगी। अब हम तुमसे पूछते हैं कि अगर चूहे मर जाएं और प्लेग गांव के बाहर हो, कोई महाप्लेग गांव के भीतर आ जाए, तो जिम्मेदार कौन होगा? और अब हम तुम पर भरोसा नहीं कर सकते।

उस एक्सपर्ट ने कहा, फिर तुम क्या करोगे? तो उस बूढ़े आदमी ने कहा, हम पुरानी व्यवस्था फिर से निर्मित कर देंगे। कैसे करोगे? तो उसने आस-पास के गांवों से बिल्लियां उधार बुलवाईं और गांव में छोड़ीं। बिल्लियां आईं, चूहे कम हुए, मच्छड़ वापस लौट आए।

इकोलाजी का मतलब है, जिंदगी एक परिवार है, उस परिवार में सब चीजें जुड़ी हैं; सब संयुक्त है, एक ज्वाइंट फैमिली है। सड़क के किनारे पड़ा हुआ पत्थर भी आपकी जिंदगी का हिस्सा है। अब सारी दुनिया में हमने वृक्ष काट डाले। जब हमने वृक्ष काट डाले, तब हमको पता चला कि हम मुश्किल में पड़ गए। क्योंकि वृक्ष कट गए, तो बादल अब वर्षा नहीं करते। लेकिन हमें पहले पता नहीं था कि वृक्ष काटने से बादल वर्षा नहीं करेंगे। हमने कहा, क्यां करना है! जमीन साफ करो। लेकिन वे वृक्ष बादलों को निमंत्रित करते थे। अब वे वृक्ष निमंत्रण नहीं भेजते बादलों को। अब बादल चले जाते हैं, उनको कोई रोकता नहीं।

अभी हमने जब चांद पर पहली दफा अपना अंतरिक्ष यान भेजा, तो हमें पता नहीं कि हमने क्या-क्या किया है। वह पता चलने में शायद पचास वर्ष लगेंगे। क्योंकि पृथ्वी के दो सौ मील के बाद, जहां हवा समाप्त होती है, वहां एक बड़ी पर्त-अनेक-अनेक गैसेस की बनी हुई पर्त, जो सदा से पृथ्वी को घेरे हुए है- उसकी एक मोटी पर्त, एक दीवार की तरह मोटी पर्त पूरी पृथ्वी को घेरे हुए है। उस पर्त के कारण सूरज की वही किरणें पृथ्वी तक आ पाती हैं, जो जीवन के लिए हितकर हैं। और वे किरणें बाहर रह जाती हैं, जो हितकर नहीं हैं। लेकिन अब वैज्ञानिकों को पता चला है कि जितने हमने अंतरिक्ष यान भेजे हैं, जहां-जहां से हमने भेजे हैं, वहां-वहां विंडोज पैदा हो गई हैं। जहां-जहां से वह पर्त तोड़कर यान गया है, वहां खिड़कियां पैदा हो गई हैं। उन खिड़कियों से सूरज की वे किरणें भी भीतर आने लगीं, जो कि जीवन के लिए अत्यंत खतरनाक हैं।

कृष्ण यह कह रहे हैं इस छोटे-से सूत्र में कि जीवन एक संयुक्त घटना है।

आकाश में बादल भी चलता है, तो वह भी हमारे प्राणों की धड़कन से जुड़ा है। सूरज भी चलता है, तो वह भी हमारे हृदय के किसी हिस्से से संयुक्त है। अभी सूरज ठंडा हो जाए, तो हम यहीं सब ठंडे हो जाएंगे। दस करोड़ मील दूर है सूरज। हमको पता ही नहीं चलेगा कि कब ठंडा हो गया। क्योंकि वहां से कोई अखबार भी नहीं निकलता! वहां से कोई सूचना भी नहीं आएगी। पर हमको यह भी पता नहीं चलेगा कि वह ठंडा हो गया, क्योंकि उसके ठंडे होने के ठीक आठ मिनट बाद हम भी ठंडे हो जाएंगे। ठीक आठ मिनट बाद। आठ मिनट बाद-इसलिए इतनी देर लगेगी-कि आठ मिनट तक उसकी पुरानी किरणें हमारे काम आती रहेंगी, जो चल चुकी हैं उसके ठंडे होने के पहले। आठ मिनट बाद हम ठंडे हो जाएंगे।

इससे उलटा भी सच है। अगर सूरज से हम जुड़े हैं और अगर सूरज के बिना हम ठंडे हो जाएंगे, तब दूसरी बात आपसे कहता हूं-जो इस मुल्क ने अकेले हिम्मत की है कहने की-वह यह है कि अगर हम भी ठंडे हो जाएं, तो सूरज भी कुछ गवां देगा। अब यह जरा कठिन पड़ता है समझना। लेकिन यह भी समझ में आ सकेगा। अगर जीवन इंटररिलेटेड है, अगर पति के मरने से पत्नी में कुछ कम हो जाता है, तो पत्नी के मरने से पति में भी कुछ कम होगा। अगर सूरज के मिटने से पृथ्वी ठंडी हो जाती है, तो पृथ्वी के ठंडे होने से सूरज में भी कुछ टूटेगा और बिखरेगा। जीवन संयुक्त है, जुड़ा हुआ है।

तो जब कृष्ण कहते हैं, अन्न से बनता है मनुष्य, तो वे यह कह रहे हैं कि पदार्थ और चेतना में कोई बुनियादी भेद नहीं है, दोनों एक ही चीज हैं। पदार्थ से ही बनती है आत्मा। इसका मतलब सिर्फ इतना है कि पदार्थ भी पदार्थ नहीं है। वह भी छिपी हुई, लेटेंट आत्मा है। वह भी गुप्त आत्मा है। आप अन्न खाते हैं, वह खून बनता है, हड्डियां बनता है, चेतना बनता है, होश बनता है, बुद्धि बनता है। निश्चित ही जो अन्न बनता है, वह उसमें छिपा है। वह भी जीवन है। कहना चाहिए, वह भी बिल्ट इन जीवन है उसके भीतर, जो आपमें आकर फैल जाता और खिल जाता है।

अन्न आता है वर्षा से, वर्षा आती है यज्ञ से। क्यों? यज्ञ का यहां क्या अर्थ है? यहां कृष्ण यह कह रहे हैं कि जब मनुष्य अच्छे काम करता है और जब

मनुष्य परमात्मा पर समर्पित होकर जीता है, तो परमात्मा उसकी फिक्र करता है सब तरफ से। पूरी प्रकृति उसकी चिंता करती है सब तरफ से। बादल वर्षा डालते हैं, वृक्ष फलों से भर जाते हैं, नदियां बहती हैं, सूरज चमकता है, जीवन में एक मौज और एक खुशी और एक रंग और एक सुगंध होती है। और जब आदमी बुरा होना शुरू होता है और आदमी जब अहंकार से भरता है और आदमी कहने लगता है, मैं ही सब कुछ हूं, कोई परमात्मा नहीं, तब जीवन सब तरफ से विकृत होना शुरू हो जाता है।

यज्ञ का अर्थ है, परमात्मा को समर्पित लोग, परमात्मा को समर्पित कर्मी जीवन को ऐसा सामंजस्य, ऐसी हार्मनी देते हैं कि सारी प्रकृति उनके लिए अपना सब कुछ लुटाने को तैयार हो जाती है। अब इसको भी मैं एक छोटा-सा उदाहरण देकर आपके खयाल में लाना चाहूं, तो आए, शायद आ जाए।

आक्सफोर्ड युनिवर्सिटी में एक छोटी-सी प्रयोगशाला है, डिलाबार। वहां वे कुछ बहुत गहरे प्रयोग कर रहे हैं। उसमें से एक प्रयोग मैं आपको याद दिलाना चाहता हूं। वह प्रयोग है कि उन्होंने दो क्यारियों में बीज बोए। एक-से बीज, एक-सी खाद, एक-सी क्यारी, एक-सा सूरज का रुख। लेकिन एक क्यारी के ऊपर उन्होंने पॉप म्यूजिक बजाया। पॉप म्यूजिक, जो आज सारी दुनिया की नई जेनरेशन का संगीत है। संगीत कम है, विसंगीत ज्यादा है। लेकिन उसका नाम तो संगीत ही है। तो पॉप म्यूजिक बजाया रोज एक घंटे। और दूसरी क्यारी पर क्लासिकल, शास्त्रीय संगीत बजाया- बिथोवन, मोझर्ट, वेजनर-इनका संगीत बजाया। शास्त्रीय संगीत, जो कि सही अर्थों में स्वरों का संगम और सामंजस्य है। बड़ी हैरानी का अनुभव हुआ। और यह प्रयोग वैज्ञानिकों के द्वारा किया गया।

जिस क्यारी पर पॉप म्यूजिक बजाया गया, उस क्यारी के बीजों ने फूटने से इनकार कर दिया। और जिस क्यारी पर शास्त्रीय संगीत बजाया गया, उसके बीज जल्दी फूट गए, समय के पहले। बामुश्किल पॉप वाली क्यारी के बीज टूटे भी, तो उनमें जो अंकुर आए, अर्द्धमृत, पहले से ही मरे हुए। उनमें फूल तो लग ही नहीं सके। और शास्त्रीय संगीत वाली क्यारी पर, जैसे फूल साधारणतः उन बीजों से आने चाहिए थे, उससे डेढ़ गुने बड़े फूल आए और डेढ़ गुने ज्यादा बड़ी संख्या में आए।

अब डिलाबार लेबोरेटरी के वैज्ञानिकों का कहना है कि संगीत की जो तरंगें

पैदा हुईं, उन्होंने अंतर पैदा किया है। क्या संगीत से जब तरंगें पैदा होती हैं, तो आदमियों के कर्मों से तरंगें पैदा नहीं होती हैं? और अगर संगीत से तरंगें पैदा होती हैं, तो क्या आदमी की चेतना, चित्त की अवस्थाओं से तरंगें पैदा नहीं होती हैं? क्या अहंकार से भरा हुआ आदमी अपने चारों तरफ विसंगीत नहीं फैलाता है? क्या अहंकार से शून्य, विनम्र आदमी अपने चारों ओर शास्त्रीय संगीत को नहीं फैलाता है?

कृष्ण जब कह रहे हैं, यज्ञ से होती है वर्षा, तो वे यह कह रहे हैं कि जब निरहंकारी लोग इस पृथ्वी पर जीते हैं, तो सारा जीवन उनके लिए सब कुछ करने के लिए तैयार हो जाता है। बादल भी वर्षा करते हैं, पौधे भी अन्न से भर जाते हैं, अन्न भी प्राण को लेकर आता है। और जब व्यक्ति गलत तरंगें अपने चारों ओर फैलाने लगते हैं...।

और यह भी मैं आपको कहना चाहूं कि आप कहेंगे कि संगीत से व्यक्ति की तरंगों का क्या संबंध? व्यक्ति से कोई तरंगें उठती हैं? तो आपमें से बहुतों को निरंतर अनुभव हुआ होगा कि जब आप किसी एक व्यक्ति के पास जाते हैं, तो अचानक रिपल्सिव मालूम होता है कि हट जाएं; जैसे कि कोई चीज आपको धक्का देती है। किसी के पास जाते हैं, तो लगता है कि आलिंगन भर लें, कोई जैसे पास बुलाता है; कोई चीज खींचती है, अट्रैक्ट करती है।

लेकिन ये तो खैर मनोभाव हैं, हो सकता है, कल्पना हो। फ्रांस के एक वैज्ञानिक ने एक यंत्र विकसित किया है, जो यंत्र बताता है कि व्यक्ति से जो तरंगें निकल रही हैं, वे रिपल्सिव हैं या अट्रैक्टिव हैं। उस यंत्र के पास, जैसे आप वजन तौलने की मशीन पर खड़े होते हैं और कांटा घूमकर बताता है, ऐसा ही उस मशीन के सामने खड़े हो जाते हैं और कांटा घूमकर बताना शुरू कर देता है कि इस व्यक्ति से जो किरणें निकल रही हैं, वे लोगों को दूर हटाने वाली होंगी कि पास खींचने वाली होंगी।

आज नहीं कल, जब हम मनुष्य के जीवन में और थोड़ी गहराई से समझ पाएंगे, तो हमें इन सत्यों का पता चलेगा। और अगर आज वर्षा खो गई है, और आज अगर अन्न खो गया है, और आज अगर सब कुछ खो गया है, और सब दुर्दिन और दुख से भर गया है, तो उसका कुल कारण इतना ही नहीं है, कुल

कारण इतना ही नहीं है कि संख्या बढ़ गई है; उसका कुल कारण इतना ही नहीं है कि पृथ्वी की पैदा करने की क्षमता कम हो गई है; उसका कुल कारण इतना ही नहीं है कि हम वैज्ञानिक खाद नहीं डाल पा रहे हैं। नहीं, उसके और गहरे कारण भी हैं। मनुष्य से जो तरंगें निकलती थीं और सारी प्रकृति से उन तरंगों का जो तालमेल था, वह टूट गया है; जो इनर हार्मनी थी, वह टूट गई है। मनुष्य ने अपने हाथ से ही सब नालमेल तोड़ डाला है। वह अकेला खड़ा हो गया है दुश्मन की तरह। न बादलों से कोई दोस्ती है, न नदियों से कोई प्रेम है।

वे लोग आज हमें पागल ही मालूम पड़ते हैं, जो किसी नदी को नमस्कार करते हैं। पागल हैं; नदी को और नमस्कार कर रहे हैं! ऐसे तो पागलपन लगता ही है कि नदी को नमस्कार कर रहे हैं। लेकिन जिन लोगों ने पहली बार नदी को नमस्कार किया था, उनके भाव का आपको कुछ खयाल है? जिन्होंने पहली बार नदी के चरणों में सिर रखा था, उनके भाव का कुछ खयाल है? जरूर उन्होंने नदी से एक मैत्री, एक हार्मनी का अनुभव किया था। जो पहाड़ों पर चढ़कर नमस्कार करने गए थे, उनके भाव का कोई खयाल है? लेकिन आज की दुनिया में भाव सिर्फ बिना भाव की चीज है; उसका कोई भाव नहीं रह गया है, उसका कोई मूल्य ही नहीं है। उसका कोई मूल्य ही नहीं है। भावपूर्ण होना मूर्खतापूर्ण होना हो गया है। इससे बड़ी हालांकि मूर्खता नहीं हो सकती है।

यह जो कृष्ण कह रहे हैं, यज्ञपूर्ण कर्मों से, यज्ञपूर्ण प्रार्थनाओं से...। तो मैं यह नहीं कह रहा हूं कि आप आग जलाकर, उसमें गेहूं डालकर वर्षा कर लेंगे। यह मैं नहीं कह रहा हूं। आग जलाकर, गेहूं डालकर आप वर्षा कर लेंगे, यह मैं नहीं कह रहा हूं। मैं उससे कहीं ज्यादा गहरी बात कह रहा हूं। मैं आपसे यह कह रहा हूं कि यह तभी संभव हो पाएगा, जब प्रकृति और मनुष्य दुश्मन की तरह नहीं, मित्रों की तरह, प्रेमियों की तरह, एक ही चीज के हिस्से की तरह जीते हैं। तब हमारा पूरा जीवन यज्ञ हो जाता है। और उस क्षण में अगर हम आग जलाकर भी बादलों से बात करते हैं, तो उसका कोई अर्थ होता है। आज नहीं हो सकता। उस दिन जब इतने भाव से भरकर अगर हम यज्ञ की वेदी बनाते हैं और उसके चारों तरफ नाचकर बादलों से प्रार्थना करते हैं...। लेकिन आज नहीं हो सकता।

मैंने सुना है, एक गांव में बहुत दिनों से वर्षा नहीं हुई है। गांव के बाहर यज्ञ हो रहा है। सारे गांव के लोग प्रार्थना करने जा रहे हैं। एक छोटा बच्चा छाता लगाकर निकल आया घर से, बगल में छाता दबाकर। लोगों ने, बड़े-बूढ़ों ने कहा, पागल! छाता घर फेंककर आ। वर्षा तो हो नहीं रही है दो साल से, छाते का क्या करेगा? तो उसने कहा कि आप सब लोग यज्ञ में जा रहे हैं, मैंने सोचा कि आपको भरोसा होगा कि आपकी प्रार्थना सुनी जाएगी। इसलिए मैं छाता लेकर चल रहा हूं।

आपको ही भरोसा नहीं है, तो जलाओ आग, डालो गेहूं उसमें। और जो पास में है, वह और खराब करो। उससे कुछ होने वाला नहीं है।

वह एक छोटा बच्चा भर उस गांव में यज्ञ करने का अधिकारी था; बाकी सब पूरा गांव अधिकारी नहीं था। और यह बच्चा अगर सच में ही... । लेकिन घर के बड़े-बूढ़ों ने डांटा-डपटा और छाता रखवा दिया कि रख छाता, पागल कहीं का। कोई छीन ले, छुड़ा ले, भीड़-भाड़ में टूट जाए। पानी दो साल से नहीं गिर रहा है। गिर गया ऐसे पानी! यह एक ही बच्चा यज्ञ का अधिकारी हो सकता था। और यह एक बच्चा भी अगर पूरे प्राणों से प्रार्थना करे, तो बादल भी आ सकते हैं। क्योंकि हम सब जुड़े हैं। हम इतने अलग नहीं हैं, जितने बादल और हम दिखाई पड़ते हैं।

इस जगत में कुछ भी अलग-अलग नहीं है, सब संयुक्त है। इस जगत में दूर से दूर का तारा भी मेरे हाथों से जुड़ा है। दूर से दूर का तारा भी आपके हाथों से जुड़ा है। अनंत-अनंत दूरी पर जो है, वह भी मेरे शब्दों की ध्वनि से प्रतिध्वनित होता है। अनंत दूरी पर जो है, वह भी मेरे हृदय की झंकार से झंकृत होता है, मेरा हृदय भी उसकी झंकार से झंकृत होता है। जीवन एक इकोलाजी है, एक परिवार है। इस बात को खयाल में रखें, तो कृष्ण का वह सूत्र समझ में आ सकता है।

एक श्लोक और ले लें।

प्रश्न : एक छोटा-सा सवाल है। कुछ दिन पहले गुजरात में कोटिचंडी यज्ञ को आपने मूर्खतापूर्ण बताया था। इस पर दो शब्द कहें कि उसके क्या कारण थे?

वह तो मैं अभी भी कह रहा हूं। आपके कोई कोटिचंडी यज्ञ काम के नहीं हैं। क्योंकि यज्ञ करने के पीछे जो भाव, जो मनःस्थिति, जो मनुष्य चाहिए, वह

मौजूद नहीं है। रिचुअल है-मुरदा, मरा हुआ। इसमें कोई अर्थ नहीं है। यज्ञ न भी करें, वह आदमी वापस लौटा लें, जो यज्ञ का अधिकारी है, तो बिना कोटिचंडी यज्ञ किए वर्षा शुरू हो सकती है। सवाल असल में कृत्य का नहीं है, सवाल गहरे में भाव का है। आप क्या करते हैं, यह सवाल नहीं है। वह करने वाला चित्त कौन है, उसका सवाल है। वह तो नहीं है। वह तो बिलकुल नहीं है।

वे जो वहां यज्ञ की वेदी पर जो इकट्ठे हुए हैं, उनका चित्त प्रार्थनापूर्ण जरा भी नहीं है। जब यज्ञ पूरा हो जाए, तब जिन ब्राह्मणों ने यज्ञ करवाया उनके झगड़े देखिए जाकर! किसी को फीस कम मिली, किसी को दक्षिणा कम मिली; कोई नीचे बैठ गया, कोई ऊपर बैठ गया। इन लोगों ने यज्ञ करवाया है! कोई दस रुपये की फीस पर आया है रोज, कोई पंद्रह रुपये की फीस पर आया है रोज। इनके द्वारा आप बादलों तक संदेश पहुंचाएंगे?

एक मित्र हैं मेरे। कुछ दिन हुए मिलने आए थे। पूरी जिंदगी उन्होंने जैन साधु-साध्वियों को शिक्षण देने में बिताई। साधु- साध्वियों को धर्म की शिक्षा देते पूरी जिंदगी बीत गई। न मालूम कितने साधु-साध्वी उन्होंने ट्रेंड किए। मैंने उनसे पूछा कि जिंदगी हो गई, आप अब तक साधु नहीं बने? उन्होंने कहा कि मेरा काम तो सिर्फ साधु-साध्वियों को शिक्षा देने का है। सिखाते क्या हैं? सिखाते हैं साधु होना। कि साधु ठीक से कैसे होना! साधु के नियम क्या! साधु की साधना क्या! मैंने कहा, चालीस वर्ष तक दूसरों को सिखाने के बाद भी अभी तक आपको ऐसा नहीं लगा कि आप साधु हो जाएं, तो जिनको आपने सिखाया उनको लगा होगा? कैसे लगेगा? कभी नहीं लगने वाला है।

अब भी कहता हूं, आपके कोटिचंडी यज्ञ नहीं कोई काम करेंगे, क्योंकि यज्ञ करने वाली चेतना नहीं है। वह होनी चाहिए। वही है अर्थपूर्ण। और वह हो, तो पूरा जीवन ही यज्ञ हो जाता है। और वह हो, तो ये यज्ञ जो आप करते हैं, ये भी सार्थक हो सकते हैं। मैं निरंतर इनके खिलाफ बोलता हूं। कई लोगों को भ्रम पैदा हो जाता है कि शायद मैं यज्ञ के खिलाफ हूं। मैं, और यज्ञ के खिलाफ कैसे हो सकता हूं? लेकिन जिसे आप यज्ञ कह रहे हैं, वह यज्ञ ही नहीं है। वह सिर्फ पाखंड है, दिखावा है, धोखा है, व्यर्थ का जाल है। कभी सार्थक रहा होगा।

लेकिन जिन लोगों की वजह से वह सार्थक था, वे लोग अब नहीं हैं। उन लोगों को पैदा करें, फिर सार्थक हो सकता है।

मैंने एक छोटी-सी कहानी सुनी है। मैंने सुना है, एक घर में छोटे बच्चे थे। बाप बूढ़ा था। बच्चे छोटे ही थे, तभी बाप मर गया। लेकिन बच्चों ने देखा था कि बाप खाना खाने के बाद, उठकर चौके में से, दीवार पर जाता था। दीवार पर एक आला था। उस आले में कुछ उठाता, कुछ करता था। बच्चे बड़े हुए, तो उन्होंने उस आले को सम्हालकर रखा। बाप कुछ करता नहीं था विशेष। आले में उसने एक सींक रख छोड़ी थी दांत साफ करने के लिए। लड़के बड़े हुए और उन्होंने देखा था कि बाप खाना खाने के बाद रोज आले पर जाता था। अब बाप की याद में वे भी जाने लगे। उनको पता तो नहीं था कि सींक वहां रखी है, उससे दांत साफ करने। अभी उनके दांत भी इस योग्य न थे कि उन्हें साफ करने की जरूरत पड़े। तो उन्होंने सोचा, करना क्या वहां जाकर, तो वे नमस्कार कर लेते थे।

फिर बड़े हुए। फिर उन्हें बड़ा ऐसा लगा कि नमस्कार तो करते हैं, आले में कुछ है तो नहीं, सिर्फ एक सींक रखी है। पर उन्होंने सोचा कि बाप गरीब था, पैसे लड़कों ने काफी कमाए, तो उन्होंने सोचा कि हटाओ इस सींक को। उन्होंने एक चंदन की लकड़ी खुदवाकर रख ली। जब लकड़ी ही रखनी है, तो इस सींक को क्या रखना, चंदन की लकड़ी खुदवाकर रख ली।

फिर और पैसा कमाया, और बड़े हुए। फिर नया मकान बनाया, तो उन्होंने कहा, वह आला तो बनाना ही पड़ेगा। तो उन्होंने कहा, अब आला क्या बनाना, एक छोटा मंदिर ही बना लो। मंदिर बना लो। चंदन की लकड़ी छोटी पड़ी, मंदिर बड़ा हो गया, तो उन्होंने कहा, एक बड़ा स्तंभ ही बना लो। तो उन्होंने एक सोने का स्तंभ मंदिर के बीच में बनाकर रख दिया। रोज खाना खाकर उसको नमस्कार करके अपने काम पर चले जाते।

मैंने सुना है, अब भी उनके घर में वही हो रहा है। आपके घर में भी वही हो रहा है। सभी घरों में वही हो रहा है। कभी जो बातें सार्थक होती हैं, जब वे व्यक्तित्व खो जाते हैं और बोध खो जाते हैं उनके पीछे से, उनकी प्रक्रिया खो जाती

है, तब कोरे रिचुअल, डेड रिचुअल, मरे हुए क्रियाकांड शेष रह जाते हैं। फिर हम उनको करते चले जाते हैं। और अगर उन क्रियाकांडों से कुछ नहीं होता, तो भी हम सजग नहीं होते। तो भी हम सजग नहीं होते कि बहुत मूल बात व्यक्तित्व, मनुष्य की चेतना है। वह चेतना वापस हो, तो यज्ञ आज भी संभव है।

लेकिन हम चेतना वापस लौटाने के लिए उत्सुक नहीं हैं, क्योंकि चेतना को वापस लौटाना कठिन काम है। हम यज्ञ करने को बिलकुल तैयार हैं कि ले जाओ दस रुपया, कर डालो। इसमें कुछ बनता-बिगड़ता नहीं है। बहुत से बहुत दस रुपये का नुकसान होगा, करो। यज्ञ करने में उत्सुक हैं, यज्ञ की चेतना में हम उत्सुक नहीं हैं। मेरा जोर इस पर है कि वह यज्ञ करने वाली चेतना हो, तो सारा जीवन ही यज्ञ हो जाता है। फिर यह जो यज्ञ की वेदी बनती है, उस पर जो होता है, उसकी भी सार्थकता हो सकती है। वह हमेशा करने वाले आदमी पर निर्भर है, वह कभी भी की जाने वाली क्रिया पर निर्भर नहीं।

कर्म ब्रह्मोद्भवं विद्धि ब्रह्माऽक्षर समुद्भवम्।
तस्मात् सर्वगतं ब्रह्म नित्यं यज्ञे प्रतिष्ठितम्।। 15।।

तथा उस कर्म को तू वेद से उत्पन्न हुआ जान और वेद अविनाशी परमात्मा से उत्पन्न हुआ है। इससे सर्वव्यापी ब्रह्म सदा ही यज्ञ में प्रतिष्ठित है।

ऐसे कर्म को तू वेद से उत्पन्न हुआ जान। कृष्ण अर्जुन को कहते हैं, ऐसे कर्म को तू वेद से उत्पन्न हुआ जान। वेद शब्द का अर्थ होता है, ज्ञान। वेद शब्द का अर्थ सिर्फ वेद के नाम से चलती हुई संहिताएं नहीं है। जिस दिन हमने यह नासमझी की कि हमने वेद को सीमित किया संहिताओं पर, चार वेद पर वेद को सीमित किया, उसी दिन भारत के भाग्य में बड़ी से बड़ी दुर्घटना हो गई। वेद है ज्ञान। और ज्ञान सतत गतिमान है, डायनेमिक है, स्टैटिक नहीं है। करोड़ों संहिताओं में भी पूरा नहीं होता ज्ञान। अरबों संहिताओं में भी पूरा नहीं होता ज्ञान। संहिताएं सब चुक जाएंगी, तो भी ज्ञान नहीं चुकता, वह अनंत है। ऐसे ज्ञान से उत्पन्न हुआ जान।

दो तरह के कर्म हैं। एक अज्ञान से उत्पन्न हुआ कर्म, जो हम करते हैं। एक ज्ञान से उत्पन्न हुआ कर्म, जिसकी कृष्ण सूचना कर रहे हैं। अज्ञान से उत्पन्न

हुआ कर्म, कौन-सा कर्म है? अज्ञान से उत्पन्न हुआ कर्म वह कर्म है, जिसमें कर्ता और अहंकार मौजूद है। जिसमें हम कहते हैं, मैं कर रहा हूं, वह अज्ञान से उत्पन्न हुआ कर्म है। जिसमें मैं कहता हूं, परमात्मा कर रहा है, वह ज्ञान से उत्पन्न हुआ कर्म है। उसमें अहंकार नहीं है। यह भी समझ लें कि अहंकार और अज्ञान संयुक्त घटना है। जहां अज्ञान है, वहीं अहंकार हो सकता है। और जहां अहंकार है, वहीं अज्ञान हो सकता है। ये दोनों अलग-अलग नहीं हो सकते। ऐसा नहीं हो सकता कि अहंकार चला जाए और अज्ञान रह जाए। और ऐसा भी नहीं हो सकता कि अज्ञान चला जाए और अहंकार रह जाए। अज्ञान और अहंकार संयुक्त घटना है। ज्ञान और निरहंकार संयुक्त घटना है।

तो कृष्ण जो कह रहे हैं कि यह ज्ञान से उत्पन्न हुआ कर्म है, यज्ञरूपी कर्म, ज्ञान से उत्पन्न हुआ कर्म है। और ज्ञान परमात्मा से उत्पन्न होता है।

जो हम यह कहते हैं कि वेद परमात्मा ने रचे, यह सिम्बालिक है। कोई किताब परमात्मा नहीं रचता; रच नहीं सकता। रचने का कोई कारण नहीं है। कोई किताब परमात्मा नहीं रचता, लेकिन परमात्मा बहुत-सी चेतनाओं में उतरता है, ज्ञान बनता है। जो चेतनाएं भी अपने अहंकार को विदा करने में समर्थ हैं, परमात्मा उनमें उतर आता है। हां, वे चेतनाएं किताब लिखती हैं। इसलिए उन चेतनाओं के द्वारा लिखी गई किताब को अगर हम परमात्मा के द्वारा लिखी हुई किताब कहें, तो एक अर्थ में सही है। इसी अर्थ में सही है कि उन्होंने वही लिखा है, जो परमात्मा ने उनके भीतर उतरकर उन्हें जनाया। अपौरुषेय हैं। वे किताबों के दावेदार, लिखने वाले यह नहीं कह रहे हैं कि हम इनके लेखक हैं। वे इतना कह रहे हैं कि हम सिर्फ मीडियम हैं, माध्यम हैं; लेखक परमात्मा ही है। लेकिन जब भी किसी व्यक्ति के भीतर ज्ञान उतरता है, तो वह परमात्मा से उतरता है। ज्ञान परमात्मा का स्वभाव है, प्रकाश की भांति। अंधेरा अहंकार का स्वभाव है।

हम अहंकार से भरे हों, तो जीवन में जो भी कर्म होता है, वह कर्म अज्ञान से ही निकला हुआ कर्म है। और अज्ञान से निकले हुए कर्म की पहचान और परख क्या है? जिस कर्म से बंधन पैदा हो, जिस कर्म से दुख पैदा हो, जिस कर्म से संताप पैदा हो, जिस कर्म से पीड़ा पैदा हो, वह कर्म अज्ञान से निकला हुआ जानना। वह

उसका लक्षण है। जिस कर्म से बंधन पैदा न हो, जिस कर्म से आनंद पैदा हो; जिस कर्म से चिंता न आए, निश्चिंतता आए; जिस कर्म में गुलामी न हो, मुक्ति हो, उस कर्म को ज्ञान से निकला हुआ कर्म जानना। और ज्ञान से वह तभी निकलेगा, जब अहंकार भीतर न हो। और जब अहंकार नहीं है, तो परमात्मा है।

अहंकार की अनुपस्थिति परमात्मा की उपस्थिति बन जाती है। जिस दिन हम मिटते हैं, उसी दिन परमात्मा हमारे भीतर प्रकट हो जाता है। जब तक हम मजबूती से बने रहते हैं, तब तक परमात्मा को जगह ही नहीं मिलती हमारे भीतर प्रवेश की।

मैं एक छोटी-सी कहानी आपसे कहूं, फिर हम अपनी बात पूरी करें। सुना है मैंने, एक झेन फकीर हुआ, बांकेई। टोकियो युनिवर्सिटी का एक प्रोफेसर उससे मिलने गया; दर्शनशास्त्र का अध्यापक था। बांकेई का नाम सुना और सुना कि सत्य उसे पता चल गया है, तो पता लगाने गया। जाकर बैठा। दोपहर थी, थका था, पहाड़ चढ़ा था, झोपड़े तक बांकेई के आते-आते पसीना झर रहा था। बैठते ही उसने पूछा कि मैं जानने आया हूं, व्हाट इज़ ट्रुथ? सत्य क्या है? मैं जानने आया हूं, परमात्मा क्या है? व्हाट इज़ गॉड? मैं जानने आया हूं, धर्म क्या है? व्हाट इज़ रिलीजन?

बांकेई ने कहा, जरा धीरे, और जरा आहिस्ता। जरा बैठ जाएं, पसीना बहुत ज्यादा है माथे पर, थक गए हैं; श्वास चढ़ी है, जल्दी न करें। मैं एक कप बना लाऊं चाय का। चाय ले लें, थोड़ा विश्राम कर लें, फिर हम बात करें। और यह भी हो सकता है कि बात करने की जरूरत न पड़े, चाय पीने से ही आप जो पूछने आए हैं, उसका उत्तर भी मिल जाए।

प्रोफेसर ठनका, सोचा कि नाहक मेहनत की पहाड़ चढ़ने की। पागल है यह आदमी। कह रहा है, चाय पीने से और उत्तर मिल जाए! कोई मैंने ऐसा सवाल पूछा है कि चाय पीने से उत्तर मिल जाए? तो चाय तो हम घर ही पी लेते। घर पीते ही हैं। तो इस पहाड़ पर, इस दुपहरी में, इस श्रम को करने की जरूरत थी! निढाल होकर बैठ गया। लेकिन सोचा, अब चाय तो पी ही लें और तो कोई आशा नहीं है। चाय पीकर वापस लौट जाएं।

वह बांकेई भीतर से चाय बनाकर लाया। उसने प्रोफेसर के हाथ में कप और प्याली दी। केतली से चाय ढाली। भीतर का बर्तन पूरा भर गया, फिर भी वह चाय ढालता गया। फिर तो नीचे का बर्तन भी पूरा भर गया, फिर भी वह चाय ढालता गया। वह प्रोफेसर चिल्लाया कि रुकिए! मैं तो पहले ही समझ गया कि आपका दिमाग ठीक नहीं मालूम होता। यह चाय नीचे गिर जाएगी, अब एक बूंद चाय रखने की जगह प्याली में नहीं है!

बांकेई ने कहा, यही मैं आपसे कहना चाहता था। सत्य, परमात्मा, धर्म-एक बूंद भी जगह तुम्हारे भीतर रखने के लिए है? इतने-इतने बड़े लोगों को मेहमान बनाना चाहोगे-सत्य, परमात्मा, धर्म! जगह है? स्पेस है भीतर? लेकिन प्याली में एक बूंद जगह नहीं है, तुम्हें दिखाई पड़ता है! और तुम्हारे मन की प्याली में भी एक बूंद जगह नहीं है, यह तुम्हें दिखाई नहीं पड़ता! जाओ, जगह बनाकर आओ।

घबड़ाहट में प्रोफेसर चाय भी न पी सका। घबड़ाकर उठ गया। बात तो ठीक मालूम पड़ी। जाने लगा, सीढ़ियां उतरने लगा। सीढ़ियों पर से उसने कहा कि अच्छा, तो जब खाली कर लूंगा, तो आऊंगा। तो बांकेई खिलखिलाकर हंसने लगा। उसने कहा, पागल, जब तू खाली कर लेगा, तो परमात्मा खुद वहां आ जाएगा। तुझे यहां आने की कोई जरूरत नहीं है।

जहां अहंकार मिटा, जहां भीतर जगह खाली हुई, इनर स्पेस, वहीं ज्ञान उतर आता है, वहीं प्रभु उतर आता है।

यज्ञरूपी कर्म जो करता है, उसके भीतर ज्ञान से कर्म विकसित होते, निकलते। और ज्ञान से निकला हुआ कर्म मुक्तिदायी है।

शेष कल बात करेंगे।

पांचवां प्रवचन

पूर्व की जीवन-कलाः आश्रम प्रणाली

एवं प्रवर्तितं चक्रं नानुवर्तयतीह यः।
अघायुरिन्द्रियारामो मोघं पार्थ स जीवति।। 16।।
यस्त्वात्मरतिरेव स्यादात्मतृप्तश्च मानवः।
आत्मन्येव च संतुष्टस्तस्य कार्यं न विद्यते।। 17।।
नैव तस्य कृतेनार्थो नाकृतेनेह कश्चन।
न चास्य सर्वभूतेषु कश्चिदर्थव्यपाश्रयः।। 18।।

हे पार्थ, जो पुरुष इस लोक में इस प्रकार चलाए हुए सृष्टि-चक्र के अनुसार नहीं बर्तता है (अर्थात शास्त्र के अनुसार कर्मों को नहीं करता है) , वह इंद्रियों के सुख को भोगने वाला पाप-आयु पुरुष व्यर्थ ही जीता है।

परंतु, जो मनुष्य आत्मा ही में प्रीति वाला
और आत्मा ही में तृप्त तथा आत्मा में ही संतुष्ट होवे,
उसके लिए कोई कर्तव्य नहीं है।
क्योंकि, इस संसार में उस पुरुष का किए जाने से भी

कोई प्रयोजन नहीं है और न किए जाने से भी कोई प्रयोजन नहीं है तथा इसका संपूर्ण भूतों में कुछ भी स्वार्थ का संबंध नहीं है। तो भी उसके द्वारा केवल लोकहितार्थ कर्म किए जाते हैं।

सृष्टि के क्रम के अनुसार! कृष्ण पहली बात इस सूत्र में कह रहे हैं, सृष्टि के क्रम के अनुसार...। इसे समझ लें, तो बाकी बात भी समझ में आ सकेगी।

जीवन दो ढंग से जीया जा सकता है। एक तो सृष्टि के क्रम के प्रतिकूल-विरोध में, बगावत में, विद्रोह में। और एक सृष्टि के क्रम के अनुसार-सहज, सरल, प्रवाह में। एक तो जीवन की धारा के प्रतिकूल तैरा जा सकता है और एक धारा में बहा जा सकता है। संक्षिप्त में कहें तो ऐसा कह सकते हैं कि दो तरह के लोग हैं। एक, जो जीवन में धारा से लड़ते हैं, उलटे तैरते हैं। और एक वे, जो धारा के साथ बहते हैं, धारा के साथ एक हो जाते हैं।

सृष्टि-क्रम के अनुसार दूसरी तरह का व्यक्ति जीता है, जीवन की धारा के साथ-जीवन से लड़ता हुआ नहीं-जीवन के साथ बहता हुआ। धार्मिक व्यक्ति का वही लक्षण है। अधार्मिक व्यक्ति का उसके प्रतिकूल लक्षण है।

अधार्मिक व्यक्ति अगर कहता है कि ईश्वर नहीं है, तो इसलिए नहीं कि उसे पता चल गया है कि ईश्वर नहीं है। ईश्वर के न होने का पता तो किसी को भी नहीं चल सकता है। ईश्वर के न होने का पता तो तभी चल सकता है, जब कि कुछ भी जानने को शेष न रह जाए। जब तक कुछ भी जानने को शेष है, तब तक कोई आदमी हकदार नहीं कि कहे कि ईश्वर नहीं है। क्योंकि जो शेष है, उसमें ईश्वर हो सकता है। ईश्वर के न होने का पता इसलिए किसी को भी नहीं चल सकता है। लेकिन ढेर लोग हैं, जो कहेंगे, ईश्वर नहीं है। बिना पता चले वे क्यों कहते होंगे कि ईश्वर नहीं है?

असल में, वे चाहते हैं कि ईश्वर न हो। ईश्वर न हो, तो फिर जीवन के क्रम के साथ बहने की कोई जरूरत नहीं रह जाती। ईश्वर न हो, तो फिर जीवन से लड़ा जा सकता है। ईश्वर हो, तो जीवन से लड़ा नहीं जा सकता। ईश्वर हो, तो

जीवन के साथ एक ही हुआ जा सकता है। ईश्वर नहीं है, ऐसा कोई अनुभव में किसी के कभी नहीं आता। लेकिन जो लोग जीवन से लड़ना चाहते हैं, वे ईश्वर नहीं है, ऐसा बिना माने लड़ नहीं सकते। इसलिए जीवन से लड़ने वाले सभी शास्त्र, जीवन से लड़ने वाले सभी वाद ईश्वर को इन्कार करने से शुरू होते हैं।

आश्चर्यजनक लगती है कभी यह बात कि मार्क्स या एंजिल्स या लेनिन या स्टैलिन या माओ, जो लोग जीवन से लड़ने की धारणा मन में लिए हुए हैं, उनको अपने वाद का प्रारंभ, ईश्वर नहीं है, इस बात से करना पड़ता है। असल में लड़ना हो, तो ईश्वर को अस्वीकार कर देना जरूरी है। ईश्वर से लड़ा नहीं जा सकता; उससे तो सिर्फ प्रेम ही किया जा सकता है; उससे तो प्रार्थना ही की जा सकती है।

इस सूत्र में जीवन के क्रम के अनुसार का अर्थ है कि सारा जगत हमसे भिन्न नहीं है, हमसे अलग नहीं है। हम उसमें ही पैदा होते हैं और उसी में लीन हो जाते हैं। इसलिए जो व्यक्ति भी इस जगत की जीवन-धारा से लड़ता है, वह रुग्ण और डिसीज्ड हो जाता है; वह बीमार हो जाता है। जो व्यक्ति भी परिपूर्ण स्वस्थ होना चाहता है, उसे जीवन के क्रम के साथ बिलकुल एक हो जाना चाहिए। इस जीवन के क्रम के आधार पर ही भारत ने जीवन की एक सहज धारणा विकसित की थी। वह मैं आपको कहना चाहूंगा।

वर्ण के संबंध में मैंने कुछ आपसे कहा। आज आश्रम के संबंध में कुछ आपसे कहना चाहूंगा। तभी आप समझ सकेंगे कि सृष्टि के क्रम के अनुसार का मौलिक अर्थ क्या है। और शास्त्र-सम्मत कर्म करने का अर्थ क्या है।

कृष्ण जब शास्त्र शब्द का प्रयोग करते हैं, तो वे ठीक वैसे ही करते हैं, जैसे आज हम साइंस, विज्ञान शब्द का प्रयोग करते हैं। अगर आप एलोपैथिक चिकित्सक के पास जाते हैं, तो हम कहेंगे, आप विज्ञान-सम्मत चिकित्सा करवा रहे हैं। और अगर आप किसी नीमहकीम से इलाज करवाने जाते हैं, तो हम कहेंगे, आप विज्ञान-सम्मत चिकित्सा नहीं करवा रहे हैं। कृष्ण जब भी कहते हैं शास्त्र-सम्मत, तो कृष्ण का अर्थ शास्त्र से यही है। शास्त्र का अर्थ भी गहरे में यही है। उस दिन तक जो भी जानी गई साइंस थी, उस दिन तक जो भी जाना गया

विज्ञान था, उसके द्वारा जो सम्मत कर्म हैं, उस कर्म की ओर वे इशारा कर रहे हैं।

और जितना विज्ञान हम आज जानते हैं, वह एक अर्थ में आंशिक है, टोटल नहीं है, खंडित है। हम सिर्फ पदार्थ के संबंध में विज्ञान को जानते हैं, जीवन के संबंध में हमारे पास अभी कोई विज्ञान नहीं है। कृष्ण के सामने एक पूर्ण विज्ञान था। पदार्थ और जीवन को खंड-खंड में बांटने वाला नहीं, अखंड इकाई में स्वीकार करने वाला। उस विज्ञान ने जीवन को चार हिस्सों में बांट दिया था। जैसे व्यक्तियों को चार टाइप, प्रकार में बांट दिया था, ऐसे एक-एक व्यक्ति की जिंदगी को चार हिस्सों में बांट दिया था। वे हिस्से जीवन की धारा के साथ थे।

पहले हिस्से को हम कहते थे, ब्रह्मचर्य-पच्चीस वर्ष। यदि सौ वर्ष आदमी की उम्र स्वीकार करें, तो पच्चीस वर्ष का काल ब्रह्मचर्य आश्रम का था। दूसरे पच्चीस वर्ष गृहस्थ आश्रम के थे, तीसरे पच्चीस वर्ष वानप्रस्थ आश्रम के थे और चौथे पच्चीस वर्ष संन्यास आश्रम के थे। पहले पच्चीस वर्ष जीवन-प्रभात के हैं, जब कि ऊर्जा जगती है, शरीर सशक्त होता है, इंद्रियां बलशाली होती हैं, बुद्धि तेजस्वी होती है, जीवन उगता है-सुबह। इस पच्चीस वर्ष के जीवन को हमने ब्रह्मचर्य आश्रम कहा था।

इसे थोड़ा समझ लेना जरूरी है। पहले पच्चीस वर्ष संयम के। क्यों? क्योंकि जिसके पास शक्ति है, जीवन के भोग में वही उतर सकेगा। जो अशक्त है, वह जीवन के भोग से वंचित रह जाएगा। जिसके पास जितनी शरीर संपदा, मन की संपदा है, संरक्षित शक्ति है, वह जीवन के रस में उतने ही गहरे जा सकेगा। इसलिए पहले पच्चीस वर्ष शक्ति-संचय के वर्ष हैं, जीवन की तैयारी के।

और यह बहुत मजे की बात है कि जो ठीक से भोग सकेगा, वही ठीक से त्याग को उपलब्ध होता है। कमजोर भोग नहीं पाता, इसलिए कभी त्याग को उपलब्ध नहीं हो पाता। असल में कमजोर जान ही नहीं पाता कि भोग क्या है, इसलिए उसके पार कभी नहीं हो पाता। जीवन का एक अनिवार्य नियम है, हम

जिसे ठीक से जान लेते हैं, उससे मुक्त हो जाते हैं। जिसे हम ठीक से नहीं जानते, उससे हम कभी मुक्त नहीं हो पाते।

अब यह बड़ी उलटी बात मालूम पड़ेगी कि पच्चीस वर्ष तक हम व्यक्ति को ब्रह्मचर्य की साधना में से गुजारते थे, ताकि वह कामवासना से किसी दिन मुक्त हो सके। पच्चीस वर्ष हम उसे ब्रह्मचर्य साधना में रखते थे, ताकि वह पच्चीस वर्ष काम-उपभोग की गहराई में उतर सके; वह सेक्स की जो गहरी से गहरी अनुभूतियां हैं, उनमें जा सके। क्योंकि वही सेक्स के बाहर जा सकेगा, जो उसमें गहरा गया है। जो उसमें गहरा नहीं गया है, वह कभी बाहर नहीं जा सकेगा।

आज बूढ़े आदमी भी कामवासना के बाहर नहीं जा पाते हैं। क्योंकि कामवासना में जाने के लिए जितनी शक्ति की जरूरत है, वही हम कभी नहीं जुटा पाते। जितनी प्रगाढ़ और जितनी इंटेंस और तीव्र शक्ति चाहिए कि हम अनुभव कर सकें और अनुभव के बाहर जा सकें। उतनी शक्ति ही कभी इकट्ठी नहीं हो पाती। इसलिए ये पच्चीस वर्ष दोहरे अर्थ के थे।

एक तो जिन व्यक्तियों को कल संसार के अनुभव में जाना है, इंद्रियों के अनुभव में-कृष्ण इस वचन में कहते हैं, इंद्रियों का सुख भोगते हैं जो-उनके लिए भी जीवन के क्रम से ही जाना उचित है। जीवन का अगर क्रम खंडित, टूटता, केआटिक हो जाए, अराजक हो जाए, तो कोई भी जीवन के चरम शिखर को उपलब्ध नहीं होता है। इसलिए पहले पच्चीस वर्ष शक्ति के संचय के। कल फिर शक्ति के व्यय के क्षण आएंगे।

कभी आपने सोचा कि कमजोर आदमी कभी भी कामवासना से मुक्त नहीं हो पाता। जितना कमजोर, उतना काम में गिर जाता है। यह उलटी बात लगती है। लेकिन यही सच है। जितना शक्तिशाली, उतना कामवासना के शीघ्र बाहर हो जाता है। इसलिए जितने शक्तिशाली युग थे, वे कामुक युग नहीं थे। और जितने कमजोर युग होते हैं, उतने सेक्सुअल और कामुक युग होते हैं। कामवासना कमजोर करती है और कमजोरी कामवासना को बढ़ाती है। शक्ति कामवासना से

मुक्त करती है और कामवासना से मुक्ति आती है, तो शक्ति बढ़ती है। ये दोनों जुड़ी हुई बातें हैं। कमजोर आदमी वासना के बाहर कभी नहीं जा पाता।

असल में कमजोर आदमी वासना में ही नहीं जा पाता, सिर्फ वासना का चिंतन करता है। सेरिब्रल, मानसिक हो जाता है उसका सारा काम। शक्ति न होने से मन में ही सोचता है। स्वस्थ युग कामवासना को कभी मन में नहीं ले जाते। अस्वस्थ युग कामवासना को मन में ले जाते हैं। जितना युग अस्वस्थ होता है, उतनी कामवासना काम के केंद्र से हटकर मस्तिष्क के केंद्र पर गतिमान हो जाती है। यह वैसा ही पागलपन है, जैसे कोई आदमी पेट में भोजन न पचाए और मस्तिष्क में पचाने की सोचने लगे। जैसे कोई आदमी पैर से न चले और मस्तिष्क में चलने की योजनाएं, कल्पनाएं और स्वप्न देखता रहे। विक्षिप्त हो जाएगा। मस्तिष्क से चला नहीं जा सकता, मस्तिष्क से सिर्फ सोचा जा सकता है। पैर से सोचा नहीं जा सकता, पैर से सिर्फ चला जा सकता है। मस्तिष्क अपना काम करे, पैर अपना काम करे। लेकिन अगर पैर कमजोर हों, तो आदमी दौड़ने के सपने देखने लगता है। अगर पेट कमजोर हो, तो आदमी भोजन की योजनाएं बनाने लगता है, भोजन नहीं करता। सेक्स कमजोर हो, सेक्स की ऊर्जा कमजोर हो, तो आदमी सेक्स का चिंतन करने लगता है।

पच्चीस वर्ष, हमारे पहले पच्चीस वर्ष हमने व्यक्ति के जीवन में शक्ति-संचय के वर्ष निर्मित किए थे। जितनी शक्ति इकट्ठी करनी है, कर लो। क्योंकि जितनी तुम्हारे पास शक्ति होगी, उतने गहरे तुम इंद्रियों के अनुभव में जा सकोगे। और जितने गहरे जाओगे, उतने इंद्रियों से मुक्त हो जाओगे। जब इंद्रियों के सब अनुभव जान लिए जाते हैं, तो आदमी जानता है, उनमें कुछ भी पाने योग्य नहीं है। बात समाप्त हो जाती है। लेकिन हम इंद्रियों के अनुभव को ही उपलब्ध नहीं हो पाते। इसलिए पढ़ते रहते हैं शास्त्र में कि इंद्रियों में कुछ भी नहीं है; और सोचते रहते हैं कि इंद्रियों में ही सब कुछ है। सुनते रहते हैं, इंद्रियां दुश्मन हैं; और मानते रहते हैं कि इंद्रियों के सिवाय और कुछ भी प्रीतिकर नहीं है। इंद्रियों के खिलाफ प्रवचन सुनते हैं, इंद्रियों के पक्ष में चित्र, फिल्म, उपन्यास, कविता

देखते हैं। वही आदमी प्रवचन सुनता है इंद्रियों के विपरीत, सुखों के विपरीत; वही जाकर नाटक देखता है, वही नृत्य देखता है, वही वेश्या के घर भी दिखाई पड़ता है। क्या बात क्या हो गई है?

जीवन के क्रम के साथ व्यक्ति नहीं है। जीवन का पहला क्रम है, शक्ति-संचय। और इसमें एक दूसरी बात और खयाल में ले लेनी जरूरी है। इस ब्रह्मचर्य के पच्चीस वर्ष के आश्रम में हमने एक दूसरी और अत्यधिक गहरी मनोवैज्ञानिक बात जोड़ी थी, जो आज नहीं कल जगत को वापस लौटा लेनी पड़ेगी, अन्यथा जगत का बचना असंभव है। और वह थी कि पच्चीस वर्ष हार्डशिप के, कठिन श्रम का समय था।

अब यह बड़े मजे की बात है कि जिस व्यक्ति का बचपन जितना ही श्रम का हो, उसकी शेष जिंदगी उतने ही सुख की होती है। और जिसका बचपन जितना सुख का हो, उसकी शेष जिंदगी उतनी ही विषाद और दुख की होती है। बचपन में जो चटाई पर सोया, बचपन में जिसने रूखी-सूखी रोटी खाई, बचपन में जिसने कुदाली चलाई, लकड़ी चीरी, गाएं चराईं, जिंदगी उसे जो भी देगी, वह इससे सदा ज्यादा होगा। और सुख सदा तुलना में है, कंपेरिजन में है। जिंदगी जो भी देगी, वह सदा इससे ज्यादा होगा।

आज हम ठीक उलटा पागलपन करते हैं। बाप को जो सुख नहीं है, वह बेटे को मिल जाता है। घर में जो सुख नहीं है, वह हास्टल में, छात्रावास में मिल जाता है। पच्चीस वर्ष बीतते हैं बिलकुल बिना श्रम के, बिना काम के, बिना हार्डशिप के, बिना स्ट्रगल के। और पच्चीस साल के बाद जिंदगी में आता है संघर्ष, आता है श्रम। और फिर इसलिए जो भी मिलता है, वह कोई भी तृप्त नहीं कर पाता। कंपेरेटिव, जो भी मिलता है, वह सब बेकार लगता है। जो भी मिलता है, वह आशाओं के प्रतिकूल लगता है।

पच्चीस वर्ष का पहला आश्रम श्रम का, साधना का, संकल्प का आश्रम था। इसलिए जिंदगी जो भी देती थी, रूखी-सूखी रोटी भी देती थी, तो इतनी स्वादिष्ट थी, जिसका कोई हिसाब नहीं। रोटी अब उतनी स्वादिष्ट नहीं है। सच बात, रोटी तो बहुत स्वादिष्ट है, लेकिन खाने वाला स्वाद लेने की कला भूल

गया है। रोटी आज दुनिया में पहले से बहुत ज्यादा स्वादिष्ट है। लेकिन स्वाद लेने वाला पहले से बहुत कमजोर है, स्वाद लेने वाला बिलकुल बीमार है। मकान दुनिया में आज जैसे हैं, ऐसे कभी भी न थे। सम्राटों को, अकबर को और अशोक को जो मकान नहीं थे, वे आज एक साधारण आदमी को भी मिल सकते हैं, मिल गए हैं। लेकिन आज मकानों में रहने का कोई सुख नहीं है; क्योंकि रहने वाले के पास सुख को तौलने का कोई मापदंड नहीं है, सुख को अनुभव करने की कोई क्षमता नहीं है।

पच्चीस वर्ष ब्रह्मचर्य के कठिन श्रम के वर्ष थे। बाद की जिंदगी प्रतिपल पर कम श्रम की होती चली जाती थी। यह ठीक क्रम है। अधिक शक्ति जब है हाथ में, तो अधिक श्रम कर लेना चाहिए। आज बच्चे कम श्रम कर रहे हैं और बूढ़े ज्यादा श्रम कर रहे हैं। यह बिलकुल उलटा क्रम है। बच्चों के पास शक्ति है, बूढ़ों की शक्ति क्षीण हो रही है। लेकिन बूढ़े जुते हैं बैलों की तरह और बच्चे आराम कर रहे हैं। फिर ये आराम करते बच्चे अगर युनिवर्सिटीज में आग लगाएं, अगर ये आराम करते बच्चे पत्थर फेंकें, कांच फोड़ें, तो कुछ आश्चर्य नहीं है। इनके पास काम नहीं है। ये बिलकुल बेकाम हैं। इन्हें कुछ काम चाहिए। इन्हें कुछ तोड़ने को चाहिए। ये जंगल की लकड़ी काट लेते थे, तब ये गुरु के झोपड़े पर पत्थर नहीं फेंकते थे। लकड़ी काटने में ही इनकी इतनी शक्ति लग जाती थी, इतने हलके हो जाते थे। अब काटने-पीटने, ठोंकने जैसा कुछ भी उनके हाथ में नहीं है, अब वे पत्थर फेंक रहे हैं।

पहला आश्रम, जब कि व्यक्ति के जीवन में प्रभात है शक्ति का, शक्ति के संचय, प्रयोग, क्षमता के विकास का समय है, विश्राम का नहीं। विश्राम का समय धीरे-धीरे आएगा। आखिरी क्षण, जिंदगी के सूर्यास्त के समय विश्राम का क्षण होगा। तो हम पचहत्तर साल के बाद आखिरी संन्यास के आश्रम में पूर्ण विश्राम की व्यवस्था किए थे-पूर्ण विश्राम। पहला पूर्ण श्रम, अंतिम पूर्ण विश्राम। बीच में दो सीढ़ियां थीं।

इस पहले को एक तरफ से और समझ लें, कि व्यक्ति का जो भी विकास है, वह करीब-करीब पच्चीस वर्ष में पूरा हो जाता है। मनोवैज्ञानिक तो कहते हैं,

और जल्दी पूरा हो जाता है। इसलिए विकास इसके पहले कि पूरा हो जाए, व्यक्ति की पूरी पोटेंशियलिटी को जगा लेने की कोशिश की जानी चाहिए। इसके पहले कि विकास का क्षण बीत जाए, व्यक्ति के भीतर जो भी शक्ति छिपी है बीजरूप, वह सब वृक्षरूप बन जानी चाहिए, वह वास्तविक हो जानी चाहिए। इसलिए रत्तीभर विश्राम का मौका पच्चीस वर्ष में नहीं था। सतत श्रम था। कठोर श्रम था। अथक श्रम था। और इसके दो परिणाम होते थे। एक तो वह व्यक्ति अपनी पूरी श.क्तियों को जगाकर जीवन में जाने के योग्य हो जाता। और दूसरा, इसके बाद जीवन उसे जो भी देता, वह उसके लिए संतोष और आनंद बनता।

आज की दुनिया में कोई भी चीज संतोष नहीं बन सकती। आज हमारी सारी व्यवस्था ऐसी है कि हर चीज असंतोष ही बनेगी। उसे असंतोष बनना ही पड़ेगा। क्योंकि संतोष की एक कला थी, वह जीवन के क्रम के साथ थी। जब वृक्ष पर फूल आते हैं, तभी आने चाहिए। और जब वृक्ष के पत्ते झड़ते हैं, तभी झड़ने चाहिए। जब वृक्ष बूढ़ा हो जाए, तब हमें उससे वैसी आशा नहीं रखनी चाहिए, जैसे जब वृक्ष जवान था, तब हमने आशा रखी थी। आज बड़ी हैरानी की बात है कि आज जवान से हम कोई आशा ही नहीं रखते, जिससे सर्वाधिक आशा रखी जानी चाहिए।

इस ब्रह्मचर्य के काल में एक तीसरी और प्रक्रिया थी, जो आपको खयाल दिला दूं, वह भी जीवन का हिस्सा थी। इस ब्रह्मचर्य के काल में चाहे किसी परिवार से कोई व्यक्ति आए, जीवन साम्यवादी था, कम्यून का था। गरीब का हो, अमीर का हो, सम्राट का लड़का हो, कोई भी हो, इससे कोई फर्क नहीं पड़ता था। ब्रह्मचर्य के पच्चीस वर्ष सहजीवन के वर्ष थे और समान जीवन के वर्ष थे। सम्राट का लड़का भी लकड़ियां चीरता, वह भी गाय-बैल को चराने जाता, वह भी गोबर से सफाई करता, वह भी गुरु के पैर दबाता। ये पच्चीस वर्ष कम्यून के, समानता के वर्ष थे। और इन पच्चीस वर्ष में जो भी हृदय में प्रविष्ट हो जाता है, वह जीवनभर साथ रहता है। इसलिए चाहे समाज में असमानता दिखाई पड़ती रही हो, व्यक्तियों के चित्तों में कभी असमानता नहीं थी। और समानता की कोई पागल प्यास भी नहीं थी। जिसको स्पर्धा कहें दूसरे से, वह

पच्चीस वर्ष में इस अर्थों में पैदा ही नहीं हो पाती थी, क्योंकि सब समान था। इसलिए हमने एक नान-कांपिटीटिव, एक स्पर्धामुक्त, महत्वाकांक्षा-शून्य समाज के निर्माण का प्राथमिक आधार रखा था।

दूसरा आश्रम था गृहस्थ का। शायद इस पृथ्वी पर इस देश ने मनुष्य को जितनी वैज्ञानिकता से स्वीकार किया है, इतनी वैज्ञानिकता से किसी ने कभी स्वीकार नहीं किया है। अब कैसी हैरानी की बात है कि पच्चीस वर्ष तक हम उसे ब्रह्मचर्य का पाठ देते और पच्चीस साल के बाद उसे गृहस्थ जीवन में भेज देते-विवाहित, कामवासना, इंद्रियों के सुख में प्रवेश का मौका देते।

कोई कहेगा, यह क्या पागलपन है! पच्चीस वर्ष तक जब ब्रह्मचर्य सिखाया, तो अब क्यों उसे भेज रहे हैं? ब्रह्मचर्य उसे सिखाया ही इसलिए कि अब वह तौल भी सकेगा कि आनंद ब्रह्मचर्य में है कि वासना में! और जो आनंद उसने ब्रह्मचर्य में जाना, वह आनंद वासना से कभी नहीं उसे मिल सकेगा। इसलिए वासना सिर्फ कर्तव्य रह जाएगी। इसलिए वासना कभी भोग की तृष्णा नहीं बनेगी, मात्र कर्तव्य रह जाएगी। और उसके प्राणों का पंछी निरंतर इसी आशा में रहेगा कि कब पचास वर्ष पूरे हो जाएं और मैं ब्रह्मचर्य की दुनिया में वापस लौट जाऊं। इसलिए कामवासना का जितना सुख हम सोचते हैं, इतना सुख... !

जिन लोगों के जीवन में ब्रह्मचर्य की किरण उतरी, उन्हें हैरानी होती है कि पागल हैं आप! लेकिन आपके पास तुलना का कोई उपाय भी तो नहीं है। ब्रह्मचर्य का तो कोई आनंद कभी जाना नहीं, इसलिए तौलें किससे! तौलने का कोई उपाय नहीं है। हां, एक ही उपाय है। एक आदमी एक स्त्री के साथ संबंधित होता है; नहीं सुख पाता, तो सोचता है कि शायद दूसरी स्त्री से संबंधित होने में सुख मिले। तौलने का एक ही उपाय है, इस स्त्री से नहीं मिलता, तो दूसरी से मिले; दूसरी से नहीं मिलता, तीसरी से मिले। इस पुरुष से नहीं मिलता, दूसरे पुरुष से मिले; दूसरे से नहीं मिलता, तीसरे से मिले। तौलने का और कोई उपाय नहीं है। व्यक्ति बदलो, तो शायद मिल जाए। लेकिन अवस्था बदलो, तो शायद मिल जाए, इसकी हमारे मन में कोई कल्पना पैदा नहीं होती। क्योंकि और किसी अवस्था का हमें पता ही नहीं है।

इसलिए वासना के जगत में यात्रा करने के पहले ब्रह्मचर्य का अनुभव अनिवार्य है, अन्यथा वासना मरने तक, कब्र तक नहीं छोड़ेगी पीछा। क्योंकि तुलना का कोई उपाय नहीं रह जाएगा। और ब्रह्मचर्य के सुख को, शांति को, आनंद को जिसने जाना; ब्रह्मचर्य की शक्ति को, ब्रह्मचर्य की ऊर्जा को, ब्रह्मचर्य के आह्लाद को जिसने जाना और ब्रह्मचर्य जिसके प्राणों में नृत्य किया, संगीत बजा ब्रह्मचर्य का, उसके सामने जब वासना की दुनिया आएगी, तो वह तौल सकेगा कि बहुत फीकी है। फीकी भी कहना बेकार है, उसमें कुछ बहुत स्वाद नहीं है। अत्यंत साधारण है। तब वह इसे कर्तव्य की भांति निभा पाएगा। ठीक है; जगत, परमात्मा, जीवन का क्रम, ठीक है। वह पैदा किया गया है, वह किसी को पैदा कर जाए। वह जगह भर दे। लेकिन विक्षिप्त होकर कामवासना उसे पकड़ने वाली नहीं है।

इसलिए इस देश के शास्त्र कह सके कि जो व्यक्ति संतान के लिए ही संभोग में उतरता है, वह यद्यपि पुराने अर्थ में ब्रह्मचारी नहीं रहा, लेकिन फिर भी ब्रह्मचारी है। संतान के लिए ही जो काम-संभोग में उतरता है, वह भी ब्रह्मचारी है, यह इस देश के शास्त्र कह सके। यह कह सके इसीलिए कि कामवासना के लिए सीधा कोई कामवासना में नहीं उतरता, जो एक बार ब्रह्मचर्य को जान ले। उसके लिए कामवासना सिर्फ कर्तव्य, एक ड्यूटी है, जिसे निभा देना और मुक्त हो जाना है-पच्चीस वर्ष। पचास वर्ष की उम्र में उसके बच्चे आश्रम से लौटने के योग्य होने लगेंगे। पचास वर्ष में उसके बच्चे आश्रम से लौटने के योग्य होने लगेंगे। उसके बच्चे पच्चीस वर्ष के होने के करीब आ जाएंगे।

इस देश ने एक और गहरी बात खोजी और वह यह कि एक ही घर में बाप भी संभोग करे और बेटा भी संभोग करे, यह बहुत अनैतिक है। है भी, क्योंकि बाप भी फिर बचकाना है। बेटा शादी करके आ जाए, वह बच्चे पैदा करे और बाप भी बच्चे पैदा कर रहा हो उस घर में, बहुत शर्म की बात है। बेटा क्या सोचेगा? बाप चाइल्डिश है, बाप बचकाना है, प्रौढ़ नहीं है। अभी तक वासना से, काम से मुक्त नहीं हो पाया!

इसलिए इस मुल्क का एक खयाल था कि जिस घर में बेटा विवाहित हो जाए, उसी दिन बाप समझे कि वानप्रस्थ हो गया, मां समझे कि वानप्रस्थ हो गया। वानप्रस्थ का मतलब समझते हैं? जिसका मुंह जंगल की तरफ हो गया। अभी जंगल चले नहीं जाना है। सिर्फ टुवर्ड्स दि फारेस्ट, अभी सिर्फ मुंह हो गया जंगल की तरफ-वानप्रस्थ। जंगल की तरफ प्रस्थान की तैयारी अब उसे कर लेनी है। अभी अगर वह जंगल चला जाए, तो क्रम में बाधा पड़ेगी। बच्चे अभी ब्रह्मचर्य के आश्रम से घर लौट रहे हैं। इस बाप ने पच्चीस साल में जिंदगी का जो अनुभव लिया है, वह उन बच्चों को देना जरूरी है। अन्यथा वह अनुभव उन्हें कहां से मिलेगा! इसने जिंदगी से जो जाना है, वह बच्चों को संभाल देना जरूरी है। इसने जिंदगी से जो पाया है, वह बच्चों को सौंप देना जरूरी है। घर की, ज्ञान की, अनुभव की सारी चाबियां बच्चों को दे देनी हैं। अब यह वानप्रस्थ हो जाएगा, बच्चों को देता जाएगा।

और पचहत्तर साल की उम्र में तो इसके बच्चों के बच्चे जंगल से आने शुरू हो जाएंगे। तब तक इसके बच्चे पचास साल के हो गए होंगे। अब तो वे भी वानप्रस्थ होने के करीब आ गए। अब यह उनसे नमस्कार ले लेगा और जंगल चला जाएगा। अब यह संन्यासी हो जाएगा। यह जीवन की संध्या आ गई। संसार को देखने की यात्रा पूरी हुई। सुबह हुई, दोपहर हुई, अब सांझ होने लगी। सूरज लौटने लगा अपने घर वापस। अब ये पच्चीस साल इसके प्रभु-स्मरण के हैं।

और बड़े मजे की बात, ये पच्चीस साल, ये वानप्रस्थ के बाद संन्यास के आश्रम में गया हुआ व्यक्ति ही, जो बच्चे समाज से आएंगे, उनके लिए गुरु का काम कर देगा। और जिस समाज में बूढ़े गुरु न हों, उस समाज में गुरु होते ही नहीं। आज विद्यार्थी और गुरु के बीच दो-चार साल का भी फासला होता है। कभी-कभी नहीं भी होता, और कभी-कभी विद्यार्थी भी उम्र में ज्यादा हो जाता है। अब अगर विद्यार्थी उम्र में ज्यादा हो गुरु से, तो वे संबंध निर्मित नहीं हो सकते, जो पचहत्तर साल जीवन की सारी अनुभूतियों को लिए गए आदमी के साथ छोटे बच्चों के हो सकते थे।

जीवन का शिखर था वह आदमी। उसके रोएं-रोएं में जीवन अपनी छाप छोड़ गया। उसकी श्वास-श्वास में जीवन अपना अनुभव छोड़ गया। उसकी धड़कन-धड़कन में जीवन सारी संपत्ति छोड़ गया। उसके चेहरे की झुर्री-झुर्री में जीवन की प्रौढ़ता और जीवन का सब कुछ छिपा है। जब छोटे बच्चे जंगल आते और इस पचहत्तर साल, अस्सी साल, सौ साल के बूढ़े के पास बैठते, तो स्वाभाविक था कि उनके मन में आदर और पूज्य का भाव उठता। न इस आदमी में कोई वासना होती, निर्वासना हो जाता। यह पूज्य मालूम पड़ता, यह भगवान मालूम पड़ता।

तो अगर ये बच्चे कह सके कि गुरु ब्रह्म, तो आज के गुरु को नहीं कहा जा सकता। क्योंकि यह बिलकुल परमात्मा जैसा ही लगता, जिसमें वासना विलीन हो गई, जिसकी कोई इच्छा न रही, जिसको चीजों पर कोई मोह न रहा; घटनाएं कुछ भी घट जाएं, जो उनको एक-सा ही लेने लगा; जिसका चित्त अनासक्त हुआ; जो सब छोड़े तो, सब बचे तो, न बचे तो, सब बराबर हो गया, ऐसे जीवन के शिखर पर बैठे हुए वृद्ध के पास अगर बच्चे अनुभव करते कि वह परमात्मा है, तो आश्चर्य तो नहीं है।

लेकिन आज का गुरु सोचे कि उसे कोई परमात्मा माने, तो वह पागल है। उसे परमात्मा मानने का कारण ही नहीं रह गया है, सारी बुनियाद गिर गई है। और हम कहते ही उसे थे कि गुरु होने के योग्य ही वही हुआ, जो सारे जीवन को जानकर आ गया, अन्यथा गुरु नहीं हो सकता था। आज जो गुरु है, वह सिर्फ इनफार्मेटिव है; उसके पास कुछ सूचनाएं हैं, जो विद्यार्थी के पास नहीं हैं। लेकिन जहां तक जीवन का, एक्ज़िस्टेंस का, अस्तित्व का संबंध है, उसमें और विद्यार्थी में कोई बुनियादी फर्क नहीं है।

अक्सर ऐसा हो जाता है कि युनिवर्सिटी में लड़के भी उसी लड़की को प्रेम करने लगते हैं और शिक्षक भी। कांपिटीटिव हो जाता है। एक ही लड़की के लिए स्पर्धा हो सकती है कक्षा में। तब इस बच्चे के मन में इस गुरु के प्रति कौन-सा आदर हो सकता है? यह गुरु भी उसी पान की दुकान पर पान खाता है, यह लड़का भी उसी पान की दुकान पर पान खाता है। यह गुरु भी उसी फिल्म को देखता है, उसी की बगल में बैठकर उसका विद्यार्थी भी देखता है! और जब

फिल्म में नंगा चित्र आता है, तो गुरु की भी रीढ़ सीधी हो जाती है और लड़के की भी रीढ़ सीधी हो जाती है। इन दोनों के बीच कोई जीवनगत भेद नहीं है।

लेकिन हमने सोचा यह था कि जब तक जीवनगत भेद न हो, तब तक गुरु-शिष्य का संबंध निर्मित नहीं हो सकता। गुरु-शिष्य का संबंध सिर्फ इनफार्मेटिव नहीं है, एक्झिस्टेंशियल है। और सिर्फ इस पृथ्वी के इस हिस्से पर ही हमने एक्झिस्टेंशियल, अस्तित्वगत भेद पैदा किया था, कि गुरु होना चाहिए जीवन का अस्त और विद्यार्थी होना चाहिए जीवन का उदय। इन दोनों के बीच पचास, साठ, सत्तर साल का फासला; साठ साल, सत्तर साल के अनुभव का फासला। और सिर्फ अनुभव ज्ञान नहीं देता, अनुभव वासनाओं से भी मुक्ति दिला देता है। और अनुभव, वे सब क्षुद्रताएं जो कल बड़ी महत्वपूर्ण थीं, उनका अंत बन जाता है। और अनुभव, कल तक के वे सब विकार-क्रोध, काम, लोभ-उन सबसे छुटकारा बन जाता है। और जब ऐसे व्यक्ति के पास बच्चे इकट्ठे होते, तो वे जीवन का दान लेकर वापस लौटते थे, चिर-ऋणी होकर वापस लौटते थे। यह चौथा आश्रम संन्यास का आश्रम था। शास्त्र-सम्मत ऐसी जीवन के क्रम की व्यवस्था थी।

कृष्ण कहते हैं अर्जुन से, जो इस भांति शास्त्र-सम्मत जीवन की कर्म-व्यवस्था में प्रवेश करता है, अनुकूल जीवन में बहता है, वह इंद्रियों के सुखों को तो उपलब्ध हो ही जाता है, अंततः आत्मा के आनंद को भी उपलब्ध हो जाता है। और इस जीवन के क्रम में प्रवाहित होकर अंत में जरूर वह ऐसी जगह पहुंच जाता है, जब करने और न-करने में कोई फर्क नहीं रहता अर्जुन।

क्यों, अर्जुन से कृष्ण यह क्यों कह रहे हैं? अर्जुन से वे यह कह रहे हैं कि अभी, अभी तू उस जगह नहीं है, जहां से तू संन्यस्त हो सके। अभी तू उस जगह नहीं है, जहां से संन्यास फलित हो सके। अभी तू उस जगह नहीं है जीवन के क्रम में, जहां से तू मुक्त हो सके कर्म से। अभी तुझे करने और न-करने में समानता नहीं हो सकती। अभी तू अगर न-करने को चुनेगा, तो भी चुनेगा, वह तेरी च्वाइस होगी। लेकिन एक ऐसी घड़ी भी आती है जीवन के प्रवाह में, जब करना और न-करना बराबर हो जाता है; चुनाव नहीं होता, च्वाइसलेस हो जाता है, चुनावरहित हो जाता है।

तो कृष्ण उससे यह कह रहे हैं...पहले उन्होंने जोर दिया कि तू क्षत्रिय है। वह इस मुल्क के द्वारा खोजे गए विज्ञान का एक हिस्सा था-वर्ण। और अब वे एक दूसरे विज्ञान के हिस्से पर जोर दे रहे हैं-आश्रम। वर्णाश्रम, मनुष्य के जीवन के संबंध में इस मुल्क का बड़ा से बड़ा कांट्रिब्यूशन है, बड़ा से बड़ा दान जो हम जगत को दे सके हैं, वह वर्ण और आश्रम की धारणा है।

अब वे दूसरी बात कह रहे हैं; अब वे यह कह रहे हैं कि अगर तू शास्त्र-सम्मत...। इसका यह मतलब नहीं है कि वेद में लिखा है, इसलिए। इसका कुल मतलब इतना कि उस दिन तक जितने भी समझदार लोग हुए थे, सब ने यही कहा, इसलिए। सब ने निरपवाद रूप से यही कहा, इसलिए। जो भी जाना गया है, वह इसकी सहमति देता है कि तू ऐसे जीवन के साथ बह और एक दिन वह घड़ी आएगी जिस दिन करना और न-करना बराबर हो जाएगा। लेकिन उसे आने दे, उसके लिए दौड़-धूप मत कर। भागकर उसे नहीं पाया जा सकता। जिंदगी से बचकर तू उसे नहीं ला सकता। जिंदगी में उतर गहरा और जिंदगी को ही तुझे पार निकालने दे, जिंदगी ही तुझे पार कर दे।

पानी का एक नियम-और फिर हम दूसरा सूत्र लें-अगर कभी आप पानी में गिर गए हों और तैरना न जानते हों, या तैरना जानते हों और कभी पानी में भंवर पड़ते हैं, उसमें आप फंस गए हों, तो कृष्ण के इस सूत्र को याद रखना। यह जीवन के भंवर का सूत्र नदी के भंवर में भी काम आता है। अगर नदी के भंवर में फंस गए हैं, तो हम साधारणतः क्या करेंगे? लड़ेंगे भंवर से। लड़ेंगे कि डूबेंगे, लड़े कि डूबे। क्योंकि जितने जोर से भंवर से आप लड़ेंगे, आपकी शक्ति कम होगी, भंवर की कम नहीं होगी। और जितनी आपकी कमजोर होगी शक्ति, भंवर की ताकत उतनी ही ज्यादा हो जाएगी-तुलनात्मक, रिलेटिवली। और थोड़ी देर में आप थक गए होंगे, भंवर अपनी ताकत में होगा। उतनी ही ताकत में, जितना तब था, जब लड़ाई शुरू हुई। फिर वह आप, कमजोर आदमी को नीचे डुबा लेगा।

इसलिए जो लोग तैरने का शास्त्र जानते हैं, वे कहते हैं कि अगर भंवर में फंस जाओ, तो लड़ना मत। अपनी तरफ से भंवर में डूब जाना। भंवर के साथ ही डूब जाना। भंवर के साथ खूबी यह है कि भंवर नदी की सतह पर बड़ा होता है

और नीचे छोटा होता जाता है; उसके वर्तुल छोटे होते जाते हैं नीचे। उसका स्क्रू छोटा होता जाता है नीचे। ऊपर से निकलना बहुत मुश्किल है। नीचे वह इतना छोटा हो जाता है कि उसके भीतर रहना मुश्किल है, आप एकदम बाहर हो जाते हैं। और अगर लड़े, तो बहुत मुश्किल है। अगर नहीं लड़े, उसके साथ डूब गए, तो खुद भंवर ही आपको अपने बाहर कर देता है।

जीवन का भंवर भी अगर हम उससे लड़ें, तो उलझ जाते हैं। कृष्ण कहते हैं कि जीवन का, सृष्टि का जो क्रम है, उसके साथ ही बह, जल्दी मत कर। जल्दी हो नहीं सकती; जल्दी मत कर, धैर्य से उसके साथ बह। अपने आप वह घड़ी आ जाती है-जीवन के समस्त कर्मों को करते हुए, अपने को कर्त्ता भर मत मान और वह घड़ी आ जाती है-जिस दिन करना और न-करना, हार और जीत, जीवन और मृत्यु, सुख और दुख सब बराबर हो जाते हैं।

तस्मादसक्तः सततं कार्यं कर्म समाचार।
असक्तो ह्याचरन्कर्म परमाप्नोति पुरुषः।। 19।।
कर्मणैव हि संसिद्धिमास्थिता जनकादयः।
लोकसंग्रहमेवापि संपश्यन्कर्तुमर्हसि।। 20।।

इससे तू अनासक्त हुआ निरंतर कर्तव्य-कर्म का अच्छी प्रकार आचरण कर, क्योंकि अनासक्त पुरुष कर्म करता हुआ परमात्मा को प्राप्त होता है।

जनकादि ज्ञानीजन भी आसक्तिरहित कर्म द्वारा ही परम सिद्धि को प्राप्त हुए हैं, इसलिए तथा लोकसंग्रह को देखता हुआ भी तू कर्म करने को ही योग्य है।

अनासक्तिपूर्वक-कृष्ण कह रहे हैं कि इस भांति तू कर्म से मत भाग; भागने की मत सोच। न तो वह संभव है, न उपादेय। संभव भी यही है, उपादेय भी यही कि तू अनासक्त कर्म में प्रवृत्त हो।

इस अनासक्त शब्द को थोड़ा समझें। साधारणतः हमारे जीवन में अनासक्त होने का कोई अनुभव नहीं होता। इसलिए यह शब्द बहुत विजातीय, फारेन है। यह हमारे अनुभव में कहीं होता नहीं। इसलिए इसे और भी ठीक से समझना पड़ेगा।

हमारे अनुभव में दो शब्द आते हैं, आसक्त और विरक्त; अनासक्त कभी नहीं आता। या तो हम किसी चीज की तरफ आकर्षित होते हैं और या किसी चीज से विकर्षित होते हैं, या तो अट्रैक्ट होते हैं या रिपेल्ड होते हैं। सुंदर हुआ कुछ, तो आकर्षित होते हैं; कुरूप हुआ कुछ, तो विकर्षित होते हैं। सुंदर हुआ, तो आसक्ति बनती है मन में पाने की। सुंदर नहीं हुआ, तो विरक्ति बनती है मन में छोड़ने की। या तो हम दौड़ते हैं किसी चीज को पाने के लिए और या हम दौड़ते हैं किसी चीज से बचने के लिए। ये दो हमारे अनुभव हैं। या तो हम किसी चीज की तरफ जाते हैं या किसी चीज़ की तरफ से जाते हैं। बाकी अनासक्ति बड़ी और बात है, इन दोनों से अलग।

अनासक्ति इन दोनों का मध्यबिंदु है, दि मिडिल प्वाइंट। ठीक इन दोनों के बीच में, जहां न तो अट्रैक्शन काम करता और न रिपल्सन काम करता है। बहुत अदभुत बिंदु है अनासक्ति का, जहां से न तो हम किसी चीज के लिए आतुर होकर पागल होते हैं और न आतुर होकर बचने के लिए पागल होते हैं। नहीं, जहां हम किसी चीज के प्रति कोई रुख ही नहीं लेते; जहां किसी चीज के प्रति हमारी कोई दृष्टि ही नहीं रहती; हम बस साक्षी ही होते हैं। अनासक्त का अर्थ है, विरक्त भी नहीं, आसक्त भी नहीं।

विरक्त होना बहुत आसान है, आसक्ति का ही दूसरा हिस्सा है, इसलिए। और जिस चीज में भी हमारी आसक्ति होती है, उसमें ही आज नहीं कल हमारी विरक्ति अपने आप हो जाती है। आज एक मकान में बहुत आसक्ति है, कल वह मिल जाएगा, परसों उसमें रहेंगे, दस दिन बाद भूल जाएगा, आसक्ति खो जाएगी। फिर धीरे-धीरे विरक्ति आ जाएगी। जिस दिन आपको कोई दूसरा मकान दिख जाएगा आसक्ति को पकड़ने के लिए, उसी दिन इस मकान से विरक्ति हो जाएगी। जिस चीज से भी हम आकर्षित होते हैं, किसी न किसी दिन उससे विकर्षित होते हैं। जो चीज भी हमें खींचती है, किसी दिन हम उससे हटते हैं। आकर्षण और विकर्षण, अट्रैक्शन और रिपल्सन एक ही प्रक्रिया के दो हिस्से हैं। अनासक्ति इस पूरी प्रक्रिया के पार है, ट्रांसेंडेंट है। इन दोनों प्रक्रियाओं के ऊपर, अलग, अतीत है।

अनासक्त का मतलब कि न हमें अब खींचती है चीज, न हमें हटाती है; न

हमें बुलाती है, न हमें भगाती है। हम खड़े रह गए। बुद्ध ने इस अनासक्ति के लिए उपेक्षा शब्द का प्रयोग किया है। अर्थ यही है, न इस तरफ, न उस तरफ; दोनों तरफ से उपेक्षा है। न आसक्ति, न विरक्ति, दोनों तरफ से इंडिफरेंस है। न तो धन खींचता, न धन भगाता। कृष्ण ने अनासक्ति का प्रयोग किया है, महावीर ने वीतराग शब्द का प्रयोग किया है। राग, विराग, वीतराग। महावीर ने वीतराग शब्द का प्रयोग किया है, जहां न राग हो, न विराग हो, वीतराग हो। दोनों के पार हो जाए। बुद्ध कहते हैं, जहां न आकर्षण, न जहां विकर्षण; उपेक्षा हो, इंडिफरेंस हो; दोनों बराबर हो जाएं। कृष्ण कहते हैं, अनासक्ति, जहां न आसक्ति हो, न विरक्ति हो; दोनों ही न रह जाएं।

लेकिन आसक्त भी कर्म करता और विरक्त भी कर्म करता। अनासक्त क्या करेगा? आसक्त भी कर्म करता, विरक्त भी कर्म करता; यद्यपि जो कर्म आसक्त करता, विरक्त उससे उलटे कर्म करता। अगर आसक्त धन कमाने का काम करता, तो विरक्त धन छोड़ने का, त्यागने का काम करता। अगर आसक्त पदों का लोलुप होता और पदों की सीढ़ियां चढ़ने के लिए दीवाना होता, तो विरक्त पदों से भागने के लिए आतुर और उत्सुक होता, सीढ़ियां उतरने को। आसक्त और विरक्त दोनों कर्म में रत होते, लेकिन दोनों के रत होने का ढंग विपरीत होता, एक-दूसरे की तरफ पीठ किए होते। अनासक्त क्या करेगा?

अनासक्त न तो आसक्त की तरह कर्म करता और न विरक्त की तरह। अनासक्त के कर्म करने की क्वालिटी बदल जाती है। इसे समझ लें।

विरक्त का काम करने का रुख, दिशा बदल जाती है, उलटी हो जाती है। भीतरी चित्त जरा भी नहीं बदलता, कर्म की दिशा प्रतिकूल हो जाती है। अगर आसक्त सीधा खड़ा है, तो विरक्त शीर्षासन लगाकर खड़ा हो जाता है। और कोई फर्क नहीं होता, भीतर आदमी वही का वही होता है। क्वालिटी जरा भी नहीं बदलती, गुण जरा भी नहीं बदलता, भीतर आदमी वही का वही होता है।

एक आदमी है, उसके सामने रुपया ले जाओ, तो उसके मुंह में पानी आने लगता है। एक दूसरा आदमी है, उसके पास रुपया ले जाओ, तो वह आंख बंद कर लेता है और राम-राम जपने लगता है। ये दोनों एक-से आदमी हैं। रुपया

दोनों के लिए सिग्नीफिकेंट है, महत्वपूर्ण है। हां, एक के लिए महत्वपूर्ण है, लार टपकती है। एक के लिए महत्वपूर्ण है, घबड़ाकर आंख बंद हो जाती है। लेकिन दोनों शीर्षासन एक-दूसरे के प्रति कर रहे हैं। लेकिन रुपये के मामले में दोनों का गुणधर्म एक है। दोनों रुपये में बहुत उत्सुक हैं-एक पक्ष में, एक विपक्ष में; एक मित्र की तरह, एक शत्रु की तरह-लेकिन रुपये के प्रति उपेक्षा नहीं है।

एक है, जो स्त्री के पीछे भागता; एक है कि स्त्री दिखी कि भागा। इन दोनों में बुनियादी गुणात्मक फर्क नहीं है। इनके कृत्य में फर्क है दिशा का। इनके चित्त में फर्क नहीं है। इनके चित्त का बिंदु, इनके चित्त का आब्जेक्ट, इनके चित्त का विषय एक ही है, वही कामवासना है। एक पक्ष में, एक विपक्ष में।

अनासक्त का गुणधर्म बदलता है। अनासक्त दोनों काम कर सकता है। जो विरक्त करता है, वह भी कर सकता है; जो आसक्त करता है, वह भी कर सकता है। लेकिन करने वाला चित्त बिलकुल और ढंग का होता है। उस चित्त का क्या फर्क है, वह खयाल में ले लें।

न तो आसक्त साक्षी हो सकता है, विटनेस हो सकता है, न विरक्त साक्षी हो सकता है, क्योंकि दोनों का राग है। राग शब्द आपने कभी खयाल किया कि इसका क्या मतलब होता है? इसका मतलब होता है, रंग, कलर। राग का मतलब होता है, रंग। दोनों के चित्त रंगे हुए हैं उसी से, जिस पर उनकी नजर है। आसक्त का चित्त रंगा हुआ है रुपये से मित्र की तरह। विरक्त का चित्त रंगा हुआ है रुपये से शत्रु की तरह। अनासक्त का चित्त रंगा हुआ नहीं है। रुपया उस पर कोई प्रतिबिंब ही नहीं बनाता; रुपया उसको रंगता ही नहीं। रुपया वहां और अनासक्त यहां। उन दोनों के बीच डिस्टेंस होता है। अर्थात अनासक्त साक्षी होता है। वह देखता है कि यह स्त्री है, यह रुपया है; बात खतम हो गई। मैं मैं हूं; यह रुपया है; यह मकान है; यह स्त्री है; यह पुरुष है।

बुद्ध एक जंगल में बैठे हैं। रात है पूर्णिमा की। गांव से कुछ मनचले युवक एक वेश्या को लेकर चले आए हैं। पूर्णिमा की रात, झील का तट। उन्होंने आकर खूब शराब पी ली। उस वेश्या को नग्न कर दिया, उसके वस्त्र छिपा दिए। जब वे शराब में काफी बेहोश हो गए, तो वह वेश्या निकल भागी। लेकिन नग्न,

कपड़े तो उसे मिले नहीं। जब आधी रात बीते उन्हें थोड़ा होश आया, तब उन्हें खयाल हुआ कि हम जिसको मानकर कि है, राग-रंग कर रहे हैं, वह नदारद है। वे उस वेश्या को मानकर बातें किए जा रहे थे, गीत गाए जा रहे थे, नाचे चले जा रहे थे! आधी रात गए उन्हें पता चला कि हम बड़ी भूल में पड़े हैं, वह स्त्री तो नदारद है। वह यहां है नहीं। बड़ी मुश्किल में पड़े, अब उसे कहां खोजें! निकले।

थोड़ी ही दूर एक वृक्ष के नीचे बुद्ध बैठे हैं। रात है, पूर्णिमा का चांद है। वह देख रहे हैं चांद को। यहां तक रास्ता एक ही है, इसलिए स्त्री यहां से तो निकली ही है। तो उन्होंने जाकर हिलाया और कहा कि सुनो, एक नग्न स्त्री, सुंदर वेश्या यहां से भागती हुई गई है, जरूर तुमने देखी होगी। बुद्ध ने कहा, तुम मुझे बड़ी मुश्किल में डालते हो, क्योंकि आदमी को वही दिखाई पड़ता है, जो वह देखना चाहता है। उन्होंने कहा, अंधे तो हो नहीं। आंख तो है ही। यहां से एक सुंदर स्त्री निकली है, हजारों की भीड़ में भी दिखाई पड़ जाए, ऐसी स्त्री है। यहां तो जंगल का सन्नाटा है।

उन्होंने कहा, कोई निकला जरूर। कोई निकला जरूर, क्योंकि मैं देखता था चांद को, तो कोई छाया बीच से गुजरी। लेकिन स्त्री थी या पुरुष था, कहना मुश्किल है। क्योंकि जब तक मेरा पुरुष बहुत आतुर था स्त्रियों के लिए, तभी तक फर्क भी कर पाता था। अब फर्क करने का कोई कारण भी तो नहीं रहा है। और सुंदर थी या असुंदर, यह तो और भी कठिन सवाल है। क्योंकि जब से अपने को जाना, तब से न कुछ सुंदर रहा, न कुछ असुंदर रहा। चीजें जैसी हैं, हैं। कुछ को लोग सुंदर कहते, कुछ को लोग असुंदर कहते। वह उनकी अपनी पसंदगियों के ढंग हैं। क्योंकि एक ही चीज को कोई सुंदर कहता है और कोई असुंदर कहता है। जब से अपनी कोई पसंदगी ही न रही, कोई नापसंदगी न रही, तो न कुछ सुंदर रहा, न कुछ असुंदर रहा।

उन्होंने कहा, हम भी कहां के पागल से उलझ गए हैं। हम खोजें। इस आदमी से कुछ सहारा न मिलेगा। बुद्ध खूब हंसने लगे और उन्होंने कहा, कब तक उसे खोजते रहोगे? अच्छा हो कि इतनी अच्छी रात है, अपने को ही खोजो। और वह मिल भी जाएगी, तो क्या मिलेगा? अपने को खोज लो, तो शायद कुछ मिल भी जाए।

पता नहीं, उन्होंने सुना या नहीं सुना! नहीं सुना होगा। आदमी बहुत बहरा है। दिखाई पड़ता है, सुनता हुआ, सुनता नहीं है। दिखाई पड़ता है, देखता हुआ, देखता नहीं है। दिखाई पड़ता है, समझता हुआ, समझता नहीं है। यह जो बुद्ध ने कहा, यह अनासक्त की चित्तदशा का गुण है। देखते हुए भी भेद नहीं करता, क्या सुंदर है, क्या असुंदर है। करते हुआ भी भेद नहीं करता, जीते हुए भी भेद नहीं करता, क्या पकडूं, क्या छोडूं! क्या लाभ है, क्या हानि है! साक्षी की तरह, एक विटनेस की तरह, एक गवाह की तरह जिंदगी में चलता है।

राम अमेरिका गए। एक जगह से निकल रहे थे, कुछ लोगों ने पत्थर फेंके और गालियां दीं। लौटकर-बहुत हंसते हुए वापस लौटे-मित्रों से कहने लगे, आज तो बड़ा मजा आ गया। राम को आज बड़ी गालियां पड़ीं! कुछ लोगों ने पत्थर भी मारे। पिटोगे, गालियां खाओगे। लोग कहने लगे, किस की बात कर रहे हैं आप! तो उन्होंने कहा, इस राम की बात कर रहा हूं। इस राम की, अपनी छाती की तरफ हाथ करके कहा, इस राम की बात कर रहा हूं। आज इन पर काफी गालियां पड़ीं, आज इन पर काफी पत्थर पड़े। लोगों ने कहा, आप पर ही पड़े न? राम ने कहा, नहीं, हम तो देखते थे। हम पर पड़े नहीं, हम देखते थे। हम साक्षी थे, हम सिर्फ गवाह थे। हमने देखा कि पड़ रहे हैं। हमने देखा कि गालियां दी जा रही हैं। तीन थे वहां-गाली देने वाले थे; जिसको गाली दी जा रही थीं, वह था; और एक और भी था, मैं भी था वहां, जो देख रहा था।

अनासक्त का यह गुणधर्म है। अनासक्त देखता है जिंदगी को; न इस तरफ भागता, न उस तरफ भागता। और परमात्मा जो ले आता है जिंदगी में, उसमें से चुपचाप साक्षी की भांति गुजर जाता है। इसलिए कृष्ण ने उल्लेख किया जनक का। और कृष्ण जब उल्लेख करें, तो सोचने जैसा है। कृष्ण ने उल्लेख किया जनक का कि जनक जैसे ज्ञानी। और अर्जुन तू तो इतना ज्ञानी नहीं है। उनका मतलब साफ है। वे यह कह रहे हैं कि तू तो इतना ज्ञानी नहीं है कि तू वैराग्य की बात करे। जनक जैसा ज्ञानी भी छोड़ने को, भागने को आतुर न हुआ! जनक जैसा ज्ञानी चुपचाप वहीं जीए चला गया, जहां था।

तो क्या था सूत्र जनक का? सूत्र था, अनासक्तियोग। सूत्र था, जहां हमें दो दिखाई पड़ते हैं, वहां तीसरा भी दिखाई पड़ने लगे, दि थर्ड फोर्स। दो तो हमें सदा दिखाई पड़ते हैं, तीसरा दिखाई नहीं पड़ता है। विरक्त को भी दो दिखाई पड़ते हैं। आसक्त को भी दो दिखाई पड़ते हैं-मैं, और वह, जिस पर मैं आसक्त हूं। विरक्त को भी दो दिखाई पड़ते हैं-मैं, और वह, जिससे मैं विरक्त हूं। अनासक्त को तीन दिखाई पड़ते हैं-वह जो आकर्षण का केंद्र है या विकर्षण का, और वह जो आकर्षित हो रहा या विकर्षित हो रहा, और एक और भी, जो दोनों को देख रहा है।

यह जो दोनों को देख रहा है-अर्जुन से कृष्ण कहते हैं-तू इसी में प्रतिष्ठित हो जा। इसमें तेरा हित तो है ही, तेरा मंगल तो है ही, इसमें लोकमंगल भी है। क्यों, इसमें क्या लोकमंगल है? यह तो मेरी समझ में पड़ता है, आपकी भी समझ में पड़ता है कि अर्जुन का मंगल है। अनासक्त कोई हो जाए, तो जीवन के परम आनंद के द्वार खुल जाते हैं। आसक्त भी दुखी होता है, विरक्त भी दुखी होता है। आसक्त भी सुखी होता है, विरक्त भी सुखी होता है। बुद्ध ने कहा है, जिसे हम प्रेम करते हैं, वह आ जाए, तो सुख देता है; जिसे हम घृणा करते हैं, वह चला जाए, तो सुख देता है। जिसे हम घृणा करते हैं, वह आ जाए, तो दुख देता है; जिसे हम प्रेम करते हैं, वह चला जाए, तो दुख देता है। फर्क क्या है? बुद्ध ने पूछा है। दोनों ही दोनों काम करते हैं। हां, किसी के आने से सुख होता है, किसी के जाने से। किसी के जाने से सुख होता है, किसी के आने से-बस इतना ही फर्क है।

मित्र भी सुख देते हैं, मित्र भी दुख देते हैं। शत्रु भी सुख देते हैं, शत्रु भी दुख देते हैं। असल में जो भी सुख देता है, वह दुख भी देगा। और जो भी दुख देता है, वह सुख भी देगा। क्योंकि सुख और दुख एक ही सिक्के के दो पहलू हैं। जो ऊपर होता है, वह हमें दिखाई पड़ता है; जो नीचे होता है, वह छिप जाता है। थोड़ी देर बाद, जब एक पहलू से ऊब जाते हैं और उलटते हैं, तब दूसरा पहलू दिखाई पड़ता है।

लेकिन कृष्ण कह रहे हैं, तेरा तो मंगल होगा ही, लोकमंगल भी होगा। लोकमंगल क्या होगा? सबका मंगल क्या होगा?

असल में जो आसक्त हैं, वे भी; और जो विरक्त हैं, वे भी, जगत को

आनंद के मार्ग पर ले जाने वाले नहीं बनते। नहीं बनते हैं दो कारणों से। एक तो जो स्वयं ही आनंद के मार्ग पर नहीं है, उसके जीवन से किसी को भी आनंद नहीं मिल सकता। क्योंकि हम वही दे सकते हैं, जो हमारे पास है। हम वह नहीं दे सकते, जो हमारे पास नहीं है। दूसरा, जो व्यक्ति जितना आसक्त या विरक्त होकर कर्म में लगता है, उतना ही तनाव, उतना ही टेंस उसका व्यक्तित्व होता है।

और ध्यान रहे, हम करीब-करीब ऐसे ही हैं, जैसे कोई पानी में एक पत्थर फेंके। झील है, एक पत्थर फेंक दिया। तो पत्थर तो झील में थोड़ी देर में नीचे बैठ जाती है तलहटी में, भूमि में बैठ जाती है। लेकिन पत्थर से उठी लहरें फैलती चली जाती हैं; दूर अनंत किनारों तक फैलती चली जाती हैं। ठीक वैसे ही, जब भी हमारे चित्त में जरा-सा तनाव उठता है, तो हम मनुष्य के जीवन के सरोवर में तरंगें पैदा करते हैं। फिर चाहे हमारा तनाव चला भी जाए, वे तरंगें फैलती चली जाती हैं। वे न मालूम कितने लोगों को स्पर्श करती हैं और न मालूम कितने लोगों के जीवन में अमंगल बन जाती हैं।

सिर्फ अनासक्त व्यक्ति के भीतर से तनाव की, चिंता की, दुख की, पीड़ा की विकृत तरंगें नहीं उठती हैं। सिर्फ अनासक्त व्यक्ति से जो तरंगें उठती हैं, वे सदा मंगलकारी हैं। इसलिए लोकमंगल है। लोकमंगल यहां बहुत ही गहरे अर्थों में कहा है।

हम चौबीस घंटे अपने चारों तरफ रेडिएट कर रहे हैं। जो भी हमारे भीतर है, वह रेडिएट हो रहा है, वह विकीर्णित हो रहा है, उसकी किरणें हमारे चारों तरफ फैल रही हैं। हर आदमी अपने चारों ओर प्रतिपल उसी तरह लहरें उठा रहा है, जैसे पत्थर फेंका गया झील में उठाता है। हम कल समाप्त हो जाएंगे। लेकिन हमारे द्वारा उठाई गई लहरें अनंत हैं; वे कभी समाप्त न होंगी; वे चलती ही रहेंगी; वे कभी दूर तारों के निवासियों को भी छुएंगी। अब वैज्ञानिक कहते हैं, कोई पचास हजार तारों पर जीवन है। अभी तक उन्होंने कोई चार अरब तारे खोज निकाले हैं। जीवन वहां समाप्त नहीं होता मालूम पड़ता, हमारी सामर्थ्य चुक जाती है-उसके आगे, उसके आगे, उसके आगे।

एक-एक व्यक्ति से जो तरंग उठती है, वह उठती ही चली जाती है। व्यक्ति

कभी का समाप्त हो जाएगा, उसके द्वारा उठाई गई तरंगें अनंतकाल तक उठती रहती हैं-अनादि, अनंत।

कृष्ण कह रहे हैं कि जो अनासक्त चित्त है, उसके भीतर जो गुण परिवर्तन होता है, उससे जो तरंगें उठती हैं, वे बिलकुल बिना जाने, परोक्ष, चुपचाप लोगों के जीवन में मंगल की वर्षा कर जाती हैं। तो तू लोकमंगल के लिए भी अनासक्त हो जा। अपने लिए तो अनासक्त होना उचित ही है, आनंदपूर्ण ही है, औरों के लिए भी आनंदपूर्ण है। इसलिए जैसे जनक और सब जानने वालों ने जीवन से भागने की कोई चेष्टा न की, तू भी मत भाग। भागने से कभी कोई कहीं पहुंचा भी नहीं है। भागने से कभी कोई रूपांतरित भी नहीं हुआ है। भागने से कभी कोई क्रांति भी घटित नहीं होती। क्योंकि भागते केवल वे ही हैं, जो नहीं जानते हैं। जो जानते हैं, वे भागते नहीं हैं, रूपांतरित करते हैं, स्वयं को बदल डालते हैं। विरक्ति भागना है आसक्ति से।

और एक बात और इस संबंध में, फिर हम दूसरा सूत्र लें।

जो आदमी आसक्ति में जीएगा, उसके मन में सदा ही विरक्ति के खयाल आते रहेंगे, आते ही रहेंगे। क्योंकि जिंदगी पोलर है, ध्रुवीय है। यहां हर चीज का दूसरा ध्रुव है। यहां बिजली का अगर पाजिटिव पोल है, तो निगेटिव पोल भी है। यहां अगर अंधेरा है, तो उजाला भी है। यहां अगर सर्दी है, तो गर्मी भी है। यहां अगर जन्म है, तो मृत्यु भी है। यहां जीवन में हर चीज का दूसरा विरोधी हिस्सा है। तो जो व्यक्ति आसक्ति में जीएगा, उसको जिंदगी में हजारों बार विरक्ति के दौरे पड़ते रहेंगे, उसको विरक्ति का फिट आता रहेगा। आप सबको आता है। कभी ऐसा लगता है, सब बेकार है, सब छोड़ दो। घड़ीभर बाद दौरा चला जाता है, सब सार्थक, फिर सबमें लग जाता है।

जो लोग विरक्त हो जाते हैं, उनको आसक्ति के दौरे पड़ते रहते हैं, उनको भी पड़ते रहते हैं, उनको भी फिट आते हैं। जो आश्रम में बैठ जाते हैं, उनको भी एकदम से खयाल आ जाता है, सारी दुनिया सिनेमागृह में बैठी होगी और हम यहां बैठे हैं! जो मंदिर में बैठते हैं, उनको भी खयाल आ जाता है कि पड़ोसी दुकान पर पहुंच गया होगा, हम यहां क्या कर रहे हैं?

जो आसक्त है, उसकी जिंदगी में विरक्ति बीच-बीच में प्रवेश करती रहेगी। जो विरक्त है, उसकी जिंदगी में आसक्ति बीच-बीच में प्रवेश करती रहेगी। असल में जिस हिस्से को हमने दबाया और छोड़ा है, वह असर्ट करता रहेगा, वह हमला करता रहेगा। वह कहेगा, मैं भी हूं, मुझे भी थोड़ा ध्यान दो। लेकिन सिर्फ अनासक्त व्यक्ति ऐसा है, जिसकी जिंदगी में दौरे नहीं पड़ते। क्योंकि न वहां विरक्ति है, न वहां आसक्ति है, इसलिए दौरे पड़ने का कोई उपाय नहीं है। दौरा विपरीत का पड़ता है। वहां अब कोई विपरीत ही नहीं है; नान-पोलर है।

अब इसको समझ लेना आप। अनासक्ति जो है, नान-पोलर है, अध्रुवीय है। इसलिए अनासक्त जो हुआ, वह ध्रुवीय जगत के बाहर हो जाता है-जहां ऋण और धन चलता है, जहां स्त्री और पुरुष चलते हैं, जहां हानि और लाभ चलता है। वे जितने द्वंद्व हैं, सब ध्रुवीय हैं, पोलर हैं। जो व्यक्ति अनासक्त हुआ, वह अद्वैत में प्रवेश कर जाता है; क्योंकि अनासक्ति नान-पोलर है।

ब्रह्म में केवल वे ही प्रवेश करते हैं, जो अनासक्त हैं। जो आसक्त हैं या विरक्त हैं, वे द्वैत में ही भटकते रहते हैं। असल में जिसने भी पक्ष लिया, विपक्ष लिया, वह पोलर में गया, वह ध्रुवीय जगत में प्रवेश कर गया; वह ब्रह्म को कभी स्पर्श नहीं कर पाता। ब्रह्म को वही स्पर्श करता है, जो दो की जगह एक में उठता है।

आसक्ति और विरक्ति दोनों से उठना पड़े। और इन दोनों से उठने की जो स्थिति है, वह कर्म में साक्षी बन जाना है।

प्रश्न : अनासक्त कर्म साधना है या सिद्धि का सहज प्रतिफलन है? इसे स्पष्ट करें।

मनुष्य के पास जितने शब्द हैं, वे सभी शब्द कुछ बताते हैं, कुछ समझाते हैं, और कुछ नासमझी भी पैदा कर देते हैं, और कुछ उलझा भी देते हैं। अब जैसे एक रास्ता है, मंजिल तक पहुंचता है। जो आदमी रास्ते पर है, वह एक अर्थ में मंजिल से जुड़ गया, क्योंकि रास्ता मंजिल से जुड़ा है। जो आदमी रास्ते पर एक

कदम चला, वह मंजिल पर भी एक कदम पहुंच गया, क्योंकि रास्ता मंजिल से जुड़ा है। लेकिन एक अर्थ में अभी मंजिल पर कहां पहुंचा? अभी तो सिर्फ रास्ते पर है, अभी तो बहुत चलना है। अगर सौ कदम मंजिल दूर है, तो निन्यानबे कदम भी चल ले, तो भी रास्ते पर ही है। अभी मंजिल पर कहां पहुंचा? अभी तो रास्ते पर ही है। अभी मंजिल कहां आई? तो एक अर्थ में तो निन्यानबे कदम पर खड़ा हुआ आदमी भी रास्ते पर है, मंजिल पर नहीं है। और एक अर्थ में पहले कदम पर खड़ा हुआ आदमी भी मंजिल पर है, क्योंकि एक कदम तो मंजिल पा ही ली। एक कदम तो कम हुआ।

तो साधना और सिद्धि, रास्ते और मंजिल की तरह हैं, अनासक्ति दोनों है। जब आप शुरू करेंगे, तब वह साधना है; और जब पूर्ण होगी, तब वह सिद्धि है। जब आप शुरू करेंगे, पहला कदम रखेंगे, तब तो साधना ही है, तब तो साधना ही रहेगी वह। चूकेंगे, भूलेंगे, भटकेंगे, गिरेंगे। कभी चित्त विरक्त हो जाएगा, कभी आसक्त हो जाएगा। फिर संभलेंगे, फिर पहचानेंगे कि यह तो विरक्ति हो गई, यह तो आसक्ति हो गई।

और ध्यान रहे, आसक्ति उतना धोखा न देगी अनासक्ति का, जितना विरक्ति देती है। क्योंकि विरक्ति में ऐसा लगता है, यह तो अनासक्ति हो गई। विरक्ति जल्दी धोखा देती है। आसक्ति तो इतना धोखा नहीं देती; क्योंकि आसक्ति हमारा अनुभव है। विरक्ति अपरिचित है। तो अनेक लोग वैराग्य को ही अनासक्त-भाव समझ लेते हैं। धोखे पड़ेंगे, भूल होगी, कई दफा लगेगा कि पहुंचे-पहुंचे और एकदम फिसल जाएंगे और पाएंगे कि वहीं खड़े हैं; पोलेरिटी में वापस आ गए, ध्रुव में वापस गिर गए।

अनासक्ति का पहला कदम तो साधना ही बनेगा। साधना का मतलब, अभी आश्वस्त नहीं हुए कि पहुंच गए; चल रहे हैं। लेकिन चलना ही तो पहुंचने के लिए पहला चरण है। जो चलेगा नहीं, वह तो पहुंचेगा ही नहीं। चलना तो पड़ेगा ही। लेकिन चलना ही पहुंच जाना नहीं है। यह भी खयाल रख लेना जरूरी है। जिस दिन चलने का अंत होगा, उस दिन पहुंचना होगा। अब इसमें बड़ी उलटी बातें कह रहा हूं मैं। जो चलेगा, वही पहुंच सकता है। जो चलता ही रहेगा,

वह कभी नहीं पहुंचेगा। जो नहीं चलेगा, वह कभी नहीं पहुंचेगा और जो नहीं-चलने में पहुंच जाता है, वही पहुंच गया है। लेकिन यह बिलकुल अलग-अलग तल पर बात है, लेवल्स अलग हैं।

नीचे खड़ा है एक आदमी सीढ़ियों के, वह भी खड़ा है। सीढ़ियां पार करके जो आदमी छत पर खड़ा हो गया है, वह भी खड़ा है। दोनों सीढ़ियों पर नहीं हैं। लेकिन एक सीढ़ियों के नीचे है, एक सीढ़ियों के ऊपर है। जो सीढ़ियों के बीच में है, वह दोनों जगह नहीं है। वह खड़ा नहीं है, वह चल रहा है। न तो वह नीचे की भूमि पर है, न अभी ऊपर पहुंच गया है। अभी वह गिर सकता है वापस; अभी वह सीढ़ियों पर ही रुक सकता है; अभी वह पहुंच भी सकता है। सब संभावनाएं खुली हैं।

अनासक्ति का प्राथमिक कदम तो साधना का होगा, अंतिम कदम सिद्धि का होगा। लेकिन पहचान क्या होगी? जब तक आपको स्मरण रखना पड़े अनासक्ति का, तब तक साधना है; और जब स्मरण की कोई जरूरत न रह जाए, तब सिद्धि है। जब तक आपको खयाल रखना पड़े कि अनासक्त रहना है, तब तक साधना है। जब आपको खयाल न रखना पड़े, आप कैसे भी रहें, अनासक्ति ही पाएं, तब समझना सिद्धि है।

एक जापानी गुड्डा देखा होगा आपने; बाजार में मिलता है; उसे खरीदकर रख लेना चाहिए। दारुमा डाल्स कहलाते हैं वे गुड्डे। नीचे चौड़े होते हैं और उनके पैरों में सीसा भरा होता है। कैसे भी फेंको उसको, वह सदा पालथी मारकर बैठ जाता है सिद्धासन में। कहीं भी पटको, कुछ भी करो; वह वापस अपनी जगह बैठ जाता है। यह सिद्ध है। यह दारुमा डाल्स जो है न, यह सिद्ध है। इसको तुम कुछ भी करो, यह अपनी पालथी मारकर अपनी जगह बैठ जाता है।

यह दारुमा शब्द बड़ा अदभुत है। हिंदुस्तान से एक फकीर चौदह सौ साल पहले चीन गया, उसका नाम था बोधिधर्म। वह एक अनासक्त व्यक्ति था; थोड़े से फूलों में से एक, जो मनुष्य जाति में खिले। बोधिधर्म का जापानी नाम दारुमा है। बोधिधर्म को देखकर वह गुड़िया बनाई गई। क्योंकि बोधिधर्म को कुछ भी करो-सोता है, तो अनासक्त; जागता है, तो अनासक्त; कुछ भी करे,

अनासक्त-उसको कहीं से पटको, कुछ भी करो, वह वापस अपनी अनासक्ति में ही रहता है। इसलिए फिर यह गुड़िया बनाई गई। यह दारुमा डाल जो है, यह एक बहुत बड़े सिद्धपुरुष के रूप में बनाई गई।

वह गुड़िया अपने घर में रखनी चाहिए। उसे लुढ़काकर देखते रहना चाहिए। वह वापस अपनी पोजीशन में आ जाती है। आप कुछ भी उपाय करें, उसकी पोजीशन नहीं मिटा सकते। जब आपको अपने भीतर ऐसा लगे, कुछ भी हो जाए-दुख आए, सुख आए, सफलता, असफलता, कोई जीए, कोई मरे, तूफान टूट जाए, बैंक्रप्ट हो जाएं, दिवालिया हो जाएं, मौत आ जाए-कुछ भी हो जाए, आपके भीतर का दारुमा डाल्स जो है, आपकी चेतना जो है, वह हमेशा सिद्धासन लगाकर बैठी रहती है, उसमें कोई फर्क नहीं पड़ता है, तब आप जानना कि सिद्धि हो गई है। जब तक ऐसा न हो जाए, जब तक स्मरण रखना पड़े, जब तक होश रखना पड़े, और अगर होश चूके, तो या तो आसक्ति आ जाए या विरक्ति आ जाए, तब तक जानना कि साधना है।

यद्यदाचरति श्रेष्ठस्तत्तदेवेतरो जनः।
स यत्प्रमाणं कुरुते लोकस्तदनुवर्तते।। 21।।

श्रेष्ठ पुरुष जो-जो आचरण करता है, अन्य पुरुष भी उस-उस के ही अनुसार बर्तते हैं। वह पुरुष जो कुछ प्रमाण कर देता है, लोग भी उसके अनुसार बर्तते हैं।

अंतिम श्लोक की बात और कर लें; बहुत कीमती बात इसमें कृष्ण ने कही है। मनुष्य के चित्त का एक बहुत बुनियादी लक्षण इमिटेशन है, नकल है। सौ में से निन्यानबे आदमी आथेंटिक नहीं होते, प्रामाणिक नहीं होते, इमिटेटिव होते हैं, सिर्फ नकल कर रहे होते हैं। सौ में से निन्यानबे लोग वही नहीं होते, जो उन्हें होना चाहिए; वही होते हैं, जो वे अपने चारों तरफ लोगों को देखते हैं कि लोग हैं। छोटे बच्चे नकल करते हैं, अनुकरण करते हैं; सब कुछ नकल से ही छोटे बच्चे सीखते हैं। लेकिन हममें से बहुत कम लोग हैं, जो छोटे बच्चों की सीमा पार कर पाते हैं। हममें से अधिक लोग जीवनभर ही छोटे बच्चे रह जाते हैं। हम सिर्फ नकल ही करते हैं। हम देख लेते हैं, वही करने लगते हैं।

अगर आज से हम हजार साल पहले भारत के गांव में जाते, तो बच्चे ओंकार की ध्वनि करते मिलते। ऐसा नहीं कि बच्चे कोई बहुत पवित्र थे। अभी उसी गांव में जाएं, बच्चे फिल्मी गाना गाते मिलते हैं। ऐसा नहीं कि बच्चे अपवित्र हो गए हैं। नहीं, बच्चे तो वही करते हैं, जो चारों तरफ हो रहा है। जो बच्चे ओंकार की ध्वनि कर रहे थे, वे कोई बहुत पवित्र थे, ऐसा नहीं है। लेकिन ओंकार की ध्वनि से पवित्रता के आने का द्वार खुलता था। और जो बच्चे फिल्म का गीत गा रहे हैं, वे कोई अपवित्र हैं, ऐसा नहीं है। लेकिन फिल्म के गीत से पवित्रता का द्वार बंद होता है। लेकिन वे तो इमिटेट कर रहे हैं।

बच्चों की तो बात छोड़ दें। हम जानते हैं कि बच्चे तो नकल करेंगे, लेकिन कभी आपने सोचा कि आप इस उम्र तक भी नकल ही किए जा रहे हैं। हम कपड़े वैसे पहन लेते हैं, जैसे दूसरे लोग पहने हैं। हम मकान वैसा बना लेते हैं, जैसा दूसरे लोगों ने बनाया है। हम पर्दे वैसे लटका लेते हैं, जैसा पड़ोसियों ने लटकाया है। हम कार वैसी खरीद लेते हैं, जैसी पड़ोसी लोग खरीदते हैं। अमेरिका में तो कारों की वजह से मुहल्ले तक जाने जाते हैं। क्योंकि एक मुहल्ले में लोग एक-सी ही कारें खरीद लेते हैं, तो शेवरलेट नेबरहुड हो जाती है, शेवरलेट वालों का मुहल्ला। आदमी एक-दूसरे को देखकर करने लगता है।

तो कृष्ण एक और गहरी बात इसमें कह रहे हैं। वे अर्जुन से कह रहे हैं कि तू उन पुरुषों में से है, जिन पर लाखों लोगों की नजर होती है। तू जो करेगा, वही वे लोग भी करेंगे। अगर तू जीवन से भाग गया, तो वे भी भाग जाएंगे। और हो सकता है कि तेरे लिए जीवन से भागना बड़ा प्रामाणिक हो, तो भी वे लाखों लोग बिलकुल गैर-प्रामाणिक ढंग से जीवन से भाग जाएंगे।

जब बुद्ध ने संन्यास लिया, तो बुद्ध का संन्यास तो बहुत आथेंटिक है। बुद्ध का संन्यास तो उनके प्राणों की पूरी की पूरी प्यास और पुकार है। लेकिन लाखों लोग बुद्ध के पीछे संन्यासी हुए। उतने लाखों लोग बुद्ध की हैसियत के नहीं हैं। महावीर ने जब संन्यास लिया, तो महावीर तो, महावीर के लिए संन्यास नियति है, डेस्टिनी है; उससे अन्यथा नहीं हो सकता। लेकिन महावीर के पीछे लाखों लोग संन्यासी हुए। वे सारे लाखों लोग महावीर की हैसियत के नहीं हैं।

लेकिन फिर भी मैं कहूंगा कि अगर नकल ही करनी है, तो फिल्म स्टार की बजाय संन्यासी की ही करनी बेहतर है-अगर नकल ही करनी है। और नकल ही करनी है, तो फिर बेहतर है कि महावीर की नकल ही हो जाए। क्यों? क्योंकि अच्छे की नकल शायद कभी स्वयं के अच्छे का द्वार भी बन जाए। जैसे कि बुरे की नकल निश्चय ही कभी बुरे के आगमन का द्वार बन जाती है।

मैं बुरे के लिए निश्चित कहता हूं और अच्छे के लिए शायद कहता हूं। क्यों? क्योंकि अच्छा चढ़ाई है और बुरा ढलान है। ढलान बहुत निश्चित बन जाती है। उसमें कुछ भी नहीं करना पड़ता; सिर्फ छोड़ दिया और उतर जाते हैं। चढ़ाई पर कुछ करना पड़ता है श्रम। लेकिन अगर नकल में भी चढ़े, अगर कोई कैलाश पर किसी के पीछे नकल में भी चढ़ गया, तो भी कैलाश पर तो पहुंच ही जाएगा। और कैलाश पर पहुंचकर जो घटित होगा, वह सारी नकलें तोड़ देगा और उसके प्रामाणिक व्यक्तित्व के भी प्रकट होने का क्षण आ सकता है।

कृष्ण यह कह रहे हैं कि और हजारों-लाखों लोग अर्जुन, तुझे देखकर जीते हैं। अर्जुन साधारण व्यक्ति नहीं है। अर्जुन असाधारण व्यक्तियों में से है। उस सदी के असाधारण लोगों में से है। अर्जुन को लोग देखेंगे। अर्जुन जो करेगा, वह अनेकों के लिए प्रमाण हो जाएगा। अर्जुन जैसा जीएगा, वैसा करोड़ों के लिए अनुकरणीय हो जाएगा। तो कृष्ण कहते हैं, तुझे देखकर जो लाखों लोग जीते हैं, अगर तू भागता है, वे भी जीवन से भाग जाएंगे। अगर तू पलायन करता है, वे भी पलायन कर जाएंगे। अगर तू विरक्त होता है, वे भी विरक्त हो जाएंगे।

तो अर्जुन, उचित ही है कि तू अनासक्त हो जा, तो शायद उनमें भी अनासक्ति का खयाल पहुंचे। तेरी अनासक्ति की सुगंध उनके भी नासापुटों को पकड़ ले। तेरी अनासक्ति का संगीत, हो सकता है, उनके भी हृदय के किसी कोने की वीणा को झंकृत कर दे। तेरी अनासक्ति का आनंद, हो सकता है, उनके भीतर भी अनासक्ति के फूल के खिलने की संभावना बन जाए। तो तू उन पर ध्यान रख। यह सिर्फ तेरा ही सवाल नहीं है। क्योंकि तू सामान्यजन नहीं है, तू असामान्य है; तुझे देखकर न मालूम कितने लोग चलते, उठते और बैठते हैं। तू उनका भी खयाल कर। और अगर तू अनासक्त हो सके, तो उन सबके लिए भी तेरा जीवन मंगलदायी हो सकता है।

इस संबंध में दो बातें अंत में आपसे और कहूं। इधर पिछले पचास-साठ वर्षों में पश्चिम के मनोवैज्ञानिकों ने कुछ इस तरह की भ्रांति पैदा की-उनको भी अब भ्रांति मालूम पड़ने लगी-जिसमें उन्होंने मां-बाप को, शिक्षकों को, सबको समझाया कि बच्चों को इमिटेशन से बचाओ। यह बात थोड़ी दूर तक सच थी। और थोड़ी दूर तक जो बातें सच होती हैं, कभी-कभी खतरनाक होती हैं, क्योंकि थोड़ी दूर के बाद वे सच नहीं होतीं। इसमें थोड़ी दूर तक बात सच थी कि बच्चों को हम ढालें न, उनको पैटर्नाइज न करें। उनको ऐसा न करें कि एक ढांचा दे दें और जबर्दस्ती ढालकर रख दें। तो पश्चिम के मनोवैज्ञानिकों ने बहुत जोर से जोर दिया कि बच्चों को ढालो मत; बच्चों को कोई दिशा मत दो; बच्चों को कोई डिसिप्लिन, कोई अनुशासन मत दो; क्योंकि उससे बच्चों की आत्मा का जो प्रामाणिक रूप है, वह प्रकट नहीं हो सकेगा। बच्चे इमिटेटिव हो जाएंगे।

कृष्णमूर्ति ने भी इस पर भारी जोर दिया। लेकिन यह बात थोड़ी दूर तक ही सच है। क्योंकि अगर बच्चे न ढाले जाएं, तो भी बच्चे ढलते हैं। हां, तब बाप नहीं ढालता, तब सड़क की होटल ढाल देती है; तब मां नहीं ढालती, लेकिन फिल्म अभिनेत्री ढाल देती है; तब गीता नहीं ढालती, लेकिन सुबह का अखबार ढाल देता है। और हम किसी बच्चे को जिंदगी के सारे इंप्रेशन से, प्रभावों से मुक्त कैसे रख सकते हैं? पचास साल में मनोवैज्ञानिकों ने जो कहा, तो सारी दुनिया के मां-बाप, कम से कम शिक्षित मां-बाप, बहुत डर गए। जितनी जिस मुल्क में शिक्षा बढ़ी, मां-बाप बहुत डर गए।

एक जमाना था कि बच्चे घर में घुसते थे, तो डरते हुए घुसते थे। आज अमेरिका में बाप घर में घुसता है, तो बच्चों से डरा हुआ घुसता है कि कोई मनोवैज्ञानिक भूल न हो जाए; कि कहीं बच्चा बिगड़ न जाए, न्यूरोटिक न हो जाए, कहीं पागल न हो जाए, कहीं दिमाग खराब न हो जाए, कहीं कुछ गड़बड़ न हो जाए, तो बाप डरा हुआ घुसता है घर में! मां डरती है अपने बच्चों से कुछ कहने में कि कहीं कोई ऐसी चीज न पैदा हो जाए कि कांप्लेक्स पैदा हो जाए दिमाग में, ग्रंथि हो जाए; कहीं बीमार न हो जाए। सब डरे हुए हैं।

लेकिन इससे हुआ क्या? अठारहवीं सदी और उन्नीसवीं सदी में जो बच्चे

थे, उनसे बेहतर बच्चे हम पैदा नहीं कर पाए। बच्चे तो ढाले ही गए, लेकिन मां-बाप जो कि बहुत प्रेम से ढालते, मां-बाप जो कि बहुत केअर और कंसर्न से ढालते, उन्होंने नहीं ढाला। लेकिन बाजार ढाल रहा है उनको, अखबार ढाल रहे हैं, पत्रिकाएं ढाल रही हैं, डिटेक्टिव्स ढाल रहे हैं, फिल्में ढाल रही हैं।

सारी दुनिया, आज दुनिया का बाजार, एक जमाना था कि नब्बे प्रतिशत स्त्रियों से चलता था। आज दुनिया का बाजार पचास प्रतिशत बच्चों से चल रहा है। और बच्चों को परसुएड किया जा रहा है। क्योंकि कोई भी नई चीज पकड़ानी है, तो पिता को पकड़ाना जरा मुश्किल पड़ती है; बच्चे को पकड़ाना आसान पड़ती है; वह जल्दी पकड़ लेता है। और उसके घर में कोई शिष्ट, कोई अनुशासन नहीं है, इसलिए वह बाहर से जो भी सीखने को मिलता है, उसे सीख लेता है। अगर आज सारी दुनिया में बच्चे बगावती हैं, तो उसका कुल कारण इतना है-केआटिक हैं, अराजक हैं, तो उसका कुल कारण इतना है-कि हम उनके लिए कोई भी आधार, कोई भी अनुशासन, कोई भी दृष्टि, कोई भी दिशा देने में समर्थ नहीं रहे हैं। और मां-बाप डरते हैं कि कहीं बच्चे उनकी नकल न करने लगें।

लेकिन बच्चे नकल करेंगे ही। कभी लाख में एकाध बच्चा होता है, जो नकल नहीं करता और खुद जीता है। लेकिन वह कभी होता है, वह अपवाद है; उसका कोई हिसाब नहीं रखा जा सकता। अधिकतर बच्चे तो नकल करके ही जीएंगे। बाप डरता है कि कहीं मेरी नकल न कर ले। मां डरती है कि लड़की कहीं मेरी नकल न कर ले, नहीं तो बिगड़ जाए, क्योंकि सारा मनोविज्ञान कह रहा है कि बिगाड़ मत देना। और मजा यह है कि वे बच्चे तो नकल करेंगे ही। तब वे किसी की भी नकल करते हैं। और वह नकल जो परिणाम ला रही है, वह हमारे सामने है।

कृष्ण ने जब यह कहा अर्जुन से, तो उस कहने का प्रयोजन इतना ही है कि तेरे ऊपर न मालूम कितने लोगों की आंखें हैं। तू ऐसा कुछ कर, तू कुछ ऐसा जी कि उनकी जिंदगी में तेरा अनुशासन, मार्ग, प्रकाश, ज्योति बन सके। उनका जीवन तेरे कारण अंधकारपूर्ण न हो जाए। इससे लोकमंगल सिद्ध होता है।

शेष कल बात करेंगे।

छठवां प्रवचन

वर्ण व्यवस्था की वैज्ञानिक पुनर्स्थापना

न मे पार्थास्ति कर्तव्यं त्रिषु लोकेषु किंचन।
नानवाप्तमवाप्तव्यं वर्त एव च कर्मणि।। 22।।
यदि ह्यहं न वर्तेयं जातु कर्मण्यतन्द्रितः।
मम वर्त्मानुवर्तन्ते मनुष्याः पार्थ सर्वशः।। 23।।
उत्सीदेयुरिमे लोका न कुर्यां कर्म चेदहम्।
संकरस्य च कर्ता स्यामुपहन्यामिमाः प्रजाः।। 24।।

इसलिए हे अर्जुन, यद्यपि मुझे तीनों लोकों में कुछ भी कर्तव्य नहीं है तथा किंचित भी प्राप्त होने योग्य वस्तु अप्राप्त नहीं है, तो भी मैं कर्म में ही बर्तता हूं। क्योंकि यदि मैं सावधान हुआ कर्म में न बर्तूं, तो हे अर्जुन, सब प्रकार से मनुष्य मेरे बर्ताव के अनुसार बर्तने लग जाएं। तथा यदि मैं कर्म न करूं, तो ये सब लोग भ्रष्ट हो जाएं और मैं वर्णसंकर का करने वाला होऊं तथा इस सारी प्रजा का हनन करूं अर्थात इनको मारने वाला बनूं।

सनाई के पर्वत पर मोजेज को परमात्मा का दर्शन हुआ और उस दर्शन में परमात्मा के दस आदेश, टेन कमांडमेंट्स भी मिले। फिर मोजेज सनाई के पर्वत से नीचे उतरे। लेकिन जब वे पर्वत पर गए थे, तो मोजेज थे; और जब पर्वत से नीचे उतरे, तो परमात्मा हो गए। पर्वत से नीचे आकर उन्होंने अपने लोगों से जो वचन कहा, यहूदी इतिहास में वह सदा ही विचारणीय बना रहा। मोजेज ने नीचे उतरकर लोगों से कहा कि नाउ आई गिव यू दि ला, मैं तुम्हें धर्म देता हूं। परमात्मा और मूसा एक हो गए, मोजेज एक हो गए। जिसने भी परमात्मा को जाना, वह परमात्मा से एक हो जाता है। मोजेज को कहना चाहिए था, परमात्मा के मुझे दर्शन हुए; उन्होंने मुझे धर्म का नियम दिया, वह मैं परमात्मा की तरफ से तुम्हें देता हूं। लेकिन मोजेज ने कहा, मैं तुम्हें धर्म देता हूं।

एक हसीद फकीर से उसके शिष्य पूछ रहे थे कि मोजेज का ऐसा कहना अनुचित नहीं है क्या? क्या यह अनाधिकारपूर्ण नहीं है? क्या मोजेज का इस तरह का वक्तव्य अहंकार से भरा हुआ नहीं है?

तो उस हसीद फकीर ने एक छोटी-सी कहानी कही, वह मैं आपसे कहना चाहूं।

उस हसीद फकीर ने कहा, एक बहुत बड़ा व्यापारी, एक बहुत बड़ा व्यवसायी तीर्थयात्रा को जाना चाहता था। दूर था उसका तीर्थ, संभावना वर्षों के लग जाने की थी। अकेला था घर में। उसके बड़े व्यवसाय को संभालने वाला कोई भी न था। उसने एक आदमी को नौकर की तरह नियुक्त किया। नौकर के हाथ में सारा कारोबार सौंप दिया और खुद दुकान के पीछे के कमरे में बैठने लगा।

एक वर्ष बीत गया, लेकिन उसे ऐसा नहीं लगा कि अभी तीर्थयात्रा पर जाने का समय परिपक्व हुआ है। अनेक बार वह पीछे के कमरे में से बैठा हुआ नौकर की बातचीत ग्राहकों से सुनता। नौकर अक्सर कहता, दि मास्टर विल नाट गिव यू दिस थिंग एट दिस प्राइस, मालिक इस कीमत पर चीज नहीं देगा। दूसरा वर्ष शुरू हो गया। वह पीछे के कमरे में ही रहता और फिर नौकर को सुनता रहता। लेकिन दूसरे वर्ष उसे थोड़ी आशा बंधी। नौकर ने ग्राहकों से कहना शुरू कर दिया, वी विल नाट

गिव यू दिस थिंग एट दिस प्राइस, हम इस कीमत पर चीज नहीं दे सकते। लेकिन तब भी मालिक ने सोचा कि अभी ठीक समय नहीं आया कि मैं यात्रा पर निकल जाऊं। तीसरा वर्ष लग गया। और एक दिन मालिक को लगा कि ठीक समय आ गया, क्योंकि नौकर ने ग्राहकों से कहा, आई विल नाट गिव यू दिस थिंग एट दिस प्राइस, मैं तुम्हें इस कीमत पर चीज नहीं दूंगा। मालिक ने अपनी पत्नी से कहा कि अब बेफिक्र रहो। अब मैं यात्रा पर जा सकता हूं। अब नौकर में और मुझमें कोई फासला नहीं रहा। अब हमारे बीच की दीवाल टूट गई है। अब नौकर मेरी वाणी बोल रहा है। अब मैं ही बोल रहा हूं। अब बेफिक्र हुआ जा सकता है।

उस हसीद फकीर ने यह छोटी-सी कहानी कही थी, यह आपसे मैं कहता हूं, इस सूत्र को समझाने के पहले।

कृष्ण जब ऐसा कहते हैं कि मुझे अब कुछ भी ऐसा नहीं है जो पाने योग्य हो, क्योंकि मैंने सब पा लिया; अब कुछ भी ऐसा नहीं है जो मेरे लिए करने योग्य हो, क्योंकि सब किया जा चुका; जो पाना था, वह पा लिया गया; जो करना था, वह कर लिया गया; अब कर्म मेरे लिए कर्तव्य नहीं है; तो यहां कृष्ण नहीं बोल रहे हैं, परमात्मा ही बोल रहा है। और इतने साहस से सिर्फ वही बोल सकता है, जो परमात्मा के साथ बिलकुल एक हो गया है।

राम इतने साहस से नहीं बोलते। इसलिए राम को हम पूर्ण अवतार नहीं कह सके। कृष्ण ही इस साहस से बोलते हैं। और इतना बड़ा साहस सिर्फ निरहंकारी को ही उपलब्ध होता है। अहंकारी तो सदा भयभीत रहता है। सच तो यह है कि भय को हम अपने अहंकार से छिपाए रखते हैं। अहंकारी सदा डांवाडोल रहता है। लेकिन कृष्ण जब बोलते हैं, तो वे यह कह रहे हैं कि मैं, कुछ भी करने योग्य नहीं है, फिर भी किए चला जाता हूं; और कुछ भी पाने योग्य नहीं है, फिर भी दौड़ता हूं और चलता हूं। क्यों? इसलिए कि चारों ओर जो लोग हैं, मैं चाहूं तो सब छोड़ सकता हूं करना, मैं चाहूं तो सब छोड़ सकता हूं पाना; लेकिन तब मुझे देखकर वे बहुत से लोग, जिन्हें अभी पाने को बहुत कुछ शेष है, पाना छोड़ देंगे; और जिन्हें अभी करने को बहुत कुछ शेष है, करना छोड़ देंगे।

इस बात को थोड़ा गहरे देखना जरूरी है। असल में जिसे अभी परमात्मा नहीं मिला, उसे बहुत कुछ पाने को शेष है। सच तो यह है कि जिसे परमात्मा नहीं मिला, उसे सभी कुछ पाने को शेष है। उसने अभी जो भी पाया है, उसका कोई भी मूल्य नहीं है। और जिसे अभी मुक्ति नहीं मिली और जिसने आत्मा की स्वतंत्रता को अनुभव नहीं किया, अभी उसे बहुत कुछ करने को शेष है। असल में अभी तक उसने जो कुछ भी किया है, उससे वह कहीं भी नहीं पहुंचा है। लेकिन कृष्ण जैसा व्यक्ति, जिसके पाने की यात्रा पूरी हुई, करने की यात्रा पूरी हुई, जो मंजिल पर खड़ा है, अगर वह भी बैठ जाए, तो हम रास्तों पर ही बैठ जाएंगे।

हम तो बैठना ही चाहते हैं। हम तो उत्सुक हैं कि बैठने के लिए बहाना मिल जाए। हम तो आतुर हैं कि हमें कोई कारण मिल जाए और हम यात्रा बंद कर दें। हम यात्रा बड़े बेमन से कर रहे हैं। हम चल भी रहे हैं तो ऐसे जैसे कि बोझ की भांति चलाए जा रहे हैं। जिंदगी हमारी कोई मौज का गीत नहीं, और जिंदगी हमारा कोई नृत्य नहीं है। जिंदगी हमारी वैसी है, जैसे बैल चलते हैं गाड़ी में जुते हुए, ऐसे हम जिंदगी में जुते हुए चलते हैं। हम तो कभी भी आतुर हैं कि मौका मिले और हम रुकें।

लेकिन अगर हम रुक जाएं, तो हम परमात्मा को पाने से ही रुक जाएंगे। क्योंकि अभी जो पाने योग्य है, वह पाया नहीं गया; अभी जो जानने योग्य है, वह जाना नहीं गया। और जानने योग्य क्या है? जानने योग्य वही है, जिसको जान लेने के बाद फिर कुछ जानने को शेष नहीं रह जाता है। और पाने योग्य क्या है? पाने योग्य वही है कि जिसको पा लेने के बाद फिर पाने की आकांक्षा ही तिरोहित हो जाती है। मंजिल वही है, जिसके आगे फिर कोई रास्ता ही नहीं होता। जिस मंजिल के आगे रास्ता है, वह मंजिल नहीं है, पड़ाव है।

हम तो अभी पड़ाव पर भी नहीं हैं, रास्तों पर हैं। शायद ठीक रास्तों पर भी नहीं हैं, गलत रास्तों पर हैं। ऐसे रास्तों पर हैं, जिन पर अगर हम बैठ गए, जिन पर अगर हम रुक गए, जिन पर अगर हम ठहर गए, तो हम पदार्थ के ही घेरे में बंद रह जाएंगे और परमात्मा के प्रकाश को कभी उपलब्ध न हो पाएंगे।

इसलिए कृष्ण कहते हैं, मैं जिसे कि सब कुछ मिल गया, मैं जिसने कि सब कुछ पा लिया, जिसके लिए अब कोई आकांक्षा शेष नहीं रही, जिसके लिए

अब कोई भविष्य नहीं है...। खयाल रहे, भविष्य निर्मित होता है आकांक्षाओं से, कल निर्मित होता है वासनाओं से। कल हम निर्माण करते हैं इसलिए कि आज बहुत कुछ है, जो पाने को शेष रह गया। कृष्ण जैसे व्यक्ति के लिए कोई भविष्य नहीं है। सब कुछ अभी है, यहीं है। रुक जाना चाहिए।

लेकिन बड़े मजे की बात है, कृष्ण जैसा व्यक्ति नहीं रुकता और हम रुक जाते हैं! जिन्हें नहीं रुकना चाहिए, वे रुक जाते हैं; जिसे रुक जाना चाहिए, वह नहीं रुकता है। हम नासमझ रुकने वालों के लिए, ठहर जाने वालों के लिए, पड़ाव को मंजिल, गलत रास्ते को सही रास्ता समझ लेने वालों के लिए कृष्ण जैसे व्यक्ति को करुणा से ही चलते रहना पड़ता है।

इसलिए कृष्ण कह रहे हैं अर्जुन से कि तू रुकेगा, तू ठहरेगा, तो खतरनाक है। खतरनाक दो कारणों से है। खुद अर्जुन के लिए भी खतरनाक है। अर्जुन भी अभी वहां नहीं पहुंच गया है, जो मंजिल है। अभी श्रम अपेक्षित है। अभी संकल्प की जरूरत है। अभी साधना आवश्यक है। अभी कदम उठाने हैं, सीढ़ियां चढ़नी हैं। अभी मंदिर आ नहीं गया और प्रतिमा दूर है। अर्जुन के लिए भी रुक जाना खतरनाक है। और अर्जुन के लिए खतरनाक है ही, पर वह एक ही व्यक्ति के लिए खतरनाक है। अर्जुन को देखकर पीछे चलने वाले बहुत से लोग रुक जाएंगे। जब अर्जुन जैसा व्यक्ति रुके, तो वे रुक जाएंगे।

कृष्ण की सारी सक्रियता करुणा है। करुणा उन पर, जो अभी अपनी मंजिल पर नहीं पहुंच गए हैं। उनके लिए कृष्ण दौड़ते रहेंगे कि उनमें भी गति आती रहे। उनके लिए कृष्ण खोजते रहेंगे उसको, जिसे उन्होंने पा ही लिया है, ताकि वे भी खोज में लगे रहें। उनके लिए कृष्ण श्रम करते रहेंगे उसके लिए, जो कि उनके हाथ में है, ताकि वे भी श्रम करते रहें, जिनके कि हाथ में अभी नहीं है।

इस सत्य को अगर हम ठीक से देख पाएं, तभी हम बुद्ध, महावीर, कृष्ण या क्राइस्ट की सक्रियता को समझ पाएंगे। उनकी सक्रियता और हमारी सक्रियता में एक बुनियादी भेद है। वे कुछ पाने के बाद भी सक्रिय हैं और हम कुछ पाने के पहले सक्रिय हैं। एक-सा ही लगेगा। हम और वे रास्ते पर चलते हुए एक-से ही मालूम पड़ेंगे, लेकिन हम एक-से नहीं हैं। इस तरह के व्यक्तियों

को ही हमने अवतार कहा है। इसलिए अवतार शब्द के संबंध में दो बातें खयाल में ले लें।

अवतार हम उस व्यक्ति को कहते हैं, जिसे पाने को कुछ भी शेष नहीं रहा, फिर भी पाने वालों के बीच में खड़ा है। अवतार हम उस व्यक्ति को कहते हैं, जिसे जानने को कुछ शेष नहीं रहा, फिर भी जानने वालों की पाठशाला में बैठा हुआ है। अवतार हम उसे कहते हैं, जिसके लिए जिंदगी में अब लेने योग्य कुछ भी नहीं है, फिर भी जिंदगी के घनेपन में खड़ा है। अवतार का कुल अर्थ इतना ही है कि जो पहुंच चुका, वह भी रास्ते पर है।

बुद्ध के जीवन में एक उल्लेख है। उल्लेख है कि बुद्ध का निर्वाण हुआ। कहानी है बहुत मधुर, बहुत मीठी। फिर भी सत्य, कहानी की तरह नहीं, उसके अभिप्राय की तरह। बुद्ध का निर्वाण हो गया और निर्वाण के बाद की कथा है कि वे मोक्ष के द्वार पर खड़े हैं। द्वारपाल ने दरवाजे खोल दिए हैं, लेकिन बुद्ध द्वार से प्रवेश नहीं करते। द्वारपाल कहता है, भीतर आएं, स्वागत है। और मोक्ष प्रतीक्षा करता है आपकी बहुत दिनों से। चालीस वर्ष पहले बुद्ध को आ जाना चाहिए था, क्योंकि मरने के चालीस वर्ष पहले यात्रा पूरी हो गई थी। मरने के चालीस वर्ष पहले ही जो पाना था, पा लिया गया; और जो जानना था, वह जान लिया गया था। लेकिन चालीस वर्ष कहां थे? चालीस वर्ष से मोक्ष प्रतीक्षा करता है कि आएं। द्वार चालीस वर्ष से खुले हैं।

लेकिन बुद्ध कहते हैं, अभी भी मैं प्रवेश नहीं करूंगा। द्वार को अभी और बहुत दिन तक खुले रहना पड़ेगा। वह द्वारपाल कहता है, क्या कह रहे हैं आप! लोग द्वार खटखटाते हैं, तब भी मोक्ष के द्वार नहीं खुलते। लोग छाती पीटते हैं, तो भी मोक्ष के द्वार नहीं खुलते। लोग गिड़गिड़ाते हैं, तो भी मोक्ष के द्वार नहीं खुलते। मोक्ष के द्वार खुले हैं और आप रुके हैं बाहर! प्रवेश करें, रुकते क्यों हैं? तो बुद्ध कहते हैं कि जब तक एक आदमी भी मेरे पीछे मोक्ष के बिना रह गया है, तब तक मैं प्रवेश नहीं कर सकता हूं। मैं अंतिम ही आदमी हो सकता हूं, जो मोक्ष में प्रवेश करेगा।

महायान बौद्ध धर्म के फकीर कहते हैं, बुद्ध अब भी मोक्ष के द्वार पर खड़े

हैं। द्वार खुले हैं और बुद्ध द्वार पर ही खड़े हैं। अब भी खड़े हैं। जब तक अंतिम आदमी प्रवेश न कर जाए, तब तक वे खड़े ही रहने वाले हैं। कहानी है। अभिप्राय गहरा है और सत्य है।

कृष्ण यही कह रहे हैं। अर्जुन को वे एक बात स्मरण दिलाना चाहते हैं और वह यह कि अपने लिए ही कर्म करना काफी नहीं है। असली कर्म तो उसी दिन शुरू होता है, जिस दिन वह दूसरे के लिए शुरू होता है। अपने लिए ही जीना पर्याप्त नहीं है। असली जिंदगी तो उसी दिन शुरू होती है, जिस दिन वह दूसरे के लिए शुरू होती है।

ध्यान रहे, जो सिर्फ अपने लिए, खुद के कुछ पाने के लिए जीता है, वह बोझ से ही जीएगा, बर्डनसम ही होगी उसकी जिंदगी-एक बोझ, एक भार। लेकिन जिस दिन व्यक्ति अपने लिए सब पा चुका होता, सब जान चुका होता, फिर भी जीता है, तब जिंदगी निर्भार, वेटलेस हो जाती है। तब जिंदगी से ग्रेविटेशन, जमीन की कशिश खो जाती है; और आकाश का प्रसाद, प्रभु की ग्रेस बरसनी शुरू हो जाती है।

हम जमीन से बंधे हुए जीते हैं, हम जिंदगी के बोझ से भरे हुए जीते हैं। जो भी अपने लिए जी रहा है, वह जमीन के बोझ से भरा हुआ जीएगा। अपने लिए जीने से ज्यादा बड़ा कष्ट दूसरा नहीं है। इस साधारण जिंदगी में भी वे ही क्षण हमारे आनंद के होते हैं, जब हम थोड़ी देर के लिए दूसरे के लिए जीते हैं। मां जब अपने बेटे के लिए जी लेती है, तब आनंद से भर जाती है। मित्र जब अपने मित्र के लिए जी लेता है, तो आनंद से भर जाता है। क्षणभर को भी अगर हम दूसरे के लिए जीते हैं, तभी हमारे जीवन में आनंद होता है।

कृष्ण कह रहे हैं, जिसने सब पा लिया, वह दूसरे के लिए ही जीता है, अपने लिए जीने का तो कोई कारण ही शेष नहीं रह जाता। और तब आनंद की अनंत वर्षा उसके ऊपर हो जाती है। अर्जुन को वे कह रहे हैं कि तू अपने लिए ही मत सोच। केवल अपने लिए ही मत सोच-अपने लिए सोच, क्योंकि तेरे लिए भी अभी यात्रा बाकी है-लेकिन उनके लिए भी सोच, जिनके लिए बहुत यात्रा बाकी है और जो अभी जीवन के अंधेरे पथों पर हैं और जिन्हें मंजिल का कोई भी प्रकाश दिखाई नहीं पड़ा है।

प्रश्न : कल की चर्चा पर दो छोटे प्रश्न हैं। एक मित्र पूछते हैं कि आपने वर्ण व्यवस्था के बारे में जो कहा, क्या आज वह व्यवस्था आज की स्थिति में उचित है उसे लाना? और दूसरा प्रश्न है कि आश्रमों की चर्चा आपने की और उम्र का भी विभाजन किया। संन्यास चौथी अवस्था में आता है, तो मित्र पूछते हैं कि आप बहुत छोटी उम्र के लोगों को भी संन्यास की दीक्षा दे रहे हैं, तो क्या वह उचित है?

समय बदल जाता है, परिस्थिति बदल जाती है, लेकिन जीवन के मूल सत्य नहीं बदलते हैं। और जो उन मूल सत्यों को अस्वीकार करता है, वह केवल कष्ट में, दुख में और चिंता में पड़ता है। सब कुछ बदल जाता है, लेकिन जीवन के जो आधार-सत्य हैं, वे नहीं बदलते हैं। वर्ण और आश्रम की व्यवस्था किसी समाज विशेष और किसी परिस्थिति विशेष के नियम पर निर्मित नहीं थी। वर्णाश्रम की व्यवस्था मनुष्य के चित्त के ही नियमों पर निर्भर थी। और आज भी उतने ही उपयोग की है, जितनी कभी हो सकती थी और कल भी उतने ही उपयोग की रहेगी। इसका यह मतलब नहीं है कि वर्ण व्यवस्था के नाम पर जो चल रहा है, वह उपयोगी है। जो चल रहा है, वह तो वर्ण व्यवस्था नहीं है। जो चल रहा है, वह तो वर्ण व्यवस्था के नाम पर रोग है, बीमारी है।

असल में सभी ढांचे सड़ जाते हैं। सत्य नहीं सड़ते, ढांचे सड़ जाते हैं। और अगर सत्यों को बचाना हो, तो सड़े हुए ढांचों को रोज अलग करने का साहस रखना चाहिए। जो ढांचा निर्मित हुआ था, वह तो सड़ गया; उसके प्राण तो कभी के खो गए, उसकी आत्मा तो कभी की लोप हो गई; सिर्फ देह रह गई है। और उस देह में हजार तरह की सड़ांध पैदा होगी, क्योंकि आत्मा के साथ ही उस देह में सड़ांध पैदा नहीं हो सकती थी।

दो बातें वर्ण के संबंध में। एक तो, जिस दिन वर्ण हाइरेरिकल हो गया, जिस दिन वर्ण नीचे-ऊंचे का भेद करने लगा, उसी दिन सड़ांध शुरू हो गई। वर्ण के सत्य में नीचे-ऊंचे का भेद नहीं था; वर्ण के सत्य में व्यक्तित्व भेद था। शूद्र ब्राह्मण से नीचा नहीं है, ब्राह्मण शूद्र से ऊंचा नहीं है। क्षत्रिय शूद्र से ऊंचा नहीं है,

वैश्य ब्राह्मण से नीचा नहीं है। नीचे-ऊंचे की बात खतरनाक सिद्ध हुई। शूद्र शूद्र है, ब्राह्मण ब्राह्मण है। यह टाइप की बात है।

जैसे कि समझें, एक आदमी पांच फीट का है और एक आदमी छह फीट का है। तो पांच फीट का आदमी छह फीट के आदमी से नीचा नहीं है। पांच फीट का आदमी पांच फीट का आदमी है, छह फीट का आदमी छह फीट का आदमी है। एक आदमी काला है, एक आदमी गोरा है। काला आदमी गोरे आदमी से नीचा नहीं है। काला आदमी काला है, गोरा आदमी गोरा है। पिगमेंट का फर्क है, चमड़ी में थोड़े-से रंग का फर्क है। मुश्किल से दो, तीन, चार आने के दाम का फर्क है। और चमड़ी के फर्क से कोई आदमी में फर्क नहीं होता। गोरे की चमड़ी में भी आज नहीं कल, तीन-चार आने का पिगमेंट काला डाला जा सकेगा, तो वह काली हो जाएगी। काले की चमड़ी गोरी हो जाएगी। गोरा गोरा है, काला काला है; ऊंचे-नीचे का फासला जरा भी नहीं है। एक आदमी के पास थोड़ी ज्यादा बुद्धि है, एक आदमी के पास थोड़ी कम बुद्धि है। ऊंचे-नीचे का फिर भी कोई कारण नहीं है। कोई कारण नहीं है। जैसे पिगमेंट का फर्क है, ऐसे ही बुद्धि की मात्रा का फर्क है। है फर्क।

वर्ण की व्यवस्था में फर्क, डिफरेंस की स्वीकृति थी, वेल्युएशन नहीं था, मूल्यांकन नहीं था। और उचित है कि स्वीकृति हो, क्योंकि जिस दिन स्वीकृति खो जाती है, उस दिन उपद्रव, उत्पात शुरू होता है। अब आज वर्ण टिकेगा नहीं। क्योंकि सड़ी हुई वर्ण की व्यवस्था, कोई लाख उपाय करे, टिक नहीं सकती। लेकिन वर्ण लौटेगा। यह व्यवस्था तो मरेगी, लेकिन वर्ण लौटेगा।

जितना मनुष्य के संबंध में वैज्ञानिक चिंतन बढ़ेगा आने वाली सदी में, वर्ण की व्यवस्था वापस लौट आएगी। हिंदुओं की वर्ण की व्यवस्था नहीं लौटेगी। वह तो गई, वह मर गई। वर्ण की व्यवस्था लौट आएगी और अब और ज्यादा वैज्ञानिक होकर लौटेगी। क्योंकि जितना मनुष्य के संबंध में समझदारी बढ़ रही है, जितना मनोविज्ञान विकसित हो रहा है, उतनी बात साफ होती जा रही है कि चार तरह के लोग हैं। उनको इनकार करने का कोई उपाय नहीं है। और हम कुछ भी उपाय करें,

हम सारे लोगों को सिर्फ एक ही तरह से एक वर्ण का बना सकते हैं। और वह यह कि हम लोगों की आत्मा को बिलकुल नष्ट कर दें और लोगों को बिलकुल मशीनें बना दें। वर्ण की व्यवस्था उसी दिन असत्य होगी, जिस दिन आदमी मशीन हो जाएगा, आदमी नहीं होगा; उसके पहले असत्य नहीं हो सकती।

मशीनें एक-सी हो सकती हैं। फोर्ड की कारें हैं, तो लाख कारें एक-सी हो सकती हैं। रत्तीभर फर्क खोजा नहीं जा सकता। एक ढांचे में ढलती हैं, एक-सी हो सकती हैं। कारें इसीलिए एक-सी हो सकती हैं, क्योंकि उनके पास कोई आत्मा नहीं है। हां, आत्मा होगी, तो व्यक्ति एक-से कभी नहीं हो सकते। आत्मा का अर्थ ही भेद है। व्यक्तित्व का अर्थ ही अंतर है, डिफरेंस है। आपके पास व्यक्तित्व है, उसका मतलब ही यही है कि आप दूसरे व्यक्तियों से कहीं न कहीं भिन्न हैं। अगर आप बिलकुल भिन्न नहीं हैं, तो व्यक्तित्व नहीं है, आत्मा नहीं है। मनुष्य के पास जब तक आत्मा है, तब तक वर्ण का सत्य झुठलाया नहीं जा सकता है। हम इनकार कर सकते हैं।

एक आदमी कह सकता है कि हम ग्रेविटेशन को नहीं मानते, जमीन की कशिश को नहीं मानते। मत मानिए! इससे सिर्फ आपकी टांग टूटेगी। इससे ग्रेविटेशन का सत्य गलत नहीं होता। एक आदमी कह सकता है कि हम आक्सीजन के सत्य को नहीं मानते; हम श्वास लेंगे नहीं। तो ठीक है, मत लीजिए। इससे सिर्फ आप मरेंगे, आक्सीजन नहीं मरती। जीवन के नियम को इनकार किया जा सकता है, लेकिन इससे जीवन का नियम नष्ट नहीं होता, सिर्फ हम नष्ट होते हैं।

हां, जीवन के नियम पर हम झूठी व्यवस्थाएं भी खड़ी कर सकते हैं। और तब झूठी व्यवस्थाओं के कारण जीवन का नियम भी बदनाम हो जाता है। हमने जो हाइरेरिकल व्यवस्था निर्मित की ऊंचे-नीचे की, उससे बदनामी पैदा हुई; उससे वर्ण की व्यवस्था दूषित हुई। उससे वर्ण की व्यवस्था गंदी हुई, कंडेम्ड हुई। आज वह कंडेम्ड है, लेकिन वर्ण का सत्य कभी भी कंडेम्ड नहीं है।

और मैं आपसे कहना चाहूंगा कि यह पहली सदी है, जब पश्चिम के मनोविज्ञान ने पुनः इस बात को साफ करना शुरू कर दिया है कि दो व्यक्तियों के

बीच पूरी समानता, पूरी एकता, पूरा एक-सा पन कभी भी सिद्ध नहीं किया जा सकता। और दुर्भाग्य का होगा वह दिन, जिस दिन विज्ञान सब आदमियों को बराबर कर देगा, क्योंकि उसी दिन आदमी की आत्मा नष्ट हो जाएगी।

इसलिए वर्ण के सत्य में कहीं भी अंतर नहीं पड़ा है; पड़ेगा भी नहीं; पड़ना भी नहीं चाहिए; पड़ने भी नहीं देना। लड़ना भी पड़ेगा आज नहीं कल आदमी को, कि हम अलग हैं, भिन्न हैं, और हमारी भिन्नता कायम रहनी चाहिए। हालांकि राजनीति भिन्नता को तोड़ डालने की पूरी चेष्टा में लगी है।

सब भिन्नता टूट जाए और आदमी मशीन जैसा व्यवहार करे, तो राजनीतिज्ञों के लिए बड़ी सरल और सुलभ हो जाएगी बात। तब डिक्टेटोरियल हुआ जा सकता है, तब तानाशाही लाई जा सकती है, तब टोटेलिटेरियन हुआ जा सकता है। तब व्यक्तियों की कोई चिंता करने की जरूरत नहीं है, व्यक्ति हैं ही नहीं। लेकिन जब तक व्यक्ति भिन्न हैं, तभी तक लोकतंत्र है जगत में। जब तक व्यक्तियों में आत्मा है, तभी तक रस भी है जगत में, वैविध्य भी है जगत में, सौंदर्य भी है जगत में, रंग-बिरंगापन भी है जगत में।

वर्ण की व्यवस्था इस रंग-बिरंगेपन को, इस वैविध्य को अंगीकार करती है। ऊंच-नीच की बात गलत है। और जो लोग ऊंच-नीच बनाए रखने के लिए वर्ण की व्यवस्था का समर्थन कर रहे हैं, वे लोग खतरनाक हैं। लेकिन मैं वह बात नहीं कह रहा हूं। मैं कुछ और ही बात कह रहा हूं। मैं यह कह रहा हूं, आदमी चार प्रकार के हैं। हम चाहे मानें और चाहे हम न मानें।

आज अमेरिका में तो कोई वर्ण व्यवस्था नहीं है। लेकिन सभी लोग वैज्ञानिक नहीं हैं। और वैज्ञानिक शुद्ध ब्राह्मण है। आइंस्टीन में और ब्राह्मण में कोई भी फर्क नहीं है। आज पश्चिम का वैज्ञानिक ठीक वही है, जैसा ब्राह्मण था। सारी खोज उसकी सत्य की है, और सत्य की खोज के लिए वह सब तकलीफें झेलने को राजी है। लेकिन सभी लोग सत्य की खोज के लिए उत्सुक नहीं हैं। राकफेलर ब्राह्मण नहीं है। और न मार्गन ब्राह्मण है। और न रथचाइल्ड ब्राह्मण है। वे वैश्य हैं शुद्धतम, शुद्धतम वैश्य हैं। धन ही उनकी खोज है। धन ही उनकी

आकांक्षा है, धन ही सब कुछ है। लेकिन एक बहुत बड़ा वर्ग है सारी पृथ्वी पर, जो लड़ने के लिए उत्सुक और आतुर है। उसकी लड़ाई के ढंग भले बदल जाएं, लेकिन वह लड़ने के लिए उत्सुक और आतुर है।

नीत्से ने कहा है कि जब कभी मैं रास्ते पर सिपाहियों की संगीनें धूप में चमकती हुई देखता हूं, और जब कभी मैं सैनिकों के जूतों की आवाज सड़क पर लयबद्ध सुनता हूं, तो मुझे लगता है, इससे श्रेष्ठ कोई भी संगीत नहीं है। अब यह जो नीत्से है, इसको मोजार्ट बेकार है, बीथोवन बेकार है; इसके लिए वीणा बेकार है। यह कहता है, जब चमकती हुई संगीनें सुबह के सूरज में दिखाई पड़ती हैं, तो उनकी चमक में जो गीत है, इससे सुंदर कोई गीत नहीं है। और जब सैनिक रास्ते पर चलते हैं, और उनके जूतों की लयबद्ध आवाज में जो भाव है, वह किसी संगीत में नहीं है। यह आदमी जो भाषा बोल रहा है, वह ब्राह्मण की नहीं है। यह आदमी जो भाषा बोल रहा है, वह शूद्र की नहीं है। यह आदमी जो भाषा बोल रहा है, वह क्षत्रिय की है। यह रहेगा। इस आदमी को हम इनकार करेंगे, तो यह बदला लेगा।

किसी आदमी को इनकार नहीं किया जा सकता। प्रत्येक आदमी को उसके टाइप के फुलफिलमेंट के लिए, उसके व्यक्तित्व के रूप के अनुसार, अनुकूल, समाज में सुविधा होनी चाहिए। शूद्र भी हैं। कई दफा शूद्र अगर दूसरे घर में पैदा हो जाए, तो बहाने खोजकर शूद्र हो जाता है। बहाने खोजकर शूद्र हो जाता है। अगर वह ब्राह्मण के घर में पैदा हो जाए, तो वह कहेगा कि नहीं, ब्रह्म की खोज से क्या होगा? मैं तो कोढ़ी की सेवा करूंगा! वह कहेगा, ध्यान-व्यान से कुछ भी नहीं होगा। धर्म यानी सर्विस, सेवा!

अगर इस मुल्क के धर्मों में हम खोज करने जाएं, तो इस मुल्क का धर्म मौलिक रूप से ब्राह्मणों ने निर्मित किया। इसलिए इस मुल्क के धर्म में सेवा नहीं आ सकी, सर्विस का कंसेप्ट नहीं आया। इस मुल्क के धर्म ने सेवा की बात ही नहीं की कभी, क्योंकि वह मौलिक रूप से ब्राह्मण ने उसको निर्मित किया था। वह एक वर्ण के द्वारा निर्मित था, उसकी दृष्टि उसमें प्रवेश कर गई।

इसलिए पहली दफे जब क्रिश्चिएनिटी से हिंदू और जैन और बौद्धों की

टक्कर आई, तो बहुत मुश्किल में पड़ गए वे। क्योंकि क्रिश्चिएनिटी जिस घर से आई थी, जीसस एक बढ़ई के बेटे थे। वे एक शूद्र परिवार से आते हैं। जन्म उनका एक घुड़साल में होता है। जिंदगी के जो उनके बचपन का काल है, वह बिलकुल ही समाज का जो चौथा वर्ग है, उसके बीच व्यतीत हुआ है। इसलिए जीसस ने जब धर्म निर्मित किया, तो उस धर्म में सर्विस मौलिक तत्व बना। इसलिए सारी दुनिया में ईसाई के लिए सेवा धर्म का श्रेष्ठतम रूप है। ध्यान नहीं, मेडिटेशन नहीं, सर्विस! ब्रह्म का चिंतन नहीं, पड़ोसी की सेवा! और इसलिए ईसाइयत ने सारी दुनिया में जो ब्राह्मण से उत्पन्न धर्म थे, उन सबको कंडेम्ड कर दिया।

बुद्ध और महावीर पैदा तो हुए क्षत्रिय घरों में, लेकिन उनके पास बुद्धि ब्राह्मण की थी। और यह भी जानकर आपको हैरानी होगी कि महावीर क्षत्रिय घर से आए, लेकिन महावीर का जो धर्म निर्मित किया, वह जिन गणधरों ने किया, वे ग्यारह के ग्यारह ब्राह्मण थे। महावीर ने जो बातें कहीं, उनको जिन्होंने संगृहीत किया, वे ग्यारह ही ब्राह्मण थे। महावीर के ग्यारह जो बड़े शिष्य हैं-ग्यारह बड़े शिष्य, जिन्होंने महावीर के सारे धर्मशास्त्र निर्मित किए-वे ग्यारह के ग्यारह ब्राह्मण थे। इसलिए कोई उपाय न था कि हिंदुस्तान का कोई भी धर्म सेवा पर जोर दे सके।

हां, विवेकानंद ने जोर दिया, क्योंकि विवेकानंद शूद्र परिवार से आते हैं, कायस्थ हैं। इसलिए विवेकानंद ने रामकृष्ण मिशन को ठीक क्रिश्चियन मिशनरी के ढंग पर निर्मित किया। हिंदुस्तान में सेवा के शब्द को लाने वाला आदमी विवेकानंद है। फिर गांधी ने जोर दिया।

यह टाइप की बात है। ब्राह्मण की कल्पना के बाहर है कि शूद्र के पैर दबाने से ब्रह्म कैसे मिल जाएगा! शूद्र की कल्पना के बाहर है कि आंख बंद करके शून्य में उतर जाने से ब्रह्म कैसे मिल जाएगा! क्षत्रिय की कल्पना के बाहर है कि बिना लड़े जब कुछ भी नहीं मिलता, तो ब्रह्म कैसे मिल जाएगा! वैश्य की कल्पना के बाहर है कि जब धन के बिना कुछ भी नहीं मिलता, तो धर्म कैसे मिल जाएगा! वैश्य अगर पहुंचेगा भी धर्म के पास, तो धन से ही पहुंचेगा। ये टाइप हैं। और जब मैं यह कह रहा हूं कि व्यक्तियों के टाइप का सवाल है...।

वर्ण की धारणा समाज के बीच नीच-ऊंच का प्रश्न नहीं है। वर्ण की धारणा समाज के बीच व्यक्ति वैभिन्य का प्रश्न है। और इसलिए दुनिया में चार तरह के लोग सदा रहेंगे और चार तरह के धर्मों की धारणा सदा रहेगी। हां, इन चार से मिल-जुलकर भी बहुत-सी धारणाएं बन जाएंगी, लेकिन वे मिश्रित होंगी। लेकिन चार शुद्ध स्वर धर्मों के सदा पृथ्वी पर रहेंगे, जब तक आदमी के पास आत्मा है। और वह समाज स्वस्थ समाज होगा, जो इस भेद को इनकार न करे-क्योंकि इनकार करने से नियम नहीं मिटता, सिर्फ समाज को नुकसान होता है-जो इस भेद को स्वीकार कर ले।

अब उलटी हालतें होती हैं न! अगर रामकृष्ण मिशन में कोई आदमी संन्यासी हो जाए, तो वे उससे कहेंगे, सेवा करो। वह टाइप अगर ब्राह्मण का है, तो मुश्किल में पड़ जाएगा। उसकी कल्पना के बाहर होगा, कैसी सेवा! सेवा से क्या होगा? लेकिन अगर कोई सेवाभावी व्यक्ति बुद्ध का अनापानसती योग साधने लगे-कि सिर्फ श्वास पर ध्यान करो-तो वह सेवाभावी व्यक्ति कहेगा, यह क्या पागलपन है! नानसेंस। श्वास पर ध्यान करने से क्या होगा? कुछ करके दिखाओ! लोग गरीब हैं, लोग भूखे हैं, लोग बीमार हैं। उनकी सेवा करो।

ये व्यक्तियों के भेद हैं। और अगर इन भेदों को हम वैज्ञानिक रूप से साफ-साफ न समझ लें, तो बड़ी कठिनाई होती है। लेकिन हमारा युग भेद को तोड़ रहा है, कई तरह से तोड़ रहा है। जैसे उदाहरण के लिए आपको कहूं। स्त्री और पुरुष का बायोलाजिकल भेद है, ब्राह्मण और क्षत्रिय का साइकोलाजिकल भेद है। शूद्र और वैश्य का मनोवैज्ञानिक भेद है, स्त्री और पुरुष का जैविक भेद है। लेकिन हमने भेद तोड़ने का तय कर रखा है। हम भेद को इनकार करने को उत्सुक हैं। तो हमने पहले वर्णों को तोड़ने की कोशिश की सारी दुनिया में। एक तो सारी दुनिया में वर्ण बहुत स्पष्ट नहीं थे, सिर्फ इसी मुल्क में थे। हमने उनको तोड़ने की कोशिश की। हमने करीब-करीब उनको जराजीर्ण कर दिया। अब एक दूसरा जैविक भेद है स्त्री-पुरुष का, उसको भी तोड़ने की कोशिश की जा रही है।

तो एक बहुत मजेदार घटना घट रही है। वह घटना यह घट रही है कि लड़कियां यूरोप और अमेरिका में लड़कों के कपड़े पहन रही हैं और लड़के

लड़कियों जैसे बाल बढ़ा रहे हैं। दोनों करीब आ रहे हैं। बायोलाजिकल भेद तोड़ने की कोशिश चल रही है। लेकिन इससे क्या होगा? इससे क्या भेद टूट जाएगा? इससे भेद नहीं टूटेगा; सिर्फ लड़कियां कम लड़कियां हो जाएंगी, और लड़के कम लड़के हो जाएंगे; और दोनों के बीच जो फासले से, भेद से, जो रस पैदा होता था, वह क्षीण हो जाएगा। इसलिए आज यूरोप और अमेरिका में लड़के और लड़की के बीच से रोमांस विदा हो गया है, रोमांस नहीं है। हो नहीं सकता। वह भेद पर निर्भर है। कितना भेद है, उतना रस है। जितना भेद टूटा, उतना रस टूट जाता है।

हम सब तरह के भेद तोड़ने को पागल लोग हैं। भेद रहने ही चाहिए। उसका मतलब लेकिन यह नहीं कि स्त्री छोटी है और पुरुष बड़ा है। वह गलत बात है। भेद के आधार पर ऊंचाई-नीचाई तय करना गलत बात है। सब भेद हॉरिजांटल हैं। कोई भेद वर्टिकल नहीं है। न तो पुरुष ऊंचा है और न तो स्त्री ऊंची है। लेकिन इसका यह मतलब नहीं है कि पुरुष और स्त्री एक हैं। पुरुष अलग है, स्त्री अलग है। ऊंचा-नीचा कोई भी नहीं है। लेकिन भेद स्पष्ट है और भेद स्पष्ट रहना चाहिए।

और स्त्री को पूरी कोशिश करनी चाहिए कि वह कितनी स्त्रैण हो सके, और पुरुष को पूरी कोशिश करनी चाहिए कि वह कितना पुरुष हो सके। और स्त्री जितनी ज्यादा स्त्री, पुरुष जितना ज्यादा पुरुष, उन दोनों के बीच के जीवन का रस उतना ही गहरा होगा, आकर्षण उतना ही गहरा होगा। उन दोनों के बीच प्रेम के प्रवाह की धारा उतनी ही तीव्र होगी। जितना कम पुरुष और जितनी कम स्त्री, तो स्त्री नंबर दो का पुरुष हो जाती है और पुरुष नंबर दो की स्त्री हो जाता है। और वे दोनों करीब तो बहुत आ जाते हैं, लेकिन उनके बीच की पोलैरिटी टूट जाती है, और उनके बीच का रस टूट जाता है। आज पहली दफे पश्चिम में स्त्री और पुरुष के बीच का जो रस-संगीत था, वह टूट गया है।

वर्ण मनोवैज्ञानिक भेद हैं। और समाज में उनसे भी रस-संगीत पैदा होता है। एकसुरा समाज ऐसा ही है जैसा इकतारा बजता है। इकतारे का भी थोड़ा रस तो है, लेकिन उबाने वाला है। और इकतारा रस दे सकता है अगर और वाद्यों के साथ बजता हो। अकेले ही बजता रहे, तो घबड़ाहट हो जाती है।

मैंने एक घटना सुनी है, कि एक सज्जन वीणा बजाते हैं। लेकिन बस वे एक तार को और एक ही जगह दबाए चले जाते हैं। महीनों हो गए। उनकी पत्नी, उनके बच्चे बहुत घबड़ा गए हैं। और एक दिन उनके पड़ोसियों ने भी सबने हाथ जोड़कर प्रार्थना की कि आप क्या कर रहे हैं! हमने औरों को भी बजाते देखा है, लेकिन हाथ चलता है, अलग तार छुए जाते हैं, अलग दबाव दिया जाता है। यह क्या पागलपन है कि एक ही जगह उंगली को दबाए हैं आप! और अब महीनों हो गए, वहीं दबाए चले जा रहे हैं! हम घबड़ा गए हैं। उन सज्जन ने कहा कि तुम्हें पता नहीं, दूसरे लोग ठीक स्थान खोज रहे हैं; मुझे मिल गया है! वे वहीं अपना सब...। इसलिए वे लोग इधर-उधर हाथ फैलाते हैं। मुझे कोई जरूरत न रही। मैं मंजिल पर आ गया हूं। अब मैं उसी को बजाता रहूंगा।

लेकिन यह आदमी तो पागल है, पड़ोस के लोगों को भी पागल कर देगा।

जीवन एक संगीत है, लेकिन संगीत अर्थात एक आर्केस्ट्रा। उसमें बहुत विभिन्न स्वर चाहिए। उसमें क्षत्रिय की चमक भी चाहिए; उसमें शूद्र की सेवा भी चाहिए। उसमें ब्राह्मण का तेज भी चाहिए; उसमें वैश्य की खोज भी चाहिए। उसमें सब चाहिए। और इनमें ऊपर-नीचे कोई भी नहीं है। और यह सत्य आज भी असत्य नहीं हो गया और कल भी असत्य नहीं हो जाने वाला है।

दूसरी बात पूछी है कि मैंने कहा कि जीवन का एक क्रम है और संन्यास उसमें अंतिम अवस्था है...।

लेकिन यह क्रम टूट गया। और अभी तो ब्रह्मचर्य भी अंतिम अवस्था नहीं है। ब्रह्मचर्य पहली अवस्था थी उस क्रम में, यह क्रम टूट गया। अब तो ब्रह्मचर्य अंतिम अवस्था भी नहीं है! पहले की तो बात ही छोड़ दें। मरते क्षण तक आदमी ब्रह्मचर्य की अवस्था में नहीं पहुंचता। तो अब तो संन्यास तो कब्र के आगे ही कहीं कोई अवस्था हो सकती है। और जब बूढ़े ब्रह्मचर्य को उपलब्ध न होते हों, तो मैं कहता हूं, बच्चों को भी हिम्मत करके संन्यासी होना चाहिए, जस्ट टु बैलेंस, संतुलन बनाए रखने को। जब बूढ़े भी ब्रह्मचर्य को उपलब्ध न होते हों, तो बच्चों को भी संन्यासी होने का साहस करना चाहिए। तो शायद बूढ़ों को भी शर्म आनी शुरू हो, अन्यथा बूढ़ों को शर्म आने वाली नहीं है। एक तो इसलिए।

और दूसरा इसलिए भी कि जीवन का जो क्रम है, उस क्रम में बहुत-सी बातें इंप्लाइड हैं, उसमें बहुत-सी बातें अंतर्गर्भित हैं। जैसे महावीर ने अंतिम अवस्था में संन्यास नहीं लिया, बुद्ध ने अंतिम अवस्था में संन्यास नहीं लिया। क्योंकि जिनके जीवन की पिछले जन्म की यात्रा वहां पहुंच गई, जहां से इस जन्म में शुरू से ही संन्यास हो सकता है, वे पचहत्तर वर्ष तक प्रतीक्षा करें, यह बेमानी है। यही जन्म सब कुछ नहीं है। हम इस जन्म में कोरे कागज, टेबुलारेसा की तरह पैदा नहीं होते हैं, जैसा कि रूसो और सारे लोग मानते हैं। गलत मानते हैं। हम कोरे कागजकी तरह पैदा नहीं होते। हम सब बिल्ट-इन-प्रोग्रैम लेकर पैदा होते हैं। हमने पिछले जन्म में जो भी किया, जाना, सोचा, समझा है, वह सब हमारे साथ जन्मता है। इसलिए जीवन के साधारण क्रम में यह बात सच है कि आदमी चौथी अवस्था में संन्यास को उपलब्ध हो, लेकिन जो लोग पिछले जन्म से संन्यास का गहरा अनुभव लेकर आए हों, या जीवन के रस से पूरी तरह डिसइल्यूजंड होकर आए हों, उनके लिए कोई भी कारण नहीं है। लेकिन वे सदा अपवाद होंगे।

इसलिए बुद्ध और महावीर ने अपवाद के लिए मार्ग खोजा। कभी-कभी नियम भी बंधन बन जाते हैं, उसके लिए हमें अपवाद छोड़ना पड़ता है। आइंस्टीन को अगर हम गणित उसी ढंग से सिखाएं, जिस ढंग से हम सबको सिखाते हैं, तो हम आइंस्टीन की शक्ति को जाया करेंगे। अगर हम मोजार्ट को संगीत उसी तरह सिखाएं, जिस तरह हम सबको सिखाते हैं, तो हम उसकी शक्ति को बहुत जाया करेंगे। मोजार्ट ने तीन साल की उम्र में संगीत में वह स्थिति पा ली, जो कि कोई भी आदमी अभ्यास करके तीस साल में नहीं पा सकता है। तब मोजार्ट के लिए हमें अपवाद बनाना पड़ेगा। बीथोवन ने सात साल में संगीत में वह स्थिति पा ली, जो कि संगीतज्ञ सत्तर साल की उम्र में नहीं पा सकते अभ्यास करके। तो बीथोवन के लिए हमें अलग नियम बनाना पड़ेगा। इनके लिए हमें नियम वही नहीं देने पड़ेंगे।

इसलिए हर नियम के अपवाद तो होते ही हैं। और अपवाद से नियम टूटता नहीं, सिर्फ सिद्ध होता है। एक्सेप्शन प्रूव्स दि रूल। वह जो अपवाद है, वह सिद्ध करता है कि अपवाद है, इसलिए शेष सबके लिए नियम प्रतिकूल

है। तो ऐसा नहीं है कि भारत में बचपन से संन्यास लेने वाले लोग न थे, वे थे, लेकिन वे अपवाद थे।

और आज तो अपवाद को नियम बनाना पड़ेगा। क्यों बनाना पड़ेगा? वह इसलिए बनाना पड़ेगा, कि आज तो चीजें इतनी रुग्ण और अस्तव्यस्त हो गई हैं कि अगर हम प्रतीक्षा करें कि लोग वृद्धावस्था में संन्यस्त हो जाएंगे, तो हमारी प्रतीक्षा व्यर्थ होने वाली है। उसके कई कारण हैं। वृद्धावस्था में संन्यास तभी फलित हो सकता है, जब तीन आश्रम पहले गुजरे हों, अन्यथा फलित नहीं हो सकता। आप कहें कि वृक्ष में फूल आएंगे वसंत में। लेकिन वसंत में फूल तभी आ सकते हैं, जब बीज बोए गए हों, जब खाद डाली गई हो, जब वर्षा में पानी भी पड़ा हो और गर्मी में धूप भी मिली हो। न गर्मी में धूप आई, न वर्षा में पानी गिरा, न बीज बोए गए, न माली ने खाद दिया-और वसंत में फूल की प्रतीक्षा कर रहे हैं!

चौथा आश्रम संन्यास फलित होता था, यदि तीन आश्रम नियमबद्ध रूप से पहले गुजरे हों, अन्यथा फलित नहीं होगा। ब्रह्मचर्य बीता हो पच्चीस वर्ष का, गार्हस्थ्य बीता हो पच्चीस वर्ष का, वानप्रस्थ बीता हो पच्चीस वर्ष का, तब अनिवार्यरूपेण, गणित के हल की तरह, चौथे आश्रम का चरण उठता था।

आज तो कठिनाई है। आज तो तीन चरण का कोई उपाय नहीं रहा। तो अब दो ही उपाय हैं। एक तो उपाय यह है कि हम संन्यास के सुंदरतम फूल को-जिससे सुंदर फूल जीवन में दूसरा नहीं खिलता-मुरझा जाने दें, उसे खिलने ही न दें। और या फिर हिम्मत करें और जहां भी संभव हो सके, जिस स्थिति में भी संभव हो सके, संन्यास के फूल को खिलाने की कोशिश करें।

इसका यह मतलब नहीं है कि सारे लोग संन्यासी हो सकते हैं। असल में जिसके मन में भी आकांक्षा पैदा होती है संन्यास की, उसके प्राण उसे सूचना दे रहे हैं कि उसके पिछले जन्मों में कुछ अर्जित है, जो संन्यास बन सकता है।

फिर मैं यह कहता हूं कि बुरे काम को करके सफल हो जाना भी बुरा है; अच्छे काम को करके असफल हो जाना भी बुरा नहीं है। एक आदमी चोरी करके सफल भी हो जाए, तो बुरा है; और एक आदमी संन्यासी होकर असफल भी हो जाए, तो बुरा नहीं है। अच्छे की तरफ आकांक्षा और प्रयास भी बहुत बड़ी

घटना है। और अच्छे के मार्ग पर हार जाना भी जीत है और बुरे के मार्ग पर जीत जाना भी हार है। और आज हारेंगे, तो कल जीतेंगे। इस जन्म में हारेंगे, तो अगले जन्म में जीतेंगे। लेकिन प्रयास, आकांक्षा, अभीप्सा होनी चाहिए।

फिर चौथे चरण में जो संन्यास आता था, उसकी व्याख्या बिलकुल अलग थी; और जिसे मैं संन्यास कहता हूं, उसकी व्याख्या को मजबूरी में अलग करना पड़ा है-मजबूरी में, स्मरण रखें। चौथे चरण में जो संन्यास आता था, वह पूरे जीवन से ऐसे अलग हो जाना था, जैसे पका हुआ फल वृक्ष से अलग हो जाता है, जैसे सूखा पत्ता वृक्ष से गिर जाता है। न वृक्ष को खबर मिलती है, न सूखे पत्ते को पता चलता, कब अलग हो गए। वह बहुत नेचरल रिनंसिएशन था। उसके कारण हैं।

अभी भी पचहत्तर साल का बूढ़ा घर से टूट जाता है-अभी भी। लेकिन न तो बूढ़ा टूटना चाहता है...। अभी भी पचहत्तर साल का बूढ़ा घर में बोझ हो जाता है। कोई कहता नहीं, सब अनुभव करते हैं। बेटे की आंख से पता चलता है, बहू की आंख से पता चलता है, घर के बच्चों से पता चलता है कि अब इस बूढ़े को विदा होना चाहिए। कोई कहता नहीं; शिष्टाचार कहने नहीं देता; लेकिन अशिष्ट आचरण सब कुछ प्रकट कर देता है। टूट जाता है, टूट ही जाता है। लेकिन बूढ़ा भी हटने को राजी नहीं। वह भी पैर जमाकर जमा रहता है। और जितना हटाने के आंखों में इशारे दिखाई पड़ते हैं, वह उतने ही जोर से जमने की कोशिश करता है। बहुत बेहूदा है, एब्सर्ड है।

असल में वक्त है हर चीज का, जब जुड़े होना चाहिए, और जब टूट जाना चाहिए। वक्त है, जब स्वागत है; और वक्त है, जब अलविदा भी है। समय का जिसे बोध नहीं होता, वह आदमी नासमझ है। पचहत्तर साल की उम्र ठीक वक्त है, क्योंकि तीसरी, चौथी पीढ़ी जीने को तैयार हो गई है। और जब चौथी पीढ़ी जीने को तैयार हो गई, तो आप कट चुके जीवन की धारा से। अब जो नए बच्चे घर में आ रहे हैं, उनसे आपका कोई भी तो संबंध नहीं है। आप उनके लिए करीब-करीब प्रेत हो चुके, घोस्ट हो चुके। अब आपका होना सिर्फ बाधा है। आपकी मौजूदगी सिर्फ जगह घेरती है। आपकी बातें सिर्फ कठिन मालूम पड़ती हैं। आपका होना ही बोझ हो गया है। उचित है कि हट जाएं; वैज्ञानिक है कि हट जाएं।

लेकिन नहीं, आप कहां हटकर जाएं? खयाल ही भूल गया है। खयाल इसलिए भूल गया है कि तीन चरण पूरे नहीं हुए। अन्यथा बच्चे हटाते, उसके पहले आप हट जाते। और जो पिता बच्चों के हटाने के पहले हट जाता है, वह कभी अपना आदर नहीं खोता है, कभी अपना आदर नहीं खोता। जो मेहमान विदा करने के पहले विदा हो जाता है, वह सदा स्वागतपूर्ण विदा पाता है। जो मेहमान डटा ही रहता है जब तक कि घर के लोग पुलिस को न बुला लाएं, तब फिर सब अशोभन हो जाता है। इससे घर के लोगों को भी तकलीफ होती है, अतिथि को भी तकलीफ होती है और आतिथ्य का भाव भी नष्ट होता है। ठीक समझदार आदमी वह है कि जब लोग रोक रहे थे, तभी विदा हो जाए; जब घर के लोग रोते हों, तभी विदा हो जाए; जब घर के लोग कहते हों कि रुकें, अभी मत जाएं, तभी विदा हो जाए। यही ठीक क्षण है। वह अपने पीछे एक मधुर स्मृति छोड़ जाए। वह मधुर स्मृति घर के लोगों के लिए ज्यादा प्रीतिकर होगी, बजाय आपकी कठिन मौजूदगी के।

लेकिन वह चौथा चरण था। तीन चरण जिसने पूरे किए हों, और जिसने ब्रह्मचर्य का आनंद लिया हो, और जिसने काम का दुख भोगा हो, और जिसने वानप्रस्थ होने की, वन की तरफ मुख रखने की अभीप्सा और प्रार्थना में क्षण बिताए हों, वह चौथे चरण में अपने आप चुपचाप-चुपचाप-विदा हो जाता है।

नीत्से ने कहीं लिखा है, राइपननेस इज़ आल, पक जाना सब कुछ है। लेकिन अब तो कोई नहीं पकता। पका हुआ आदमी भी लोगों को धोखा देना चाहता है कि मैं अभी कच्चा हूं।

मैंने सुना है कि एक स्कूल में शिक्षक बच्चों से पूछ रहा था कि एक व्यक्ति उन्नीस सौ में पैदा हुआ, तो उन्नीस सौ पचास में उसकी उम्र कितनी होगी? तो एक बच्चे ने खड़े होकर पूछा कि वह स्त्री है कि पुरुष? क्योंकि अगर पुरुष होगा, तो पचास साल का हो गया होगा। और अगर स्त्री होगी, तो कहना मुश्किल है कि कितने साल की हुई हो। तीस की भी हो सकती है, चालीस की भी हो सकती है, पच्चीस की भी हो सकती है।

लेकिन जो स्त्री पर लागू होता था, अब वह पुरुष पर भी लागू है। अब उसमें कोई फर्क नहीं है। पका हुआ भी कच्चे होने का धोखा देना चाहता है। बूढ़ा

आदमी भी नई जवान लड़कियों से राग-रंग रचाना चाहता है। इसलिए नहीं कि नई लड़की बहुत प्रीतिकर लगती है, बल्कि इसलिए कि वह अपने को धोखा देना चाहता है कि मैं अभी लड़का ही हूं।

मनोवैज्ञानिक कहते हैं कि बूढ़े लोग कम उम्र की स्त्रियों में इसीलिए उत्सुक होते हैं कि वे भुलाना चाहते हैं कि हम बूढ़े हैं। और अगर कम उम्र की स्त्रियां उनमें उत्सुक हो जाएं, तो वे भूल जाते हैं कि वे बूढ़े हैं। अगर बर्ट्रेंड रसेल अस्सी साल की उम्र में बीस साल की लड़की से शादी करता है, तो इसका असली कारण यह नहीं है कि बीस साल की लड़की बहुत आकर्षक है। अस्सी साल के बूढ़े को आकर्षक नहीं रह जानी चाहिए। और साधारण बूढ़े को नहीं, बर्ट्रेंड रसेल की हैसियत के बूढ़े को। हमारे मुल्क में अगर दो हजार साल पहले बर्ट्रेंड रसेल पैदा हुआ होता, तो अस्सी साल की उम्र में वह महर्षि हो जाता। लेकिन इंग्लैंड में वह अस्सी साल की उम्र में बीस साल की लड़की से शादी रचाने का उपाय करता है। वह धोखा दे रहा है अपने को। अभी भी मानने का मन होता है कि मैं बीस ही साल का हूं। और अगर बीस साल की लड़की उत्सुक हो जाए, तो धोखा पूरा हो जाता है, सेल्फ डिसेप्शन पूरा हो जाता है। क्योंकि बीस साल की लड़की उत्सुक ही नहीं हो सकती न अस्सी साल के बूढ़े में! वह अस्सी साल का बूढ़ा भी मान लेता है कि अभी दो-चार ही साल बीते हैं बीस साल को।

यह जो मनोदशा है, इस मनोदशा में संन्यास की नई ही धारणा का मेरा खयाल है। अब हमें संन्यास के लिए चौथे चरण की प्रतीक्षा करनी कठिन है। आना चाहिए वह वक्त, जब हम प्रतीक्षा कर सकें। लेकिन वह तभी होगा, जब आश्रम की व्यवस्था पृथ्वी पर लौटे। उसे लौटाने के लिए श्रम में लगना जरूरी है। लेकिन जब तक वह नहीं होता, तब तक हमें संन्यास की एक नई धारणा पर, कहना चाहिए ट्रांजिटरी कंसेप्शन पर, एक संक्रमण की धारणा पर काम करना पड़ेगा। और वह यह कि जो जहां है, वृक्ष से टूटने की तो कोशिश न करे, क्योंकि पका फल ही टूटता है। लेकिन कच्चा फल भी वृक्ष पर रहते हुए अनासक्त हो सकता है। जब पका हुआ फल कच्चे होने का धोखा दे सकता है, तो कच्चा फल पके होने का अनुभव क्यों नहीं कर सकता है? इसलिए जो जहां है, वह वहीं संन्यस्त हो जाए।

मेरे संन्यास की धारणा जीवन छोड़कर भागने वाली नहीं है। मेरे संन्यास की धारणा वानप्रस्थ के करीब है। मेरे संन्यास की धारणा वानप्रस्थ के करीब है। और मैं मानता हूं, वानप्रस्थी ही नहीं हैं, तो संन्यासी कहां से पैदा होंगे! तो मैं जिसको अभी संन्यास कह रहा हूं, ठीक से समझें तो वानप्रस्थी। वानप्रस्थी का मतलब यह है कि वह घर में है, लेकिन रुख उसका मंदिर की तरफ है। दुकान पर है, लेकिन ध्यान उसका मंदिर की तरफ है। काम में लगा है, लेकिन ध्यान किसी दिन काम से मुक्त हो जाने की तरफ है। राग में है, रंग में है, फिर भी साक्षी की तरफ उसका ध्यान दौड़ रहा है। उसकी सुरति परमात्मा में लगी है। इसके स्मरण का नाम मैं अभी संन्यास कहता हूं।

यह संन्यास की बड़ी प्राथमिक धारणा है। लेकिन मैं मानता हूं कि जैसी आज समाज की स्थिति है, उसमें यह प्राथमिक संन्यास ही फलित हो जाए, तो हम अंतिम संन्यास की भी आशा कर सकते हैं। बीज हो जाए, तो वृक्ष की भी आशा कर सकते हैं। इसलिए जो जहां है, उसे मैं वहीं संन्यासी होने को कहता हूं-घर में, दुकान पर, बाजार में-जो जहां है, वहीं संन्यासी होने को कहता हूं, सब करते हुए। लेकिन सब करते हुए भी संन्यासी होने की जो धारणा है, संकल्प है, वह सबसे तोड़ देगा और साक्षी पैदा होने लगेगा। आज नहीं कल, यह वानप्रस्थ जीवन संन्यस्त जीवन में रूपांतरित हो जाए, ऐसी आकांक्षा और आशा की जा सकती है।

सक्ताः कर्मण्यविद्वांसो यथा कुर्वन्ति भारत।
कुर्याद्विद्वांस्तथासक्तश्चिकीर्षुर्लोकसंग्रहम्।। 25।।

इसलिए हे भारत, कर्म में आसक्त हुए अज्ञानीजन जैसे कर्म करते हैं, वैसे ही अनासक्त हुआ विद्वान (भी) लोकशिक्षा को चाहता हुआ कर्म करे।

कर्म में आसक्त अज्ञानीजन जैसा कर्म करते हैं, ठीक वैसा ही अनासक्त व्यक्ति भी कर्म करे। कर्म में जो आसक्त है, वह तो करता ही है, लेकिन करता है आसक्ति के कारण। इसीलिए हमें कठिन होती है यह बात समझनी कि अनासक्त होकर कर्म

कैसे करेंगे! फिर कारण क्या होगा? अभी तो धन इकट्ठा करना है। आनंद मालूम होता है धन में, इसलिए धन इकट्ठा करते हैं, अभी तो बड़ा मकान अहंकार को तृप्ति देता है, इसलिए बड़ा मकान बनाते हैं। अभी तो दौड़ते हैं, धूपते हैं, विक्षिप्त होकर श्रम करते हैं, क्योंकि आसक्ति है भीतर। लेकिन अनासक्त हो जाएंगे, आसक्ति नहीं होगी, तो फिर कैसे दौड़ेंगे? फिर कैसे भागेंगे? फिर कैसे श्रम करेंगे?

तो कृष्ण यहां दो बातें कहते हैं। एक तो वे यह कहते हैं कि ठीक वैसा ही कर्म करें, जैसा आसक्त व्यक्ति कर्म करता है। अंतर कर्म में न करें, अंतर आसक्ति में करें। क्या होगा इससे? इससे जीवन एक अभिनय हो जाएगा। एक अभिनेता भी तो कर्म करता है।

राम की सीता खो जाती है। राम जंगल में चिल्लाते हैं, रोते हैं, पुकारते हैं, सीता! सीता कहां है? वृक्षों को पकड़कर सिर पीटते हैं, सीता कहां है? फिर रामलीला में बना हुआ राम भी, सीता खो जाती है, तो चिल्लाता है। राम से जरा ज्यादा ही आवाज में चिल्लाता है! क्योंकि राम के लिए कोई आडिएंस वहां नहीं थी, कोई देखने वाला, सुनने वाला नहीं था। धीमे चिल्लाए होंगे, तो भी चला होगा; जोर से चिल्लाए होंगे, तो भी चला होगा। लेकिन अभिनेता जोर से चिल्लाता है। राम एक-दो दफे ही कहे होंगे, तो भी चल गया होगा। अभिनेता को बहुत बार चिल्लाना पड़ता है, पूरी प्रक्रिया करनी पड़ती है। अगर एक कोने में राम और एक कोने में अभिनेता खड़ा किया जाए, तो शायद अभिनेता ही प्रतियोगिता में जीत जाए! उसके भी कारण हैं, क्योंकि राम को तो एक ही दफे, बिना रिहर्सल के, ऐसा मौका आया। अभिनेता के लिए रिहर्सल के काफी मौके मिले। फिर अभिनेता वर्षों से कर रहा है राम का पार्ट अदा। लेकिन अभिनेता और राम में वही फर्क है, जो कृष्ण कह रहे हैं। अभिनेता कर्म तो पूरा कर रहा है, लेकिन आसक्ति कोई भी नहीं है।

कर्म हो सकता है बिना आसक्ति के। अभिनय से समझें। इसलिए हम कृष्ण के जीवन को लीला कहते हैं और राम के जीवन को चरित्र कहते हैं। राम का जीवन लीला नहीं है। राम बहुत गंभीर हैं, बहुत सीरियस हैं। एक-एक चीज तौलते हैं, नापते हैं। खेल नहीं है जिंदगी; जिंदगी एक काम है, वहां रत्ती-रत्ती हिसाब है। कृष्ण की जिंदगी एक अभिनय है, वहां कुछ हिसाब नहीं है। वहां खेल है। वहां जो वे

कर रहे हैं, कर रहे हैं पूरी तरह, और फिर भी भीतर जैसे कोई दूर, अलूफ खड़ा हुआ है। इसलिए कृष्ण के जीवन को हम कहते हैं लीला, चरित्र नहीं। चरित्र में बड़ा गंभीर होना पड़ता है। चरित्र में जो हम कर रहे हैं, उससे संयुक्त होना पड़ता है। लीला में जो हम कर रहे हैं, उससे वियुक्त होना पड़ता है। कृष्ण अगर रोएं भी, तो भरोसा मत करना। और कृष्ण अगर हंसें भी, तो भरोसा मत करना। और कृष्ण प्रेम भी करें, तो भरोसा मत करना। और कृष्ण सुदर्शन लेकर लड़ने भी खड़े हो जाएं, तो भरोसा मत करना। क्योंकि यह आदमी सब कृत्यों के बाहर ही खड़ा है। इसके लिए पूरी पृथ्वी एक नाटक के मंच से ज्यादा नहीं है।

वही वे अर्जुन से कह रहे हैं। वे कह रहे हैं, कर तो तू ठीक वैसा ही, पूरी कुशलता से, जैसा अज्ञानीजन आसक्त होकर कर्म करते हैं। लेकिन हो अनासक्त। अर्थात तू अभिनय कर। तू यह मत सोच कि तू युद्ध कर रहा है। तू यही सोच कि अभिनय कर रहा है। तू यह मत सोच कि तू लोगों को मार रहा है और लोग मर रहे हैं। तू यही सोच कि तू अभिनय कर रहा है। लेकिन हम अभिनय में भी कभी-कभी इतने उलझ जाते हैं-अभिनय में भी-कि वह भी कर्म मालूम पड़ने लगता है।

मैंने सुना है कि एक बार रामलीला में ऐसा हो गया। जो रावण बना था और जो स्त्री सीता बनी थी, वे दोनों एक-दूसरे के प्रेमी थे, मंच के बाहर। इसका पता न था मंडली को। और यह भी खयाल न था कि उपद्रव हो जाएगा। उपद्रव हो गया। क्योंकि जब स्वयंवर रचा और लोग चिल्लाने लगे कि रावण, तू लंका जा, लंका में आग लगी है। रावण ने कहा, आज न जाऊंगा। बड़ी मुश्किल खड़ी हो गई। रावण उठा और उसने उठाया धनुष-बाण और तोड़कर रख दिया। और उसने कहा जनक से कि निकाल सीता कहां है?

वह तो जनक थोड़ा समझदार आदमी था। उसने अपने नौकरों से कहा, भृत्यो, यह तुम मेरे बच्चों के खेलने का धनुष-बाण उठा लाए, शिवजी का धनुष कहां है? परदा गिराया, रावण को निकाल बाहर किया! दूसरे आदमी को रावण बनाया। तब पीछे पता चला कि वे प्रेमी थे। ऐसे तो शादी नहीं हो सकती थी, उसने सोचा कि यहीं हो जाए! भूल गया कि हम रावण का पार्ट करने आए हैं।

अभिनय में भी ऐसा हो जाता है। इससे उलटा भी हो सकता है। जीवन में भी अभिनय हो सकता है।

अज्ञानीजन आसक्त होकर, मोहग्रस्त होकर, जैसे कर्म में डूबे हुए दिखाई पड़ते हैं, कृष्ण कहते हैं, तू भी उसी तरह डूब। फर्क डूबने में मत कर, फर्क डूबने वाले में कर। फर्क कर्म में मत कर, फर्क कर्ता में कर। फर्क बाहर मत कर, फर्क भीतर कर।

कृष्ण का सारा जोर, वह जो इनर रियलिटी है, वह जो भीतर का सत्य है, उसको रूपांतरित करने का है। उसको बदल डाल! वहां तू बस अभिनेता हो जा। लेकिन अर्जुन तो पूछेगा न, कि अभिनेता भी क्यों हो जाऊं? क्योंकि अभिनेता अभी अर्जुन हो नहीं गया। इसलिए बेचारे कृष्ण को मजबूरी में, इन कंपल्शन, एक कारण बताना पड़ता है। और वह कारण यह कि लोकमंगल के कारण, लोक के मंगल के लिए।

वस्तुतः इस कारण की भी कोई जरूरत नहीं है। और अगर कृष्ण कृष्ण की ही हैसियत से बात करते होते, दूसरा आदमी भी कृष्ण की हैसियत का आदमी होता, तो यह शर्त न जोड़ी गई होती। क्योंकि अनासक्त व्यक्ति का कर्म अनकंडीशनल है। जब सारा लोक ही लीला है, तो लोकमंगल की बात भी बेमानी है। लेकिन कृष्ण को जोड़नी पड़ती है यह शर्त। जिससे वे बात कर रहे हैं, वह पूछेगा, फिर भी कोई कारण तो हो? कि अभिनय भी बेकार करें? जहां कोई देखने ही न आया हो, वहां अभिनय क्या करें? तो कृष्ण कहते हैं, दर्शकों के आनंद के लिए तू अभिनय कर।

यह जो दूसरी बात वे कह रहे हैं कि लोकमंगल के लिए, इस बात को कृष्ण बहुत मजबूरी में कह रहे हैं। यह मजबूरी अर्जुन की समझ के कारण पैदा हुई है। अर्जुन समझ ही नहीं सकता कि बिना कारण भी कोई कर्म हो सकता है, अकारण भी, अनकाज्ड, अनकंडीशनल, बेशर्त। कि जहां कोई वजह नहीं है, तो वहां क्यों काम करूं? हम भी पूछेंगे, हम भी कहेंगे कि यह तो बिलकुल पागल का काम हो जाएगा। जब कोई भी कारण नहीं है, तो काम करें ही क्यों? हमारा वही आसक्त मन पूछ रहा है। आसक्त मन कहता है, कारण हो, तो काम करो।

कारण न हो, तो मत करो। यह हमारे आसक्त मन की शर्त है। यह हमारा आसक्त मन या तो कहता है कि लोभ हो, तो काम करो; लोभ न हो, तो मत करो, विश्राम करो। यह आसक्त मन का तर्क है।

अर्जुन तो आसक्त है। अभी वह अनासक्त हुआ नहीं। कृष्ण को उसको ध्यान में रखकर एक बात और कहनी पड़ती है। अन्यथा इतना कहना काफी है कि जैसे अज्ञानी आसक्तजन कर्म करते हैं, ऐसा ही तू अनासक्त होकर कर। अभिनेता हो जा। लेकिन इतना अर्जुन के लिए काफी नहीं होगा। अर्जुन के लिए थोड़ा-सा कारण चाहिए। तो कृष्ण कहते हैं, दूसरों के हित के लिए! दूसरों के हित के लिए तू कर। क्यों ? इतना झूठ भी क्यों ? है वह झूठ। झूठ इस अर्थों में-ऐसा नहीं है कि दूसरों का हित नहीं होगा; ध्यान रखें, दूसरों का हित होगा, उस अर्थ में झूठ नहीं है-झूठ इस अर्थों में कि अनासक्त कर्म के लिए इतनी शर्त भी उचित नहीं है।

इसलिए मैं आपसे कहना चाहूंगा कि कृष्ण, बुद्ध और महावीर के सभी वचन पूर्ण सत्य नहीं हैं; उनमें थोड़ा असत्य आता है। उनके कारण, जिनसे वे बोले गए हैं। क्योंकि पूर्ण सत्य अर्जुन नहीं समझ सकता। पूर्ण सत्य बुद्ध के सुनने वाले नहीं समझ सकते। पूर्ण सत्य बोलना हो, तो असत्य मिश्रित होता है। और अगर पूर्ण सत्य ही बोलना हो और असत्य मिश्रित न करना हो, तो चुप रह जाना पड़ता है, बोलना नहीं पड़ता। इन दो के अतिरिक्त कोई उपाय नहीं है।

इस दूसरे हिस्से में अर्जुन को कारण बताया जा रहा है। वह कारण वैसे ही है जैसे हम मछलियों के लिए, पकड़ने के लिए आटा और आटे के भीतर कांटा लगाकर डाल देते हैं। मछली कांटा नहीं पकड़ेगी, भाग खड़ी होगी। अर्जुन भी शुद्ध अनासक्त कर्म नहीं पकड़ सकता। वह कहेगा, फिर करें ही क्यों ? यही तो मैं कह रहा हूं माधव! वह कहेगा, यही तो मैं कह रहा हूं कृष्ण! कि जब अनासक्ति ही है, तो मैं जाता हूं। कर्म क्यों करूं ? यही तो मैं कह रहा हूं! आप भी यही कह रहे हैं, तो मुझे जाने दें। इस युद्ध से बचाएं, इस भयंकर कर्म में मुझे न जोतें।

कृष्ण को उस कांटे पर थोड़ा आटा भी लगाना पड़ता है। वह आटा लोकमंगल का है। तो शायद अर्जुन लोकमंगल के लिए...। क्यों ? लेकिन अगर

अर्जुन की जगह ब्राह्मण होता, तो लोकमंगल काम नहीं करता शब्द। क्षत्रिय को काम कर सकता है। क्षत्रिय को काम कर सकता है। अगर बुद्ध से कृष्ण ने कहा होता कि लोकमंगल के लिए रुके रहो राजमहल में, वे कहते, कोई लोकमंगल नहीं है। जब तक आत्मा का मंगल नहीं हुआ, तब तक लोकमंगल हो कैसे सकता है? बुद्ध स्पष्ट कह देते कि बंद करो गीता, हम जाते हैं!

वह आदमी ब्राह्मण है। उस आदमी पर कृष्ण की गीता काम न करती उस तरह से, जिस तरह से अर्जुन पर काम कर सकती है। असल में कृष्ण ने फिर यह गीता कही ही न होती। यह गीता एड्रेस्ड है। यह अर्जुन के लिए, क्षत्रिय व्यक्तित्व के लिए है। इस पर पता लिखा है। इसलिए वे कहते हैं, लोकमंगल के लिए। क्योंकि क्षत्रिय के मन में, लोग क्या कहते हैं, इसका बड़ा भाव है। शक्ति के आकांक्षी के मन में, लोग क्या कहते हैं, लोगों का क्या होता है, इसका बड़ा भाव है। क्षत्रिय अपने पर पीछे, लोगों की आंखों में पहले देखता है। लोगों की आंखों में देखकर ही वह अपनी चमक पहचानता है।

इसलिए कृष्ण बार-बार अर्जुन को कहते हैं, लोकमंगल के लिए। ऐसा नहीं है कि लोकमंगल नहीं होगा, लोकमंगल होगा। लेकिन वह गौण है, वह हो जाएगा; वह बाइप्रोडक्ट है। लेकिन कृष्ण को जोर देना पड़ता है लोकमंगल के लिए, क्योंकि वे जानते हैं, सामने जो बैठा है, शायद लोगों के मंगल के लिए ही रुक जाए। शायद लोगों की आंखों में उसके लिए जो भाव बनेगा, उसके लिए रुक जाए। क्षत्रिय है। यद्यपि रुक जाए, तो कृष्ण धीरे-धीरे उसे उस अनासक्ति पर ले जाएंगे, जहां आटा निकल जाता है और कांटा ही रह जाता है। एक-एक कदम, एक-एक कदम बढ़ना होगा। और कृष्ण एक-एक कदम ही बढ़ रहे हैं।

न बुद्धिभेदं जनयेदज्ञानां कर्मसंगिनाम्।
जोषयेत्सर्वकर्माणि विद्वान्युक्तः समाचरन्।। 26।।

तथा ज्ञानी पुरुष को चाहिए कि कर्मों में आसक्ति वाले अज्ञानियों की बुद्धि में भ्रम अर्थात कर्मों में अश्रद्धा उत्पन्न न करे, किंतु स्वयं परमात्मा के स्वरूप में स्थित हुआ और सब कर्मों को अच्छी प्रकार करता हुआ उनसे भी वैसा ही करावे।

यह सूत्र बहुमूल्य है। बहुत-सी दिशाओं से इसे समझना हितकर है। ज्ञानीजन को चाहिए कि अज्ञानियों के मन में कर्म के प्रति अश्रद्धा उत्पन्न न करे। ज्ञानीजन को चाहिए कि अज्ञानीजनों के जीवन में उत्पात न हो जाए, इसका ध्यान रखे। ज्ञानी की स्थिति वस्तुतः बहुत नाजुक है। नाजुक उसी तरह, जैसे किसी पागलखाने में उस आदमी की होती है, जो पागल नहीं है। पागलखाने में पागल इतनी नाजुक स्थिति में नहीं होते, जितनी नाजुक स्थिति में वह आदमी होता है, जो पागल नहीं होता है।

मैं अपने एक मित्र को जानता हूं, जो पागल हो गए थे। घर से भाग गए। चोरी, और-और न मालूम क्या-क्या पागलपन में किया। अपना नाम-पता भी भूल गए। फिर किसी अदालत ने उन्हें डेढ़ साल की सजा दे दी और लाहौर के पागलखाने में बंद करवा दिया। छह महीने तक तो वे पूरे पागल थे। किसी दिन भूल-चूक से पागलखाने के अधिकारियों की, फिनाइल का पूरा डब्बा मिल गया, वे उसको पी गए। फिनाइल पी जाने से कुछ हुआ-कभी ऐसा हो जाता है-कि उनको इतने कै-दस्त हुए कि उनका पागलपन कै-दस्त में निकल गया। पांच-सात दिन के बाद वे बिलकुल स्वस्थ हो गए। पागल न रहे।

तो वे मुझे कहते थे कि मुझे सालभर फिर गैर-पागल हालत में पागलों के बीच बितानी पड़ी। और वह जो कष्ट मैंने देखा जिंदगी में, उसका कोई हिसाब नहीं। जब तक पागल था, मुझे कष्ट का कोई पता ही नहीं था। क्योंकि जो दूसरे कर रहे थे, वही मैं भी कर रहा था। सब लाजिकल मालूम होता था। सब ठीक मालूम होता था। अगर कोई मेरा सिर हिला देता था, पैर खींच लेता था, तो कुछ गड़बड़ नहीं मालूम होती थी, सब ठीक मालूम होता था। जब मैं ठीक हो गया, तब उपद्रव शुरू हुआ। क्योंकि अब मैं दूसरे के पैर नहीं खींच सकता था, लेकिन दूसरे तो मेरे खींचे ही चले जा रहे थे। और जितना ही मैं अधिकारियों से कहता कि मैं बिलकुल ठीक हूं, तो वे कहते, यह तो सभी पागल कहते हैं। अगर न कहूं कि मैं बिलकुल ठीक हूं, तो कोई सुनने वाला नहीं है; अगर कहूं, तो भी कोई सुनने वाला नहीं। क्योंकि वे कहते, यह तो सभी पागल कहते हैं। कौन पागल है, जो मानता है कि मैं पागल हूं! एक साल पागलखाने में गैर-पागल को बितानी पड़ी।

ज्ञानी की हालत करीब-करीब अज्ञानियों के बीच ऐसी ही डेलिकेट, ऐसी ही नाजुक हो जाती है। अगर ज्ञानी अपने ज्ञान के अनुसार आचरण करे, तो अनेक अज्ञानियों के लिए भटकने का कारण बन सकता है। अगर ज्ञानी अपने शुद्ध आचरण में जीए, तो अनंत अज्ञानियों के लिए और गहन अंधकार में, गहन नर्क में गिरने का कारण बन सकता है। अगर ज्ञानी अपने शुद्ध ज्ञान की बात भी कहे, तो अनेक अज्ञानियों के जीवन को अस्तव्यस्त कर देगा।

ज्ञानी कैसे आचरण करे; क्या कहे, क्या न कहे; कैसे उठे, कैसे बैठे; क्या बोले, क्या न बोले-यह बड़ा नाजुक मामला है। और कई बार जब ज्ञानी इतना स्मरण नहीं रखता, तो नुकसान पहुंचता है। बहुत बार पहुंचा है। क्योंकि ज्ञानी जहां से बोलता है, वहां से वह अज्ञानी के चित्त में प्रकाश का द्वार खोले, यह जरूरी नहीं है। जरूरी नहीं है कि उसकी वाणी, उसका आचरण सूर्य का द्वार बन जाए अज्ञानी के जीवन में। यह भी हो सकता है कि अज्ञानी का जो टिमटिमाता दीया था, जिसकी रोशनी में वह किसी तरह टटोलकर जी लेता था, वह भी बुझ जाए।

इतना तो निश्चित है कि जिसने सूर्य को देखा, वह कहेगा, बुझा दो दीयों को, इनसे क्या होने वाला है! इतना तो निश्चित है, जिसने अनासक्त कर्म को अनुभव किया, वह कहेगा, पागलपन कर रहे हो तुम। लेकिन पागलपन कह देने से कुछ पागलपन नहीं होता। और पागल एक चीज को छोड़कर दूसरे को पकड़ ले, तो भी कुछ फर्क नहीं पड़ता; अंतर जरा भी नहीं आता। वह आदमी वही का वही रह जाता है। सिर्फ रूप, आकार बदल जाते हैं।

इसलिए कृष्ण यहां एक बहुत महत्वपूर्ण सूत्र कह रहे हैं। शायद इस सदी के लिए और भी ज्यादा महत्वपूर्ण, क्योंकि इस सदी का सारा उपद्रव अज्ञानियों के कारण कम और ज्ञानियों के कारण ज्यादा है। फ्रायड ने कुछ सत्य उपलब्ध किए, ये सत्य नए नहीं हैं। ये सत्य पतंजलि को भी पता है; ये सत्य मौलिक नहीं है। ये सत्य गौतम बुद्ध को भी पता है; ये सत्य कोई बहुत नूतन आविष्कार नहीं है। जिन्होंने भी जीवन की गहराई में प्रवेश किया है, उन्हें इनका सदा ही पता रहा है। लेकिन फिर भी ये सत्य इस भांति कभी नहीं कहे गए थे, जिस भांति फ्रायड ने कहे हैं। फ्रायड को कृष्ण के इस सूत्र का कोई पता नहीं

है। इसलिए इन सत्यों से लाभ नहीं हुआ, हानि हुई है। इसलिए इन सत्यों से मंगल नहीं हुआ, अमंगल हुआ है।

कृष्णमूर्ति जो कहते हैं, वह कृष्ण को भलीभांति पता था, बुद्ध को भी पता था, महावीर को भी पता था, लाओत्से को भी पता था, क्राइस्ट को भी पता था। लेकिन क्राइस्ट, लाओत्से, बुद्ध, महावीर और कृष्ण ने इस भांति नहीं कहा, जिस भांति वे कहते हैं। इसलिए बुद्ध, क्राइस्ट और महावीर से तो लोगों के जीवन में मंगल फलित हुआ; कृष्णमूर्ति की बातों से मंगल फलित नहीं हुआ है, नहीं हो सकता है। इसलिए नहीं कि जो कहा जा रहा है वह गलत है, बल्कि इसलिए कि वह जिनसे कहा जा रहा है, उनको बिना समझे कहा जा रहा है।

इसलिए चालीस-चालीस वर्ष से कृष्णमूर्ति को लोग बैठकर सुन रहे हैं। उससे कृष्णमूर्ति उनकी समझ में नहीं आए, सिर्फ महावीर, बुद्ध और कृष्ण उनकी समझ के बाहर हो गए हैं। उससे सूरज उनकी जिंदगी में नहीं उतरा, सिर्फ जो उनके पास छोटे-मोटे दीए थे, वे भी उन्होंने बुझा दिए हैं। और अब अगर उनसे कोई दीयों की बात करे, तो वे सूरज की बात करते हैं। और सूरज उनकी जिंदगी में नहीं है। अब अगर उनसे कोई साधना की बात करे, तो वे कहते हैं, साधना से क्या होगा? साधना से कुछ नहीं हो सकता। और बिना साधना की उनकी जिंदगी में कुछ भी नहीं हुआ है! अब अगर उनसे कोई उपाय की बात करे कि इस उपाय से मन शांत होगा, आनंदित होगा, तो वे कहेंगे, उपाय से कंडीशनिंग हो जाती है, संस्कार हो जाते हैं। उपाय से कुछ भी नहीं हो सकता, इससे तो कंडीशनिंग हो जाएगी। और नान-कंडीशनिंग उनकी हुई नहीं है सुन-सुनकर। सूरज उतरा नहीं! जिन दीयों से सूरज के अभाव में काम चल सकता था, वे भी बुझा दिए गए हैं। सूरज निकल आए, फिर तो दीए अपने से ही बुझ जाते हैं, बुझाने नहीं पड़ते। और जलते भी रहें, तो दिखाई नहीं पड़ते। उनका कोई अर्थ ही नहीं रह जाता, वे व्यर्थ हो जाते हैं। लेकिन सूरज न निकले, तो छोटे-से दीए भी काम करते हैं।

बुद्ध और महावीर में ज्यादा करुणा है, कृष्णमूर्ति के बजाय। कृष्ण और क्राइस्ट में ज्यादा करुणा है, कृष्णमूर्ति के बजाय। करुणा इस अर्थों में कि वे निपट सत्य को निपट सत्य की तरह नहीं कह दे रहे हैं, आप पर भी ध्यान है कि

जिससे कह रहे हैं, उस पर क्या होगा! सवाल यही महत्वपूर्ण नहीं है कि मैं कह दूं सत्य को। सवाल यह भी महत्वपूर्ण है, परिणाम क्या है? इससे होगा क्या? उससे जो होगा, वह ज्यादा महत्वपूर्ण है, बजाय मेरे कह देने के। क्योंकि अंततः मैं कह इसलिए रहा हूं कि कुछ हो, और वह मंगलदायी हो।

फ्रायड ने, डार्विन ने, कृष्णमूर्ति ने सारे जगत में जो बातें कही हैं, वे झूठ नहीं हैं, वे सच हैं। उनकी सचाई में रत्तीभर फर्क नहीं है। लेकिन उन्हें बुद्धिमानी से नहीं कहा गया है। जानते हैं; जो जानते हैं, वह ठीक जानते हैं। लेकिन जिनसे कहा जा रहा है, उन्हें ठीक से नहीं जानते। आदमी से गलत छुड़ा लेना बहुत आसान है, जरा भी कठिन नहीं है। किसी चीज को भी गलत सिद्ध कर देना बहुत आसान है, जरा भी कठिन नहीं है। लेकिन सही का पदार्पण, सही का आगमन और अवतरण बहुत कठिन है।

कृष्ण यही कह रहे हैं। वे यह कह रहे हैं कि अर्जुन, अनासक्त व्यक्ति को अज्ञानियों पर ध्यान रखकर जीना चाहिए। ऐसा न हो कि अनासक्त व्यक्ति छोड़कर भाग जाए, तो अज्ञानी भी छोड़कर भाग जाएं। अनासक्त छोड़कर भागेगा, तो उसका कोई भी अहित नहीं है। लेकिन अज्ञानी छोड़कर भाग जाएंगे, तो बहुत अहित है। क्योंकि अज्ञान में छोड़कर वे जहां भागेंगे, वहां फिर कर्म घेर लेगा। उससे कोई अंतर नहीं पड़ने वाला है। दुकान छोड़कर मंदिर में जाएगा अज्ञानी, तो मंदिर में नहीं पहुंचेगा, सिर्फ मंदिर को दुकान बना देगा। कोई फर्क नहीं पड़ेगा। खाते-बही पढ़ते-पढ़ते एकदम से गीता पढ़ेगा, तो गीता नहीं पढ़ेगा, गीता में भी खाते-बही ही पढ़ेगा।

अज्ञानी सत्यों का भी दुरुपयोग कर सकता है, करता है। सत्यों का भी दुरुपयोग हो सकता है और असत्यों का भी सदुपयोग हो सकता है। ज्ञानी छोड़ दे सब। अज्ञानी भी छोड़ना चाहता है, लेकिन छोड़ना चाहने के कारण बिलकुल अलग हैं। ज्ञानी इसलिए छोड़ देता है कि पकड़ना, न पकड़ना, बराबर हो गया। चीजें छूट जाती हैं, दे जस्ट विदर अवे। अज्ञानी छोड़ता है; चीजें छूटती नहीं, चेष्टा करके छोड़ देता है। जिस चीज को भी चेष्टा करके छोड़ा जाता है, उसमें पीछे घाव छूट जाता है।

जैसे कच्चे पत्ते को कोई वृक्ष से तोड़ लेता है, कच्ची डाल को कोई वृक्ष से तोड़ लेता है, तो पीछे घाव छूट जाता है। पका पत्ता भी टूटता है, लेकिन कोई घाव नहीं छूटता। पके पत्ते को सम्हालकर छूटना चाहिए, कच्चे पत्तों को टूटने का खयाल न आ जाए। कच्चे पत्ते भी टूटने के लिए आतुर हो सकते हैं। पके पत्ते का आनंद देखेंगे हवाओं में उड़ते हुए और खुद को पाएंगे बंधा हुआ। और पका पत्ता हवाओं की छाती पर सवार होकर आकाश में उठने लगेगा, और पका पत्ता पूर्व और पश्चिम दौड़ने लगेगा, और पके पत्ते की स्वतंत्रता-वृक्ष से टूटकर, मुक्त होकर-कच्चे पत्तों को भी आकर्षित कर सकती है। वे भी टूटना चाह सकते हैं। वे भी कह सकते हैं, हम भी क्यों बंधे रहें इस वृक्ष से! टूटें। लेकिन तब पीछे वृक्ष में भी घाव छूट जाता और कच्चे पत्ते में भी घाव छूट जाता। और घाव खतरनाक है।

इसलिए ध्यान रखें, पका पत्ता जब वृक्ष से गिरता है, तो सड़ता नहीं। कच्चा पत्ता जब वृक्ष से गिरता है, तो सड़ता है। पका पत्ता सड़ेगा क्या! सड़ने के बाहर हो गया पककर। कच्चा पत्ता जब भी टूटेगा तो सड़ेगा। अभी कच्चा ही था; अभी पका कहां था ? अभी तो सड़ेगा। और ध्यान रखें, पकना एक बात है, और सड़ना बिलकुल दूसरी बात है।

कच्चा आदमी वैसा ही होता है, जैसे कच्ची लकड़ी को हम ईंधन बना लें। तो आग तो कम जलती है, धुआं ही ज्यादा निकलता है। पकी लकड़ी भी ईंधन बनती है, लेकिन तब धुआं नहीं निकलता, आग जलती है। जो व्यक्ति जानकर जीवन से छूट जाता है सहज, वह पकी लकड़ी की तरह ईंधन बन जाता है, उसमें धुआं नहीं होता। कच्चे व्यक्ति अगर छूट जाते हैं पक्के लोगों को देखकर, तो आग पैदा नहीं होती, सिर्फ धुआं ही धुआं पैदा होता है। और लोगों की आंखें भर जलती हैं, भोजन नहीं पकता है।

कृष्ण कह रहे हैं, ज्ञानी को बहुत ही...तलवार की धार पर चलना होता है। उसे ध्यान रखना होता है अपने ज्ञान का भी, चारों तरफ घिरे हुए अज्ञानियों का भी। इसलिए ऐसा उसे बर्तना चाहिए कि वह किसी अज्ञानी के कर्म की श्रद्धा को चोट न बन जाए; वह उसके कर्म के भाव को आघात न बन जाए; वह उसके जीवन के लिए आशीर्वाद की जगह अभिशाप न बन जाए।

बन गए बहुत दफा ज्ञानी अभिशाप! और अगर ज्ञान के प्रति इतना भय आ गया है, तो उसका कारण यही है। बुद्ध को देखकर लाखों लोग घर छोड़कर चले गए। चंगेज खां ने भी लाखों घरों को बरबाद किया। लेकिन चंगेज खां को इतिहास दोषी ठहराएगा, बुद्ध को नहीं ठहराएगा। हजारों स्त्रियां रोती, तड़पती-पीटती रह गईं। हजारों बच्चे अनाथ हो गए पिता के रहते। हजारों स्त्रियां पतियों के रहते विधवा हो गईं। हजारों घरों के दीए बुझ गए। कृष्ण यही कह रहे हैं...। और इसके दुष्परिणाम घातक हुए और लंबे हुए। इसका सबसे घातक परिणाम यह हुआ कि संन्यास में एक तरह का भय समाहित हो गया।

अब अगर मेरे पास कोई आता है-और मेरा संन्यास बिलकुल और है; अभिशाप की तरह नहीं है, वरदान की तरह है-तो वह कहता है, मेरी पत्नी खिलाफ है। क्योंकि पत्नी संन्यासी के खिलाफ होगी ही। पत्नी अगर आती है, तो वह कहती है, मेरा पति खिलाफ है कि भूलकर संन्यास मत ले लेना। क्योंकि संन्यास की जो धारणा निर्मित हुई हमारे देश में, वह धारणा कच्चे पत्तों के टूटे होने की धारणा थी। तो डर लगता है कि अगर पति संन्यासी हुआ, तो क्या होगा? सब बरबाद हो जाएगा। पत्नी संन्यासिनी हो गई, तो क्या होगा? सब बरबाद हो जाएगा।

बुद्ध और महावीर के अनजाने ही कच्चे पत्ते टूटे। और कच्चे पत्ते टूटे, तो पीछे घाव छूट गए। वे घाव अब तक भी मनस, हमारे समाज के मानस में भर नहीं गए हैं। अभी भी दूसरे का बेटा संन्यासी हो, तो हम फूल चढ़ा आते हैं उसके चरणों में; खुद का बेटा संन्यासी होने लगे, तो प्राण कंपते हैं। खुद का बेटा चोर हो जाए, तो भी चलेगा; संन्यासी हो जाए, तो नहीं चलता है। डाकू हो जाए, तो भी चलेगा। कम से कम घर में तो रहेगा! दो साल सजा काटेगा, वापस आ जाएगा। संन्यासी हो जाए, तो गया; फिर कभी वापस नहीं लौटता। इसलिए इस देश में संन्यास को हमने इतना आदर भी दिया, उतने ही हम भयभीत भी हैं भीतर; डरे हुए भी हैं; घबड़ाए हुए भी हैं। यह घबड़ाहट उन ज्ञानियों के कारण पैदा हो जाती है, जो अज्ञानियों का बिना ध्यान लिए वर्तन करते हैं।

तो कृष्ण कहते हैं कि तू ऐसा बर्त कि तेरे कारण किसी अज्ञानी के सहज जीवन की श्रद्धा में कोई बाधा न पड़ जाए। हां, ऐसी कोशिश जरूर कर कि तेरी

सुगंध, तेरे अनासक्ति की सुवास, उनके जीवन में भी धीरे-धीरे अनासक्ति की सुवास बने, अनासक्ति की सुगंध बने और वे भी जीवन में रहते हुए अनासक्ति को उपलब्ध हो सकें। तो शुभ है, तो मंगल है, अन्यथा अनेक बार मंगल के नाम पर अमंगल हो जाता है।

आखिरी श्लोक।

प्रकृतेः क्रियमाणानि गुणैः कर्माणि सर्वशः।
अहंकारविमूढात्मा कर्ताहमिति मन्यते।। 27।।

(वास्तव में) संपूर्ण कर्म प्रकृति के गुणों द्वारा किए हुए हैं, (तो भी) अहंकार से मोहित हुए अंतःकरण वाला पुरुष, मैं कर्त्ता हूं, ऐसे मान लेता है।

समस्त कर्म प्रकृति के गुणों के द्वारा किए हुए हैं। लेकिन अज्ञान से, अहंकार से भरा हुआ पुरुष, मैं कर्त्ता हूं, ऐसा मान लेता है। दो बातें हैं।

सच ही, सब कुछ किया हुआ है प्रकृति का। जिसे आप कहते हैं, मैं करता हूं, वह भी प्रकृति का किया हुआ है। जिसे आप कहते हैं, मैं चुनता हूं, वह भी प्रकृति का चुना हुआ है। आप कहते हैं कि कोई चेहरा मुझे प्रीतिकर लगता है, चुनता हूं इस चेहरे को, विवाह करता हूं। लेकिन कभी आपने सोचा कि यह चेहरा आपको प्रीतिकर क्यों लगता है? अंधा है चुनाव! क्या कारण है इसके प्रीतिकर लगने का? यह आंख, यह नाक, यह चेहरा, प्रीतिकर क्यों लगता है? बस, लगता है। कुछ और कह सकेंगे, क्यों लगता है? शायद कहें कि आंख काली है। लेकिन काली आंख क्यों प्रीतिकर लगती है? यह आंख आपकी आंख में प्रीतिकर लगती है। यह आपकी प्रकृति और इस आंख की प्रकृति के बीच हुआ तालमेल है। इसमें आप कहां हैं?

आप कहते हैं, यह चीज मुझे बड़ी स्वादिष्ट लगती है। कभी आपने सोचा कि स्वादिष्ट लगती है, आपको? लेकिन बुखार चढ़ जाता है, और फिर स्वादिष्ट नहीं लगती। सिर्फ आपकी जीभ पर प्रकृति के रसों का और भोजन के रसों का तालमेल है। आप नाहक बीच में पड़ जाते हैं। आप नाहक हर जगह बीच में खड़े हो जाते हैं।

आप कहते हैं, मुझे जीने की इच्छा है। लेकिन आपको जीने की इच्छा है या आप ही जीने की इच्छा के एक अंग हैं? एक आदमी कहता है, मैं आत्महत्या कर रहा हूं। यह आदमी स्वयं आत्महत्या कर रहा है कि जीवन के सारे गुण उस जगह आ गए हैं, जहां आत्महत्या घटित होती है? यदि हम कर्मों में गहरे उतरकर देखें, और अहंकार में भी, तो अहंकार एक भ्रांति है। जीवन कर रहा है, सब कुछ जीवन कर रहा है। सुख-दुख, जो आपको सुखद लगता है, वह भी प्रकृति का गुणधर्म है। जो आपको दुखद लगता है, वह भी प्रकृति का गुणधर्म है।

मैं एक राजमहल में मेहमान था। पहली ही दफा राजमहल में मेहमान हुआ, तो बड़ी मुश्किल में पड़ गया, रातभर सो न सका। ऐसी मुश्किल मुझे कभी न आई थी। ऐसे सुख का कोई अभ्यास न था। सुख का भी अभ्यास चाहिए, अन्यथा दुख बन जाता है। क्योंकि तालमेल, कोई हार्मनी नहीं बन पाती। जिनका अतिथि था, उनके पास जो श्रेष्ठतम, जो भी श्रेष्ठतम था, उन्होंने इंतजाम किया था। गद्दी ऐसी थी कि मैं पूरा ही उसमें डूब जाऊं। करवट लूं, तो मुसीबत; फिर नींद खुल जाए। एक तो नींद लगनी ही मुश्किल। ऊपर मसहरी पर पूरा आईना था। अंदर ही पंखे थे। जरा आंख खुले, तो पूरी तस्वीर ऊपर दिखाई पड़े! अकेला होना मुश्किल हो गया, अपनी ही तस्वीर पीछा करे! आधी रात तक जद्दोजहद की, लड़ाई की कि कोई तरह जीत जाऊं उस गद्दी से, जीत नहीं हो सकी। फिर नीचे फर्श पर सो गया और नींद आ गई। सुबह मित्र आए। मुझे फर्श पर देखा, तो दुखी हुए। और कहा कि कुछ अड़चन हुई आपको? इंतजाम ठीक नहीं कर पाए? मैंने कहा, ज्यादा कर दिया! फर्श पर बड़ा सुख मिला। तालमेल पड़ गया। गद्दी आपकी जरा ज्यादा गद्दी थी; अभ्यास नहीं था, तालमेल नहीं हो सका।

जिसे हम सुख कहते हैं, वह भी तालमेल है। जिसे हम दुख कहते हैं, वह भी तालमेल है या तालमेल का अभाव है। लेकिन मैं सुखी होता हूं, मैं दुखी होता हूं, वह भ्रांति है। सिर्फ मेरे भीतर जो प्रकृति है और मेरे बाहर जो प्रकृति है, उसके बीच संबंध निर्मित होते हैं। जन्म भी एक संबंध है, मृत्यु भी एक संबंध है। लेकिन मैं कहता हूं, मैं जन्मा; और मैं कहता हूं, मैं मरा। और जवानी भी एक संबंध है, मेरे भीतर की प्रकृति और बाहर की प्रकृति के बीच। और बुढ़ापा भी

एक संबंध है। लेकिन मैं कहता हूं, मैं जवान हुआ और मैं बूढ़ा हुआ। हार भी एक संबंध है, मेरी प्रकृति के बीच और बाहर की प्रकृति के बीच। जीत भी एक संबंध है, मेरी प्रकृति के बीच और बाहर की प्रकृति के बीच। लेकिन मैं हारता हूं, मैं जीतता हूं- अकारण, व्यर्थ।

कृष्ण कह रहे हैं, ज्ञानी पुरुष इस अहंकार, इस अज्ञान, इस भ्रम से बच जाता है कि मैं कर्त्ता हूं, और देखता है, प्रकृति करती है। और जैसे ही खयाल आता है कि प्रकृति करती है, कि सब सुख-दुख खो जाते हैं। और जैसे ही खयाल आता है कि प्रकृति के गुणधर्मों का फैलाव सब कुछ है, हम उसमें ही उठी हुई एक लहर से ज्यादा नहीं, उसके ही एक अंश-वैसे ही जीवन से आसक्ति-विरक्ति खो जाती है, और आदमी अनासक्त, वीतराग, ज्ञान को उपलब्ध हो जाता है। अर्जुन से वे कह रहे हैं कि तू लड़ रहा है, ऐसा मत सोच, प्रकृति लड़ रही है।

कौरवों की एक प्रकृति है, एक गुणधर्म है; पांडवों की एक प्रकृति है, एक गुणधर्म है। तालमेल नहीं है। संघर्ष हो रहा है। जैसे सागर की लहर आती और तट से टकराती। लेकिन हम कभी ऐसा नहीं कहते कि सागर की लहर तट से लड़ रही है। लेकिन अगर लहर को होश आ जाए और लहर चेतन हो जाए, तो लहर तैयारी करके आएगी कि लड़ना है तट से। और तट तैयारी रखेगा कि लड़ना है लहर से। अभी दोनों को कोई होश नहीं है, इसलिए कोई लड़ाई नहीं है। लहर तट से टकराती, बिखरती, तट भी टूटता रहता। दोनों गुणधर्म चलते रहते हैं। कहीं कोई जीतता नहीं, कहीं कोई हारता नहीं। आदमी, आदमियों की लहरें जब लड़तीं हैं, तो हम लड़ते हैं, प्रकृति को भूलकर।

कृष्ण के हिसाब से धर्म और अधर्म की लड़ाई है। कृष्ण के हिसाब से प्रकृति के बीच ही उठी हुई दो लहरों का संघर्ष है। इसमें अर्जुन नाहक ही... । हां, अर्जुन लहर के ऊपर है, एक लहर के ऊपर है; इसलिए भ्रम में हो सकता है कि मैं लड़ रहा हूं। इस भ्रम में हो सकता है कि मैं हारूंगा, मैं जीतूंगा। इस भ्रम में हो सकता है कि मैं मारूंगा, मिटूंगा। वह सिर्फ लहर के ऊपर है, जैसे समुद्र की लहर के ऊपर झाग होती है। झाग भी अकड़ उठे, अगर उसको होश आ जाए। लहर के ऊपर होती है। जैसे कि सम्राटों के सिर पर राजमुकुट होते हैं, ऐसे ही लहर पर झाग होती

है। अर्जुन भी झाग है एक लहर की, वह दुर्योधन भी झाग है एक लहर की। दोनों लहरें टकराएंगी और प्रकृति निर्णय करती रहेगी कि क्या होना है।

जिस दिन कोई व्यक्ति जीवन को अहंकार से मुक्त करके देख पाता, उसी दिन हार-जीत, सुख-दुख, सब खो जाते हैं। ज्ञानी तब कर्म करता और कर्त्ता नहीं बनता है। ज्ञानी तब सब कुछ होता और फिर भी भीतर से कुछ भी नहीं होता है। तब ज्ञानी जवान होता और जवान नहीं होता, भीतर वही रहता है, जो बचपन में था। और बूढ़ा होता और बूढ़ा नहीं होता है, भीतर वही रहता है, जो जवानी में था। और मरता है और नहीं मरता, भीतर वही रहता है, जो जीवन में था। तब ज्ञानी भीतर अस्पर्शित, अनटच्ड।

लेकिन स्पर्शित हो जाते हैं हम अहंकार के कारण। अहंकार बहुत सेंसिटिव है; छुआ नहीं कि दुखा नहीं। छुओ और दुखा। बस, अहंकार ही सारा स्पर्श ले लेता है। रास्ते पर आप जा रहे हैं, कोई हंस देता है। और आपका अहंकार स्पर्श ले लेता है; दुखी होने लगे। बड़ी मुश्किल है। एक लहर हंसती है, उसे हंसने दें। और एक लहर को हक है कि दूसरी लहर को देखकर हंसे। आप क्यों परेशान हैं? नहीं, लेकिन आप परेशान न होते, अगर आपने जाना होता कि प्रकृति ऐसी है।

आप गिर पड़े हैं। केले के छिलके पर पैर फिसल गया और चार लोग हंस दिए। बिलकुल ठीक है; इसमें कहीं कोई गड़बड़ नहीं है। जैसे छिलके के ऊपर पैर पड़ता है, आप गिर जाते हैं, वैसे ही उनके ऊपर आपके गिरने की घटना पड़ती है और हंसी फूट जाती है। यह सब प्रकृति का गुणधर्म है। आपके हाथ में नहीं है, छिलके पर पैर पड़ा, गिर गए। उनके हाथ में नहीं, कि हंसी बिखर गई। और आप अब दुखी होकर चले जा रहे हैं। अब कल आप जरूर उनके रास्ते पर छिलके बिछाएंगे। जरूर कल उनको गिराकर हंसना चाहेंगे। अब आप जाल में पड़ते हैं, अब आप व्यर्थ के जाल में पड़ते हैं। वह जाल अहंकार स्पर्शित होने से हुआ है।

कृष्ण इतना ही कहते हैं कि ज्ञानी करता है कर्म, लेकिन कर्त्ता नहीं बनता है। बस जो कर्त्ता नहीं बनता, वह जीवन के परम सत्य को उपलब्ध हो जाता है।

शेष रात बात करेंगे।

सातवां प्रवचन

अहंकार का भ्रम

तस्वविसु महाबाहो गुणकर्मविभागयोः।
गुणा गुणेषु वर्तन्ते इति मत्वा न सज्जते।। 28।।

परंतु हे महाबाहो, गुण-विभाग और कर्म-विभाग को जानने वाला ज्ञानी पुरुष, संपूर्ण गुण गुणों में ही बर्तते हैं, ऐसा मानकर आसक्त नहीं होता है।

जीवन को दो प्रकार से देखा जा सकता है। एक तो, जैसे जीवन का केंद्र हम हैं, मैं हूं और सारा जीवन परिधि है। कील मैं हूं और सारा जीवन परिधि है। अज्ञान की यही मनोदशा है। अज्ञानी केंद्र पर होता है, सारा जगत उसकी परिधि पर घूमता है। सब कुछ उसके लिए हो रहा है और सब कुछ उससे हो रहा है। न तो वह यह देख पाता है कि प्रकृति के गुण काम करते हैं, न वह यह देख पाता है कि परमात्मा की समग्रता कर्म करती है। जो कुछ भी हो रहा है, वही करता है। उसकी स्थिति ठीक वैसी होती है, जैसे मैंने एक कहानी सुनी है कि छिपकली राजमहल की दीवार पर छत से लटकी है और भयभीत है कि अगर वह छत से हट जाए, तो कहीं छत गिर न जाए! वही संभाले हुए है!

कुछ ही समय पहले, कोपरनिकस के पहले, आज से कुल तीन सौ वर्ष पहले आदमी सोचता था कि जमीन केंद्र है सारे यूनिवर्स का, सारे विश्व का। चांद-तारे जमीन के आस-पास घूमते हैं। सूरज जमीन का चक्कर लगाता है। दिखाई भी पड़ता है। सुबह उगता है, सांझ डूबता है। कोपरनिकस ने एक बड़ी क्रांति उपस्थित कर दी आदमी के मन के लिए, जब उसने कहा कि बात बिलकुल उलटी है; सूरज जमीन के चक्कर नहीं लगाता, जमीन ही सूरज के चक्कर लगाती है। बहुत धक्का पहुंचा। धक्का इस बात से नहीं पहुंचा कि हमें कोई फर्क पड़ता है कि चक्कर कौन लगाता है, सूरज लगाता है कि जमीन लगाती है। हमें क्या फर्क पड़ता है? नहीं, धक्का इस बात से पहुंचा कि आदमी जिस जमीन पर रहता है, वह जमीन भी चक्कर लगाती है! मैं जिस जमीन पर रहता हूं, वह जमीन भी चक्कर लगाती है सूरज का!

आदमी ने हजारों वर्ष अपने अहंकार के आस-पास सारे विश्व को चक्कर लगवाया। कोपरनिकस का मजाक उड़ाते हुए और आदमी का मजाक उड़ाते हुए बर्नार्ड शा ने एक बार कहा था कि कोपरनिकस की बात गलत है। यह बात झूठ है कि जमीन सूरज का चक्कर लगाती है। सूरज ही जमीन का चक्कर लगाता है। बर्नार्ड शा जैसे बुद्धिमान आदमी से ऐसी बात की आशा नहीं हो सकती थी। तो किसी आदमी ने सभा में खड़े होकर पूछा कि आप क्या कह रहे हैं! अब तो सिद्ध हो चुका है कि जमीन ही सूरज के चक्कर लगाती है। आपके पास क्या प्रमाण है? बर्नार्ड शा ने कहा, मुझे प्रमाण की जरूरत नहीं। इतना ही प्रमाण काफी है कि बर्नार्ड शा जिस जमीन पर रहता है, वह जमीन किसी का चक्कर नहीं लगा सकती। सूरज ही चक्कर लगाता है।

सारा मनुष्य का अहंकार सोचता है कि वही केंद्र पर है और सब कुछ। अज्ञानी की यह दृष्टि है, सेंटर जो है जगत का, वह मैं हूं। जैसे गाड़ी का चाक घूमता है कील पर, ऐसे कील मैं हूं; और सब कुछ, विराट मेरे ही आस-पास घूम रहा है।

ज्ञानी की मनोदशा इससे बिलकुल उलटी है। ज्ञानी कहता है, केंद्र हो कहीं भी, हम परिधि पर हैं, यह भी परमात्मा की बहुत कृपा है। केंद्र तो हम नहीं हैं। ज्ञानी कहता है, केंद्र मैं नहीं हूं। केंद्र अगर होगा, तो परमात्मा होगा। हम तो

परिधि पर उठी हुई लहरों से ज्यादा नहीं हैं। कोई उठाता है, उठ आते हैं। कोई गिराता है, गिर जाते हैं। कोई करवाता है, कर लेते हैं। कोई रोक देता है, रुक जाते हैं। किसी का इशारा जिंदगी बन जाती है; किसी का इशारा मौत ले आती है। न हमें जन्म का कोई पता है, न हमें मृत्यु का कोई पता है। न हमें पता है कि श्वास क्यों भीतर जाती है और क्यों बाहर लौट जाती है। नहीं, हमें पता नहीं है कि हम क्यों हैं, कहां से हैं, कहां के लिए हैं।

तो ज्ञानी कहता है, विराट का कर्म है और मैं तो उस कर्मों की लहरों पर एक तिनके से ज्यादा नहीं हूं। इसलिए कर्म मेरा नहीं, कर्म विराट का है। और जो भी फलित हो रहा है-हार या जीत, सुख या दुख, प्रेम या घृणा, युद्ध या शांति-जो भी घटित हो रहा है जगत में, वह प्रकृति के गुणों से घटित हो रहा है। ऐसा जो व्यक्ति जान लेता है, उसके जीवन में अनासक्ति फलित हो जाती है। उसके जीवन में फिर आसक्ति का जहर नहीं रह जाता है। फिर आसक्ति की बीमारी नहीं रह जाती है।

एक घटना मैंने सुनी है। मैंने सुना है, एक झेन फकीर हुआ, रिंझाई। वह एक गांव के रास्ते से गुजरता था। एक आदमी पीछे से आया, उसे लकड़ी से चोट की और भाग गया। लेकिन चोट करने में उसके हाथ से लकड़ी छूट गई और जमीन पर नीचे गिर गई। रिंझाई लकड़ी उठाकर पीछे दौड़ा कि मेरे भाई, अपनी लकड़ी तो लेते जाओ। पास एक दुकान के मालिक ने कहा, पागल हो गए हो? वह आदमी तुम्हें लकड़ी मारकर गया और तुम उसकी लकड़ी लौटाने की चिंता कर रहे हो! रिंझाई ने कहा, एक दिन मैं एक वृक्ष के नीचे लेटा हुआ था। वृक्ष से एक शाखा मेरे ऊपर गिर पड़ी। तब मैंने वृक्ष को कुछ भी नहीं कहा। आज इस आदमी के हाथ से लकड़ी मेरे ऊपर गिर पड़ी है, मैं इस आदमी को क्यों कुछ कहूं! नहीं समझा वह दुकानदार। उसने कहा, पागल हो! वृक्ष से शाखा का गिरना और बात है। इस आदमी से लकड़ी तुम्हारे ऊपर गिरना वही बात नहीं है।

रिंझाई कहने लगा, एक बार मैं नाव खे रहा था। एक खाली नाव आकर मेरी नाव से टकरा गई। मैंने कुछ भी न कहा। और एक बार ऐसा हुआ कि मैं किसी और के साथ नाव में बैठा था। और एक नाव, जिसमें कोई आदमी सवार था और चलाता था, आकर टकरा गई। तो वह जो नाव चला रहा था मेरी, वह

गालियां बकने लगा। मैंने उससे कहा, अगर नाव खाली होती, तब तुम गाली बकते या न बकते? तो उस आदमी ने कहा, खाली नाव को क्यों गाली बकता! रिंझाई ने कहा, गौर से देखो; नाव भी एक हिस्सा है इस विराट की लीला का। वह आदमी जो बैठा है, वह भी एक हिस्सा है। नाव को माफ कर देते हो, आदमी पर इतने कठोर क्यों हो?

शायद वह दुकानदार फिर भी नहीं समझा होगा। हममें से कोई भी नहीं समझ पाता है।

एक आदमी क्रोध से भर जाता है और किसी को लकड़ी मार देता है। इस मारने में प्रकृति के गुण ही काम कर रहे हैं। एक आदमी शराब पीए होता है और आपको गाली दे देता है; तब आप बुरा नहीं मानते; अदालत भी माफ कर सकती है उसे, क्योंकि वह शराब पीए था। लेकिन अगर एक आदमी शराब पीए, तो हम माफ कर देते हैं; और एक आदमी के शरीर में क्रोध के समय ऐड्रीनल नामक ग्रंथि से विष छूट जाता है, तब हम उसे माफ नहीं करते।

जब एक आदमी क्रोध में होता है, तो होता क्या है? उसके खून में विष छूट जाता है। उसके भीतर की ग्रंथियों से रस-स्राव हो जाता है। वह आदमी उसी हालत में आ जाता है, जैसा शराबी आता है। फर्क इतना ही है, शराबी ऊपर से शराब लेता है, इस आदमी को भीतर से शराब आ जाती है। अब जिस आदमी के खून में जहर छूट गया है, अगर वह घूंसा बांधकर मारने को टूट पड़ता है, तो इसमें इस आदमी पर नाराज होने की बात क्या है! यह इस आदमी के भीतर जो घटित हो रहा है प्रकृति का गुण, उसका परिणाम है।

कृष्ण यह कह रहे हैं कि जो आदमी जीवन के इस रहस्य को समझ लेता है, वह आदमी अनासक्त हो जाता है।

बुद्ध एक गांव में ठहरे हैं-अंतिम दिन, जहां उनकी बाद में मृत्यु हुई-एक गरीब आदमी ने उन्हें भोजन पर बुलाया। बिहार के गरीब सब्जी तो नहीं जुटा पाते थे। अब भी नहीं जुटा पाते हैं। तो कुकुरमुत्ता बरसात में पैदा हो जाता है-वृक्षों पर, पत्थरों पर, जमीन में-छतरी, उसको ही काटकर रख लेते हैं। फिर उसे सुखा लेते हैं। फिर उसी की सब्जी बना लेते हैं। गरीब था आदमी। उसके घर में कोई सब्जी

न थी। लेकिन बुद्ध को निमंत्रण कर आया, तो कुकुरमुत्ते की सब्जी बनाई। कुकुरमुत्ता कभी-कभी विषाक्त हो जाता है, पायजनस हो जाता है। कहीं भी उगता है; अक्सर गंदी जगहों में उगता है।

वह सूखा कुकुरमुत्ता विषाक्त था। बुद्ध ने चखा, तो वह कड़वा था। लेकिन वह गरीब पंखा झल रहा था, और उसकी आंखों से आनंद के आंसू बह रहे थे। तो बुद्ध ने कुछ कहा न, वे खाते चले गए। वह कड़वा जहर था। लौटे तो बेहोश हो गए। चिकित्सकों ने कहा कि बचना मुश्किल है। खून में जहर फैल गया है। उस आदमी ने बेचारे ने कहा कि आपने कहा क्यों नहीं कि कड़वा है!

बुद्ध ने कहा, देखा मैंने तुम्हारे आंखों के आंसुओं को, उनके आनंद को देखा मैंने कुकुरमुत्ते के कड़वेपन को। देखा मैंने मेरे खून में फैलते हुए जहर को। देखा मैंने मेरी आती हुई मौत को। फिर मैंने कहा, मौत तो रोकी नहीं जा सकती, आज नहीं कल आ ही जाएगी। कुकुरमुत्ता कड़वा है, इसमें नाराजगी क्या! जहर मिल गया होगा। तुम इतने आनंदित हो कि जो मृत्यु आने ही वाली है, जो रोकी न जा सकेगी, आज-कल आ ही जाएगी, उस छोटी-सी घटना के लिए तुम्हारी खुशी को छीनने वाला क्यों मैं बनूं? कहूं कि कड़वा है, तो तुम्हारी खुशी कड़वी हो जाए। और सब चीजें अपने गुण से हो रही हैं : जहर कड़वा है; भोजन कराने वाला आनंदित है; भोजन करने वाला भी आनंदित है। बुद्ध ने कहा, मैं पूरा आनंदित हूं। जहर मुझे नहीं मार पाएगा। जहर जिसे मार सकता है, उसे मार लेगा। जहर का जो गुण है, वह शरीर के जो गुण हैं, उन पर काम कर जाएगा। मैं देखने वाला हूं, मैं मरने वाला नहीं हूं।

लेकिन बुद्ध की मृत्यु हो गई। मृत्यु के पहले बुद्ध ने अपने भिक्षुओं को बुलाकर कहा कि जाओ गांव में डुंडी पीट दो, सारे गांव में खबर कर दो कि जिस आदमी ने बुद्ध को अंतिम भोजन दिया, वह परम पुण्यशाली है। भिक्षुओं ने कहा, आप क्या कहते हैं! वह आदमी हत्यारा है। बुद्ध ने कहा, तुम्हें पता नहीं है; कभी-कभी हजारों-लाखों वर्षों में बुद्ध जैसा व्यक्ति पैदा होता है। उसको जो मां पहली दफे भोजन देती है, वह भी धन्यभागी है। और जो आदमी उसे अंतिम भोजन देता है, वह भी कम धन्यभागी नहीं है। इस आदमी ने मुझे अंतिम भोजन दिया, यह बहुत धन्यभागी है।

और भिक्षु तो चले गए; आनंद रुका रहा। आनंद ने बुद्ध से कहा कि मेरा मन नहीं होता; आप यह क्या कह रहे हैं! बुद्ध ने कहा, आनंद तू समझता नहीं। जहर ने अपना काम किया, उस आदमी ने अपना काम किया। मैं बुद्ध हूं, मुझे मेरे गुणधर्म के अनुसार काम करने दो, अन्यथा लोग क्या कहेंगे। और अगर मैं यह कहकर न जाऊं और मर जाऊं, तो मुझे खयाल है कि तुम मिलकर कहीं उसकी हत्या न कर दो! कहीं उसके घर में आग न लगा दो! अगर तुमने यह भी न किया, तो वह जन्मों-जन्मों के लिए नाहक अपमानित और निंदित तो हो ही जाएगा।

एक और छोटी बात कहूं। उमास्वाति ने उल्लेख किया है एक फकीर का, एक साधु का कि वह पानी में उतरा। एक बिच्छू पानी में डूब रहा है। उसने उसे हाथ में ले लिया। लेकिन बिच्छू जोर से डंक मारता है। हाथ कंप जाता है, बिच्छू गिर जाता है। वह फिर बिच्छू को उठाता है। किनारे खड़ा एक आदमी कहता है कि तुम पागल तो नहीं हो! वह बिच्छू, जो तुम्हें काट रहा है और जहर से भरे दे रहा है, तुम उसे बचाने की कोशिश क्यों कर रहे हो?

वह फकीर कहता है कि बिच्छू अपना गुणधर्म निभा रहा है, मैं अपना गुणधर्म न निभाऊं, तो परमात्मा के सामने बिच्छू जीत जाएगा और मैं हार जाऊंगा। मैं साधु हूं, बचाना मेरा गुणधर्म है। वह बिच्छू है, काटना उसका गुणधर्म है। वह अपना काम पूरा कर रहा है, तुम मुझे मेरा काम पूरा क्यों नहीं करने देते हो!

कृष्ण कह रहे हैं अर्जुन से, जो व्यक्ति, जीवन गुणों के अनुसार वर्तित हो रहा है और कर्म भी महाप्रकृति की विराट लीला के हिस्से हैं, ऐसा जान लेता है, वह कर्म में अनासक्त हो जाता है। ऐसे व्यक्ति को दुख नहीं व्यापता; ऐसे व्यक्ति को सुख नहीं व्यापता। ऐसे व्यक्ति को सफलता-असफलता समान हो जाती है। ऐसे व्यक्ति को यश-अपयश एक ही अर्थ रखते हैं। ऐसे व्यक्ति को जीवन-मृत्यु में भी कोई फर्क नहीं रह जाता है। और ऐसी चित्तदशा में ही परमात्मा का, सत्य का, आनंद का अवतरण है।

इसलिए वे कृष्ण अर्जुन से कहते हैं, तू भाग मत। तू इस भांति बर्त, समझ कि जो हो रहा है, हो रहा है। तू उसके बीच में अपने को भारी मत बना, अपने को बीच में बोझिल मत बना। जो हो रहा है, उसे होने दे और तू उस होने के बाहर

अनासक्त खड़ा हो जा। यदि तू अनासक्त खड़ा हो सकता है, तो फिर युद्ध ही शांति है। और अगर तू अनासक्त खड़ा नहीं हो सकता, तो शांति भी युद्ध बन जाती है।

प्रश्न : अहंकाररूपी भ्रम से आसक्ति पैदा होती है, तो कृपया अहंकार की उत्पत्ति को अधिक स्पष्ट करें।

अहंकाररूपी भ्रम से आसक्ति उत्पन्न होती है, अहंकार कैसे उत्पन्न होता है? दो-तीन बातें समझ लेनी उपयोगी हैं। पहली बात तो अहंकार कभी उत्पन्न नहीं होता, सिर्फ प्रतीत होता है। उत्पन्न कभी नहीं होता, सिर्फ प्रतीत होता है। जैसे रस्सी पड़ी हो और सांप प्रतीत हो। उत्पन्न कभी नहीं होता, सिर्फ प्रतीत होता है। लगता है कि है, होता नहीं। अहंकार भी लगता है कि है, है नहीं।

जैसे हम लकड़ी को पानी में डालें और लकड़ी तिरछी दिखाई पड़ती है-होती नहीं, जस्ट एपियर्स-बस प्रतीत होती है। बाहर निकालें, सीधी पाते हैं। फिर पानी में डालें, फिर तिरछी दिखाई पड़ती है। और हजार दफे देख लें और पानी में डालें, अब आपको भलीभांति पता है कि लकड़ी तिरछी नहीं है, फिर भी लकड़ी तिरछी दिखाई पड़ती है। ठीक ऐसे ही अहंकार दिखाई पड़ता है, पैदा नहीं होता। इस बात को तो पहले खयाल में ले लें। क्योंकि अगर अहंकार पैदा हो जाए, तब उससे छुटकारा बहुत मुश्किल है। अगर दिखाई ही पड़ता हो, तो समझ से ही उससे छुटकारा हो सकता है। फिर चाहे वह दिखाई ही पड़ता रहे, तो भी छुटकारा हो जाता है। अहंकार कैसे दिखाई पड़ता है, अहंकार के दिखाई पड़ने का जन्म कैसे होता है, यह मैं जरूर कहना चाहूंगा।

पहली बात। एक बच्चा पैदा होता है। हम उसे एक नाम देते हैं-अ, ब, स। कोई बच्चा नाम लेकर पैदा नहीं होता। किसी बच्चे का कोई नाम नहीं होता। सब बच्चे अनाम, नेमलेस पैदा होते हैं। लेकिन बिना नाम के काम चलना मुश्किल है। अगर आप सबके नाम छीन लिए जाएं, तो बड़ी कठिनाई पैदा हो जाएगी। और मजा यह है कि नाम बिलकुल झूठा है; फिर भी उस झूठ से काम चलता है। अगर नाम छीन लिए जाएं, तो सचाई तो यही है कि नाम किसी का

कोई भी नहीं है। सब बिना नाम के हैं। लेकिन बड़ी कठिनाई हो जाएगी। जिस जगत में हम जीते हैं संबंधों के, जिस माया के जगत में हम जीते हैं, उस जगत में झूठे नाम बड़े काम के हैं। और कोई चीज काम की हो, इसीलिए सच नहीं हो जाती। और कोई चीज काम में न आती हो, इसीलिए झूठ नहीं हो जाती। यूटिलिटी और ट्रुथ में फर्क है; उपयोगिता और सत्य में फर्क है। बहुत-सी झूठी चीजें उपयोगी होती हैं।

घर में मिठाई रखी है और बच्चे को हम कह देते हैं, भूत है, भीतर मत जाना। भूत होता नहीं, मिठाई होती है; लेकिन बच्चा भीतर नहीं जाता। भूत का होना काम करता है, यूटिलिटेरियन है, उपयोगिता तो सिद्ध हो जाती है। और बच्चे को अगर समझाते कि मिठाई के खाने से क्या-क्या दोष हैं, और मिठाई के खाने से क्या-क्या हानियां हैं, और मिठाई के खाने से क्या-क्या बीमारियां होंगी, तो वे सब बेकार थीं। वे सच थीं, लेकिन वे कारगर नहीं थीं। बच्चे के लिए तो बिलकुल अर्थ की नहीं थीं। भूत काम कर जाता है; बच्चा कमरे के भीतर नहीं जा पाता। जो भूत नहीं है, वह मिठाई और बच्चे के बीच खड़ा हो जाता है। उपयोगी है।

नाम बिलकुल नहीं है, लेकिन आपके और जगत के बीच एक लेबल की जरूरत है, अन्यथा मुश्किल और कठिनाई हो जाती। एक भूत खड़ा हम कर देते हैं कि इसका नाम राम, इसका नाम कृष्ण, इसका नाम अर्जुन, इसका नाम यह, उसका नाम वह। नाम एक झूठ है। लेकिन नाम गहरे उतर जाता है। और इतना गहरे उतर जाता है कि आपको नींद में भी पता होता है कि आपका नाम क्या है, बेहोशी में भी पता होता है कि आपका नाम क्या है! जो नहीं है, वह भी पता होता है। आपके नाम को कोई गाली दे दे, तो खून में जहर दौड़ जाता है। अब नाम बिलकुल झूठ है, लेकिन खून में दौड़ने वाला जहर बिलकुल सच है।

यह करीब-करीब ऐसे होता है जैसे सपने में आप डर गए और एक जंगली जानवर ने आपकी छाती पर पंजा रख दिया। अब नींद खुल गई। अब पता चल गया कि सपना है, लेकिन पसीना अभी भी बहे चला जाता है और छाती अभी भी धड़के चली जाती है। अब मालूम है कि सपना था, कोई जंगली जानवर नहीं है। अपने घर में सोए हुए हैं। दरवाजा बंद है, कहीं कोई नहीं दिखाई पड़ता,

बिजली जल रही है, लेकिन अभी धड़कन जारी है। वक्त लगेगा, मोमेंटम पकड़ गया। हृदय धड़कने लगा। धड़केगा थोड़ी देर। एकदम से बंद नहीं हो सकता। एकदम से बंद हो जाए, तो खतरा भी है; धीरे-धीरे, धीरे-धीरे उतरेगा। जैसे धीरे-धीरे चढ़ा, वैसे धीरे-धीरे उतरेगा। अब आप भलीभांति जानते हैं कि बड़ी अजीब बात है-सपना और हृदय को धड़का जाता है! हृदय बहुत सच है और सपना बिलकुल झूठ है।

नाम जिंदगीभर काम देता है। लेकिन आपका नाम दूसरों के लिए काम देता है, आपके लिए काम नहीं देता। तो आपको स्वयं को बुलाने के लिए भी तो कोई इशारा चाहिए, वह इशारा मैं, ईगो, अहंकार है। तो दो तरह के नाम हैं। एक नाम जो मेरा दूसरों के बुलाने के लिए है-वह मेरा नाम; और एक जो मैं स्वयं अपने को बुलाऊंगा-मैं। अन्यथा बड़ी मुश्किल हो जाएगी कि मैं कौन हूं। और अगर मैं अपना नाम बुलाऊं, तो आपको समझने में मुश्किल होगी कि मैं किसके बाबत कह रहा हूं, अपने बाबत या दूसरों के बाबत। इसलिए मैं सबके लिए काम कर जाता है। प्रत्येक व्यक्ति अपने लिए मैं कहता है, वह कामन नेम है खुद के लिए। और दूसरे के लिए, उपयोग के लिए एक नाम है। इसलिए हो भी सकता है, आप अपना नाम कभी भूल जाएं, लेकिन मैं को आप कभी नहीं भूल सकते। क्योंकि आपका नाम दूसरे लोग उपयोग करते हैं, वह उनको याद रहता है। आप तो सिर्फ मैं का ही उपयोग करते हैं।

मैंने सुना है, पहले महायुद्ध में अमेरिका में पहली बार राशनिंग हुई। और एडिसन, एक बड़ा वैज्ञानिक, उसको भी अपना राशनकार्ड लेकर और राशन के लिए क्यू में खड़ा होना पड़ा। लेकिन एडिसन बहुत बड़ा वैज्ञानिक था। कोई एक हजार उसने आविष्कार किए। शायद पृथ्वी पर किसी दूसरे आदमी ने इतने आविष्कार नहीं किए। गहन से गहन प्रतिभा का मनुष्य था। सैकड़ों लोग उसे आदर देते थे। तो कोई उसका नाम तो कभी लेता नहीं था। तीस साल से उसने अपना नाम नहीं सुना था सीधा, कि किसी ने कहा हो, एडिसन। कोई उसको प्रोफेसर कहता, कोई उसको कुछ कहता। लेकिन नाम तो उसका कोई सीधा नहीं लेता था। क्यू में खड़ा है। उसका कार्ड लगा हुआ है राशन का।

जब उसके कार्ड का नंबर आया और क्यू में वह सामने आया, तो कार्ड वाले क्लर्क ने चश्मा ऊपर उठाकर आवाज लगाई कि थामस अल्वा एडिसन कौन है ? वे सज्जन खड़े ही रहे, एडिसन खड़े ही रहे। फिर उसने दुबारा कहा कि भई, यह कौन आदमी है एडिसन, आगे आओ ! तब क्यू में से किसी ने झांककर देखा और उसने कहा कि मालूम होता है, जो आदमी सामने खड़ा है, वह एडिसन है; मैंने अखबार में तस्वीर देखी है; लेकिन वह तो चुप ही खड़ा है ! आदमी क्यू के बाहर आया और उसने कहा, महाशय ! जहां तक हमें याद आता है, आपकी शकल एडिसन से मिलती-जुलती है। उसने कहा कि हो न हो यह मेरा ही नाम होना चाहिए। लेकिन सच बात यह है कि तीस साल से मुझे किसी ने कभी पुकारा नहीं, तो मुझे खयाल में नहीं रहा। लेकिन परिचित मालूम पड़ता है, नाम मेरा ही होना चाहिए !

खुद के बुलाने के लिए मैं, दूसरों के बुलाने के लिए नाम। एक ही मैं से काम चल जाता है। नाम अनेक रखने पड़ते हैं, क्योंकि दूसरे बुलाएंगे। यह मैं बचपन से ही बच्चे को स्मरण हम दिलाना शुरू करते हैं। लेकिन साइकोलाजिस्ट कहते हैं कि बच्चे को पहले मैं का पता नहीं चलता, पहले तू का पता चलता है। बच्चे को पहले मैं का पता नहीं चलता। इसलिए छोटे बच्चे अक्सर कहते हैं कि इसको भूख लगी है; वे यह नहीं कहते कि मुझे भूख लगी है। मुझे का अभी बोध नहीं होता। वे कहते हैं, इसको भूख लगी है। या पेट बता देते हैं कि यहां भूख लगी है। मैं का बोध बच्चे को बाद में आता है, तू का बोध पहले आता है, क्योंकि तू पहले दिखाई पड़ता है चारों तरफ। बच्चे को अपना पूरा शरीर भी अपना है, यह भी बहुत बाद में पता चलता है।

छोटे बच्चे अगर अपना अंगूठा चूसते हैं, तो आप समझते हैं कि वे अपना अंगूठा चूस रहे हैं। मनोवैज्ञानिक, खासकर जिन्होंने बच्चों पर प्रयोग किया है-जीनपियागेट, जिंदगीभर जिसने बच्चों के अध्ययन में लगाई है-वह कहता है, बच्चों को पता नहीं होता कि अपना अंगूठा चूस रहे हैं। वे तो कोई और ही चीज समझकर चूसते रहते हैं। उनको यह पता नहीं होता कि यह उनका अंगूठा है। जिस दिन पता चल जाएगा, उनका अंगूठा है, उस दिन तो वे भी नहीं चूसेंगे।

शरीर भी पूरा अपना है, इसका भी बच्चे को पता नहीं होता। बच्चे को सपने में और जागने में भी फर्क नहीं होता। सुबह जब उठता है, तो सपने के लिए रोता है कि मेरा खिलौना कहां गया, जो सपने में उसके पास था! बच्चे को अभी मैं का भी पता नहीं होता। मैं का बोध उसे तू को देखकर पैदा होता है। चारों तरफ और लोग हैं, और धीरे-धीरे उसे पता चलता है कि मैं अलग हूं, मेरा हाथ अलग है, मेरा मुंह अलग, मेरे पैर अलग; मैं उठता हूं तो अलग, दूसरे उठते हैं तो अलग। धीरे-धीरे यह चारों तरफ जो जगत है, इससे वह अपने को आइसोलेट करना सीखता है कि मैं अलग हूं। फिर उसके मैं का जन्म होना शुरू होता है। वह प्रयोग करना शुरू करता है, मुझे भूख लगी है।

कभी आप खयाल करें। जब भी आपको भूख लगती है, तब अगर ठीक से गौर से देखें, तो आपको पता चलता है कि भूख लगी है; आपको भूख कभी नहीं लगती। पता चलता है, भूख लगी है, पेट में लगी है। पता चलता है, पैर में चोट लगी है, दर्द हो रहा है। लेकिन आप कहते हैं, मुझे भूख लगी है। बहुत गौर से देखें और बहुत ठीक से अगर ठीक भाषा का प्रयोग करें, तो आपको कहना चाहिए, पता चलता है कि पेट में भूख लगी है। फैक्चुअल, अगर तथ्यगत सूचना देना चाहें, तो आपको कहना चाहिए, पता चलता है कि पैर में चोट लगी है। पता ही चलता है।

लेकिन अगर ऐसा कहेंगे, तो पागल समझे जाएंगे। जिंदगी की उपयोगिता मैं के आस-पास खड़ी है। पर कभी हम भूल जाते हैं धीरे-धीरे कि यह मैं एक कामचलाऊ शब्द है, यह सत्य नहीं है। यह कामचलाऊ शब्द है, यह सत्य नहीं है। और धीरे-धीरे इस कामचलाऊ शब्द को हम सत्य मानकर जीने लगते हैं। फिर हम विभाजन कर लेते हैं। विभाजन वैसा ही जैसे आप कहते हैं कि यह मेरा आंगन है! आपका आंगन है, बिलकुल सच है, लेकिन पृथ्वी बंटती नहीं। आपका आंगन भला हो, लेकिन पृथ्वी अनबंटी है। पड़ोसी के आंगन और आपके आंगन के बीच में पृथ्वी में कोई दरार नहीं पड़ती। आपके मकान और पड़ोसी के मकान के बीच में पृथ्वी टूटती नहीं। न हिंदुस्तान और पाकिस्तान के बीच में कोई खाई है, और न हिंदुस्तान और चीन के बीच में पृथ्वी टूटती है। पृथ्वी एक है। लेकिन कामचलाऊ शब्द है कि मेरा देश। तो ऐसा लगता है कि मेरा देश

कहीं टूट जाता है और दूसरे का देश वहां से शुरू होता है और बीच में कोई खाई है। कहीं कोई खाई नहीं है। मेरा देश एक राजनैतिक शब्द है, जो खतरनाक सिद्ध होता है, अगर आपने समझा कि यह जीवन का शब्द बन गया है।

मैं एक मनोवैज्ञानिक उपयोगिता है। लेकिन आप सोचते हैं, मैं का मतलब है, जहां मैं समाप्त होता हूं, वहां मैं बिलकुल समाप्त होता हूं और दूसरे शुरू होते हैं। आप कहीं समाप्त नहीं होते। अगर हम विज्ञान से भी पूछें, तो विज्ञान भी कहेगा, आप कहीं समाप्त नहीं होते। दस करोड़ मील दूर जो सूरज है, वह अगर ठंडा हो जाए, तो मैं ठंडा हो जाऊं। तो मैं और सूरज अलग-अलग हैं? अगर अलग-अलग हैं, तो सूरज हो जाए ठंडा, मैं क्यों ठंडा होऊं! सूरज और मैं कहीं जुड़े हैं। तभी तो सूरज ठंडा हो, तो मैं ठंडा हो जाऊं। अभी हवाओं में आक्सीजन है, कल न रह जाए, तो मैं समाप्त। यह मेरे भीतर जलता हुआ दीया बुझा! तो फिर इन हवाओं से मैं अलग हूं?

एक क्षण को अलग नहीं हैं। आप जो श्वास ले रहे हैं, वह आपसे हवा का जोड़ है। आप प्रतिपल जुड़े हुए हैं। आप हवा में ही जी रहे हैं, जैसे मछली पानी में, सागर में जी रही है। सागर न रह जाए, तो मछली नहीं है। ऐसे ही आप भी हवा के सागर में जी रहे हैं। हवा न रह जाए, तो आप भी नहीं हैं। लेकिन आप कहते हैं, मैं अलग हूं। अगर आप अलग हैं, तो ठीक है, एक पांच मिनट श्वास न लें और जीकर देखें। तब आपको पता चलेगा कि यह मैं उपयोगी तो था, सत्य नहीं है।

हवा भी मुझसे जुड़ी है। अभी जो श्वास आपके पास थी थोड़ी देर पहले, अब वह मेरे पास है। और मैं कह भी नहीं पाया कि मेरे पास है, कि वह किसी और के पास चली गई। वह श्वास किसकी थी? आपके खून में जो अणु दौड़ रहे हैं, वे अभी आपके पास हैं, कल किसी वृक्ष में थे, परसों किसी नदी में, उसके पहले किसी बादल में थे। किसके हैं वे? आपके शरीर में जो हड्डी है, वह न मालूम कितने लोगों के शरीर की हड्डी बन चुकी है और अभी न मालूम कितने लोगों के शरीर की हड्डी बनेगी। उस पर जल्दी से अपना कब्जा मत कर लेना। वह आपकी क्या है? आपके पास जो आंख है, वे आंख के अणु और न मालूम किन-किन आंखों के अणु बन चुके हैं। पूरी जिंदगी इकट्ठी है।

जब कृष्ण कहते हैं यह कि अज्ञानीजन अपने को अहंकार में बांधकर व्यर्थ फंस जाते हैं, तो उसका मतलब केवल इतना है। इसका मतलब यह नहीं है कि कृष्ण मैं का उपयोग न करेंगे। कृष्ण भी उपयोग करेंगे, उपयोग तो करना ही पड़ेगा। लेकिन उपयोग को कोई सत्य न मान ले। उपयोग तो करना ही पड़ेगा, लेकिन उपयोग को कोई पकड़कर यह न समझ ले कि वही सत्य है। बस, इतना स्मरण रहे, तो जीवन से आसक्ति कम होनी शुरू हो जाती है। क्योंकि आसक्ति वहीं है, जहां मैं है। मेरा वहीं है, जहां मैं है। अगर मुझे यह पता चल जाए कि मेरी जैसी कोई सत्ता ही नहीं है, सब इकट्ठा है, तो मैं किस चीज को मेरा कहूं और किस चीज को पराया कहूं! फिर कोई चीज अपनी नहीं, कोई चीज पराई नहीं; सब उसकी है, सब प्रभु की है। ऐसी मनोदशा में आसक्ति विलीन हो जाती है।

प्रकृतेर्गुणसंमूढाः सज्जन्ते गुणकर्मसुः।
तानकृत्स्नविदोमन्दान्कृत्स्नविन्नविचालयेत्।। 29।।

और प्रकृति के गुणों से मोहित हुए पुरुष गुण और कर्मों में आसक्त होते हैं। उन अच्छी प्रकार न समझने वाले मूर्खों को, अच्छी प्रकार जानने वाला ज्ञानी पुरुष चलायमान न करे।

बहुत कीमती सूत्र कृष्ण इसमें कह रहे हैं। वे कह रहे हैं, प्रकृति के गुणों से मोहित हुए...।

इस मोहित शब्द को थोड़ा गहरे में समझना जरूरी है। मोहित हुए अर्थात सम्मोहित हुए, हिप्नोटाइज्ड। सुना होगा आपने कि सिंह के सामने शिकार जब जाता है, तो भाग नहीं पाता, सम्मोहित हो जाता है, हिप्नोटाइज्ड हो जाता है, खड़ा रह जाता है; भूल ही जाता है कि भागना है। सिंह की आंखों में देखता हुआ अवरुद्ध हो जाता है, मैग्नेटाइज्ड हो जाता है, रुक ही जाता है। भागना ही भूल जाता है। यह भी भूल जाता है कि मृत्यु सामने खड़ी है। अजगर के बाबत तो कहा जाता है कि शिकार अपने आप खिंचा हुआ उसके पास चला आता है। आकाश में उड़ता हुआ पक्षी खिंचता हुआ चला आता है; कोई परवश, कोई खींचे चला जाता है।

संस्कृत का यह शब्द है, पशु। इसका मतलब इतना ही होता है कि जो पाश में बंधा हुआ खिंचा चला आता है, उसे पशु कहते हैं। जैसे एक गाय को हमने बांध लिया रस्सी में और खींचे चले आ रहे हैं। गाय पाश में बंधी हुई खिंची चली आती है। ऐसे ही प्रत्येक व्यक्ति प्रकृति के गुणों में खिंचा हुआ पशु की तरह वर्तन करता है, मोहित हो जाता है, हिप्नोटाइज्ड हो जाता है। इसमें दो-तीन बातें हिप्नोटिज्म की खयाल में लें, तो खयाल में आ सकेगा।

एक चेहरा सुंदर लगता है आपको, खिंचे चले जाते हैं। लेकिन कभी आपने सोचा है कि चेहरे में क्या सौंदर्य हो सकता है! आप कहेंगे, होता है, बिलकुल होता है। लेकिन फिर आपको सम्मोहन के संबंध में बहुत पता नहीं है। मेरे एक मित्र, जिनको सुंदर चेहरों पर बड़ा ही आकर्षण था। उनसे मैंने कहा, आकर्षण है क्या सुंदर चेहरों में? उन्होंने कहा, है। फिर भी मैंने कहा, क्या है? नाक थोड़ी लंबी होती है कि थोड़ी छोटी होती है, तो आपके हृदय की धड़कन में क्यों फर्क पड़ता है? आंख थोड़ी बड़ी होती है कि छोटी होती है, कि चेहरा थोड़ा अनुपात में होता है कि गैर-अनुपात में होता है, इससे आपके भीतर क्या होता है? उन्होंने कहा, होता है। आप सौंदर्य को नहीं मानते?

तो मैंने उन्हें सम्मोहित करके बेहोश किया। जब वे बेहोश हो गए, तो पास में पड़े हुए तकिए को मैंने उनके पास रखा और मैंने कहा, यह तकिया इतना सुंदर है, जितनी कोई स्त्री आपने कभी नहीं देखी है। इसे पास में लो, आलिंगन करो, चूमो, प्यार करो। उन्होंने तकिए को पास में लिया, खूब प्रेम किया। फिर मैंने उनसे कहा कि जब तुम होश में आ जाओगे, आधा घंटे बाद, फिर तुममें प्रेम की लहर आएगी और इस तकिए को तुम फिर छाती से लगाओगे। पोस्ट-हिप्नोटिक सजेशन! आधा घंटे बाद होश में आने के बाद, आधा घंटे बाद तुम विवश हो जाओगे, तुम्हारे बस में न रहेगा, बस तुम उठाओगे तकिए को, छाती से लगाओगे और चूमोगे।

फिर वे होश में आ गए। फिर हम सब बैठकर गपशप करने लगे। फिर सब ठीक बात हो गई। घड़ी मैं देख रहा हूं। तकिया उनके पास में पड़ा है। उसे उठाकर मैंने आलमारी में बंद कर दिया। उनकी आंखें देख रहा हूं। पच्चीस मिनट, तीस मिनट और बेचैनी उनकी शुरू हुई। जो लोग भी बैठे थे, वे भी देख

रहे हैं कि अब वे बेचैन हो गए हैं। वे बड़ी मुश्किल में पड़ गए हैं। अब वे ठीक उसी हालत में हैं, जैसी हालत में कामुकता से भरा हुआ आदमी हो जाता है। लेकिन तकिए के प्रति कोई कामुकता होती है? उठे।

मैंने कहा, कहां जा रहे हैं? उन्होंने कहा कि जरा वह तकिया मुझे देखना है, क्योंकि मुझे वह बहुत पसंद पड़ा, उसी तरह का तकिया मैं भी बाजार से खरीदना चाहता हूं। अब वे रेशनलाइज कर रहे हैं। उनको भी पता नहीं है। अब वे तर्क दे रहे हैं। मैंने कहा, छोड़ो भी, मैं तुम्हें यहीं बताए देता हूं कि तकिया कहां से लिया गया है। वहां से तुम तकिया ले लेना। उन्होंने कहा कि नहीं, जरा मैं देखना ही चाहता हूं। उनकी चाल देखने जैसी थी; जैसे भौंरा फूल के पास जाता है, बस वैसे ही वे आलमारी खोलकर। लेकिन सब हम बैठे हैं। तकिए को उठाकर देखते हैं उसे, उनकी आंखें, उनके हाथ। वह तकिया बड़ा जीवित हो गया है, क्योंकि अनकांशस में सम्मोहित कर रहा है। तकिया उन्हें खींच रहा है, क्योंकि तकिया सुंदर है, यह भाव गहरे अचेतन में उनके प्रवेश कर गया है।

एक क्षण उन्होंने हमारी तरफ देखा, फिर जैसे बेहोश आदमी, फिर वे हमारी फिक्र भूल गए, फिर उन्होंने तकिए को छाती से लगाकर चूमना शुरू कर दिया। हमने कहा भी कि यह क्या पागलपन कर रहे हो! पर वे पागलपन कर चुके थे। फिर बैठ गए। पसीना आ गया। घबड़ा गए और कहने लगे, मैंने यह क्या किया? यह हुआ क्या? मैंने कहा, ठीक ऐसे ही स्त्री और पुरुष सुंदर मालूम हो रहे हैं। ठीक ऐसे ही। वह प्रकृति के द्वारा डाला गया मोह है, वह प्रकृति के द्वारा डाली गई हिप्नोसिस है। वह हमारे अचेतन में जन्मों-जन्मों से डाला गया, बांधा गया वासना का बीज है। वह काम कर रहा है। वह काम करता है, फिर वह जुड़ जाता है। वह चीजों से भी जुड़ जाता है।

कृष्ण कह रहे हैं, प्रकृति के गुणों से मोहित हुआ पुरुष...।

वही दुख है, वही पीड़ा है सब की। हम किन-किन चीजों से मोहित होते हैं, जरा खयाल करना, तो बड़ी हैरानी होगी। अगर चित्र देखें, फिल्म देखें, पेंटिंग्स देखें, कविताएं उठाएं, नाटक पढ़ें, उपन्यास देखें; अगर सारी मनुष्य जाति का पूरा का पूरा साहित्य, जिसको हम बड़ा भारी साहित्य कहते हैं, उसे उठाकर देखें, तो

बड़ी हैरानी होगी। कुछ चीजों से आब्सेशन आदमी को पैदा हो गया है, पागल की तरह। और किसी को खयाल में नहीं है कि क्या हो गया है। और कभी खयाल में नहीं आता कि प्रकृति के गुण इस भांति मोहित कर सकते हैं!

अब स्त्रियों के स्तन सारी मनुष्य जाति को पीड़ित किए हुए हैं। सारे चित्र, सारी तस्वीरें, कविताएं, साहित्य, उन्हीं से भरा हुआ है। सब कवि, सब चित्रकार पागल मालूम पड़ते हैं। स्त्री के स्तन में क्या है? लेकिन छोटे बच्चे की पहली पहचान स्तन से होती है। पहला प्रेम और पहला ज्ञान स्तन से जुड़ता है। पहला एसोसिएशन, उसके दिमाग में पहला इंप्रेशन स्तन का बनता है। फिर वह जिंदगीभर पीछा करता है। वह सम्मोहित हो गया। अब वह बूढ़ा हो गया, अभी भी वह स्तन से सम्मोहित है।

यह बचपन में पड़ी पहली छाप है। इसको बायोलाजिस्ट कहते हैं, यह ट्रॉमेटिक इंप्रेशन है। वे कहते हैं, चूंकि बच्चे के चित्त पर सबसे पहली छाप मां के स्तन की पड़ती है, इसलिए बुढ़ापे के मरते दम तक स्तन पीछा करता है। और कुछ भी नहीं। बस, सम्मोहित हो गया आदमी; फिर बड़े से बड़ा कालिदास हो, कि भवभूति हो, कि पिकासो हो, कि कोई भी हो, बड़े से बड़ा चित्रकार, बड़े से बड़ा कवि, बस वह उसी में उलझा हुआ है। आश्चर्यजनक है।

लेकिन कृष्ण कहते हैं, प्रकृति के गुण को न समझने से और उनसे सम्मोहित हो जाने से, हिप्नोटाइज्ड हो जाने से आदमी अज्ञान में, मोह में, आसक्ति में, दुख में पड़ता है। और नासमझों से भरा हुआ जगत है। ये सभी इसी तरह...मनोवैज्ञानिक फेटिश शब्द का प्रयोग करते हैं। वे कहते हैं, आदमी अंगों से प्रभावित हो तो हो, वस्त्रों से, वस्तुओं से, उन तक से प्रभावित और पागल हो जाता है। उन सबसे भी उसके संबंध जुड़ जाते हैं और उनके पीछे भी वह उसी तरह मोहित होकर घूमने लगता है। यह जो स्थिति है चित्त की, इस स्थिति से जो नहीं जागेगा, वह कभी धर्म के सत्य को नहीं जान सकता। वह सिर्फ प्रकृति के गुणों में ही भटकता रहेगा।

रंग मोहित करते हैं। अब रंगों में क्या हो सकता है? लेकिन भारी मोहित करते हैं। किसी को एक रंग अच्छा लगता है, तो वह दीवाना हो जाता है। उसको

पागल किया जा सकता है, उसी रंग के साथ। बहुत बड़ा चित्रकार हुआ वानगाग, वह पीले रंग से आब्सेस्ड था। पीला रंग देखे, तो पागल हो जाए। धूप में खड़ा रहे, सूरज की धूप में खड़ा रहे, क्योंकि पीली धूप बरसे। जहां पीले फूल खिल जाएं, फिर वह घर के भीतर न आ सकता था। एक साल आरलिस की धूप में खड़े होकर वह पीले रंग को देखता रहा। और इतनी धूप में खड़े होने की वजह से पागल हुआ, दिमाग विक्षिप्त हो गया। लेकिन पीला रंग उसके लिए पागलपन था। जरूर कहीं बचपन में कोई ट्रॉमेटिक एक्सपीरिएंस, बचपन में कभी कोई ऐसी घटना घट गई, जिससे वह पीले रंग से बिलकुल आब्सेस्ड हो गया।

नेपोलियन इतना बड़ा हिम्मत का आदमी, शेर से लड़ जाए, लेकिन बिल्ली से डरे। सिंहों से जूझ जाए, लेकिन बिल्ली को देख ले, तो पूंछ दबाकर भाग जाए। क्या हो गया? छह महीने का था-क्योंकि नेपोलियन जैसे आदमी की जिंदगी उपलब्ध है, इसलिए जानने में आसानी है-छह महीने का था, पालने पर सोया था, एक जंगली बिलाव ने उसकी छाती पर पैर रख दिया। छह महीने का बच्चा, जंगली बिलाव, छाती पर पैर-चित्र बैठ गया गहरे, अनकांशस में उतर गया। फिर नेपोलियन बड़ा हो गया। सब बात भूल गई। लेकिन बिल्ली दिखे कि नेपोलियन फिर छह महीने का हो जाए। बिल्ली दिखी कि वे रिग्रेस किए, वे वापस छह महीने के हुए।

और कहते हैं मनोवैज्ञानिक कि नेल्सन से जिस युद्ध में नेपोलियन हारा, उसमें नेल्सन सत्तर बिल्लियां युद्ध के मैदान में साथ बांधकर ले गया था। बिल्लियां सामने थीं, फौज पीछे थी। और जब नेपोलियन ने बिल्लियां देखीं, अपने पास के साथी को कहा, अब मेरा बस काम नहीं कर सकता, अब मैं कुछ भी नहीं कर सकता, मेरी सूझ-बूझ खोती है। जैसे अर्जुन ने कृष्ण से कहा न कि मेरा गांडीव ढीला पड़ा जाता है। मेरे गात शिथिल हुए जाते हैं। अब मेरे बस के बाहर है। क्यों? क्योंकि ये मेरे प्रियजन हैं। यह मेरा भी आब्सेशन है। यह मेरा भी सम्मोहन है। कौन मेरा है? कौन पराया है?

बिल्ली से भय है नेपोलियन को; छह महीने का हो गया वह। अब उसकी स्थिति न रही कि वह लड़ ले। हारा पहली दफा उसी दिन। और संभावना

बहुत है कि नेल्सन ने नहीं हराया, बिल्लियों ने हराया। नेल्सन की हैसियत न थी इतनी। नेपोलियन बड़ा अदभुत आदमी था। लेकिन ऐसा अदभुत आदमी भी हिप्नोटाइज्ड है। हम सब ऐसे ही, हम सब ऐसे ही जी रहे हैं।

यह अर्जुन को क्या हो गया! इतना बहादुर आदमी, जिसे कभी सवाल न उठे, अचानक युद्ध के मैदान पर खड़ा होकर इतना शिथिल, इतना निर्वीर्य क्यों हुआ जा रहा है? हुआ जा रहा है, क्योंकि बचपन से जिन्हें अपना जाना, आज उनसे ही लड़ने की नौबत है। बचपन से जिन्हें मेरा माना, आज उनसे ही लड़ने की नौबत है। बचपन से कोई भाई था, कोई बंधु था, कोई महापिता थे, कोई कोई था, कोई ससुर था, कोई रिश्तेदार था, कोई मित्र था, कोई गुरु थे, वे सब सामने खड़े हैं। वह सब मेरा घिरकर सामने खड़ा है। और उस मेरे पर हाथ उठाने की हिम्मत अब उसको नहीं होती है। ऐसा नहीं है कि वह कोई अहिंसक हो गया है। ऐसा कुछ भी नहीं है। अगर ये मेरे न होते, तो वह युद्ध में इनको जड़-मूल से काटकर रख देता। उसका हाथ ठहरता भी नहीं। उसकी श्वास रुकती भी नहीं। वह इनको काटने में सब्जी काटने जैसा व्यवहार करता। लेकिन कहां कठिनाई आ गई है? वह मेरा उसका आब्सेशन है। वह मेरा उसका सम्मोहन बन गया है।

कृष्ण कह रहे हैं, प्रकृति में गुण हैं, अर्जुन। और आदमी उनसे मोहित होकर जीता है। साधारण आदमी उनसे मोहित होकर जीता है। वही मोह उसे अंधेरे में घेरे रखता है और वही मोह उसे अंधेरे में धक्का दिए चला जाता है। ज्ञानी पुरुष को एक तो अपने इस सम्मोहन से मुक्त हो जाना चाहिए।

ज्ञानी पुरुष का अर्थ है, डिहिप्नोटाइज्ड, जिसको अब कोई चीज सम्मोहित नहीं करती। रुपया उसके सामने रखें, तो उसे वही दिखाई पड़ता है, जो है। लेकिन रुपये से जो सम्मोहित होता है, उसे रुपया नहीं दिखाई पड़ता। उसे न मालूम क्या-क्या दिखाई पड़ने लगता है! वह शेखचिल्ली की कहानियों में चला जाता है। उसे रुपये में दिखाई पड़ता है कि अब एक से दस हो जाएंगे, दस से हजार हो जाएंगे, हजार से करोड़ हो जाएंगे; और सारी दुनिया ही जीत लूंगा और न मालूम क्या-क्या उस रुपये में स्वप्न उठने लगते हैं। उस एक पड़े हुए रुपये में हजार स्वप्न पैदा होने लगते हैं। लेकिन जिसे सम्मोहन नहीं है, उसे रुपये का

ठीकरा ही दिखाई पड़ता है। उपयोगिता है, वह भी दिखाई पड़ती है। लेकिन कोई सपना पैदा नहीं होता। सम्मोहन सपने का उदभावक है। हिप्नोटाइज्ड, मोहग्रस्त चित्त ही कल्पनाओं में, सपनों में भटकता है, आकांक्षाओं में, महत्वाकांक्षाओं में भटकता है।

कृष्ण कहते हैं, ज्ञानी पुरुष स्वयं भी इससे जाग जाता है और ऐसा व्यवहार नहीं करता कि वे अज्ञानी, जो सम्मोहन में भरे जी रहे हैं, उनके जीवन में अस्तव्यस्त होने का कारण बन जाए। इसका यह मतलब नहीं है कि वह उनके सम्मोहन तोड़ने का प्रयास नहीं करता। उनके सम्मोहन तोड़ने का प्रयास किया जा सकता है, लेकिन सम्मोहित हालत में उनके जीवन की धुरी को अस्तव्यस्त करना खतरे से खाली नहीं है।

यह क्यों कह रहे हैं? वे यह इसलिए कह रहे हैं कि अगर तुझे यह भी पता चल गया कि युद्ध व्यर्थ है, तो भी ये युद्ध के लिए तत्पर खड़े लोगों में से किसी को भी पता नहीं है कि युद्ध व्यर्थ है। अगर तू यहां से भागता है, तो सिर्फ कायर समझा जाएगा। अगर तुझे यह भी पता चल गया कि युद्ध व्यर्थ है, तो यहां इकट्ठे हुए युद्ध के लिए तैयार लोगों में से किसी को पता नहीं है कि युद्ध व्यर्थ है। तेरे भाग जाने पर भी युद्ध होगा, युद्ध नहीं रुक सकता है। अगर तुझे पता भी चल गया कि युद्ध व्यर्थ है और तू चला भी जाए, भाग भी जाए, तो केवल जिस धर्म और जिस सत्य के लिए तू लड़ रहा था, उसकी पराजय हो सकती है।

युद्ध तो होगा ही। युद्ध नहीं रुक सकता। ये जो चारों तरफ खड़े हुए लोग हैं, ये पूरी तरह युद्ध से सम्मोहित होकर आकर खड़े हैं। इनको कुछ भी पता नहीं है, इनको कुछ भी बोध नहीं है। इन अज्ञानियों के बीच, इन प्रकृति के गुणों से सम्मोहित पागलों के बीच तू ऐसा व्यवहार कर, जानते हुए भी, देखते हुए भी ऐसा व्यवहार कर कि इन सबके जीवन की व्यवस्था व्यर्थ ही अस्तव्यस्त न हो जाए। और अकेला तू भागकर भी कुछ कर नहीं सकता है। हां, इतना ही कर तू कि अगर तुझे होश आया है, तो तू इतना ही समझ ले कि जिंदगी में सुख-दुख, हार-पराजय सब समान है। वह परमात्मा के हाथ में है। तू कर्त्ता नहीं है। तू बिना कर्त्ता हुए कर्म में उतर जा।

मयि सर्वाणिकर्माणि संन्यास्याध्यात्मचेतसा।
निराशीर्निर्ममो भूत्वा युध्यस्व विगतज्वरः।। 30।।

इसलिए हे अर्जुन, तू अध्यात्म चेतसा हो संपूर्ण कर्मों को मुझमें समर्पण करके आशारहित एवं ममतारहित होकर संतापरहित हुआ युद्ध कर।

कृष्ण कहते हैं, तू सब कुछ मुझमें समर्पित करके, आशा और ममता से मुक्त होकर, विगतज्वर होकर, सब तरह के बुखारों से ऊपर उठकर-बियांड फीवरिशनेस-तू कर्म कर।

इसमें दो-तीन बातें समझने की हैं। एक, सब मुझमें समर्पित करके! यहां कृष्ण जब भी कहें, जब भी कहते हैं, सब मुझमें समर्पित करके, तो यह कृष्ण नाम के व्यक्ति के लिए कही गई बातें नहीं हैं। जब भी कृष्ण कहते हैं, सब मुझमें समर्पित करके, तो यहां वे मुझसे, मैं से समग्र परमात्मा का ही अर्थ लेते हैं। यहां व्यक्ति कृष्ण से कोई प्रयोजन नहीं है। वे व्यक्ति हैं भी नहीं। क्योंकि जिसने भी जान लिया कि मेरे पास कोई अहंकार नहीं है, वह व्यक्ति नहीं परमात्मा ही है। जिसने भी जान लिया, मैं बूंद नहीं सागर हूं, वह परमात्मा ही है। यहां जब कृष्ण कहते हैं, सब मुझमें समर्पित करके, सब-कर्म भी, कर्म का फल भी, कर्म की प्रेरणा भी, कर्म का परिणाम भी-सब, सब मुझमें समर्पित करके तू युद्ध में उतर। कठिन है बहुत। समर्पण से ज्यादा कठिन शायद और कुछ भी नहीं है। यह समर्पण, सरेंडर संभव हो सके, इसलिए वे दो बातें और कहते हैं, विगतज्वर होकर, बियांड फीवरिशनेस।

हम सब बुखार से भरे हैं। बहुत तरह के बुखार हैं। तरह-तरह के बुखार हैं। क्रोध का बुखार है, काम का बुखार है, लोभ का बुखार है। इनको बुखार क्यों कह रहे हैं, इनको ज्वर क्यों कहते हैं कृष्ण? ज्वर हैं। असल में जिस चीज से भी शरीर का उत्ताप बढ़ जाए, वे सभी ज्वर हैं। मेडिकली भी, चिकित्साशास्त्र के खयाल से भी। क्रोध में भी शरीर का उत्ताप बढ़ जाता है। खयाल किया है आपने! क्रोध में भी आपका ब्लडप्रेशर बढ़ जाता है, रक्तचाप बढ़ जाता है। क्रोध में हृदय तेजी से धड़कता है, श्वास जोर से चलती है, शरीर उत्तप्त होकर गर्म हो जाता है। कभी-

कभी तो क्रोध में मृत्यु भी घटित होती है। अगर कोई आदमी पूरी तरह क्रोधित हो जाए, तो जलकर राख हो जा सकता है, मर ही सकता है। पूरे तो हम नहीं मरते, क्योंकि पूरा हम कभी क्रोध नहीं करते, लेकिन थोड़ा तो मरते ही हैं, इंच-इंच मरते हैं। नहीं पूरे मरते, लेकिन जब भी हम क्रोध करते हैं, तभी उम्र क्षीण होती है, तत्क्षण क्षीण होती है। कुछ हमारे भीतर जल जाता है और सूख जाता है। जीवन की कोई लहर मर जाती और जीवन की कोई हरियाली सूख जाती है। क्रोध करें और देखें कि ज्वर है क्रोध। कृष्ण यहां बड़ी ही वैज्ञानिक भाषा का उपयोग कर रहे हैं।

कभी खयाल किया है कि जब भी सेक्स, कामवासना मन को पकड़ती है, तो शरीर ज्वरग्रस्त हो जाता है, फीवरिश हो जाता है! हृदय की धड़कन बढ़ जाती, रक्तचाप बढ़ जाता, खून की गति बढ़ जाती, श्वास बढ़ जाती, शरीर का ताप बढ़ जाता। प्रत्येक कामवासना में ग्रस्त क्षण में शरीर ज्वरग्रस्त हो जाता है। और अगर बहुत जोर से कामवासना पकड़े, तो पसीना अनिवार्य है, वैसे ही जैसे कि ज्वर में आ जाता है। और अगर और जोर से कामवासना पकड़े, तो मनोवैज्ञानिक कहते हैं कि शरीर पर, सारे शरीर पर चमड़ी पर लाल चकत्ते फैल जाते हैं। स्त्रियों के बहुत जल्दी, क्योंकि उनकी चमड़ी ज्यादा कोमल, ज्यादा डेलिकेट है। लाल चकत्ते पूरे शरीर पर फैल जाते हैं। पुरुषों के शरीर पर भी फैल जाते हैं।

कृष्ण जब कह रहे हैं कि ज्वर से मुक्त हुए बिना कोई समर्पण नहीं कर सकता। क्यों? विगतज्वर ही समर्पण कर सकता है, जिसके जीवन में कोई ज्वर नहीं रहा। अब यह बड़े मजे की बात है, अगर जीवन में ज्वर न रहे, तो अहंकार नहीं रहता, क्योंकि अहंकार के लिए ज्वर भोजन है। जितना जीवन में क्रोध हो, लोभ हो, काम हो, उतना ही अहंकार होता है। और अहंकार समर्पण में बाधा है। अहंकार ही एकमात्र बाधा है, जो समर्पण नहीं करने देती।

और अक्सर ऐसा होता है कि मंदिर में परमात्मा की मूर्ति के सामने जब आप सिर रख देते हैं, तब सिर तो जमीन पर होता है, अहंकार वापस पीछे ही खड़ा रहता है, वह नहीं झुकता। कभी खयाल करना, जब आप मंदिर में झुकें, तो आप देखना कि सिर तो रखा है पत्थर पर और अहंकार पीछे अकड़ा हुआ खड़ा है। वह दूसरा काम कर रहा है। वह देख रहा है कि कोई देखने वाला भी है या नहीं। वह

देख रहा है कि मंदिर में कोई आ रहा है कि नहीं। जरा लोग देख लें और गांव में खबर पहुंच जाए कि यह आदमी बड़ा धार्मिक है। वह यह देख रहा है; वह अपने काम में लीन है; वह अपने काम में लगा हुआ है। अहंकार सघन होगा, डेंस होगा। और सघन होता जाएगा, जितना ज्वर होगा जीवन में। और चौबीस घंटे ज्वर के अतिरिक्त क्या है हमारे जीवन में!

हां, बीच-बीच में छोटे-छोटे वक्त रहते हैं, जिनको हम कह सकते हैं, शांति के वक्त। लेकिन वे होते नहीं हैं शांति के। वह सिर्फ दूसरे ज्वर की तैयारी का समय होता है। तैयारी के लिए वक्त लगता है न! आदमी दिनभर, चौबीस घंटे क्रोध नहीं कर सकता, असंभव है। घंटेभर क्रोध करे, तो तीन घंटे विश्राम चाहिए। तीन घंटे विश्राम करके फिर ताजा होना चाहिए, तब फिर क्रोध कर सकता है। तो बीच-बीच में जिनको हम शांति के क्षण कहते हैं, वे विगतज्वर होने के नहीं हैं, वे केवल बीच में विश्राम के और पुनः तैयारी के क्षण हैं।

इसलिए आप एक और बात खयाल करेंगे कि हर आदमी के क्रोध के दौर होते हैं, पीरियड्स होते हैं। और अगर आप डायरी रखें, तो आप अपने पीरियड पकड़ लेंगे, उसी तरह जैसे रोज आदमी जिस वक्त पर सोता है, उसी वक्त पर नींद आती है। रोज भूख लगती है वक्त पर। अगर आप एक महीने भर डायरी रखें, तो आप बहुत हैरान हो जाएंगे कि आपके क्रोध का भी पीरियड है, जो वक्त पर लौटता है। हमेशा लौट आता है। आपके सेक्स का भी वक्त है, जो हमेशा लौट आता है। लेकिन अगर आप डायरी रखें, तो आपको खयाल रहे कि ठीक इसका भी एक कैलेंडर है, इसके भी आवागमन का एक वर्तुल है।

पूरी जिंदगी हमारी एक ज्वरों के वर्तुल में घूमती रहती है। कभी क्रोध, कभी काम, कभी लोभ, कभी कुछ, कभी कुछ। उसी में हम जीते और रिक्त होते चले जाते हैं। इनसे जो विगत हो जाए, इनके जो पार हो जाए, वही व्यक्ति समर्पण को उपलब्ध हो सकता है। क्योंकि इनके जो पार हो जाए, उसके पास अहंकार बचता ही नहीं। इसलिए समर्पण अपने आप हो जाता है।

यहां एक बात और खयाल में ले लेनी जरूरी है कि समर्पण आप कर नहीं सकते हैं, समर्पण सदा होता है। आपका किया हुआ समर्पण, समर्पण नहीं होगा,

क्योंकि करने वाला मौजूद है। और करने वाला ही तो बाधा है, वही तो समर्पण नहीं होने देता। इसलिए अगर कोई कहे कि मैं परमात्मा को समर्पित करता हूं, तभी समझना कि समर्पण हुआ नहीं। क्योंकि कल यह आदमी कहेगा कि वापस लेता हूं, तो परमात्मा क्या कर सकता है! वापस ले लो। नहीं, एक आदमी जब कहे कि अब कोई उपाय ही नहीं है, मैं परमात्मा को समर्पित हूं, तब अब वापस लेने वाला नहीं बचा। इसलिए कभी कोई मैं के रहते समर्पण नहीं कर सकता। अगर ठीक से समझें, तो मैं का न रह जाना ही समर्पण है। और मैं कब नहीं रहेगा? जब ज्वर नहीं रहेंगे।

इसे ऐसा भी समझ लें कि ज्वरों के जोड़ का नाम मैं है। तो अभी मैंने आपसे कहा कि मैं एक भ्रम है। लेकिन भ्रम भी काम करता है, क्योंकि ये ज्वर बड़े सत्य हैं और भ्रम इन ज्वरों के रथ पर सवार हो जाता है। ये ज्वर बड़े सत्य हैं। ये काम, क्रोध, लोभ बड़े सत्य हैं। इनका शारीरिक अर्थ भी है, इनका मानसिक अर्थ भी है। ये साइकोसोमेटिक हैं। ये शरीर और मन दोनों में इनका सत्य है। इनके ऊपर अहंकार सवारी करता है। और इनको जब तक हम विसर्जित न कर दें, तब तक अहंकार रथ के नीचे नहीं उतरता। इनको कैसे विसर्जित करें? ये ज्वर कैसे चले जाएं?

पहली तो बात यह है, इन्हें हमने कभी ज्वर की तरह, बीमारी की तरह देखा नहीं। और जिस चीज को हम बीमारी की तरह न देखें, उसे हम कभी विसर्जित नहीं कर सकते। कोई आदमी टी.बी. नहीं बचाना चाहता और कोई आदमी कैंसर नहीं बचाना चाहता। क्योंकि उनको हम बीमारियों की तरह पहचानते हैं। लेकिन क्रोध, लोभ, मोह, काम, इन्हें हम बीमारियों की तरह नहीं पहचानते। इसलिए हम इन्हें बचाना चाहते हैं। हम कहते हैं कि बिना क्रोध के चलेगा कैसा? कोई आदमी नहीं कहता कि बिना टी.बी. के चलेगा कैसे? नहीं, वह कहता है, टी.बी. हो गई, तो चलेगा ही नहीं। टी.बी. एकदम अलग करो। अभी हम शरीर की बीमारियां तो पहचानने लगे हैं। लेकिन मन की बीमारियां हम अभी तक नहीं पहचान पाए।

और ध्यान रहे, अगर कोई आपके शरीर की बीमारियों की तरफ इशारा करे, तो आप कभी नाराज नहीं होते; लेकिन अगर आपके मन की बीमारियों की तरफ कोई इशारा करे, तो आप लड़ने को तैयार हो जाते हैं। कोई आदमी कहे कि

देखिए, आपके पैर में घाव हो गया है, तो आप उससे लड़ते नहीं कि तुमने हमारा अपमान कर दिया कि हमारे पैर में घाव बता दिया। आप धन्यवाद देते हैं कि तुम्हारी बड़ी कृपा कि तुमने याद दिला दी। लेकिन कोई आदमी कहे कि बड़े लोभी हो, तो लकड़ी लेकर खड़े हो जाते हैं कि आप क्या कह रहे हैं! असल में मन की बीमारी को हम बीमारी स्वीकार नहीं करते। मन की बीमारी को तो हम समझते हैं कि कोई बड़ी धरोहर है, उसे बचाना है; उसे बचा-बचाकर रखना है, उसे सम्हाल-सम्हालकर रखना है।

कृष्ण कह रहे हैं, ये सब ज्वर हैं।

इन्हें, पहली तो शर्त यह है कि बीमारी की तरह पहचानें। और जिस दिन आप इन्हें बीमारी की तरह पहचानेंगे, उसी दिन छुटकारा शुरू हो जाएगा। दि वेरी रिकग्नीशन, इस बात की प्रत्यभिज्ञा कि ये बीमारियां हैं, आपको इनमें जाने से रोकने लगेगी। और जब क्रोध आएगा, तब आपको लगेगा कि बीमारी आती है। हाथ ढीले पड़ जाएंगे, भीतर कोई चीज रुक जाएगी। लेकिन क्रोध बीमारी नहीं है, हमारी अकड़ है। हम सोचते हैं, क्रोध नहीं रहेगा, तो रीढ़ ही टूट जाएगी। हम सोचते हैं, क्रोध नहीं रहेगा, तो कौन हमारी फिक्र करेगा। हम सोचते हैं, क्रोध नहीं रहेगा, तो जीवन की गति और जीवन का मोटिवेशन और जीवन की प्रेरणा सब चली जाएगी। हम कहते हैं, लोभ नहीं रहेगा, तो फिर हम क्या करेंगे! हमें पता ही नहीं है कि हम क्या कह रहे हैं!

लोभ की वजह से हम कुछ भी नहीं कर पाते। क्रोध की वजह से हम कुछ भी नहीं कर पाते। काम की वजह से हम कुछ भी नहीं कर पाते। हमारी सारी शक्ति तो इन्हीं छिद्रों में बह जाती है। बहुत दीन-हीन भीतर जो थोड़ी-बहुत शक्ति बचती है, उससे हम किसी तरह जिंदगी घसीट पाते हैं। हमारी जिंदगी आनंद नहीं बन सकती, क्योंकि आनंद सदा ओवर फ्लोइंग एनर्जी है। आनंद सदा ही ऊपर से बह गई शक्ति है, ओवर फ्लोइंग, जैसे नदी में बाढ़ आ जाए और किनारे टूट जाएं और नदी चारों तरफ नाचती हुई बहने लगती है।

किसी पौधे में फूल तब तक नहीं आते, जब तक पौधे में जरूरत से ज्यादा शक्ति न हो। अगर पौधे में जरूरत से ज्यादा शक्ति आती है, तो ओवरफ्लो हो जाते हैं

उसके रंग, फूल बन जाते हैं। कोई पक्षी तब तक गीत नहीं गाता, जब तक उसके पास जरूरत से ज्यादा शक्ति न हो। जब जरूरत से ज्यादा शक्ति होती है, तो पक्षी गीत गाता है, मोर नाचता है। लेकिन आदमी की जिंदगी में सब नाच, सब आनंद, सब खो गया है। कारण ? मोर हमसे ज्यादा होशियार हैं ? कोयल हमसे ज्यादा बुद्धिमान हैं ? फूल हमसे ज्यादा वैज्ञानिक हैं ? नदियां हमसे ज्यादा प्रज्ञावान हैं ?

नहीं, एक ही बात की भूल हो रही है। हम अपने को जरूरत से ज्यादा बुद्धिमान समझे हुए हैं और अपनी बुद्धिमानी में न मालूम कितने प्रकार की मूढ़ताओं को पाल रखा है। बीमारियों को भी हम स्वास्थ्य समझे बैठे हैं। दुश्मनों को मित्र समझते हैं। कांटों को फूल समझ लेते हैं, फिर छाती से लगा लेते हैं। फिर वे गड़ते हैं, चुभते हैं, घाव कर देते हैं। और इन सारे ज्वरों में हमारी इतनी शक्ति व्यर्थ ही व्यय हो जाती है कि ओवरफ्लो करने के लिए, फूल बनने के लिए कभी कोई शक्ति शेष नहीं बचती। इसलिए जिंदगी में आनंद, ब्लिस कभी दिखाई नहीं पड़ता। जिंदगी एक उदास कहानी है।

शेक्सपियर ने कहीं कहा है, ए टेल टोल्ड बाय एन ईडियट, फुल आफ फ्यूरी एंड न्वायज सिग्नीफाइंग नथिंग। एक मूर्ख के द्वारा कही हुई कहानी है जिंदगी। शोरगुल बहुत, मतलब कुछ भी नहीं। बस, बचपन से लेकर बुढ़ापे तक बड़ा शोरगुल, जैसे भारी कुछ होने जा रहा है। अंत में हाथ कुछ भी नहीं है। कहानी लंबी, दृश्य बहुत बदलते हैं, निष्कर्ष कोई भी नहीं, निष्पत्ति कोई भी नहीं। आखिर में खबर आती है, वह आदमी मर गया। और कहानी सदा बीच में ही टूट जाती है।

कहीं कुछ भूल हो रही है। वह भूल यह हो रही है कि जीवन की ऊर्जा, लाइफ एनर्जी ज्वर से बह रही है, बीमारियों से बह रही है। इसलिए जीवन का संगीत, और जीवन के फूल वंचित ही रह जाते हैं, उन्हें शक्ति ही नहीं मिल पाती है। इसलिए आपसे यह भी कहना चाहता हूं, इस सूत्र में कृष्ण के यह भी खयाल कर लें कि वे कह रहे हैं, विगतज्वर होकर अर्जुन, तू मुझको समर्पित हो। समर्पित वही हो सकता है, जो परम शक्तिशाली है। कमजोर कभी समर्पित नहीं होता। समर्पण बड़ा भारी आत्मबल है।

मैंने सुना है, एक युवक ने विवाह किया था नया-नया। और अपनी पत्नी

को लेकर वह दूर देश की यात्रा पर गया, नाव में। पुरानी कहानी है। तूफान आ गया और नाव डोलने-डगमगाने लगी और सारे यात्री कंपने-थर्राने लगे। कोई प्रार्थना करने लगा, कोई हाथ जोड़ने लगा, कोई भगवान को बुलाने लगा, कोई मनौती मनाने लगा। लेकिन वह युवक बैठा हुआ है। उसकी पत्नी ने कहा, क्या कर रहे हो तुम! कुछ प्रार्थना नहीं करोगे? कोई उपाय नहीं करोगे? तुम जरा भी भयभीत नहीं मालूम होते! नाव खतरे में है।

उस युवक ने अपनी तलवार म्यान के बाहर निकालकर उस नई-नई दुल्हन के कंधे पर रख दी। चमकती हुई तलवार, गरदन पास में है। जरा और गरदन अलग। लेकिन वह युवती हंसती रही। उस युवक ने पूछा, तुझे भय नहीं लगता? तो उस युवती ने कहा, जब तुम्हारे हाथ में तलवार हो, तो मुझे भय कैसा? उस युवक ने कहा, छोड़! जब परमात्मा के हाथ में सब कुछ है, तो मुझे भय कैसा? तलवार म्यान के भीतर रख ली। जब परमात्मा के हाथ में सब कुछ है, तो मुझे भय कैसा?

लेकिन सब कमजोर प्रार्थनाएं कर रहे हैं; वे प्रार्थनाएं करने वाले मालूम पड़ते हैं कि भक्त हैं बड़े, धार्मिक हैं। यह आदमी धार्मिक है। इतना भरोसा! लेकिन इतने भरोसे के लिए बड़ा बलशाली आदमी चाहिए। यह कहता है, ठीक है, उसके हाथ में है। वह जानेगा, हम क्या सलाह दें? और जब हाथ में तलवार उसके है, तो उसकी मर्जी; अगर गरदन ही काटनी है, तो काट ले। इसी में कुछ हित होगा, तो यही सही।

शक्तिशाली ही समर्पण करता है, अहंकारी सदा कमजोर होता है। लेकिन हम कहेंगे, गलत। अहंकारी कमजोर! अहंकार तो बड़ा बलशाली मालूम पड़ता है।

यहां आपसे एक और मनोवैज्ञानिक सत्य कहूं। एडलर ने इस सदी में कुछ गहरे मनोवैज्ञानिक सत्यों की शोध की है। उसमें एक सत्य यह भी है कि जितना हीन आदमी होता है, उतना ही अहंकारी होता है। जितना इनफीरिआरिटी से पीड़ित आदमी होता है, उतना अहंकारी होता है। क्योंकि जिसके पास शक्ति होती है, उसे अहंकार की कोई जरूरत ही नहीं होती। उसकी शक्ति दिखती ही है;

उसकी घोषणा की कोई जरूरत नहीं होती। उसके लिए बैंड-बाजे बजाकर कोई खबर नहीं करनी पड़ती। वह होती ही है।

सूरज कोई खबर नहीं करता कि मैं आता हूं। आ जाता है और सारी दुनिया जानती है कि आ गया। फूल खिलने लगते हैं और पक्षी गीत गाने लगते हैं और लोगों की नींद टूट जाती है। वृक्ष उठ जाते हैं, हवाएं बहने लगती हैं, सागर की लहरें उठने लगती हैं। सब तरफ पता चल जाता है कि आ गया। उसका आना ही काफी है। लेकिन कोई नकली सूरज अगर आ जाए, जिसके पास भीतर कोई ताकत न हो, तो सामने वह बैंड मास्टरों को लाएगा, चोट करो, खबर करो कि मैं आता हूं। क्योंकि खुद के आने से तो कोई खबर नहीं हो सकती।

यह जो हमारा अहंकार है, यह भीतर की कमजोरी को छिपाता है; यह सामने से इंतजाम करता है। पता है इसे कि भीतर मैं कमजोर हूं। सीधा तो मेरा कोई भी पता नहीं चलेगा। हां, मिनिस्टर हो जाऊं, तो पता चल सकता है। कुर्सी पर बैठ जाऊं, तो पता चल सकता है। धन मेरे पास हो, तो पता चल सकता है। बड़ा मकान मेरे पास हो, तो पता चल सकता है। ऐसे मेरा तो कोई पता नहीं चलेगा। कुछ हो, जिसके सहारे मैं घोषणा कर सकूं कि मैं हूं। मैं समबडी हूं, नोबडी नहीं हूं। मैं ना-कुछ नहीं हूं, कुछ हूं। लेकिन कुछ हूं अगर भीतर, तब तो कोई जरूरत नहीं है। महावीर नंगे भी खड़े हो जाएं, तो भी पता चलता है कि वे हैं। बुद्ध भिक्षा का पात्र लेकर भी गांव में निकल जाएं, तो भी पता चलता है कि वे हैं।

बुद्ध एक गांव में गए। उस गांव के सम्राट ने अपने वजीर से पूछा कि मेरी पत्नी कहती है कि बुद्ध के स्वागत के लिए मुझे भी जाना चाहिए। लेकिन क्या यह उचित है? मैं सम्राट, वह एक भिखारी, उसे आना होगा आ जाएगा। आजकल का कोई मंत्री होता, तो वह कहता, धन्य महाराज! आप बिलकुल ठीक कहते हैं। लेकिन उस मंत्री ने इतना सुना, कागज उठाया, कलम उठाया; तो सम्राट ने पूछा, क्या करते हो? उसने कहा, मेरा इस्तीफा स्वीकार करें। उसने कहा, कोई बात नहीं हुई, इस्तीफा किस बात का? तो उसने कहा कि नहीं, ऐसी जगह एक क्षण रुकना कठिन है। क्योंकि जिस दिन सिर्फ अहंकार आत्मा के सामने अपने को श्रेष्ठ समझेगा, उस दिन से बड़ा दुर्भाग्य नहीं हो सकता है। आपको जाना पड़ेगा। क्योंकि

बुद्ध भिक्षा का पात्र लिए हुए भी भिखारी नहीं हैं, सम्राट हैं। और तुम सम्राट होते हुए भी भिखारी हो। तुम्हारे पास कुछ नहीं है। तुम से अगर सब छीन लिया जाए, तो तुम ना-कुछ हो जाओगे। बुद्ध ने सब छोड़ दिया है, फिर भी वे सब कुछ हैं।

असल में जो सब कुछ है, वही सब कुछ छोड़ पाता है। जो कुछ भी नहीं है, वह छोड़ेगा कैसे?

अहंकार बहुत दीनता को छिपाए रहता है भीतर। वह हमेशा इनफीरिआरिटी कांप्लेक्स का बचाव है। वह हीनग्रंथि का इंतजाम है, सुरक्षा का, सेफ्टी मेजर है। तो अहंकारी निर्बल होता है। निर्बल अहंकारी होता है। सबल, आत्मबल से भरा हुआ, अहंकारी नहीं होता। और आत्मबल से भरा हुआ व्यक्ति ही समर्पण कर सकता है। क्योंकि समर्पण शक्ति की सबसे बड़ी घोषणा है। यह बात बड़ी कंट्राडिक्टरी मालूम होगी। संकल्प समर्पण का सबसे बड़ा संकल्प है। इससे बड़ा कोई विल पावर नहीं है जगत में कि कोई आदमी कह सके कि मैंने छोड़ा, सब छोड़ा।

कृष्ण जब अर्जुन से कहते हैं, तू सब मुझ पर छोड़ दे। सब- छोड़ अपनी सब बीमारियों को, छोड़ आकांक्षाओं को, छोड़ ममताओं को, छोड़ आशाओं को, छोड़ अपेक्षाओं को-सब छोड़ दे, मुझ पर छोड़ दे। इसमें दो मजेदार बात हैं। अगर अर्जुन बहुत सबल हो, तो छोड़ सकता है। लेकिन कृष्ण बहुत सबल आदमी हैं। छोड़ना भी सबल के लिए संभव है और किसी को इस भांति छोड़ने के लिए कहना भी सबल के लिए संभव है। निर्बल के लिए संभव नहीं है।

कृष्ण कितनी सहजता से कहते हैं, छोड़ सब मेरे ऊपर! दूसरे की बीमारियां लेने को केवल वही राजी हो सकता है, जिसे अब बीमार होने की कोई संभावना नहीं है। दूसरों के भार लेने को केवल वही राजी हो सकता है, जो इतना निर्भार है कि अब कोई भार उसके लिए भार नहीं बन सकता है। दूसरों को सहारा देने के लिए वही कह सकता है, जिसे अब खुद किसी तरह के सहारे की कोई भी जरूरत नहीं रह गई है। कृष्ण बड़ी सबलता से कहते हैं। इतनी सबलता रो बहुत मुश्किल से कभी कहा गया है। और अब, अब इतने सबल आदमी खोजना बहुत मुश्किल होता चला जाता है, जो कहें कि छोड़, तू सब मुझ पर छोड़ दे। यह

तभी वे कह पाते हैं, जब कि परमात्मा से तादात्म्य इतना गहरा है कि मुझ पर क्या छूटता है, परमात्मा पर छूटता है। कृष्ण बीच में हैं ही नहीं।

अर्जुन भी तभी छोड़ सकता है, जब उसके सारे ज्वरों के बाहर हो जाए। तब तक नहीं छोड़ सकता है, तब तक उसे एक-एक ज्वर पकड़ेगा। वह एक-एक सवाल उठाएगा। उसकी हर बीमारी के अपने सवाल हैं, अपनी जिज्ञासाएं हैं। और गीता अर्जुन की एक-एक बीमारी का उत्तर है। अनेक-अनेक मार्गों से वह कृष्ण से वही-वही पूछेगा। वह कृष्ण से उत्तर नहीं चाह रहा है, वह कृष्ण से मार्ग नहीं चाह रहा है। क्योंकि मार्ग इससे सरल और क्या हो सकता है कि कृष्ण कहते हैं, छोड़ मुझ पर।

एक महिला मेरे पास आई, अभी कोई आठ-दस दिन पहले। वह मुझे कहने लगी कि संतों के हाथ में तो सब कुछ है। आप सब कुछ कर दें मेरे लिए। मैंने कहा, राजी। तू क्या करने का इरादा रखती है? उसने कहा, हमसे क्या हो सकता है! मैंने उसको कहा, राजी। तू अपने को छोड़ने की हिम्मत रखती है? छोटी उम्र नहीं; सत्तर साल उम्र होगी। बूढ़ी स्त्री है। अब कुछ छोड़ने को बचा भी नहीं है, सिर्फ मौत है आगे। न, उसने कहा कि मैं घर अपने लड़के से, बहू से पूछकर आपको कुछ कहूंगी। लेकिन बोली कि संत तो सभी कर सकते हैं, आप कर ही दें। संत क्या नहीं कर सकते!

बड़ा मजेदार है सब मामला। संत निश्चित ही सब कुछ कर सकते हैं, लेकिन सिर्फ उन्हीं के लिए, जो सब कुछ छोड़ने की हिम्मत रखते हैं। तत्काल हो जाता है सब कुछ। संत को कुछ करना नहीं पड़ता, संत तो सिर्फ वीहिकल बन जाता है, सिर्फ परमात्मा के लिए साधन हो जाता है।

कृष्ण कहते हैं, छोड़ मुझ पर। दुनिया बहुत बदल गई है। दुनिया बहुत बदल गई है। कृष्ण कहते हैं, छोड़ मुझ पर। अर्जुन छोड़ने की हिम्मत नहीं जुटा पाता। आज तो हालत और उलटी है। आज तो कोई कहेगा नहीं किसी से कि छोड़ मुझ पर। क्योंकि हम समझेंगे कि पता नहीं बैंक बैलेंस छुड़ा लेगा, कि पता नहीं क्या मतलब है। फिर दुबारा आएंगे ही नहीं वहां। क्योंकि हम तो संतों के पास लेने जाते हैं, देने तो नहीं जाते। यह किस तरह का संत है!

गुरजिएफ था अभी। कोई उससे सवाल पूछता, तो वह कहता, सौ रुपये पहले रख दो। लोग कहते, आप कैसे संत हैं? हम तो सवाल पूछते हैं, आप सौ रुपये! तो गुरजिएफ कहता कि मैं बहुत सस्ते में तुम्हें जवाब दे रहा हूं।

ये कृष्ण बड़ा महंगा जवाब हैं। वे कह रहे हैं, तू छोड़ दे सब। सौ रुपये नहीं, सब। तू अपने को ही छोड़ दे। वे अर्जुन से कह रहे हैं, तू सब छोड़ दे मुझ पर-सारी आशा, सारी आकांक्षा, सारी ममता-मैं तैयार हूं। लेकिन अर्जुन तैयार नहीं है।

अर्जुन की हालत वैसी है, जैसे कभी-कभी ऐसा होता है न कि ट्रेन में कभी कोई देहाती आदमी आ जाता, तो सिर पर बिस्तर रखकर बैठ जाता है। इस खयाल में कि ट्रेन पर कहीं ज्यादा वजन न पड़े। तो वह खुद बैठे रहते हैं, सिर पर बिस्तर रखे रहते हैं। हम सब भी ऐसा ही करते हैं। हम सोचते हैं, कहीं परमात्मा पर ज्यादा वजन न पड़ जाए, इसलिए अपना वजन खुद ही रखे रहते हैं। सब वजन परमात्मा पर है, आपका भी, आपके वजन का भी। और जब उसी पर है, और जब ट्रेन चल ही रही है, तो नाहक सिर पर क्यों बोझ रखे हुए हैं!

वे कृष्ण इतना ही कहते हैं कि बिस्तर नीचे रख, मुझ पर छोड़ दे, तू आराम से बैठ। तू नाहक इतना बोझ क्यों लिए हुए है? तू इतनी चिंता में क्यों पड़ता है कि क्या होगा युद्ध से? कौन मरेगा, कौन बचेगा? इतने लोग मर जाएंगे, फिर क्या होगा? समाज का क्या होगा? राज्य का क्या होगा? तू इतनी सारी चिंताएं अपने सिर पर क्यों लेता है? तू छोड़ दे मेरे ऊपर।

अर्जुन को चिंता है भी नहीं वह सब। हम कभी भी नहीं पहचान पाते कि हम सब तरह से रेशनलाइजेशंस करते रहते हैं। अर्जुन सिर्फ भागना चाहता है। वह अपनों से लड़ने की हिम्मत नहीं जुटा पा रहा है, इसलिए सब तर्क खोज रहा है। वह तर्क का एक जाल खड़ा कर रहा है। वह कह रहा है, यह तकलीफ होगी, यह तकलीफ होगी, यह तकलीफ होगी। कुल मामला इतना है कि तकलीफों से उसे कोई मतलब नहीं है। मतलब उसे सिर्फ इतना है कि मेरों से कैसे लड़ूं? यह उसका मैं जो है, वह मेरों से लड़ने के लिए तैयार नहीं हो पाता। किसी का मैं नहीं तैयार हो पाता। मेरों से हम कभी लड़ने को तैयार नहीं होते। और इसलिए अक्सर

ऐसा होता है कि अगर मेरों से लड़ने की हालत आ जाए, तो बड़ी कठिनाई होती है, तब अगर तेरों से लड़ने का कोई मौका मिल जाए, तो मेरों की लड़ाई एकदम बंद हो जाती है।

आपने देखा, चीन का हमला हो गया हिंदुस्तान पर। तो फिर, फिर हिंदुस्तान में हिंदी बोलने वाले, गैर-हिंदी बोलने वाले का कोई झगड़ा नहीं। फिर हिंदू-मुसलमान का कोई झगड़ा नहीं। फिर मैसूर-महाराष्ट्र का कोई झगड़ा नहीं। फिर मद्रास इसका-उसका, कोई झगड़ा नहीं। सब झगड़े शांत, मेरों से लड़ाई बंद। क्योंकि तेरों से लड़ाई शुरू हो गई।

लड़ने में कोई दिक्कत नहीं, लेकिन मेरों से लड़ने में बड़ी कठिनाई होती है। हां, जब कोई तेरे मिलते ही नहीं, तो मजबूरी में मेरों से लड़ते हैं। इसलिए सारी दुनिया में तेरों से लड़ाई खोजी जाती है; चौबीस घंटे खोजी जाती है। नहीं तो मेरों से लड़ाई हो जाएगी।

अभी मेरे एक मित्र की पत्नी मेरे पीछे पड़ी थी कि मेरे पति को समझा दें कि वे अलग हो जाएं मां-बाप से। मैंने मित्र को बुलाकर पूछा कि लगता तो है कि इतना उपद्रव चलता है, तो अलग हो जाओ। लेकिन एक ही बात मुझे पूछनी है कि अभी तो तुम्हारी पत्नी तुम्हारे मां-बाप से लड़ लेती है, तुम्हें पक्का भरोसा है कि उनसे छूटकर तुमसे नहीं लड़ेगी? मैंने कहा, जहां तक मैं समझता हूं, लड़ेगी। क्योंकि करेगी क्या? वह तेरों से लड़ाई बंद हो जाएगी, तो और पास सरक आएगी।

इसलिए संयुक्त परिवार थे, तो पति-पत्नियों में कलह नहीं थी। आपको मालूम है, संयुक्त परिवार थे, तो पति-पत्नी में कभी कलह नहीं थी। जिस दिन से संयुक्त परिवार टूटा, उस दिन से पति-पत्नी की कलह बहुत गहरी हो गई। पति-पत्नी बच नहीं सकते, वे भी टूटेंगे। संयुक्त परिवार में बड़ा हिस्सा चलता रहता था, अपनों को बचाकर लड़ाई चलती रहती थी। दूसरे काफी थे, उनसे लड़ाई हो जाती थी। अब कोई बचे ही नहीं। अब वे दोनों ही बचे हैं पति-पत्नी। अब वे लड़ेंगे ही। इसलिए अक्सर ऐसा होता है कि पति-पत्नी, सांझ अकेली न बीत जाए, इससे डरे रहते हैं। किसी मित्र को बुला लो, किसी मित्र के घर चले जाओ। कोई तीसरा मौजूद रहे, तो थोड़ा, तो सांझ सरलता से बीत जाती है।

यह जो कृष्ण अर्जुन को कह रहे हैं, तू सब छोड़ दे मुझ पर, फिर तेरे लिए कुछ करने को नहीं बचता। मैं करूंगा, तू वाहन हो जा।

धर्म की एक ही पुकार है कि आप सिर्फ वाहन हो जाएं और परमात्मा को करने दें। आप कर्त्ता न बनें, परमात्मा पर कर्तृत्व छोड़ दें सब और आप इंस्ट्रूमेंट, साधन मात्र रह जाएं। कबीर ने कहा है कि जब से मैंने जाना, तब से गीत मेरे नहीं रहे। मैं तो सिर्फ बांसुरी हूं। मैं तो सिर्फ बांस की पोंगरी हूं, गीत परमात्मा के हैं, जो भी जान लेता है, वह बांस की पोंगरी रह जाता है। स्वर परमात्मा के, गीत परमात्मा का, हम केवल मार्ग रह जाते हैं।

कृष्ण कहते हैं अर्जुन से, तू बस मार्ग बन जा। मुझे मार्ग दे; जो मुझे करना है, होने दे। मुझसे मतलब, परमात्मा को जो करना है, वह होने दे।

और कृष्ण क्यों इतने आश्वस्त ढंग से अर्जुन से कह सके? अर्जुन को शक नहीं आता कि ये कृष्ण अपने को परमात्मा क्यों बनाए चले जा रहे हैं! अनेकों को शक आता है। जब भी कोई गीता पढ़ता है, तो अगर भक्त पढ़ता है, तब तो उसे कुछ पता नहीं चलता; लेकिन अगर कोई विचार करके पढ़ता है, तो उसे खयाल आता है कि कृष्ण क्यों ऐसा कहते हैं कि मैं, मुझ पर छोड़ दे। बड़े अहंकारी मालूम होते हैं! मुझे अनेक लोगों ने कहा कि कृष्ण का अहंकार भारी मालूम पड़ता है। वे कहते हैं, मुझ पर सब छोड़ दे। एक तरफ अर्जुन से कहते हैं, अहंकार छोड़; और एक तरफ कहते हैं, मुझ पर सब छोड़! तो यह अहंकार नहीं है?

मैंने उनसे कहा कि कृष्ण इतनी सरलता से कहते हैं कि मुझ पर सब छोड़ कि अहंकार नहीं हो सकता। अहंकार कभी सीधा नहीं कहता कि मुझ पर सब छोड़। अहंकार सदा तरकीब से जीता है। अहंकार कहता है कि मैं तो आपके पैर की धूल हूं। जरा आंख में देखें, तब पता चलेगा। इधर हाथ पैर में झुके होते हैं, उधर आंखें आकाश में चढ़ी होती हैं। अहंकार कहता है, मैं तो कुछ भी नहीं। लेकिन अगर आपने मान लिया कि आप बिलकुल ठीक कह रहे हैं, बिलकुल सच कह रहे हैं कि कुछ भी नहीं, तो बड़ा दुखी होता है। नहीं, जब अहंकार कहता है, मैं कुछ भी नहीं, तो वह सुनना चाहता है कि आप कहो कि आप भी कैसी बात कर रहे हैं! आप तो सब कुछ हैं। तब वह प्रसन्न होता है।

अहंकार कभी सीधा नहीं बोलता। उसका कारण है। अहंकार इसलिए सीधा नहीं बोलता कि सीधा अहंकार दूसरे के अहंकार को चोट पहुंचाता है। और दूसरे के अहंकार को चोट पहुंचाकर आप कभी अपने अहंकार की तृप्ति नहीं कर सकते। इसलिए जो कनिंग अहंकार है, जो चालाक अहंकार है- और सब अहंकार चालाक हैं-वे तरकीब से अपनी तृप्ति करते हैं। वे दूसरे के अहंकार को परसुएड करते हैं।

वान पेकार्ड ने एक किताब लिखी है, दि परसुएडर्स, फुसलाने वाले। चारों तरफ हैं। लेकिन अहंकार से बड़ा परसुएडर और कोई भी नहीं है। अहंकार बड़ी तरकीब से फुसलाता है। वह जो कहलवाना चाहता है, जो वह खुद कहना चाहता है, वह दूसरे से कहलवाता है। अगर आप किसी स्त्री से कहलवाना चाहते हैं कि आप बड़े सुंदर हैं, तो आप खुद मत कह देना जाकर कि मैं बड़ा सुंदर हूं, नहीं तो मुश्किल में पड़ जाएंगे। नहीं, आप कहेंगे कि तुम बड़ी सुंदर हो; तुमसे सुंदर कोई भी नहीं; और फिर प्रतीक्षा करना। फिर वह स्त्री जरूर कहेगी कि आपसे सुंदर कोई भी नहीं है।

यह म्यूचुअल ग्रेटिफिकेशन है, यह एक-दूसरे के अहंकार की तृप्ति है। आप उन्हें बड़ा बनाओ, वे आपको बड़ा बनाते हैं। एक नेता दूसरे नेता को बड़ा बनाता है, दूसरा नेता दूसरे को। एक महात्मा दूसरे महात्मा को, दूसरा महात्मा दूसरे को। एक-दूसरे को बड़ा बनाते चले जाओ। इस तरह परोक्ष, इनडाइरेक्ट, अहंकार अपने रास्ते खोजता है।

कृष्ण अदभुत निरहंकारी व्यक्ति हैं। वे कहते हैं, छोड़ मुझ पर। वे इतनी सरलता से कहते हैं कि अहंकार का कहीं लेशमात्र मालूम नहीं पड़ता। अहंकार कभी इतना सरल होता ही नहीं। अहंकार हमेशा तिरछा चलता है। कृष्ण की इतनी सहजता...वे यह भी नहीं कहते कि मैं भगवान हूं, इसलिए छोड़ मुझ पर। क्योंकि वह भी इनडाइरेक्ट हो जाएगा। वे अगर यह भी कहें कि मैं भगवान हूं, छोड़ मुझ पर। ऐसा भी नहीं कहते। वे कहते हैं, छोड़ मुझ पर। कोई कारण भी नहीं देते। कोई परोक्ष उपाय भी नहीं करते। सीधा कहते हैं कि छोड़ मुझ पर। यह

सरलता ही उनके निरहंकार होने की घोषणा है। इतना अत्यधिक सीधापन, स्ट्रेट फारवर्डनेस उनके निरहंकार होने का सबूत है। और जब वे कहते हैं, छोड़ मुझ पर, तो हमारे सामने वे मौजूद नहीं हैं, इसलिए बड़ी कठिनाई होती है।

दुनिया में जो भी महत्वपूर्ण सत्य आज तक प्रकट हुए हैं, वे लिखे नहीं गए, बोले गए हैं। इस बात को खयाल में रखना। दुनिया का कोई पैगंबर, कोई तीर्थंकर लेखक नहीं था। और दुनिया का कोई अवतार लेखक नहीं था। यह स्मरण रखना। चाहे बाइबिल, और चाहे कुरान, और चाहे गीता, और चाहे बुद्ध और चाहे महावीर के वचन, और चाहे लाओत्से-ये सब वचन बोले गए हैं, ये लिखे नहीं गए हैं। और इनके मुकाबले लेखक कभी भी कुछ नहीं पहुंच पाता, कहीं नहीं पहुंच पाता। उसका कारण है। बोले गए शब्द में एक लिविंग क्वालिटी है।

जब अर्जुन से कृष्ण ने बोला होगा, तो सिर्फ शब्द नहीं था। हमारे सामने सिर्फ शब्द है। जब कृष्ण ने अर्जुन से कहा होगा कि छोड़ मुझ पर, तो कृष्ण की आंखें, और कृष्ण के हाथ, और कृष्ण की सुगंध, और कृष्ण की मौजूदगी ने, सब ने अर्जुन को घेर लिया होगा। कृष्ण की उपस्थिति अर्जुन को चारों तरफ से लपेट ली होगी। कृष्ण के प्रेम, और कृष्ण के आनंद, और कृष्ण के प्रकाश ने अर्जुन को सब तरफ से भर लिया होगा। नहीं तो अर्जुन भी पूछता कि आप भी क्या बात करते हैं! सारथी होकर मेरे और मुझसे कहते हैं, आपके चरणों में सब छोड़ दूं?

नहीं, अर्जुन यह कहने का उपाय भी नहीं पाया होगा। पाया ही नहीं। अर्जुन को यह प्रश्न भी नहीं उठा, क्योंकि कृष्ण की मौजूदगी ने ये सब प्रश्न गिरा दिए होंगे। कृष्ण की मौजूदगी अर्जुन को वहां-वहां छू गई होगी, जहां-जहां प्राण के अंतराल में छिपे हुए स्वर हैं, जहां-जहां प्राण की गहराइयां हैं-वहां-वहां। और इसलिए अर्जुन को शक भी नहीं उठता कि यह कहीं अहंकार तो नहीं पूछ रहा है मुझसे कि इसके चरणों में मैं छोड़ दूं। अहंकार वहां मौजूद ही नहीं था; वहां कृष्ण की पूरी प्रतिभा, पूरी आभा मौजूद थी।

बुद्ध के चरणों में लोग आते हैं और बुद्ध के चरणों में लोग सिर रखते हैं। और बुद्ध के पास आकर त्रिरत्न की घोषणा करते हैं। वे कहते हैं, बुद्धं शरणं

गच्छामि। एक दिन एक आदमी आया और उसने बुद्ध से कहा, आप तो कहते हैं, किसी की शरण मत जाओ। आप तो कहते हैं, किसी की शरण मत जाओ; और आपकी ही शरण में लोग आकर आपके सामने ही कहते हैं, बुद्धं शरणं गच्छामि, मैं बुद्ध की शरण जाता हूं। आप रोकते क्यों नहीं?

बुद्ध ने कहा, जो रोक सकता था, वह अब मेरे भीतर कहां है? जो रोक सकता था, वह अब मेरे भीतर कहां है? और किसने तुमसे कहा कि वे मेरी शरण जाते हैं! मेरी शरण वे जाते नहीं, क्योंकि मैं तो बचा नहीं। शायद मेरे द्वारा वे किसी और की शरण जाते होंगे, जो बचा है। मैं तो सिर्फ एक दरवाजा हूं-जस्ट ए डोर, जस्ट ए विंडो-एक खिड़की, एक दरवाजा।

इस खिड़की पर आप हाथ रखकर मकान के भीतर के मालिक को नमस्कार करते हैं। खिड़की क्यों रोके? खिड़की क्यों कहे कि अरे-अरे! यह क्या कर रहे हैं? मत करिए नमस्कार मुझे। लेकिन आप उसको कर ही नहीं रहे हैं।

बुद्ध कहते हैं, मुझे वे नमस्कार करते ही नहीं, मेरी शरण वे जाते नहीं, मैं तो हूं नहीं। एक द्वार है, जहां से वे किसी को निवेदन करते हैं।

कृष्ण जरूर इस क्षण में एक द्वार बन गए होंगे। नहीं तो अर्जुन भी सवाल उठाता, उठाता ही। अर्जुन छोटा सवाल उठाने वाला नहीं है। द्वार बन गए होंगे। और अर्जुन ने अनुभव किया होगा कि जो कह रहा है, वह मेरा सारथी नहीं है; जो कह रहा है, वह मेरा सखा नहीं है; जो कह रहा है, वह स्वयं परमात्मा है। ऐसी प्रतीति में अगर अर्जुन को कठिनाई लगी होगी, तो वह कृष्ण के भगवान होने की नहीं, वह अपने समर्पण के सामर्थ्य न होने की कठिनाई लगी होगी। वही लगी है।

उस पर हम आगे कल बात करेंगे। आज इतना ही।

आठवां प्रवचन

श्रद्धा है द्वार

ये मे मतमिदं नित्यमनुतिष्ठन्ति मानवाः।
श्रद्धावन्तोऽनसूयन्तो मुच्यन्तेऽपिकर्मभिः।। 31।।
ये त्वेतदभ्यसूयन्तो नानुतिष्ठन्ति मे मतम्।
सर्व ज्ञानविमूढांस्तान्विद्धि नष्टानचेतसः।। 32।।
सदृशं चेष्टते स्वस्याः प्रकृतेर्ज्ञानवानपि।
प्रकृतिं यान्ति भूतानि निग्रहः किं करिष्यति।। 33।।

और हे अर्जुन जो कोई भी मनुष्य दोषबुद्धि से रहित और श्रद्धा से युक्त हुए सदा ही मेरे इस मत के अनुसार बर्तते हैं, वे पुरुष संपूर्ण कर्मों से छूट जाते हैं। और जो दोषदृष्टि वाले मूर्ख लोग इस मेरे मत के अनुसार नहीं बर्तते हैं, उन संपूर्ण ज्ञानों में भ्रमित चित्त वालों को तू कल्याण मार्ग से भ्रष्ट हुए ही जान। क्योंकि सभी प्राणी प्रकृति को प्राप्त होते हैं अर्थात अपने स्वभाव से परवश हुए कर्म करते हैं। ज्ञानवान भी अपनी प्रकृति के अनुसार चेष्टा करता है। फिर इसमें किसी का हठ क्या करेगा!

कृष्ण अर्जुन से कह रहे हैं कि जो मैंने कहा है, श्रद्धापूर्ण हृदय से उसे अंगीकार करके जो जीता और कर्म करता है, वह समस्त कर्मों से मुक्त हो जाता है, वह समस्त कर्मबंधन से मुक्त हो जाता है।

श्रद्धा शब्द को थोड़ा समझेंगे, तो इस सूत्र के हृदय के द्वार खुल जाएंगे। श्रद्धा शब्द के आस-पास बड़ी भ्रांतियां हैं। सबसे बड़ी भ्रांति तो यह है कि श्रद्धा का अर्थ लोग करते हैं, विश्वास, बिलीफ; या कुछ लोग श्रद्धा का अर्थ करते हैं, फेथ, अंधविश्वास। दोनों ही अर्थ गलत हैं। क्यों? जो भी विश्वास करता है, उसके भीतर अविश्वास सदा ही मौजूद होता है।

असल में अविश्वासी के अतिरिक्त और कोई विश्वास करता ही नहीं है। यह उलटी लगेगी बात। लेकिन विश्वास की जरूरत ही इसलिए पड़ती है कि भीतर अविश्वास है। जैसे बीमार को दवा की जरूरत पड़ती है, ऐसे अविश्वासी चित्त को विश्वास की जरूरत पड़ती है। भीतर है संदेह, भीतर है अविश्वास, उसे दबाने के लिए विश्वास, बिलीफ को हम पकड़ते हैं।

श्रद्धा विश्वास नहीं है। भीतर अविश्वास हो और उसे दबाने के लिए कुछ पकड़ा हो, तो उसका नाम विश्वास है। और भीतर अविश्वास न रह जाए, शून्य हो जाए, तब जो शेष रह जाती है, वह श्रद्धा है। भीतर अविश्वास हो...एक आदमी को विश्वास न हो कि ईश्वर है और विश्वास करे, जैसा कि अधिक लोग किए हुए हैं, विश्वास बिलकुल नहीं है, लेकिन किए हुए हैं। विश्वास भी नहीं है, अविश्वास करने की हिम्मत भी नहीं है। भीतर अविश्वास है गहरे में, ऊपर से विश्वास के वस्त्र ओढ़े हुए हैं। ऐसी बिलीफ, ऐसा विश्वास स्किनडीप, चमड़ी से ज्यादा गहरा नहीं होता। जरा जोर से खरोंचो, भीतर का अविश्वास बाहर निकल आता है।

श्रद्धा का ऐसा अर्थ नहीं है। श्रद्धा बहुत ही कीमती शब्द है। श्रद्धा का अर्थ है, जहां से अविश्वास नष्ट हो गया-विश्वास आ गया नहीं। श्रद्धा का अर्थ है, जहां अविश्वास नहीं रहा। जब भीतर कोई अविश्वास नहीं होता, तब श्रद्धा फलित होती है। कहें, श्रद्धा अविश्वास का अभाव है। एब्सेंस आफ डिसबिलीफ, प्रेजेंस आफ बिलीफ नहीं, विश्वास की उपस्थिति नहीं, अविश्वास की

अनुपस्थिति। इसलिए कोई आदमी कितना ही विश्वास करे, कभी श्रद्धा को उपलब्ध नहीं होता। उसके भीतर अविश्वास खड़ा ही रहता है और कांटे की तरह चुभता ही रहता है।

अब एक आदमी कहे चला जाता है, आत्मा अमर है; और फिर भी मरने से डरता चला जाता है। एक तरफ कहता है, आत्मा अमर है, दूसरी तरफ मरने से भयभीत होता है। यह कैसा विश्वास है? इसके पीछे अविश्वास खड़ा है। कहता है, आत्मा अमर है, और डरता है मरने से। अगर आत्मा अमर है, तो मरने का डर? मरने का डर बेमानी है। अब यह कैसे आश्चर्य की बात है!

लेकिन अगर ठीक से देखेंगे, तो आश्चर्य नहीं मालूम पड़ेगा। सौ में निन्यानबे मौकों पर संभावना यही है कि चूंकि मरने का डर है, इसलिए आत्मा अमर है, इस विश्वास को किए चले जाते हैं। डर है भीतर कि मर न जाएं, तो आत्मा अमर है, इस पाठ को रोज-रोज पढ़े चले जाते हैं; दोहराए चले जाते हैं, आत्मा अमर है; समझाए चले जाते हैं अपने को, आत्मा अमर है। और भीतर जिसे दबाने के लिए आप कह रहे हैं, आत्मा अमर है, वह मिटता नहीं। वह भय और गहरे में सरकता चला जाता है। हमारे सारे विश्वास ऐसे ही हैं।

कृष्ण भी कह सकते थे, विश्वासपूर्वक जो मेरी बात को मानता है, वह कर्म से मुक्त हो जाता है। उन्होंने वह नहीं कहा। यद्यपि गीता के अर्थ करने वाले वही अर्थ किए चले जाते हैं। वे लोगों को यही समझाए चले जाते हैं, विश्वास करो। कृष्ण कह रहे हैं, श्रद्धा, विश्वास नहीं। विश्वास दो कौड़ी की चीज है। श्रद्धा की कोई कीमत ही आंकनी मुश्किल है। उदाहरण के लिए थोड़ा समझाऊं।

विवेकानंद खोजते थे कि परमात्मा है या नहीं है। खबर मिली-रवींद्रनाथ के दादा महर्षि थे-खबर मिली कि महर्षि गांव में आए हैं। नाव पर, बजरे में वे साधना करते हैं। रात, आधी रात किसी मित्र ने कहा बारह बजे। आपसे कहा होता, तो आप कहते, सुबह उठकर चल पड़ेंगे; सुबह मिल लेंगे। पर विवेकानंद आधी रात ही गंगा पार करके बजरे पर चढ़ गए। धक्का दिया, दरवाजा खुल गया। महर्षि ध्यान कर रहे थे। ध्यान उचट गया। विवेकानंद ने जाकर कोट का कालर पकड़ लिया और कहा, ईश्वर है?

अब ऐसे जिज्ञासाएं नहीं की जातीं! ये कोई शिष्ट बातें नहीं हैं। लेकिन जो परमात्मा के लिए दीवाने हैं, वे शिष्टाचार के लिए नहीं रुक पाते हैं। कोई भी दीवाना नहीं रुक पाता है। महर्षि ने कहा, बैठो भी, यह भी कोई ढंग है! अंधेरी रात, पानी से तर-बतर, नदी में तैरकर आया हुआ युवक, आकर गर्दन पकड़ ले और कहे, ईश्वर है? महर्षि ने कहा, बैठो भी। पर विवेकानंद ने कहा कि नहीं, जवाब मिल गया। आपकी झिझक ने कह दिया कि आपको पता नहीं है। अन्यथा मैं पूछता हूं, ईश्वर है? और आप देखते हैं कि मेरे कपड़े पानी में भीगे हुए हैं। और मैं पूछता हूं, ईश्वर है? और आप देखते हैं कि आधी रात है। मैंने नहीं देखी, जो अभी खोज रहा है। तो जिसको मिल गया है, वह क्या खाक देखेगा कि आधी रात है! कूद पड़े वापस। महर्षि ने बहुत बुलाया कि युवक, ठहर! जवाब लेकर जा। विवेकानंद ने पानी से कहा कि जवाब मिल गया। झिझक ने सब कह दिया कि अभी कुछ पता नहीं है।

फिर यही विवेकानंद कुछ महीनों के बाद रामकृष्ण के पास गए। भक्त इकट्ठे थे; बीच में घुसकर जाकर उनके पास खड़े होकर कहा, ईश्वर है? उसी तरह जैसे उस दिन रात महर्षि को पकड़कर कहा था, ईश्वर है? रामकृष्ण ने यह नहीं कहा कि है या नहीं। रामकृष्ण ने जवाब में ही जवाब दिया और कहा, तुझे जानना है? विवेकानंद ने लिखा है कि वे आंखें, रामकृष्ण का वह कहना कि तुझे जानना है? फिक्र छोड़ इसकी कि है या नहीं। तुझे जानना है, यह बता, तो मैं तैयार हूं। विवेकानंद ने लिखा है कि मैंने महर्षि को दिक्कत में डाल दिया था। रामकृष्ण ने मुझे दिक्कत में डाल दिया। मैंने यह सोचा ही न था कि कोई इतने जोर से पकड़कर कहेगा कि तेरी तैयारी है, देखना है, जानना है? यह मत पूछ। मैं दिखाने को तैयार हूं।

रामकृष्ण एक श्रद्धा से बोल रहे हैं, जहां सब अविश्वास गिर गए हैं। महर्षि देवेंद्रनाथ बोलते भी, तो विश्वास से बोलते, जहां सब अविश्वास भीतर किसी कोने में मौजूद प्रतीक्षा कर रहे हैं। श्रद्धा का अर्थ है, ऐसा हृदय जहां विरोध में कोई भी स्वर नहीं है। जहां जो है, वह पूरी तरह से है, जिसके विपरीत कुछ है ही नहीं। जिससे अन्य का कोई अस्तित्व नहीं है। जिससे भिन्न का कोई सवाल नहीं है। जो है, है; पूरा है, टोटल है। श्रद्धा का अर्थ है, हृदय की समग्रता।

कृष्ण कह रहे हैं कि श्रद्धापूर्वक, हृदय की समग्रता से, जिसके भीतर विपरीत कुछ स्वर ही नहीं है, जिसके भीतर अविश्वास की रेखा भी नहीं है, वही व्यक्ति इस मार्ग पर चलकर कर्मों को क्षीण करके मुक्त हो जाता है।

तो पहला फर्क विश्वास और श्रद्धा में ठीक से समझ लें। और आपके पास जो हो, उसे जरा ठीक से देख लें। वह विश्वास है या श्रद्धा है? और ध्यान रहे, अविश्वासी तो कभी श्रद्धा पर पहुंच भी सकता है, विश्वासी कभी नहीं पहुंच पाता है। उसके कारण हैं। जिस आदमी के हाथ में कुछ भी नहीं है, कंकड़-पत्थर भी नहीं हैं, वह आदमी हीरों की खोज कर सकता है। लेकिन जिस आदमी ने कंकड़-पत्थर के रंगीन टुकड़ों को समझा हो हीरे-जवाहरात और उन पर मुट्ठी बांधे रहे, वह कभी हीरों की खोज पर ही नहीं निकलता है।

अविश्वासी तो किसी दिन श्रद्धा को पा सकता है। उसके कारण हैं। क्योंकि अविश्वास में जीना असंभव है, इंपासिबल है। अविश्वास आग है, जलाती है, पीड़ा देती है, चुभाती है; अंगारे हैं उसमें। अविश्वास में कोई भी खड़ा नहीं रह सकता। उसे आज नहीं कल या तो श्रद्धा में प्रवेश करना पड़ेगा या विश्वास में प्रवेश करना पड़ेगा।

ध्यान रहे, श्रद्धा का विरोध अविश्वास से नहीं है; श्रद्धा का विरोध विश्वास से है। बिलीफ करने वाले लोग कभी भी श्रद्धा को उपलब्ध नहीं होते हैं। यह बहुत उलटी-सी बात लगेगी। क्योंकि हम तो सोचते हैं, पहले विश्वास करेंगे, फिर धीरे-धीरे श्रद्धा आ जाएगी। ऐसा कभी नहीं होता। क्योंकि जिसने विश्वास कर लिया, वह झूठी श्रद्धा में पड़ जाता है। और झूठे सिक्के असली सिक्कों के मार्ग में अवरोध बन जाते हैं। आप ठीक से जांच कर लेना कि आपके पास जो है, वह विश्वास है कि श्रद्धा है।

और ध्यान रहे, विश्वास सदा मिलता है दूसरों से, श्रद्धा सदा आती है स्वयं से। एक आदमी हिंदू है, यह विश्वास है, श्रद्धा नहीं; क्योंकि अगर वह मुसलमान के घर में रखकर बड़ा किया गया होता, तो मुसलमान होता। एक आदमी मुसलमान है, यह विश्वास है, श्रद्धा नहीं; क्योंकि वह ईसाई के घर में रखकर बड़ा किया गया होता, तो ईसाई होता। और एक आदमी आस्तिक है; यह विश्वास है, श्रद्धा नहीं।

वह रूस में अगर पैदा हुआ होता, तो नास्तिक हो गया होता। जो हमें बाहर से मिल जाता है, वह विश्वास है। जो हमारे भीतर से जन्मता है, वह श्रद्धा है।

इसलिए और तीसरी बात, विश्वास हमेशा मुर्दा होता है, डेड। श्रद्धा सदा जीवंत होती है, लिविंग। और मुर्दे आपको डुबा सकते हैं, पार नहीं करवा सकते। मरे हुए विश्वास सिर्फ डुबा सकते हैं, पार नहीं करवा सकते। और मरे हुए विश्वास जंजीर बन सकते हैं, मुक्ति नहीं बन सकते। और मरे हुए विश्वास बांध सकते हैं, खोल नहीं सकते। इसलिए कृष्ण जब कह रहे हैं, श्रद्धापूर्वक, तो विश्वास को बिलकुल काट डालना; विश्वास से कुछ लेना-देना कृष्ण का नहीं है। विश्वास-जिनके पास श्रद्धा नहीं है, वे अपने को श्रद्धा का धोखा देते हैं विश्वास से। जैसे आपके पास असली मोती नहीं हैं, तो इमिटेशन के मोती गले में डालकर घूम लेते हैं। किसी को धोखा नहीं होता। मोती को तो धोखा होता ही नहीं। उसको तो पता ही है! आपको भी धोखा नहीं होता। आपको भी पता है। और जिनको आप धोखा दे रहे हैं, उनको धोखा देने से कोई प्रयोजन नहीं है। उनको कोई प्रयोजन नहीं है। विश्वास आरोपित है, श्रद्धा जन्मती है। यह फर्क है।

दूसरी बात, अगर श्रद्धा जन्मती है, तो आ कैसे जाएगी? विश्वास तो उधार लिया जा सकता है, बारोड हो सकता है। सब बारोड है। कोई बाप से, कोई गुरु से, कोई कहीं से, कोई कहीं से उधार ले लेता है, विश्वास बना लेता है। बिना विश्वास के जीना बहुत मुश्किल है। मुश्किल इसीलिए है कि अविश्वास में जीना मुश्किल है।

और इसलिए एक अदभुत घटना घटती है कि नास्तिक को हम अविश्वासी कहते हैं। कहना नहीं चाहिए। नास्तिक पक्का विश्वासी होता है ईश्वर के न होने में। नास्तिक भी अविश्वास में नहीं जीता, नकारात्मक, निगेटिव बिलीफ में जीता है। उसका भी पक्का विश्वास होता है और वह भी लड़ने-मारने को तैयार हो जाता है। अगर आप कहो कि ईश्वर है, तो उसके ईश्वर नहीं होने की धारणा को चोट लगे, तो वह भी लड़ने को तैयार हो जाता है।

नास्तिक के अपने विश्वास हैं। आस्तिक से उलटे हैं, यह दूसरी बात है, पर उसके अपने विश्वास हैं। उनके बिना वह भी नहीं जीता। कम्युनिस्ट भी नहीं

जीता बिना विश्वासों के। हां, उसके विश्वास और तरह के हैं। यह बिलकुल दूसरी बात है, इससे कोई भी फर्क नहीं पड़ता है। बिना विश्वास के जीना मुश्किल है। अविश्वास इतनी तकलीफ पैदा कर देता है कि आपको श्रद्धा की यात्रा करनी ही पड़ेगी। लेकिन आप विश्वास...।

इसे थोड़ा दो-चार आयाम से देखना पड़े। और धार्मिक चित्त को इसे समझ लेना बहुत ही आधारभूत है।

विश्वास और अविश्वास दोनों ही तर्क से जीते हैं। विश्वास भी, अविश्वास भी, दोनों का भोजन तर्क है। नास्तिक तर्क देता है, ईश्वर नहीं है। आस्तिक तर्क देता है, ईश्वर है। लेकिन दोनों तर्क देते हैं और दोनों का तर्क पर भरोसा है। सेंट एनसैन के आपने ईश्वर के लिए प्रमाण सुने होंगे। सारी दुनिया के आस्तिकों ने, ईश्वर है, इसके प्रमाण दिए हैं। नास्तिकों ने प्रमाणों का खंडन किया है कि ईश्वर नहीं है। विश्वास, अविश्वास दोनों ही तर्क से चलते हैं। और श्रद्धा, श्रद्धा इस अनुभूति का नाम है कि तर्क ना-काफी है, नाट इनफ। तर्क पर्याप्त नहीं है, इस प्रतीति से श्रद्धा की शुरुआत होती है। जिस मनुष्य को जीवन में गहरे देखकर ऐसा दिखाई पड़ता है कि तर्क की सीमा है और जीवन तर्क की सीमा के आगे भी है। जिस व्यक्ति को ऐसा दिखाई पड़ता है कि तर्क थोड़ी दूर तक चलता है और फिर नहीं चलता। जिसे अनुभव होता है कि जीवन में बहुत कुछ है जो तर्क के बाहर पड़ जाता है, जो तर्क में नहीं है। जीवन खुद तर्क के बाहर है। जीवन खुद अतर्क्य है, इल्लाजिकल है। आप न होते, तो आप किसी से भी नहीं कह सकते थे कि मैं क्यों नहीं हूं? आप हैं, तो आप किसी से पूछ नहीं सकते कि मैं क्यों हूं?

जिंदगी बिलकुल अतर्क्य है। जिंदगी के पास कोई तर्क नहीं है। हैं तो हैं, नहीं हैं तो नहीं हैं। प्रेम अतर्क्य है, प्रार्थना भी अतर्क्य है। जीवन में जो भी गहरा और महत्वपूर्ण है, वह तर्क से समझ में आता नहीं, पकड़ में आता नहीं, तर्क चुक जाता है और जीवन बाहर रह जाता है। ऐसे अनुभव से पहली बार श्रद्धा की ओर कदम उठते हैं। कैसे पता चलता है कि जीवन अतर्क्य है? कैसे पता चलता है कि बुद्धि थक जाती है और जीवन नहीं चुकता? आदमी कितना सोचता है, कितना सोचता है, फिर कहीं नहीं पहुंचता। सिद्धांत हाथ में आ जाते हैं कोरे, राख; अनुभव कोई

भी हाथ में नहीं आता। सब गणित हार जाते हैं; कुछ अनजाना पीछे शेष रह जाता है; अननोन सदा ही पीछे शेष रह जाता है। जो हम जानते हैं, वह बहुत क्षुद्र है। जो हमारे जानने के क्षुद्र को घेरे हुए है अनजाना, वह बहुत विराट है।

अठारहवीं सदी का वैज्ञानिक सोचता था कि सौ वर्ष में वह घटना घट जाएगी कि दुनिया में जानने को कुछ भी शेष नहीं रहेगा। उसे पक्का विश्वास था विज्ञान पर। सौ साल पहले वैज्ञानिक को पक्का विश्वास था विज्ञान पर, कि हम सब जान लेंगे, जो भी अनजाना है, जान लिया जाएगा। आज वैज्ञानिक कहता है कि जो हमने जाना, वह तो कुछ नहीं, लेकिन जितना हमने जानने की कोशिश की, उससे हजार गुना अनजाना प्रकट हो गया है। एक इंच हम जानते हैं, हजार इंच और खुल जाते हैं, जो अनजाने हैं। एक सवाल हल होता है, हजार सवाल खड़े हो जाते हैं। और अब वैज्ञानिक हिम्मत बांधकर नहीं कह पाता कि हम कभी भी सब जान लेंगे। अब वह इतना ही कह पाता है कि हम जो भी जानेंगे, वह उसके मुकाबले ना-कुछ होगा, जो अनजाना छूट जाएगा। विज्ञान सौ साल में हारा। दार्शनिक हजारों साल कोशिश करके हार गए और उन्होंने कहा, कुछ है, जो विचार के बाहर छूट जाता है। इस बात की प्रतीति कि कुछ है, जो विचार के बाहर छूट जाता है, श्रद्धा के जन्म का पहला अंकुर है।

क्या आपको जीवन रहस्य मालूम पड़ता है, मिस्ट्री? तो आपकी जिंदगी में श्रद्धा पैदा हो सकती है। और ध्यान रखें, विश्वासी को जिंदगी मिस्ट्री नहीं मालूम पड़ती है। उसके लिए तो सब खुला हुआ मामला है। सब गणित साफ है। वह कहता है, यहां स्वर्ग है, यहां नर्क है; यहां मोक्ष है, यहां भगवान बैठा हुआ है। यहां यह हो रहा है, वहां वह हो रहा है। सब नक्शा साफ है। विश्वासी के पास पूरा गणित है, पूरा मैप है, सब सिद्धांत हैं, सब साफ है। विश्वासी कभी भी रहस्य में नहीं होता। जो आदमी रहस्य में होता है, वह श्रद्धा में जा सकता है। मिस्ट्री श्रद्धा का द्वार है। तर्क, गणित, प्रमाण विश्वासों के द्वार हैं। उनसे हम विश्वास निर्मित कर लेते हैं। क्या आपको जिंदगी में रहस्य मालूम होता है? क्या आपको लगता है कि हम कुछ भी नहीं जानते? तो आपकी जिंदगी में श्रद्धा पैदा हो सकती है।

कृष्ण अर्जुन से कह रहे हैं, जो श्रद्धापूर्वक अर्थात जो जीवन के रहस्य को अंगीकार करता है...।

और जो जीवन के रहस्य को अंगीकार करता है, उसके पास संदेह का उपाय नहीं बचता। यह भी समझ लेना जरूरी है। आप में संदेह तभी तक उठते हैं, जब तक आप विश्वास को पकड़ते हैं, क्योंकि सब संदेह विश्वास के खिलाफ उठते हैं। जिस आदमी का कोई विश्वास नहीं, उसके भीतर कोई संदेह भी नहीं पैदा होता। संदेह पैदा होते हैं विश्वास के खिलाफ।

आपने विश्वास किया कि परमात्मा ने दुनिया बनाई, तब सवाल उठता है, क्यों बनाई! एक विश्वास हुआ कि सवाल खड़ा हुआ, क्यों बनाई! फिर दूसरा सवाल उठता है कि ऐसी क्यों बनाई, जिसमें इतना दुख है! फिर तीसरा सवाल उठता है कि जब वही बनाने वाला है, तो इस सब दुख को क्यों नहीं मिटा देता! फिर सवाल उठते चले जाते हैं। आपने तय किया कि ईश्वर ने दुनिया नहीं बनाई। तब फिर सवाल उठता है, फिर कैसे बनी? तो फिर वैज्ञानिक खोजता है कि नेबुला, और अणु, और परमाणु और उन सबसे दुनिया बनती है। लेकिन वे अणु-परमाणु कहां से आते हैं? और तब सवालों की यात्रा फिर शुरू हो जाती है। हर विश्वास सवालों की यात्रा पर ले जाता है। लेकिन रहस्य का बोध सवालों को गिरा देता है और मिस्ट्री में, रहस्य में डुबा देता है। और जब कोई व्यक्ति रहस्य में डूबता है, तो श्रद्धा अंकुरित होती है।

जैसे बीज को अगर पत्थर पर रख दें, तो कभी अंकुर न आएगा। जीसस कहा करते थे कि मैं एक मुट्ठीभर बीज फेंक दूं अंधेरे में; कुछ पत्थर पर गिरें, कुछ रास्ते पर गिरें, कुछ खेत की मेड़ पर गिरें, कुछ खेत के बीच की भूमि में गिर जाएं। जो पत्थर पर गिरेंगे, वे पड़े ही रहेंगे, वे कभी अंकुरित न होंगे। जो रास्ते पर गिरेंगे, वे अंकुरित होना भी चाहेंगे, रास्ता उन्हें अंकुरित होने के लिए सहायता भी देगा। तो इसके पहले कि वे अंकुरित हों, किन्हीं के पैर उनकी संभावनाओं को नष्ट कर जाएंगे। खेत की मेड़ पर जो बीज गिरेंगे, वे अंकुरित हो जाएंगे। लेकिन मेड़ से लोग कभी न कभी गुजरते हैं, वे भी बच न सकेंगे। खेत के ठीक बीच में जो बीज पड़ गए हैं, वे अंकुरित भी होंगे, बड़े भी होंगे, फूल को उपलब्ध भी होंगे।

श्रद्धा का बीज जब रहस्य की भूमि में गिरता है, तभी अंकुरित होता है। रहस्य की भूमि में श्रद्धा अंकुरित होती है। और श्रद्धावान ही-और ध्यान रहे, श्रद्धावान से मेरा मतलब कभी भी भूलकर विश्वास करने वाला नहीं है-श्रद्धावान अर्थात वह जो जीवन को रहस्य की भांति अनुभव करता है। ऐसा व्यक्ति, कृष्ण कहते हैं, अगर मेरे मार्ग पर आ जाए...और ऐसा व्यक्ति सदा ही पूरा का पूरा आ जाता है। क्योंकि रहस्य खंड-खंड नहीं बनाता, तर्क खंड-खंड बनाता है।

यह भी खयाल में ले लें कि तर्क एनालिटिक है; तर्क तोड़ता है; तर्क चल ही नहीं सकता तोड़े बिना। तर्क प्रिज्म की तरह है। जैसे कि कांच के प्रिज्म में से हम सूरज की किरण निकालें, तो सात टुकड़ों में टूट जाती है। ऐसे ही तर्क के प्रिज्म से कुछ भी निकले, तो खंड-खंड हो जाता है। तर्क तोड़ता है, एनालिटिक है। श्रद्धा जोड़ती है, सिंथेटिक है। सब जुड़ जाता है, एक हो जाता है, जैसे किरणें प्रिज्म से वापस लौट गईं और एक हो गईं।

रहस्य टोटल है। विश्वास हमेशा पार्शियल है। आप कभी पूरा विश्वास नहीं कर सकते। लेकिन आप कभी अधूरे रहस्य में नहीं हो सकते। यह आपने कभी खयाल किया, आप यह नहीं कह सकते कि मैं थोड़ा-थोड़ा रहस्य अनुभव कर रहा हूं! रहस्य जब भी अनुभव होता है, तो पूरा अनुभव होता है। रहस्य कभी थोड़ा-थोड़ा अनुभव नहीं होता। मिस्ट्री कभी थोड़ी-थोड़ी अनुभव नहीं होती है, पूरी अनुभव होती है। या तो होती है अनुभव या नहीं होती। लेकिन जब भी होती है, तो पूरी अनुभव होती है।

विश्वास सदा थोड़ा-थोड़ा होता है, इसलिए हिस्सा मन का कटा रहता है। रहस्य का अनुभव मन को इकट्ठा कर देता है। इसलिए जितना सरल चित्त व्यक्ति हो, उतने रहस्य को अनुभव कर पाता है। छोटे बच्चे इसीलिए, उनकी आंखों में, उनके उठने-बैठने, उनके खेलने में परमात्मा की झलक कहीं-कहीं से दिखाई पड़ती है। क्योंकि सारा जीवन रहस्य है। तितलियां उड़ रही हैं, और उनके लिए हीरे-जवाहरात उड़ रहे हैं। पत्थर खिसक रहे हैं, और उनके लिए स्वर्ग का आनंद उतर रहा है। नदी बह रही है, और उनके लिए द्वार खुला है कुबेर के खजाने का। सब रहस्य है।

जेकब बोहमे ने कहा है कि जब मैं पहली दफे रहस्य के अनुभव को उपलब्ध हुआ, तब मैंने कहा कि मैं भी क्या पागल था! यह तो बचपन को ही फिर से पा लेना है। यह तो मैं फिर से बच्चा हो गया हूं।

जीसस से किसी ने पूछा कि कौन लोग तुम्हारे स्वर्ग के राज्य को पाने के अधिकारी होंगे? तो उन्होंने कहा, वे जो बच्चों की भांति फिर से हो जाएंगे।

तो बच्चे श्रद्धालु होते हैं। बूढ़े ज्यादा से ज्यादा विश्वासी हो सकते हैं, बच्चे श्रद्धालु होते हैं।

कभी देखा है, बच्चे को बाप का हाथ पकड़े हुए? बाप का हाथ पकड़कर बच्चा चलता है। उसका हाथ बाप के हाथ को पकड़े हुए, देखा है कभी! कितना ट्रस्ट, बाप के हाथ को छोटा-सा बच्चा पकड़े हुए, कितना भरोसा! बाप को खुद इतना भरोसा नहीं है कि हाथ को संभाल पाएगा कि नहीं संभाल पाएगा; रास्ते का पता है या नहीं है! उसको खुद भी पता नहीं है कुछ भी। लेकिन बेटा उसके हाथ को इतने ट्रस्ट...। श्रद्धा के लिए अगर अंग्रेजी में ठीक शब्द है, तो वह ट्रस्ट है-बिलीफ नहीं, फेथ नहीं-ट्रस्ट। बेटा हाथ पकड़े हुए है, जैसे कि बाप परमात्मा है, सब उसे मालूम है।

एक बेटा आया है और अपनी मां की गोद में सिर रखकर सो गया है-ट्रस्ट! जैसे मां की गोद सारे दुखों के बाहर है, सारी चिंताओं के बाहर है। मां नहीं है बाहर चिंताओं के, मां नहीं है बाहर दुखों के, मां परेशानियों में हो सकती है। लेकिन जो छोटा-सा बेटा, दिनभर थका-मांदा बाहर से खेलकर लौट आया है, वह मां की गोद में सिर रखकर सो गया निश्चिंत, उसे परमात्मा की गोद मिल गई-ट्रस्ट। मां को नहीं है, बेटे को है। और इसलिए बेटे के लिए मां की गोद परमात्मा का स्थान बन सकती है। खुद मां को नहीं है वह अनुभव। वह ट्रस्ट ने उस गोद को इतना शांत, और इतने आनंद से भर दिया है।

कृष्ण कहते हैं, जो इतनी श्रद्धा से, जैसे कि छोटा बेटा बाप का हाथ पकड़ ले और बेटा मां की गोद में सिर रखकर सो जाए और समझे कि अब दुनिया में कोई खतरा नहीं है, कोई इनसिक्योरिटी नहीं है, अब दुनिया में कोई मेरा कुछ भी नहीं बिगाड़ सकता, अब बात खतम हो गई, अब वह निश्चिंत सो गया

है, अब कोई चिंता नहीं है-इस भांति जो मेरी बात को मानकर चलता है, वह सब कर्मों से मुक्त हो जाता है।

लेकिन मेरी बात को मानकर चलता है। क्या कृष्ण का मतलब यह है कि जो किसी और की बात को मानकर चलता है, वह मुक्त नहीं होता? ऐसा मतलब लगाया जाता है; लगाएंगे ही। अनुयायी तो ऐसे अर्थ लगाएंगे ही। वे कहेंगे कि देखो, कृष्ण ने कहा है कि मेरी बात को मानकर जो चलता है, तो बाइबिल की बात मत मानना, नहीं तो भटक जाओगे; कुरान की बात मत मानना, नहीं तो भटक जाओगे। कृष्ण ने साफ कहा है कि जो मेरी बात मानकर चलता है श्रद्धापूर्वक, वह कर्मों के जाल से मुक्त हो जाता है। इतनी साफ बात और क्या? अब किसी और की मत मान लेना- महावीर की मत मानना, बुद्ध की मत मानना।

लेकिन यह बिलकुल गलत अर्थ है। कृष्ण के भीतर से जो कह रहा है कि मेरी बात मानकर जो चलता है, वह पहुंच जाता है, वही बुद्ध के भीतर से कहता है कि मेरी बात मानकर जो चलता है, वह पहुंच जाता है। वही क्राइस्ट के भीतर से कहता है कि जो मेरी बात मानकर चलता है, वह पहुंच जाता है। वही मोहम्मद के भीतर से कहता है कि जो मेरी बात मानकर चलता है, वह पहुंच जाता है। वह जिस मैं की बात चल रही है, वह एक ही है। ये दरवाजे पच्चीस हैं, वह आवाज एक की है। इसलिए इस भ्रांति में मत पड़ना कि जो गीता की बात मानकर चलता है, वही पहुंच जाता है। कुरान की भी माने तो पहुंच जाएगा, बाइबिल की भी माने तो पहुंच जाएगा।

असली सवाल कुरान और बाइबिल का नहीं है, असली सवाल श्रद्धापूर्ण हृदय का है। इसमें एम्फेसिस में फर्क करना चाहता हूं। असली सवाल श्रद्धापूर्ण हृदय का है। अगर उतनी ही श्रद्धापूर्ण हृदय से कोई जीसस का हाथ पकड़ ले, तो वहां से भी पहुंच जाता है। कोई मोहम्मद का हाथ पकड़ ले, तो वहां से भी पहुंच जाता है। असली सवाल यह है कि श्रद्धापूर्ण हृदय, अनासक्त कर्म करता हुआ कर्म के बाहर पहुंच जाता है। और मेरी बात, कृष्ण की बात नहीं है। मेरी बात, परमात्मा की बात है।

कृष्ण सिर्फ झरोखा हैं, जिससे परमात्मा झांका है अर्जुन के सामने। कभी वह मोहम्मद से झांकता है, कभी वह मूसा से झांकता है। हजार-हजार झरोखों से

वह झांकता है। और जब भी झांकता है, तब उसकी आवाज इतनी ही आथेंटिक होती है। वह कहता है, मेरी बात मानोगे, तो पहुंच जाओगे। और इससे बड़ा विवाद दुनिया में पैदा होता है। क्योंकि कोई कहते हैं, यह मोहम्मद ने कहा; कोई कहते हैं, यह कृष्ण ने कहा; कोई कहते हैं, क्राइस्ट ने कहा। फिर इन तीनों में झगड़ा होता है कि किसकी मानें! वे कहते हैं कि हमारे गुरु ने कहा है, मेरी। जीसस ने कहा है, मैं हूं मार्ग, मैं हूं द्वार, जो मुझ पर चलेगा वह पहुंच जाएगा। आई एम दि वे। आई एम दि ट्रुथ, मैं हूं सत्य। मैं हूं द्वार। आओ, मुझ पर चलोगे, तो पहुंच जाओगे। अब वह जीसस का मानने वाला जरूर कहेगा ईसाई कि इतना साफ कहा है, और तुम कहां भटक रहे हो? राम को मानोगे, कृष्ण को मानोगे, बुद्ध को मानोगे, भटक जाओगे, नर्क में पड़ोगे।

लेकिन बड़ी भूल हो गई है। पूरी मनुष्यता से भूल हो गई है। यह जो भीतर से कह रहा है, आई एम दि वे, यह वही है, जो कृष्ण से कह रहा है, अर्जुन, मेरी बात मान, तो कर्म से मुक्त हो जाएगा। यह एक ही जीवन-धारा का अनेक-अनेक झरोखों से झांकना है।

समझें, ऐसा समझें कि गंगा के पास गए और गंगा ने कहा, मेरा पानी पीयोगे, तो प्यास से मुक्त हो जाओगे। फिर वोल्गा के किनारे गए और वोल्गा ने कहा, मेरा पानी पीयोगे, तो प्यास से मुक्त हो जाओगे। तुमने कहा कि यह तो बड़ा कंट्राडिक्टरी मामला है। गंगा भी यही कहती है, वोल्गा भी यही कहती है; हम किसकी मानें? हम तो गंगा को मानने वाले हैं, हम वोल्गा का पानी न पीएंगे। हम तो गंगा का ही पानी पीएंगे। तो आप पागल हैं। गंगा से जिस पानी ने कहा था कि मुझे पीयोगे, तो प्यास से मुक्त हो जाओगे, वही पानी वोल्गा से कह रहा है कि मुझे पीयोगे, तो प्यास से मुक्त हो जाओगे। गंगा और वोल्गा का फर्क पानी का फर्क नहीं है। गंगा और वोल्गा का फर्क सिर्फ तटों का फर्क है, पानी का फर्क नहीं है।

कृष्ण के तट अलग हैं, बुद्ध के तट अलग हैं। लेकिन जो जल की धार उनसे बहती है, वह एक ही परमात्मा की है। इसे स्मरण रखेंगे, तो यह बात ठीक से खयाल में आ सकती है।

प्रश्न : आखिरी का श्लोक है, उसका अर्थ है, सभी प्राणी प्रकृति को प्राप्त होते हैं अर्थात अपने स्वभाव से परवश हुए कर्म करते हैं। ज्ञानवान भी अपनी प्रकृति के अनुसार चेष्टा करता है, फिर इसमें किसी का हठ क्या करेगा! इसका अर्थ भी स्पष्ट करें।

कृष्ण अर्जुन को समझा रहे हैं समर्पण के लिए, सरेंडर के लिए। वही मूल सूत्र है, जहां से व्यक्ति अपने को छोड़ता और परमात्मा को पाता है। तो वे उस समर्पण के लिए कह रहे हैं कि प्रत्येक व्यक्ति प्रकृति के गुणों के परवश कर्म करता है, ज्ञानी भी, अज्ञानी भी। और किसी का हठ इसमें कुछ भी नहीं कर सकता है। जैसे, अज्ञानी भी मरता है, ज्ञानी भी मरता है और किसी का हठ इसमें कुछ भी नहीं कर सकता है। क्योंकि शरीर का गुणधर्म है कि जो पैदा हुआ, वह मरेगा। असल में जिस दिन पैदा हुआ, उसी दिन मरना शुरू हो गया है। जिसका एक छोर है, उसका दूसरा छोर भी है। इधर जन्म एक छोर है, मृत्यु दूसरा छोर है। ज्ञानी भी मरता है, अज्ञानी भी मरता है। और अगर कोई हठ करे कि मैं न मरूंगा, तो वह पागल है। हठ से कुछ भी न होगा। लेकिन एक सवाल उठ सकता है कि अगर ज्ञानी भी मरता है, अज्ञानी भी मरता है; और अगर ज्ञानी भी परवश होकर जीता है और अज्ञानी भी परवश होकर जीता है, तो फिर दोनों में फर्क क्या है?

फर्क है, और बड़ा फर्क है। अज्ञानी हठपूर्वक प्रकृति के गुणों से लड़ता हुआ जीता है। हारता है, पर लड़ता जरूर है। ज्ञानी जानकर कि प्रकृति के गुण काम करते हैं, लड़ता नहीं, इसलिए हारता भी नहीं, और साक्षीभाव से जीता है। मृत्यु दोनों की होती है, ज्ञानी की भी, अज्ञानी की भी। अज्ञानी कोशिश करते हुए मरता है कि मैं न मरूं, ज्ञानी बांहें फैलाकर आलिंगन करता हुआ मरता है कि मृत्यु स्वाभाविक है। इसलिए अज्ञानी मरने की पीड़ा भोगता है; ज्ञानी मरने की कोई पीड़ा नहीं भोगता। अज्ञानी मरने से भयभीत, कांपता हुआ मरता है; ज्ञानी आनंद से पुलकित, नए द्वार से नए जीवन में प्रवेश करता है। दोनों मरते हैं।

प्रकृति के क्रम के अनुसार, प्रकृति के गुण के अनुसार दोनों के जीवन में सब कुछ वही घटता है। अज्ञानी भी जवान होता है प्रकृति के गुणों से; ज्ञानी भी

जवान होता है। अज्ञानी समझ लेता है कि मैं जवान हूं और ज्ञानी समझता है कि जवानी एक फेज़ है, यात्रा का एक पड़ाव है, आया और गया। फिर अज्ञानी जवानी छूटती है, तो दुखी होता, पीड़ित होता, परेशान होता। ज्ञानी-छूटती है, तो जैसे सांझ सूरज डूब जाता है, ऐसी जवानी डूब जाती है, वह आगे बढ़ जाता है।

ज्ञानी और अज्ञानी में जो फर्क है, वह इतना ही है कि अज्ञानी जो होने ही वाला है, उससे भी व्यर्थ लड़कर परेशान होता है। ज्ञानी जो होने ही वाला है, उसे सहज स्वीकार करके परेशान नहीं होता है। प्रकृति के गुण दोनों पर एक-सा काम करते हैं; उससे कोई फर्क नहीं पड़ता। प्रकृति ज्ञानी और अज्ञानी को नहीं देखती, प्रकृति का अपना कर्म है, अपनी व्यवस्था है, अपने गुणधर्मों की यात्रा है। प्रकृति वैसी ही चलती रहती है। वह कभी नहीं देखती; देखने का कोई सवाल भी नहीं है।

कृष्ण यह कह रहे हैं, इसलिए हठधर्मी व्यर्थ है। क्यों वे अर्जुन से कह रहे हैं? अर्जुन थोड़ी हठधर्मी पर उतारू है। वह कहता है कि मैं यह क्षत्रिय-वत्रिय होना छोड़कर भागता हूं। मैं युद्ध बंद करता हूं। यह मैं नहीं करूंगा। वह कहता है कि मैं लोगों को नहीं मारूंगा। कृष्ण यह कह रहे हैं कि मरना जिसे है, वह मरता है; तू नाहक हठधर्मी करता है कि तू नहीं मारेगा, या तू मारेगा; ये दोनों ही हठधर्मियां हैं। जो मरता है, वह मरता है; जो नहीं मरता, वह नहीं मरता है।

कृष्ण का गणित बहुत साफ है। वे यह कह रहे हैं कि तू इसमें व्यर्थ हठधर्मी न कर। तू सिर्फ एक पात्र हो जा इस अभिनय का और जो परमात्मा से तेरे ऊपर गिरता है, उसे होने दे। और जो प्रकृति से होता है, उसे होने दे। तू इसमें बीच में मत आ, तू अपने को मत ला।

ज्ञानी और अज्ञानी में उतना ही फर्क है। घटनाएं वही घटती हैं, रुख अलग हो जाता है; कोण देखने का अलग हो जाता है। बीमारी आ जाती है, तो अज्ञानी छाती पीटकर रोता है कि बीमारी आ गई। ज्ञानी स्वीकार कर लेता है कि बीमारी आ गई। शरीर का धर्म है कि वह बीमार होगा, नहीं तो मरेगा कैसे! नहीं तो वृद्ध कैसे होगा!

शरीर एक बड़ा संस्थान है, एक संघात है, उसमें करोड़ों जीवाणुओं का जोड़ है। उतनी बड़ी मशीनरी चलेगी, खराब भी होगी, ओवर ऑयलिंग की भी जरूरत होगी; रिपेयरिंग भी होगी; वह सब होगा। इतनी बड़ी मशीन अभी पृथ्वी पर दूसरी

कोई नहीं है, जितनी आदमी के पास है। इतनी कांप्लेक्स, इतनी जटिल मशीन भी कोई नहीं है, जितनी अभी आदमी है। आप कोई छोटी-मोटी घटना नहीं हैं। वह तो आपको कुछ करना नहीं पड़ता, इसलिए आपको कुछ पता नहीं चलता कि कितनी बड़ी मशीन काम कर रही है चौबीस घंटे, अहर्निश। मां के पेट में जिस दिन पहले दिन गर्भाधान हुआ था, उस दिन से काम शुरू हुआ; और जब तक लोग चिता पर न चढ़ा देंगे, तब तक जारी रहेगा। चिता पर इसलिए कह रहा हूं कि जिनको हम कब्र में गड़ाते हैं, तो गड़ाने के बाद भी बहुत दिन तक काम जारी रहता है मशीन का। आत्मा तो जा चुकी होती है। मुर्दों के भी नाखून बढ़ जाते हैं, बाल बढ़ जाते हैं कब्र में। मशीन काम ही करती रहती है, मोमेंटम पकड़ जाती है।

जैसे कि कोई साइकिल चलाता है, तो घर आने के दस-बीस कदम पहले ही पैडल मारना बंद कर देता है, फिर भी साइकिल चली ही जाती है। यात्री उछलकर उतर भी जाए नीचे, तो साइकिल अकेली ही दस-बीस कदम चली जाती है। मोमेंटम, पुरानी चलने की गति पकड़ जाती है। मुरदे कब्र में अपने नाखून बढ़ा लेते हैं, बाल बढ़ा लेते हैं, वह मशीन काम करती चली जाती है। उन्हें पता ही नहीं लगता एकदम से मशीन को कि मालिक जा चुका है, पता लगते-लगते ही पता लगता है। इसलिए मैंने कहा, चिता तक। जब तक कि हम जला ही नहीं देते, मशीन काम करती चली जाती है, अहर्निश। बहुत आटोमेटिक है, स्वचालित है। फिर उसके अपने गुणधर्म हैं, वे आते रहेंगे।

अज्ञानी हर चीज से परेशान होता है, यह क्यों हो गया? और कभी-कभी तो ऐसा होता है कि न हो, तो भी परेशान होता है कि ऐसा क्यों नहीं हुआ? हो गया, तब तो ठीक ही है; नहीं हुआ, तो भी परेशान होता है।

एक मेरे मित्र हैं। उनको दमा का दौर पड़ता है, तो परेशान होते हैं। और किसी दिन नहीं पड़ता, तो भी परेशान होते हैं। वे मुझसे कहते हैं कि आज दौर नहीं पड़ा, क्या बात है? उन्हें इससे भी घबड़ाहट लगती है। यह भी एक जीवन का क्रम हो गया उनके कि दौर पड़ना चाहिए। न पड़े, तो भी बेचैनी होती है कि कुछ गड़बड़ है।

दुख आता है, तो परेशानी होती है; नहीं आता है, तो परेशानी होती है। सुख आता है, तो परेशानी होती है; नहीं आता है, तो परेशानी होती है। अज्ञानी हर चीज

को परेशानी बनाने की कला जानता है, हठधर्मी जानता है। हठधर्मी कला है जिंदगी को परेशानी बनाने की। अगर जिंदगी को परेशानी बनाना है, तो हर चीज में हठ किए चले जाइए; जब जो हो, उसके खिलाफ लड़िए; और जब जो न हो, उसके खिलाफ भी लड़िए। और फिर आपकी पूरी जिंदगी एक संताप, एक एंग्विश, एक नर्क बन जाएगी; बन ही गई है।

कृष्ण कह रहे हैं, इस हठधर्मी में कुछ भी सार नहीं है अर्जुन, जान कि जो होता है, होता है। जो होता है, होता है-ऐसा जान।

जीसस को जिस रात पकड़ा गया और लोग उन्हें सूली पर चढ़ाने के लिए ले जाने लगे। तो जीसस को सांझ कुछ लोगों ने खबर दी थी। खबर दी थी कि आप पकड़े जाएंगे, रात खतरा है, भाग जाएं। तो जीसस ने कहा, जो होने वाला है, होगा। फिर वे वहीं गैथस्मेन के बगीचे में रुके रहे। फिर भी रात मित्रों ने कहा, अभी भी कुछ देर नहीं हुई, अभी भी हम निकल सकते हैं। लेकिन जीसस ने कहा, जो होने ही वाला है, उससे कब कौन निकल पाया है! फिर दुश्मनों की आवाज सुनाई पड़ने लगी, मशालें दिखाई पड़ने लगीं कि लोग उन्हें खोज रहे हैं। लोगों ने, शिष्यों ने, मित्रों ने कहा, देखते हैं, मशालें अंधेरे में दिखाई पड़ती हैं। मालूम होता है, वे आते हैं। तो जीसस ने कहा, अगर उन्हें पहुंचना ही है, तो रास्ता जरूर उन्हें मिल जाएगा।

अब यह, यह ज्ञानी का लक्षण है।

साक्रेटीज को जहर दिया जा रहा है। अदालत ने साक्रेटीज से कहा कि तुम एथेंस छोड़कर चले जाओ, तो हम तुम्हें मुक्त कर सकते हैं, जहर नहीं देंगे। साक्रेटीज से कहा कि अगर तुम एथेंस में भी रहो और सत्य बोलना बंद कर दो, तो हम तुम्हें मुक्त कर दें और जहर न दें। साक्रेटीज ने कहा, मैं कुछ भी नहीं कह सकता। सत्य बोला जाना होगा, तो बोला जाएगा; और नहीं बोला जाना होगा, तो नहीं बोला जाएगा। मैं वायदा कल के लिए कैसे करूं? मुझे पक्का नहीं कि कल होगा भी कि नहीं होगा! तो मैं कैसे प्रामिस कर सकता हूं? मैं वायदा कैसे कर सकता हूं? तुम अपने जहर का इंतजाम कर लो। मैं कोई वायदा नहीं कर सकता। कल का क्या पता, क्या होगा? जो होगा, मैं राजी हूं।

फिर मित्रों ने कहा कि यह तो बड़ी गलत बात है। हम रिश्वतखोरी करके और आपको जेल से निकाले ले जाते हैं रात में। साक्रेटीज ने कहा, मैं राजी हूं। लेकिन तुमसे मैं यह पूछता हूं कि अगर मेरी मौत कल आएगी, तो उसके बाहर तुम निकाल पाओगे कि नहीं? उन मित्रों ने कहा, मौत के बाहर हम कैसे निकाल पाएंगे! तो साक्रेटीज ने कहा, फिर क्यों परेशान होते हो? इतनी परेशानी भी क्या! अगर मरना ही है, और मरना है ही, दिन दो दिन से क्या फर्क पड़ेगा। लेकिन दो दिन के लिए मुझे चोर क्यों बनाते हो! नाहक की हठधर्मी क्यों? ठीक है, मौत आती है, तो आ जाए।

फिर जहर पीस रहा है जो आदमी साक्रेटीज को देने के लिए। छह बजे जहर देना है, लेकिन सवा छह बज गया, तो साक्रेटीज खुद उठकर बाहर आया और उससे पूछा, बड़ी देर कर रहे हो! उसने कहा, तुम पागल तो नहीं हो! मैं तो तुम्हारी वजह से ही देर कर रहा हूं कि थोड़ी देर और जी लो। साक्रेटीज ने कहा कि पागल हो, कितनी देर जिला पाओगे! जब मौत आनी ही है, तो ठीक है; सूरज के रहते आ जाए, तो जरा मैं भी देख लूं कि मौत कैसी होती है। तू अंधेरा किए दे रहा है।

यह गैर-हठधर्मी का व्यक्तित्व ही ज्ञान का व्यक्तित्व है।

तो कृष्ण कह रहे हैं, तू हठधर्मी मत कर। उतनी ही बात कह रहे हैं। और हठधर्मी कर, तो समर्पण न कर सकेगा। और हठधर्मी न कर, तो समर्पण कर सकता है। समर्पण वही कर सकता है, जो हठधर्मी नहीं करता है। वह आदमी समर्पण कभी नहीं कर सकता है, जो हठधर्मी करता है।

प्रश्न : एक मित्र पूछते हैं, कृष्ण जिस श्रद्धा की बात करते हैं, वह श्रद्धा अंधश्रद्धा भी हो सकती है। कृष्ण ने विवेक शब्द का उपयोग क्यों नहीं किया, जो श्रद्धा से कहीं ज्यादा सार्थक शब्द है? कृपया इसे स्पष्ट करें।

श्रद्धा कभी भी अंधश्रद्धा नहीं हो सकती, सिर्फ विश्वास ही अंधविश्वास हो सकता है। सच तो यह है कि विश्वास अंधविश्वास होता ही है। श्रद्धा कभी अंधी नहीं हो सकती है। नहीं हो सकने का कारण है। नहीं हो सकने का कारण

है। कारण यह है कि श्रद्धा मनुष्य के समग्र व्यक्तित्व की एकता है, पूर्ण व्यक्तित्व की एकता है। जैसा मैंने कहा, इंटिग्रेटेड माइंड का नाम श्रद्धा है; एकजुट हुए मन का नाम श्रद्धा है। और अगर इकट्ठा मन ही आपका अंधा है, तो फिर आपकी आंख का कोई उपाय नहीं, क्योंकि कोई जगह और बची नहीं। श्रद्धा का अर्थ है, पूरा, आप में जो भी चेतना है, वह पूरी है। तो अगर पूरी चेतना भी आंख न बने, तो फिर और क्या आंख बन सकेगा!

जितनी चेतना इकट्ठी होती है, उतनी आंख बन जाती है। चेतना जितनी इकट्ठी, योगस्थ होती है, उतनी देखने वाली, दर्शन के योग्य हो जाती है। इसलिए हमने सत्य के अनुभव को दर्शन कहा। क्योंकि जब चेतना पूरी जागकर एक हो जाती है, तो पूरी आंख बन जाती है और देखती है सत्य को। इसलिए हमने सत्य के साक्षात्कार की बात कही है, दिखाई पड़ता है।

श्रद्धा कभी भी अंधी नहीं हो सकती। और अगर अंधी हो, तो जानना कि वह विश्वास है। वही मैं फर्क कर रहा हूं। विश्वास अंधा होता है, अविश्वास भी अंधा होता है। आमतौर से लोग समझते हैं, विश्वास अंधा होता है। हम कहते हैं, ब्लाइंड बिलीफ, लेकिन ब्लाइंड डिसबिलीफ जैसा शब्द हम आमतौर से उपयोग नहीं करते। हम कहते हैं, अंधा विश्वास, लेकिन अंधा अविश्वास! कभी खयाल किया आपने? अंधा अविश्वास भी होता है।

एक नास्तिक कहता है, मैं ईश्वर को नहीं मानता। यह आंख वाला अविश्वास है? इस नास्तिक ने ईश्वर को जाना है? खोजा है? सब जगह देख ली है, जहां-जहां हो सकता था, फिर कह रहा है कि नहीं है? नहीं, यह कह रहा है कि नहीं, यह बात नहीं है। चूंकि आप ईश्वर को सिद्ध नहीं कर पाते, इसलिए हम कहते हैं कि नहीं है। कोई सिद्ध न कर पाए, तो भी सिद्ध नहीं होता कि नहीं है। इतना ही सिद्ध होता है कि है, यह सिद्ध नहीं हो पा रहा है। अविश्वास भी अंधा होता है, विश्वास भी अंधा होता है। लेकिन जो व्यक्ति न विश्वास में होता, न अविश्वास में होता, उसको पहली बार आंख मिलती है।

लेकिन खयाल में मुझे आया कि आप क्या चाहते हैं। आपने कहा, विवेक शब्द और ऊपर है।

नहीं, बहुत ऊपर नहीं है। विवेक और श्रद्धा में कुछ बुनियादी अंतर है। वह मैं आपको खयाल दिला दूं।

विवेक व्यक्ति की घटना है-आपकी। आप ही सोच- विचारकर, खोज-बीनकर जो तय कर लेते हैं, वह विवेक है। आप ही। लेकिन श्रद्धा आपकी घटना नहीं है। आप खोज-बीनकर, सोच-विचारकर भी पाते हैं कि नहीं पाया जाता और अपने को परमात्मा में छोड़ देते हैं, तब आप और परमात्मा संयुक्त होकर जो अनुभव घटित होता है, वह श्रद्धा है। विवेक व्यक्ति निर्भर है, श्रद्धा समष्टि निर्भर है। विवेक बूंद का है, श्रद्धा सागर की है। बूंद जब तक अपने बलबूते जीती है, तब तक विवेक है। ठीक जीए तो विवेक और गलत जीए तो अविवेक। लेकिन बूंद जब जीती ही नहीं अपनी तरफ से, सागर में अपने को छोड़ देती है और कहती है, सागर का जीवन ही अब मेरा जीवन है, तब श्रद्धा है।

श्रद्धा बहुत विराट है। विवेक बहुत सीमित है। आपकी सीमा विवेक की सीमा है, आपकी सीमा श्रद्धा की सीमा नहीं है। इसलिए श्रद्धा असीम है और विवेक सीमित है। विवेक फाइनाइट है और श्रद्धा इनफाइनाइट है। विवेक में आप ही हैं, भूल-चूक हो सकती है। क्योंकि आप सर्वज्ञ नहीं हैं, इसलिए विवेक में सदा गलती हो सकती है। श्रद्धा में गलती का कोई उपाय ही नहीं है, क्योंकि आपने परमात्मा पर ही छोड़ दिया। और अगर परमात्मा से ही गलती होती है, तो फिर अब गलती से बचने की कोई जरूरत भी नहीं है, कोई कारण भी नहीं है। फिर बचिएगा भी कैसे?

विवेक भटक सकता है, श्रद्धा कभी नहीं भटकती। विवेक चूक सकता है, श्रद्धा अचूक है। क्योंकि विवेक आपका ही है आखिर, श्रद्धा सिर्फ आपकी नहीं है। श्रद्धा का मतलब ही है कि अपने से अब न होगा; अपने हाथ नहीं पहुंच पाते उतनी दूर, जहां सत्य है; अपनी छलांग नहीं लग पाती उस खाई में, जहां परमात्मा है; अपने से न होगा। जिस क्षण इस हेल्पलेस, इस असहाय स्थिति का अनुभव होता है कि हमारी सीमा है, हमसे न होगा, उसी क्षण श्रद्धा जगती है। तब हम कहते हैं, अब तू ही कर, अब मुझसे तो नहीं होता; अब मैं नहीं चल पाता, अब तू ही चला; अब मेरे हाथ काम नहीं करते, अब तू ही हाथ पकड़; अब मेरे पैर नहीं उठते, अब

तू ही उठा तो उठा। जिस क्षण व्यक्ति का थक जाता है सब, उसी क्षण उसी थकान से आविर्भाव होता है उस श्रद्धा का, जो विराट से एक कर देती है।

विवेक बहुत बड़ा शब्द नहीं है। और ध्यान रहे, विवेक में बहुत गहरे विचार छिपा है। वह, कहें कि विचार का सार अंश है, कहें कि बहुत विचार का निचोड़ है, कहें कि जैसे बहुत फूलों को निचोड़कर कोई इत्र बना ले, ऐसा बहुत विचारों को निचोड़कर कोई इत्र बना ले, तो उसका नाम विवेक है। लेकिन श्रद्धा निर्विचार है। वह किसी विचार का इत्र नहीं है। वह किन्हीं फूलों का इत्र नहीं है। वह हमारा अनुभव ही नहीं है। हमारे अनुभव की असमर्थता है। इसलिए श्रद्धा बहुत बड़ा शब्द है।

पर यह मैं जरूर कहूंगा कि श्रद्धा तक वे ही पहुंचते हैं, जो विवेकवान हैं; वे नहीं पहुंचते, जो विवेकहीन हैं। इतना कहूंगा। और इतना ही उपयोग है विवेक का। विवेकहीन श्रद्धा तक कभी नहीं पहुंचते। विवेकहीन अश्रद्धा तक पहुंच जाते हैं। विवेकवान श्रद्धा तक पहुंच जाते हैं। क्या मतलब मेरा? विवेकहीन अश्रद्धा तक पहुंच जाते हैं। मैंने अभी आपको कहा कि श्रद्धा का मैं अर्थ करता हूं, ट्रस्ट, भरोसा। भरोसा-सहज, सरल। अश्रद्धा का अर्थ करता हूं, गैर-भरोसा-कठिन, जटिल-किसी का भी नहीं; परमात्मा तो दूर है, किसी का भी नहीं, भरोसा ही नहीं। अंततः अपना भरोसा भी नहीं।

एक आदमी को मैं जानता हूं, मेरे गांव में मेरे घर के सामने रहते थे। ताला लगाते हैं, दस कदम फिर लौटकर आकर ताला हिलाकर देखते हैं। फिर जाते हैं, फिर देखते हैं कि किसी ने देखा तो नहीं एक दफे लौटा हुआ! फिर लौटते हैं, फिर हिलाकर देखते हैं। एक दिन मैं छत पर बैठा देख रहा था। दो बार मैंने देखा, मैंने सोचा, तीसरी बार भी यह आदमी जरूर लौटेगा। क्योंकि जब दो बार में भरोसा नहीं आया कि ताला लगा है कि नहीं, तो तीसरी बार में कैसे आएगा! लेकिन उस आदमी ने भी मुझे देख लिया। तो ठीक जगह, जहां से वह लौटता था, उस जगह जाकर उसके पैर थोड़े-से डगमगाए। मैंने कहा, लौट आओ। उसने कहा कि मैं आपके ही डर से तो लौट नहीं रहा। तो मैंने कहा कि यहां मेरे पास आओ। बात क्या है? उसने कहा, मुझे भरोसा ही नहीं होता। ऐसा लगता है कि पता नहीं

भूल-चूक से खुला ही न रह गया हो! और पता नहीं कि मैंने हिलाकर देखा भी है या नहीं देखा!

अब वह आदमी इतनी दफे देख चुका है हिलाकर कि शक हो जाना बिलकुल स्वाभाविक है। अब यह जो आदमी है, यह अश्रद्धा को उपलब्ध हुआ। यह अश्रद्धा टोटल हो गई। यह पत्नी पर भरोसा नहीं कर सकता, बेटे पर भरोसा नहीं कर सकता, मित्र पर भरोसा नहीं कर सकता। यह अपने ही हाथों पर भरोसा नहीं कर सकता। यह अपनी ही बुद्धि पर भरोसा नहीं कर सकता। इसका सब भरोसा खो गया। अब ऐसा अश्रद्धावान जीते जी मर गया। पर यह इतनी अश्रद्धा कैसे आई होगी? यह अविवेक के कारण आई है। अविवेक का क्या मतलब? अविवेक का मतलब, विवेक का गलत उपयोग किया है इसने।

अगर आपको एक आदमी ने धोखा दे दिया, तो आप समझते हैं कि अब किसी आदमी पर भरोसा नहीं करना; यह अविवेक है। सच तो यह है कि जिस आदमी ने आज आपको धोखा दिया, वह भी कल धोखा देगा, यह जरूरी नहीं है। आदमी बदल जाते हैं। और आपको एक आदमी ने धोखा दिया और सारी मनुष्यता पर से आपका विश्वास उठ गया! बड़ी अविवेक की बात है। बड़ी विवेकहीन बात है। एक जगह ठोकर लग गई, तब सारी दुनिया में ठोकर लगेगी, यह निर्णय ले लिया!

एक दिन ऐसा हुआ कि मैं एक ट्रेन में सवार था। एक स्टेशन पर रुकी बहुत देर तक। एक आदमी भीख मांगने खिड़की पर आया और उसने कहा कि मैं बड़ी मुसीबत में हूं। मैंने कहा, तुम मुसीबत मत बताओ, क्योंकि मुसीबत बताने में तुम्हारा भी समय जाया होगा, मेरा भी। तुम मुझे यह कहो कि मैं क्या कर सकता हूं? उसने मेरी तरफ देखा, उसको शक़ हुआ, क्योंकि बिना मुसीबत बताए किसी को फंसाया नहीं जा सकता। क्योंकि जब वह पूरी मुसीबत बता ले और पांच मिनट आप सुन लें, तो फिर इन्कार करने में कठिनाई हो जाती है। तो उसने कहा कि नहीं, मेरी मुसीबत...।

मैंने कहा कि तुम मुसीबत की बात ही मत करो। तुम मुझे यह कहो कि क्या कर सकता हूं? उसने बड़ी हिम्मत जुटाकर कहा कि एक रुपया दे दें। मैंने

कहा, तुम एक रुपया लो। इतनी सरलता से छूटती है बात! तुम नाहक मुसीबत मुझे बताओ, मैं तुम्हारी मुसीबत सुनूं। तुम यह रुपया लो और जाओ। वह आदमी बड़ी बेचैनी में गया। उसने बार-बार रुपये को देखा भी होगा, फिर लौटकर मुझे भी देखा कि यह आदमी भरोसे का नहीं मालूम पड़ता। क्या गड़बड़ है! कुछ मैंने कहा ही नहीं, कोई मुसीबत नहीं सुनी। होता तो ऐसा है कि मुसीबत पूरी बताओ, तब भी कोई कुछ नहीं देता। और उसने सोचा कि यह आदमी... !

पांच सात मिनट बाद वह वापस आया। टोपी लगाए था, वह उतारकर रख आया। उसने आकर फिर खिड़की पर कहा कि मैं बड़ी मुसीबत में हूं। मैंने कहा, मुसीबत की बात ही मत करो। तुम मुझे यह बताओ कि तुम्हें मैं क्या कर सकता हूं? उसने मुझे पूरी आंख से देखा कि मैं पागल तो नहीं हूं! उसने बड़ी हिम्मत जुटाई, उसने सोचा कि ऐसा नहीं हो सकता कि यह आदमी भूल ही गया हो, सिर्फ टोपी अलग कर लेने से। और वही की वही बात। उसने बहुत हिम्मत जुटाकर कहा कि मुझे दो रुपये... ! मैंने कहा, तुम यह दो रुपये लो। वह फिर मुझे बार-बार लौटता हुआ देखे, रुपये देखे।

दो-तीन मिनट बाद वह फिर आ गया। कोट पहने था, उसको भी उतार आया। खिड़की पर आया। मैंने उससे पहले ही कहा कि तू शुरू ही मत कर कि तू मुसीबत बता। उसने कहा, आप आदमी कैसे हो? मैं वही आदमी हूं, आपको समझ नहीं आ रहा है! मैंने कहा, मैं तो यह समझ रहा हूं कि तुम नहीं समझ रहे हो कि मैं वही आदमी हूं। मैं तो इस खयाल में हूं। वह मेरे तीन रुपये वापस लौटाने लगा। उसने कहा कि रुपए रख लो आप। रुपये मैं नहीं लूंगा। रुपये तुम ले जाओ। रुपये तुमने कमाए हैं, तुमने मेहनत पूरी की है। वह रुपये रखकर छोड़ गया दरवाजे पर। उसने कहा, रुपये मैं नहीं लूंगा। मैंने कहा, बात क्या है? रुपये क्यों नहीं लेते? उसने कहा कि जिस आदमी ने मुझ पर इतना भरोसा किया, उसे मैं इस तरह धोखा नहीं दे सकता हूं।

एक आदमी धोखा दे जाए, सारी दुनिया ने धोखा दे दिया हमें। अब हम सबसे सम्हले हुए बैठे हैं। हालांकि बचाने को पास में कुछ भी नहीं है। सम्हले हुए बैठे हैं!

अविवेक अश्रद्धा पर ले जाता है। धीरे-धीरे सब तरफ अश्रद्धा हो जाती है।

विवेक श्रद्धा पर ले जाता है। और धीरे-धीरे सब तरफ श्रद्धा हो जाती है। अविवेक वहां पहुंचा देता है, जहां सिवाय धोखे के और कुछ भी दिखाई नहीं पड़ता। और विवेक वहां पहुंचा देता है, जहां सिवाय भरोसे के और कुछ दिखाई नहीं पड़ता है।

तो मैं समझता हूं कि विवेक का मूल्य है, बट एज ए मीन्स, एक साधन की तरह। श्रद्धा तक पहुंचा दे, यही उसका मूल्य है। लेकिन विवेक श्रद्धा से बड़ा शब्द नहीं है। श्रद्धा बड़ी गहरी अनुभूति है।

इस जगत में इससे बड़ा कोई आनंद नहीं है कि मुझे समग्र भरोसा आ जाए कि सब परमात्मा है। इस जगत में इससे बड़ी कोई निश्चिंतता नहीं है कि मुझे स्मरण आ जाए कि सब तरफ मैं ही हूं। इस जगत में इससे बड़ी कोई अनुभूति नहीं है कि सब हाथ मेरे, सब आंखें मेरी, सब पैर मेरे। ऐसी प्रतीति का नाम श्रद्धा है। जिस दिन कोई पराया दिखाई ही नहीं पड़ता है कहीं, उसी दिन परमात्मा दिखाई पड़ता है। उसी को हम समर्पण कह सकते हैं।

कृष्ण समर्पण की ही बात समझा रहे हैं। विवेक समर्पण तक ले जाए, तो काफी है। लेकिन विवेक स्वयं समर्पण नहीं बनता। विवेक सिर्फ बता सकता है कि तुम असमर्थ हो अपने में। बस, इतना निगेटिव काम कर सकता है कि वह कह दे कि तुम न पा सकोगे सत्य को। बस इतना। इतना भी पता चल जाए, तो विवेक ने काम पूरा कर दिया। अब आप छलांग लगा सकते हैं, वहां, जहां परम श्रद्धा है।

और श्रद्धा की अपनी आंख है। लेकिन वह आंख तर्क जैसी नहीं है, वह आंख प्रेम जैसी है। वह आंख चीर-फाड़ करने वाली नहीं है, वह आंख छेद देने वाली नहीं है। आंखों में भी फर्क होता है। जब कभी कोई आपको प्रेम से देखता है, तो आंख और होती है। वह आपको चीरती-फाड़ती नहीं, सर्जरी नहीं करती है वह आंख। आपके भीतर कहीं घाव हों, तो उनको जोड़ देती है और मलहम कर जाती है। कभी प्रेम की आंख फाड़ती नहीं, काटती नहीं, विषण नहीं करती। प्रेम की आंख आपको जोड़ जाती है, फांकों को इकट्ठा कर जाती है। आपके भीतर घाव हों, तो पूर जाती है! प्रेम की आंख आपको इंटिग्रेट कर जाती है। लेकिन घृणा की आंख? घृणा की आंख आपको टुकड़े-टुकड़े कर जाती है, छार-छार काट देती है।

हमारे पास एक शब्द है, लुच्चा। लुच्चा हम कहते हैं बुरे आदमी को।

आपने कभी सोचा कि लुच्चा का मतलब क्या होता है? लुच्चा संस्कृत के लोचन शब्द से बना है, आंख से। जिसकी आंख चीर-फाड़ कर देती है किसी के भीतर जाकर, वह लुच्चा। लुच्चा का मतलब होता है, इस तरह देखने वाला आदमी कि उसकी आंख भीतर छुरी की तरह प्रवेश कर जाती है। उसकी आंख छुरी की तरह काम करती है। तो लुच्चे को पहचानने का और कोई रास्ता नहीं है, सिवाय आंख के, आंख से। हम क्रिटिक को आलोचक कहते हैं। वह भी आंख से बनता है। आलोचक, वह भी लोचन से ही बनता है। आलोचक उसे कहते हैं, जो बड़ी खोज-बीन करके देखता है कि कहां क्या है।

आंखें बहुत तरह की हैं। तर्क की भी अपनी आंख है, उसी से विज्ञान का जन्म होता है। श्रद्धा की अपनी आंख है, उसी से धर्म का जन्म होता है। श्रद्धा तर्क की नजरों में अंधी हो सकती है। श्रद्धा की नजरों में तर्क बिलकुल विक्षिप्त है; अंधा ही नहीं, पागल भी। लेकिन वह बड़े अलग कोणों पर खड़े होकर जीवन को देखना है। हां, जिसने तर्क से ही दुनिया को देखा, वह कहेगा, श्रद्धा अंधी होती है। लेकिन जिसने श्रद्धा के और ऊंचे पर्वत शिखर से देखा, वह कहेगा, तर्क विक्षिप्त है।

और ध्यान रहे, श्रद्धा तक कोई भी नहीं पहुंचता, जो तर्क से न गुजरा हो। और जो श्रद्धा पर पहुंच जाए, वह कभी तर्क पर नहीं पहुंचता। इसलिए श्रद्धा वाले को तर्क और श्रद्धा दोनों का अनुभव होता है, तर्क वाले को सिर्फ तर्क का अनुभव होता है। और जिसको एक का अनुभव हो, उसकी बात बहुत भरोसे की नहीं होती। जिसको दोनों का अनुभव है, उसकी बात ही भरोसे की होती है।

प्रश्न : अगले श्लोक में जाने के पहले एक छोटा-सा प्रश्न और। श्लोक क्रमांक तीस में कृष्ण अर्जुन से कहते हैं कि अध्यात्म चेतसा होकर संपूर्ण कर्मों को मुझे समर्पित करके तू युद्ध कर। कृपया अध्यात्म चेतसा होकर, इसका अर्थ पुनः स्पष्ट करें।

मनुष्य के पास तीन प्रकार की चेतनाएं हो सकती हैं, थ्री टाइप्स आफ कांशसनेस। एक विज्ञान चेतना, एक कला चेतना और एक अध्यात्म चेतना।

मनुष्य तीन चेतनाओं से जीवन के सत्य से संबंधित हो सकता है, तीन ढंग, तीन एप्रोच। एक विज्ञान की एप्रोच है, एक अध्यात्म की या धर्म की और एक कला या आर्ट की। ठीक है, इन तीनों का अंतर समझ लेना जरूरी भी है। अध्यात्म चेतस, स्प्रिचुअल कांशसनेस क्या है?

विज्ञान की चेतना अन्वेषण करती है; सत्य क्या है, इसकी खोज करती है। विज्ञान-चेतना सत्य क्या है, इसकी खोज करती है, अन्वेषण करती है, डिस्कवर करती है। जो ढंका है, उसे उघाड़ती है, निर्वस्त्र करती है, तथ्य को नग्न करती है। कला-चेतना, आर्ट कांशसनेस, जो है, उसे सजाती और संवारती है; उघाड़ती नहीं, ढांकती है-आभूषणों से, वस्त्रों से, रंगों से, कविताओं से, लयों से, छंदों से। विज्ञान उघाड़ता, नग्न तथ्य को खोजता, नैकेड ट्रुथ, क्या है? विज्ञान तथ्य के साथ दुश्मन की भांति लड़ता है, कांफ्लिक्ट, जूझता है; सत्य को जीतने की कोशिश करता है, कांकरिंग। कला सत्य को ढांकती, जहां-जहां कुरूप है, असुंदर है, वहां-वहां सुंदर का निर्माण करती, तथ्यों को स्वप्न बनाती, जिंदगी के सीधे-सादे रंगों को रंगीन करती, काव्य देती, फिक्शन देती। काव्य संजोता-संवारता, तथ्य जो है, उसे उघाड़ता नहीं, ढांकता, डेकोरेट करता, डेकोरेटिव है। इसलिए विज्ञान कई दफा ऐसे तथ्य उघाड़ लेता है, जो बड़े संघातक सिद्ध होते हैं। और कला कई बार जीवन की ऐसी अभद्रताओं को ढांक जाती है, जो अप्रीतिकर हो सकती थीं।

अध्यात्म चेतस, कृष्ण कहते हैं, अध्यात्म चेतस होकर तू समर्पण कर।

अध्यात्म-चेतना तीसरे तरह की है। न तो वह सत्य को उघाड़ती और न सत्य को ढांकती, वह सत्य के साथ स्वयं को लीन करती है। विज्ञान उघाड़ता, कला ढांकती। धर्म एक हो जाता। अध्यात्म, सत्य क्या है, इसे नहीं जानना चाहता; सत्य कैसा होना चाहिए, इसे नहीं बनाना चाहता; अध्यात्म स्वयं ही सत्य हो जाना चाहता है। अध्यात्म की जिज्ञासा संघर्ष की नहीं, अध्यात्म की जिज्ञासा संवारने की नहीं, अध्यात्म की जिज्ञासा तल्लीनता की है, लीन हो जाने की है। सत्य जो है, उसी में डूब जाना चाहता है। वह जैसा भी हो-सुंदर-असुंदर-

सत्य जैसा भी है, अध्यात्म उसमें डूब जाना चाहता है। विज्ञान दुश्मन की तरह व्यवहार करता। कला मित्र की तरह व्यवहार करती। अध्यात्म भेद ही नहीं रखता मित्र और शत्रु का, अभेद व्यवहार करता है।

कृष्ण कहते हैं अर्जुन से कि तू अध्यात्म चेतसा होकर, आध्यात्मिक चेतन संपन्न होकर समर्पण को उपलब्ध हो।

ठीक ही कहते हैं। क्योंकि अध्यात्म चेतन ही समर्पण कर सकता है। विज्ञान कभी समर्पण नहीं करता। विज्ञान समर्पण कर दे, तो बेकार हो गया। अगर एक वैज्ञानिक प्रयोगशाला में समर्पण कर दे, तो विज्ञान खतम। विज्ञान लड़ता है, प्रकृति को समर्पित करवाने की कोशिश करता है; खुद समर्पण कभी नहीं करता। वैज्ञानिक योद्धा की तरह जूझता है। और प्रकृति से कहता है, तू समर्पण कर, अपने रहस्यों को उघाड़, अपने वस्त्रों को अलग कर, अपने तथ्यों को प्रकट कर, मेरे सामने समर्पित हो। विज्ञान योद्धा की तरह, प्रकृति को शत्रु की भांति लेकर जीतने की कोशिश करता है।

कला लड़ती नहीं, प्रकृति को फुसलाती है, परसुएड करती है। वह कहती है, जो भी है, कोई फिक्र नहीं। लेकिन हमारा मन चाहता है, ऐसा हो। उमर खय्याम ने गीत गाया है, कि अगर मेरा बस चले, तो सारी दुनिया को मिटाकर फिर अपने मन की दुनिया ढंग से बना लूं। कवि वही करता है। नहीं बस चलता यहां, तो कविता में बना लेता है। चित्रकार वही करता है। सुंदर नहीं मिलता ऐसा पृथ्वी पर कोई, तो एक मूर्ति बना लेता है। कला संवारती है, ढांकती है, शृंगार करती है-प्रेयस बन जाए जगत, जीवन प्रिय हो जाए, बस।

अध्यात्म न मित्र है, न शत्रु। अध्यात्म कहता है, जो है, उसके साथ मैं एक होना चाहता हूं। कला सृजन करती, विज्ञान अन्वेषण करता, धर्म समर्पण करता। कला क्रिएटिव है, विज्ञान इनवेंटिव है, धर्म सरेंडरिंग है। इसलिए कृष्ण कहते हैं कि तू अध्यात्म चेतस हो, तो ही समर्पण को उपलब्ध हो सकता है।

एक आखिरी सूत्र और ले लें।

इन्द्रियस्येन्द्रियस्यार्थे रागद्वेषौ व्यवस्थितौ।
तयोर्न वशमागच्छेत्तौ ह्यस्य परिपन्थिनौ।। 34।।

इसलिए मनुष्य को चाहिए कि इंद्रिय इंद्रिय के अर्थ में अर्थात सभी इंद्रियों के भोगों में स्थित जो राग और द्वेष हैं, उन दोनों के वश में न होवे। क्योंकि वे दोनों ही कल्याण मार्ग में विघ्न करने वाले महाशत्रु हैं।

जीवन के सारे अनुभव द्वंद्व के अनुभव हैं। जीवन का सारा विस्तार ही द्वंद्व और द्वैत, डुएलिटी का पोलर, ध्रुवीय विस्तार है। यहां कुछ भी नहीं है ऐसा, जिसके विपरीत न हो। यहां कुछ भी नहीं है ऐसा, जिसका प्रतिकूल न हो। यहां कुछ भी नहीं है ऐसा, जिससे उलटा न हो। जगत का सारा अस्तित्व पोलर है, ध्रुवीय है। ठीक वैसे ही जैसे एक आर्किटेक्ट, एक वस्तु शिल्पकार, एक भवन निर्माता द्वार बनाता है। तो कभी आपने देखा, द्वार पर वह कोई सहारे नहीं लेता। सिर्फ उलटी ईंटों को गोलाई में जोड़ देता है। सिर्फ ईंटों को उलटा और गोलाई में जोड़ देता है और आर्च बन जाता है। वह सारा भवन, भवन का सारा वजन उस गोलाई पर टिक जाता है। कभी आपने खयाल किया कि बात क्या है? उन उलटी ईंटों का जो तनाव है, टेंशन है; वे उलटी ईंटें एक-दूसरे को दबाती हैं, पूरे भवन के वजन को उठा लेती हैं। अगर एक-सी ईंटें लगा दी जाएं, एक कोने से दूसरे कोने तक एक ही रुख वाली ईंटें लगा दी जाएं, तो भवन तत्काल गिर जाएगा, बन ही नहीं सकता।

जीवन का सारा भवन उलटी ईंटों पर टिका हुआ है। यहां सुख की भी ईंट है और दुख की भी ईंट है। यहां राग की भी ईंट है और विराग की भी ईंट है। यहां प्रेम की भी ईंट है और घृणा की भी ईंट है। और ध्यान रहे, इस जगत में अकेली प्रेम की ईंट पर भवन निर्मित नहीं हो सकता, घृणा की ईंट भी उतनी ही जरूरी है। यहां मित्र भी उतना ही जरूरी है, शत्रु भी उतना ही जरूरी है। यहां सब उलटी चीजें जरूरी हैं। क्योंकि उलटे के तनाव पर ही जीवन खड़ा होता है।

यह बिजली जल रही है, उसमें निगेटिव और पाजिटिव के पोल जरूरी हैं। अगर वह एक ही पोल हो, तो अभी अंधकार हो जाए। ये हम इतने पुरुष-स्त्रियां

यहां बैठे हुए हैं, स्त्री और पुरुष के अस्तित्व के लिए स्त्री और पुरुष का विरोध और द्वैत जरूरी है। वह जिस दिन समाप्त हो जाए, उस दिन सब समाप्त हो जाए।

जगत द्वैत निर्भर है। कृष्ण कहते हैं अर्जुन से, इंद्रियों के सब अनुभव द्वंद्वग्रस्त हैं। वहां सुख आता है, तो पीछे दुख आता है। वहां सुख आता है, तो दुख को निमंत्रण देकर ही आता है। वहां दुख आता है, तो जल्दी मत करना, धैर्य मत खोना, पीछे सुख आता ही होगा। जैसे लहर के पीछे ढलान आता है, और जैसे पहाड़ के पीछे खाई आती है, ऐसे ही प्रत्येक अनुभव के पीछे विपरीत अनुभव आता है। आ ही रहा है। जब लहर आ रही है सागर की, तो समझें कि पीछे लहर का गड्ढा भी आ रहा है! क्योंकि बिना उस गड्ढे के लहर नहीं हो सकती। और जब पहाड़ देखें, उत्तुंग शिखर आकाश को छूता, तो जान लेना कि पास ही खाई भी है, खड्ड भी पाताल को छूती। दोनों के बिना दोनों नहीं हो सकते। जब वृक्ष आकाश में उठता है छूने को तारों को, तो उसकी जड़ें नीचे जमीन में उतर जाती हैं पाताल को छूने को। अगर जड़ें नीचे न जाएं, तो वृक्ष ऊपर नहीं जा सकता।

सारा जीवन विरोध पर खड़ा है। इसलिए एक बहुत अदभुत घटना मनोवैज्ञानिक कहते हैं कि घटती है। हम उलटा काम करते हैं। हम सदा यह कोशिश करते हैं कि दो में से एक बच जाए, जो हो नहीं सकता। हम इस कोशिश में लगते हैं कि मकान ऐसा बनाएं कि इकतरफा, एक रुख वाली ईंटों पर भवन खड़ा हो जाए। दबेंगे उसी के नीचे और मरेंगे। ऐसा भवन खड़ा नहीं हो सकता।

मनोवैज्ञानिक कहते हैं कि जो आदमी घृणा नहीं कर सकता, वह आदमी प्रेम भी नहीं कर सकता। हालांकि सब हमें समझाते हैं कि प्रेम करो, घृणा मत करो। लेकिन जो आदमी घृणा नहीं कर सकता, वह प्रेम भी नहीं कर सकता। सब हमें समझाते हैं कि किसी को शत्रु मत मानो, सबको मित्र मानो। लेकिन जो आदमी शत्रु नहीं बना सकता, वह आदमी मित्र भी नहीं बना सकता। है जीवन का ऐसा ही कठोर सत्य। जो आदमी क्रोध नहीं कर सकता, वह क्षमा भी नहीं कर सकता। हालांकि हम कहते हैं, क्षमा करो, क्रोध मत करो। लेकिन क्रोध न करोगे, तो क्षमा क्या खाक? किसको? और कैसे? और किस प्रकार?

जीवन वैपरीत्य पर निर्भर है। यह हमें खयाल में न आए, तो हम एक को बचाने की कोशिश में लग जाते हैं। अज्ञानी एक को बचाने की कोशिश करता है। ज्ञानी क्या करेगा? या तो ज्ञानी दोनों को छोड़ दे-दोनों को छोड़ दे, तो तत्क्षण जीवन के बाहर हो जाएगा, जीवन के भीतर नहीं रह सकता। या दोनों को एक साथ स्वीकार कर ले।

कृष्ण दूसरी सलाह दे रहे हैं। वे कह रहे हैं, तू दोनों को एक साथ स्वीकार कर ले। यहां सुख भी है, यहां दुख भी है। जन्म भी है, मृत्यु भी है। इंद्रियां अच्छा भी लाती हैं, बुरा भी लाती हैं। इंद्रियां प्रीतिकर को भी जन्माती हैं, अप्रीतिकर को भी जन्माती हैं। इंद्रियां सुख का भी आधार बनतीं और दुख का भी आधार बनतीं। ज्ञानी इन दोनों के जोड़ को, अनिवार्य जोड़ को जानकर दोनों में रहते हुए भी दोनों के बाहर हो जाता है, साक्षी हो जाता है। समझता है कि ठीक है; सुख आया तो ठीक है; दुख आया तो ठीक है। क्योंकि वह जानता है कि वे दोनों ही आ सकते हैं। इसलिए वह इस भूल में नहीं पड़ता कि एक को बचा लूं और दूसरे को छोड़ दूं। वह इस उपद्रव में नहीं पड़ता है। अज्ञानी उसी उपद्रव में पड़ता है और बेचैन हो जाता है। ज्ञानी चैन में होता है, बेचैन नहीं होता।

इसका यह मतलब नहीं कि ज्ञानी पर दुख नहीं आते। ज्ञानी पर दुख आते हैं, लेकिन ज्ञानी दुखी नहीं होता। इसका यह मतलब नहीं कि ज्ञानी पर सुख नहीं आते। ज्ञानी पर सुख आते हैं, लेकिन ज्ञानी सुखी नहीं होता। किस अर्थ में सुखी नहीं होता? इस अर्थ में सुखी नहीं होता कि जो भी आता है, वह उससे अपना तादात्म्य, अपनी आइडेंटिटी नहीं करता है। सुख आता है, तो वह कहता है, ठीक है; सुख भी आया, वह भी चला जाएगा। दुख आता है, वह कहता है, ठीक है; दुख भी आया, वह भी चला जाएगा। और मैं, जिस पर दुख और सुख आते हैं, दोनों से अलग हूं। ऐसा पृथकत्व, ऐसा भेद-अपने अलग होने के अनुभव को-वह कभी भी नहीं छोड़ता और खोता।

वह जानता है, सुबह आई, सांझ आई; प्रकाश आया, अंधेरा आया। तो न तो वह कहता है कि मैं अंधेरा हो गया और न वह कहता है कि मैं प्रकाश हो

गया। न वह कहता है कि मैं दुख हो गया, न वह कहता है कि मैं सुख हो गया। वह कहता है, मुझ पर दुख आया, मुझ पर सुख आया, मुझ पर आया, मैं नहीं हो गया हूं। मैं अलग खड़ा हूं। मैं देख रहा हूं, यह सुख आ रहा है। सागर के तट पर बैठे, यह आई लहर, डुबा गई और यह गई लहर। आप लहर हो जाएं, तो मुश्किल में पड़ जाएंगे। आप लहर नहीं होते।

लेकिन जिंदगी के सागर में लहरें आती हैं और आप लहर ही हो जाते हैं। आप कहते हैं, मैं दुखी हो गया। इतना ही कहिए कि दुख की लहर आ गई। भीग गए हैं बिलकुल, चारों तरफ दुख की लहर ने घेर लिया है। डूब गए हैं बिलकुल। लेकिन हैं तो अलग ही। यह रहा दुख, यह रहा मैं। सुख आए, एकदम सुखी हो जाते हैं। दीवाने हो जाते हैं। पैर जमीन पर नहीं पड़ते। आंखें यहां-वहां देखती नहीं, आकाश में अटक जाती हैं। हृदय ऐसे धड़कने लगता है कि पता नहीं कब बंद हो जाए। सुख हो जाते हैं।

न, सुख की लहर आई है, ठीक है, आ जाने दें, डुबाने दें, जाने दें। तब समझें कि सागर है जीवन का। आता है सुख, आता है दुख; मित्र आते हैं, शत्रु आते हैं; सम्मान-अपमान, गाली आती, प्रशंसा आती। कभी कोई फूलमालाएं डाल जाता, कभी कोई पत्थर फेंक जाता। जीवन में दोनों आते रहते हैं। ज्ञानी दोनों को देखकर अपने को तीसरा जानता है।

ऐसा अनासक्त हुआ व्यक्ति, कृष्ण कहते हैं, जीवन के समस्त बंधन से, जीवन के सारे कारागृह से मुक्त हो जाता है।

शेष कल बात करेंगे।

नौवां प्रवचन

परधर्म, स्वधर्म और धर्म

श्रेयान्स्वधर्मो विगुणः परधर्मात्स्वनुष्ठितात्।
स्वधर्मे निधनं श्रेयः परधर्मो भयावहः।। 35।।
अच्छी प्रकार आचरण किए हुए दूसरे के धर्म से,
गुणरहित भी, अपना धर्म अति उत्तम है।

अपने धर्म में मरना भी कल्याणकारक है और दूसरे का धर्म भय को देने वाला है।

प्रत्येक व्यक्ति की अपनी निजता, अपनी इंडिविजुएलिटी है। प्रत्येक व्यक्ति का कुछ अपना निज है; वही उसकी आत्मा है। उस निजता में ही जीना आनंद है और उस निजता से च्युत हो जाना, भटक जाना ही दुख है।

कृष्ण के इस सूत्र में दो बातें कृष्ण ने कही हैं। एक, स्वधर्म में मर जाना भी श्रेयस्कर है। स्वधर्म में भूल-चूक से भटक जाना भी श्रेयस्कर है। स्वधर्म में असफल हो जाना भी श्रेयस्कर है, बजाय परधर्म में सफल हो जाने के।

स्वधर्म क्या है? और परधर्म क्या है? प्रत्येक व्यक्ति का स्वधर्म है। और किन्हीं दो व्यक्तियों का एक स्वधर्म नहीं है। पिता का धर्म भी बेटे का धर्म नहीं है। गुरु का धर्म भी शिष्य का धर्म नहीं है। यहां धर्म से अर्थ है, स्वभाव, प्रकृति, अंतःप्रकृति। प्रत्येक व्यक्ति की अपनी अंतःप्रकृति है, लेकिन है बीज की तरह बंद, अविकसित, पोटेंशियल है। और जब तक बीज अपने में बंद है, तब तक बेचैन है। जब तक बीज अपने में बंद है और खिल न सके, फूट न सके, अंकुर न बन सके, और फूल बनकर बिखर न सके जगत सत्ता में, तब तक बेचैनी रहेगी। जिस दिन बीज अंकुरित होकर वृक्ष बन जाता है, फूल खिल जाते हैं, उस दिन परमात्मा के चरणों में वह अपनी निजता को समर्पित कर देता है। फूल के खिले हुए होने में जो आनंद है, वैसा ही आनंद स्वयं में जो छिपा है, उसके खिलने में भी है। और परमात्मा के चरणों में एक ही नैवेद्य, एक ही फूल चढ़ाया जा सकता है, वह है स्वयं की निजता का खिला हुआ फूल-फ्लावरिंग आफ इंडिविजुएलिटी। और कुछ हमारे पास चढ़ाने को भी नहीं है।

जब तक हमारे भीतर का फूल पूरी तरह न खिल पाए, तब तक हम संताप, दुख, बेचैनी, तनाव में जीएंगे। इसलिए जो व्यक्ति परधर्म को ओढ़ने की कोशिश करेगा, वह वैसी ही मुश्किल में पड़ जाएगा, जैसे चमेली का वृक्ष चंपा के फूल लाने की कोशिश में पड़ जाए। गुलाब का फूल कमल होने की कोशिश में पड़ जाए, तो जैसी बेचैनी में गुलाब का फूल पड़ जाएगा। और बेचैनी दोहरी होगी। एक तो गुलाब का फूल कमल का फूल कितना ही होना चाहे, हो नहीं सकता है; असफलता सुनिश्चित है। गुलाब का फूल कुछ भी चाहे, तो कमल का फूल नहीं हो सकता। न कमल का फूल कुछ चाहे, तो गुलाब का फूल हो सकता है। वह असंभव है। स्वभाव के प्रतिकूल होने की कोशिश भर हो सकती है, होना नहीं हो सकता।

इसलिए गुलाब का फूल कमल का फूल होना चाहे, तो कमल का फूल तो कभी न हो सकेगा, इसलिए विफलता, फ्रस्ट्रेशन, हार, हीनता उसके मन में घूमती रहेगी। और दूसरी उससे भी बड़ी दुर्घटना घटेगी कि उसकी शक्ति कमल होने में नष्ट हो जाएगी और वह गुलाब भी कभी न हो सकेगा। क्योंकि गुलाब

होने के लिए जो शक्ति चाहिए थी, वह कमल होने में लगी है। कमल हो नहीं सकता; गुलाब हो नहीं सकेगा, जो हो सकता था, क्योंकि शक्ति सीमित है। उचित है कि गुलाब का फूल गुलाब का फूल हो जाए। और गुलाब का फूल चाहे छोटा भी हो जाए, तो भी हर्ज नहीं। न हो बड़ा फूल कमल का, गुलाब का फूल छोटा भी हो जाए, तो भी हर्ज नहीं है। और अगर न भी हो पाए, गुलाब होने की कोशिश भी कर ले, तो भी एक तृप्ति है; कि जो मैं हो सकता था, उसके होने की मैंने पूरी कोशिश की। उस असफलता में भी एक सफलता है कि मैंने वह होने की पूरी कोशिश कर ली, कुछ बचा नहीं रखा था, कुछ छोड़ नहीं रखा था।

लेकिन जो गुलाब कमल होना चाहे, वह सफल तो हो नहीं सकता। अगर किसी तरह धोखा देने में सफल हो जाए, आत्मवंचना में, सेल्फ डिसेप्शन में सफल हो जाए, सपना देख ले कि मैं कमल हो गया...सपने ही देख सकता है, परधर्म में कभी हो नहीं सकता। सपना देख सकता है कि मैं हो गया। भ्रम में पड़ सकता है कि मैं हो गया। तो वैसी सपने की सफलता से वह छोटा-सा गुलाब हो जाना, असफल, बेहतर है। क्योंकि एक तृप्ति का रस सत्य से मिलता है, स्वप्न से नहीं मिलता है।

कृष्ण ने यहां बहुत बीज-मंत्र कहा है। अर्जुन को वे कह रहे हैं कि स्वधर्म में-जो तेरा धर्म हो उसकी तू खोज कर। पहले तू इसको खोज कि तू क्या हो सकता है। तू अभी दूसरी बातें मत खोज कि तेरे वह होने से क्या होगा। सबसे पहले तू यह खोज कि तू क्या हो सकता है। तू जो हो सकता है, उसका पहले निर्णय ले ले। और फिर वही होने में लग जा। और सारी चिंताओं को छोड़ दे। तो ही तू किसी दिन संतृप्ति के अंतिम मुकाम तक पहुंच सकता है।

परधर्म लेकिन हम ओढ़ लेते हैं। इसके दो कारण हैं। एक तो स्वधर्म तब तक हमें पूरी तरह पता नहीं चलता, जब तक कि फूल खिल न जाए। गुलाब को भी पता नहीं चलता तब तक कि उसमें से क्या खिलेगा, जब तक गुलाब खिल न जाए। तो बड़ी कठिनाई है, स्वधर्म क्या है! मर जाते हैं और पता नहीं चलता; जीवन हाथ से निकल जाता है और पता नहीं चलता कि मैं क्या होने को पैदा हुआ था! परमात्मा ने क़िस मिशन पर भेजा था! कौन-सी यात्रा पर भेजा था। मुझे क्या

होने को भेजा था! मैं किस बात का दूत होकर पृथ्वी पर आया था, इसका मरते दम तक पता नहीं चलता।

न पता चलने में सबसे बड़ी जो बाधा है, वह यह है कि चारों तरफ से परधर्म के प्रलोभन मौजूद हैं, जो कि पता नहीं चलने देते कि स्वधर्म क्या है। गुलाब तो खिला नहीं है, अभी उसे पता नहीं है, लेकिन बगल में कोई कमल खिला है, कोई चमेली खिली है, कोई चंपा खिली है। वे खिले हुए हैं, उनकी सुगंध पकड़ जाती है, उनका रूप पकड़ जाता है, उनका आकर्षण, उनकी नकल पकड़ जाती है और मन होता है कि मैं भी यही हो जाऊं। महावीर के पास से गुजरेंगे, तो मन होगा कि मैं भी महावीर हो जाऊं। खिला फूल है वहां। बुद्ध के पास से गुजरेंगे, तो मन होगा, कैसे मैं बुद्ध हो जाऊं! क्राइस्ट दिखाई पड़ जाएंगे, तो प्राण आतुर हो जाएंगे कि ऐसा ही मैं कब हो जाऊं! कृष्ण दिखाई पड़ जाएंगे, तो प्राण नाचने लगेंगे और कहेंगे, कृष्ण कैसे हो जाऊं!

खुद का तो पता नहीं कि मैं क्या हो सकता हूं; लेकिन आस-पास खिले हुए फूल दिखाई पड़ सकते हैं। और उनमें भटकाव है। क्योंकि कृष्ण, इस पृथ्वी पर कृष्ण के सिवाय और कोई दूसरा नहीं हो सकता है। उस दिन नहीं, आज भी नहीं, कल भी नहीं, कभी नहीं। परमात्मा पुनरुक्ति करता ही नहीं है, रिपिटीशन करता ही नहीं है। परमात्मा बहुत मौलिक सर्जक है। उसने अब तक दुबारा एक आदमी पैदा नहीं किया। हजारों साल बीत गए कृष्ण को हुए, दूसरा कृष्ण पैदा नहीं हुआ। हजारों साल बुद्ध को हो गए, दूसरा बुद्ध पैदा नहीं हुआ। हालांकि लाखों लोगों ने कोशिश की है बुद्ध होने की, लेकिन कोई बुद्ध नहीं हुआ। और हजारों लोगों ने आकांक्षा की है क्राइस्ट होने की, लेकिन कहां कोई क्राइस्ट होता है! बस, एक बार।

इस पृथ्वी पर पुनरुक्ति नहीं है। पुनरुक्ति तो सिर्फ वे ही करते हैं, जिनके सृजन की क्षमता सीमित होती है। परमात्मा की सृजन की क्षमता असीम है। अक्सर बुढ़ापे में कवि अपनी पुरानी कविताओं को फिर-फिर लिखने लगते हैं। चित्रकार चुक जाते हैं और फिर उन्हीं चित्रों को पेंट करने लगते हैं, जिनको वे कई दफा कर चुके। थोड़ा बहुत हेर-फेर, और फिर वही पेंट करते हैं। आदमी की सीमाएं हैं।

खलील जिब्रान ने अपनी पहली किताब, प्रोफेट, इक्कीस साल की उम्र में लिखी, बस चुक गया। फिर बहुत किताबें लिखीं, लेकिन वे सब पुनरुक्तियां हैं। फिर प्रोफेट के आगे कोई बात नहीं कह सका। इक्कीस साल में मर गया, एक अर्थ में। एक अर्थ में, खलील जिब्रान इक्कीस साल में मर जाए, तो कोई बड़ी हानि होने वाली नहीं थी। जो वह दे सकता था, दिया जा चुका था, चुक गया।

अगर पिकासो के चित्र उठाकर देखें, तो पुनरुक्ति ही है फिर। फिर वही-वही दोहराता रहता है। फिर आदमी जुगाली करता है, जैसे भैंस घास खा लेती है और जुगाली करती रहती है। अंदर जो डाल लिया, उसी को निकालकर फिर चबा लेती है।

लेकिन परमात्मा जुगाली नहीं करता, अनंत है उसकी सृजनशीलता, इनफिनिट क्रिएटिविटी। जो एक दफा बनाया, बनाया। उस माडल को फिर नहीं दोहराता। लेकिन हमारा मन होता है कि किसी को देखकर हम आकर्षित हो जाते हैं कि ऐसे हो जाएं। बस, भूल की यात्रा शुरू हो गई।

परधर्म लुभाता है, क्योंकि परधर्म खिला हुआ दिखाई पड़ता है। स्वधर्म का पता नहीं चलता, क्योंकि वह भविष्य में है। परधर्म अभी है, पड़ोस में खिला है; वह आकर्षित करता है कि मैं भी ऐसा हो जाऊं।

कृष्ण जब कहते हैं कि स्वधर्म में हार जाना भी बेहतर है, परधर्म में सफल हो जाने के बजाय, तो वे यह कह रहे हैं कि परधर्म से सावधान। परधर्म भयावह है। इससे बड़ी फिअरफुल कोई चीज नहीं है जगत में, परधर्म से। दूसरे को अपना आदर्श बना लेने से बड़ी और कोई खतरनाक बात नहीं है, सबसे ज्यादा इससे भयभीत होना। लेकिन हम इससे कभी भयभीत नहीं हैं। हम तो अपने बच्चों को कहते हैं कि विवेकानंद जैसे हो जाओ, रामकृष्ण जैसे हो जाओ, बुद्ध जैसे हो जाओ, मोहम्मद जैसे हो जाओ। जैसे कि परमात्मा चुक गया हो, कि मोहम्मद को बनाकर अब कुछ और अच्छा नहीं हो सकता है, कि कृष्ण को बनाकर अब कुछ होने का उपाय नहीं रहा है। जैसे परमात्मा हार गया और अब आपके लिए सिर्फ रिपिटीशन के लिए भेजा है, पुनरुक्ति के लिए, डिट्टो आपको लगाकर भेज दिया है कि बस हो जाओ किसी के जैसे। जैसे कार्बन कापी होने का ही आपका अधिकार है।

नहीं, परमात्मा चुकता नहीं है। कृष्ण के इस सूत्र में बड़े कीमती अर्थ हैं, भयावह है परधर्म। अगर भयभीत ही होना है, तो मौत से भयभीत मत होना। कृष्ण नहीं कहेंगे कि मौत से डरो। जो आदमी कहता है, मौत से मत डरो, वह आदमी कहता है, परधर्म से डरो! मौत से भी ज्यादा खतरनाक है परधर्म! क्यों? क्योंकि परधर्म स्युसाइडल है। जिस आदमी ने दूसरे के धर्म को स्वीकार कर लिया, उसने आत्महत्या कर ली। उसने अपनी आत्मा को तो मार ही डाला, अब वह दूसरे की आत्मा की कापी ही बनने की कोशिश में रहेगा।

और कोई कितनी ही कोशिश करे, आवरण ही बदल सकता है। भीतर की आत्मा तो जो है अपनी, वही है। वह कभी दूसरे की नहीं हो सकती। भयावह है मृत्यु से भी ज्यादा परधर्म, क्योंकि आत्मघात है। आत्मघात जिसे हम कहते हैं, उससे भी ज्यादा भयावह है। क्योंकि जिसे हम आत्मघात कहते हैं, उसमें सिर्फ शरीर मरता है, और जिसे कृष्ण भयावह कह रहे हैं, उसमें आत्मा को ही हम दबाकर मार डालते हैं, आत्मा को ही घोंट डालते हैं।

दूसरे के धर्म से सावधान होने की जरूरत है और स्वधर्म पर दृष्टि लगाने की जरूरत है। इस बात की खोज करने की जरूरत है कि मैं क्या होने को हूं? मैं क्या हो सकता हूं? मेरे भीतर छिपा बीज क्या मांगता है? और साहसपूर्वक उस यात्रा पर निकलने की जरूरत है।

इसलिए धर्म सबसे बड़ा दुस्साहसिक काम है, सबसे बड़ा एडवेंचर है। न तो चांद पर जाना इतना दुस्साहसिक है, न एवरेस्ट पर चढ़ना इतना दुस्साहसिक है, न प्रशांत महासागर की गहराइयों में डूब जाना इतना दुस्साहसिक है, न ज्वालामुखी में उतर जाने में इतना दुस्साहस है, जितना दुस्साहस स्वधर्म की यात्रा पर निकलने में है। क्यों? क्योंकि भला चाहे एवरेस्ट पर कोई न पहुंचा हो, लेकिन बहुत लोगों ने पहुंचने की कोशिश की है। भला कोई ऊपर तक तेनसिंह और हिलेरी के पहले न पहुंचा हो, लेकिन आदमी के चरण-चिह्न काफी दूर तक, एप्रॉक्सिमेटली करीब-करीब पहुंच गए हैं। यात्री जा चुके उस रास्ते पर। चाहे प्रशांत महासागर में कोई इतना गहरे न गया हो, लेकिन लोग जा चुके हैं। लोग निर्णायक रास्ता छोड़ गए हैं। लेकिन स्वधर्म की यात्रा पर, आपके पहले आपके स्वधर्म की यात्रा पर

कोई भी नहीं गया, बिलकुल अननोन है; एक इंच कोई नहीं गया। आप ही जाएंगे पहली बार एकदम अज्ञात में छलांग लगाने, जहां कोई नहीं गया है।

इसलिए परधर्म आकर्षक मालूम पड़ता है। क्योंकि परधर्म में सिक्योरिटी मालूम पड़ती है। नक्शा मिलता है न परधर्म में! हमें पता है, बुद्ध ने क्या-क्या किया है। तो ठीक वैसे ही पालथी मारकर हम भी कुछ करें, तो नक्शा हमारे पास होता है। हमें पता है, कृष्ण ने क्या किया। तो ठीक है, हम भी एक बांसुरी खरीद लाएं और किसी झाड़ के नीचे खड़े होकर बजाएं। नक्शे हैं पास में। परधर्म में नक्शा है, स्वधर्म अनचार्टर्ड है। कोई नक्शा नहीं, कोई कुतुबनुमा नहीं, कोई रास्ता बताने वाला नहीं। क्योंकि आप ही पहली दफा उस यात्रा पर जा रहे हैं, जो आपका स्वधर्म है। इसलिए आदमी डरकर दूसरे के रास्ते पर चला जाता है। बंधे-बंधाए रास्ते, तैयार पगडंडियां, राजपथ लुभाते हैं कि बंधा हुआ रास्ता है, लोग उस पर जा चुके हैं पहले भी, मैं भी इस पर चला जाऊं।

लेकिन ध्यान रहे, दूसरे के रास्ते से कोई अपनी मंजिल पर नहीं पहुंच सकता है। जब रास्ता दूसरे का, तो मंजिल भी दूसरे की। और दूसरे की मंजिल पर पहुंच जाने से बेहतर, अपनी मंजिल को खोजने में भटक जाना है। क्योंकि भटकना भी सीख बन जाती है। और भूल भी सुधारी जा सकती है। और भूल से, आदमी भूल करने से बचता है। भूल ज्ञान है। अपनी खोज में भटकना और गिरना भी उचित। दूसरे की खोज में अगर बिलकुल राजपथ है, तो भी व्यर्थ, क्योंकि वह आपके मंदिर तक नहीं पहुंचता।

स्वधर्म दुस्साहस है। अज्ञात दुस्साहस है। अनजान, अपरिचित, यहां रास्ता बना-बनाया नहीं है। यहां तो चलना और रास्ता बनाना, एक ही बात के दो ढंग हैं कहने के। यहां तो चलना ही रास्ता बनाना है। एक बीहड़ जंगल में आप चलते हैं और रास्ता बनता है। जितना चलते हैं, उतना ही बनता है। बेकार है। क्योंकि रास्ता होना चाहिए चलने के पहले, तो उसका कोई सहारा मिलता है। आप चलते हैं जंगल में, लताएं टूट जाती हैं, वृक्षों को हटा लेते हैं, जगह साफ कर लेते हैं, लेकिन उससे कोई हल नहीं होता। आगे फिर रास्ता बनाना पड़ता है।

स्वधर्म में चलना ही मार्ग का निर्माण है। इसलिए भटकन तो निश्चित है। लेकिन भटकन से जो भयभीत है, वह कहीं परधर्म की सुरक्षापूर्ण, सिक्योर्ड यात्रा पर निकल गया, तो कृष्ण कहते हैं, वह और भी भयपूर्ण है। क्योंकि यहां तुम भटक सकते थे, लेकिन वहां तुम पहुंच ही नहीं सकते हो। भटकने वाला पहुंच सकता है। भटकता वही है, जो ठीक रास्ते पर होता है।

जरा इसे समझ लेना उचित होगा। भटकता वही है, जो ठीक रास्ते पर होता है, क्योंकि तभी उसे भटकाव का पता चलता है कि भटक गया। लेकिन जो बिलकुल गलत रास्ते पर होता है, वह कभी नहीं भटकता, क्योंकि भटकने के लिए कोई मापदंड ही नहीं होता। दूसरे के रास्ते पर आप कभी नहीं भटकेंगे; रास्ता मजबूती से दिखाई पड़ेगा; कोई चल चुका है। आप लकीर पीटते हुए चले जाएं। लेकिन स्वधर्म के रास्ते पर भटकाव का डर है, साहस की जरूरत है।

इसलिए मैं कहता हूं, धर्म बहुत जोखिम है। और उसी जोखिम की वजह से, उसी रिस्क की वजह से हम दूसरे का धर्म चुन लेते हैं। बेटा बाप का चुन लेता है, शिष्य गुरु का चुन लेता है, पीढ़ियां-दर-पीढ़ियां एक-दूसरे के पीछे चलती चली जाती हैं। कोई इसकी फिक्र नहीं करता कि दूसरे का धर्म मेरा धर्म नहीं हो सकता है। मैं एक स्वभाव लेकर आया हूं, जिसका अपना स्वर है, जिसका अपना संगीत है, जिसकी अपनी सुगंध है, जिसका अपना जीने का ढंग है। उस ढंग को मुझे विकसित करना होगा।

कृष्ण बहुत जोर देकर अर्जुन से कहते हैं, तू ठीक से पहचान ले, तेरा स्वधर्म क्या है। और अर्जुन अगर आंख बंद करे और जरा ध्यान करे, तो वह कह सकता है कि उसका स्वधर्म क्या है। हम कभी आंख बंद नहीं करते, नहीं तो हम भी कह सकते हैं कि हमारा स्वधर्म क्या है। हम कभी खयाल नहीं करते कि हमारा स्वधर्म क्या है। और इसीलिए कोई चीज हमें तृप्त नहीं करती है। जहां भी जाते हैं, वहीं अतृप्ति।

आज सारी दुनिया उदास है और लोग कहते हैं, जीवन अर्थहीन है। अर्थहीन नहीं है जीवन, सिर्फ स्वधर्म खो गया है। इसलिए अर्थहीनता है। दूसरे के काम में

अर्थ नहीं मिलता। अब एक आदमी जो गणित कर सकता है, वह कविता कर रहा है! अर्थहीन हो जाएगी कविता। सिर्फ बोझ मालूम पड़ेगा कि इससे तो मर जाना बेहतर है। यह कहां का नारकीय काम मिल गया। अब जो गणित कर सकता है, वह कविता कर रहा है। गणित और बात है, बिलकुल और। उसका काव्य से कोई लेना-देना नहीं है। काव्य में दो और दो पांच भी हो सकते हैं, तीन भी हो सकते हैं। गणित में दो और दो चार ही होते हैं। वहां इतनी सुविधा नहीं है, इतनी लोच नहीं है। गणित बहुत सख्त है। काव्य बहुत लोचपूर्ण, फ्लेक्सिबल है। काव्य तो एक बहाव है। गणित एक बहाव नहीं है।

अब जो गणितज्ञ हो सकता था, वह कवि होकर अगर बैठ जाए, तो जीवनभर पाएगा कि किसी मुसीबत में पड़ा है; कैसे छुटकारा हो इस मुसीबत से! जो कवि हो सकता था, वह गणितज्ञ हो जाए, तो कठिनाई खड़ी होने वाली है; बहुत कठिनाई खड़ी हो जाने वाली है। क्योंकि इन दोनों के जीवन को देखने के ढंग ही भिन्न हैं। इन दोनों के सोचने की प्रक्रिया अलग है। इनके पास आंखें एक-सी दिखाई पड़ती हैं, एक-सी हैं नहीं।

मैंने सुना है, एक जेलखाने में दो आदमी एक ही दिन बंद किए गए। सांझ, पूर्णिमा की रात, चांद निकला है। दोनों सीखचों को पकड़कर खड़े हैं। एक के चेहरे पर इतना आह्लाद है कि जैसे उसे स्वर्ग का खजाना मिल गया हो, जेल के सीखचों के भीतर! दूसरे के चेहरे पर ऐसा क्रोध है कि अगर उसका बस चले, तो सब आग लगा दे, जैसे नर्क में खड़ा हो। तो उस दूसरे आदमी ने पास खड़े आदमी से कहा, इतने प्रसन्न दिखाई पड़ रहे हो, पागल तो नहीं हो! यह जेलखाना है; इतनी प्रसन्नता? और सामने देखते हो, डबरा भरा हुआ है, गंदगी फैली हुई है; बास आ रही है; मच्छड़-कीड़े घूम रहे हैं। कहां बंद किया हुआ है हमें लाकर! उस दूसरे आदमी ने कहा, तुमने कहा तो मुझे याद आया कि जेल के भीतर हूं, अन्यथा मैं पूर्णिमा के चांद के पास पहुंच गया था। मुझे पता ही नहीं था कि मैं जेल के भीतर हूं। और तुम कहते हो तो मुझे दिखाई पड़ता है कि सामने डबरा है, अन्यथा पूर्णिमा का चांद जब ऊपर उठा हो, तो डबरे सिर्फ पागल देखते हैं, डबरे को देखने की फुर्सत कहां? आंख कहां?

ये दोनों आदमी एक ही साथ खड़े हैं, एक ही जेलखाने में। इन दोनों के पास एक-सी आंखें हैं, लेकिन एक-सा स्वधर्म नहीं है; स्वधर्म बिलकुल भिन्न है। अब वह आदमी कहता है, मुझे पता ही नहीं था कि मैं जेलखाने में हूं। जब पूर्णिमा का चांद निकला हो, तो कैसे पता हो सकता है कि जेलखाने में हूं। वह दूसरा आदमी कहेगा, पागल हो गए हो! जब जेलखाने में हो, तो पूर्णिमा का चांद निकल ही वैसे सकता है? ठीक है न! जब जेलखाने में बंद है आदमी, तो पूर्णिमा का चांद निकलता है कहीं जेलखानों में! जेलखानों में कभी पूर्णिमा नहीं होती, वहां अमावस ही रहती है। पर ये दो आदमी, इनके देखने के दो ढंग। और दो ढंग ही होते, तो भी ठीक था। जितने आदमी उतने ढंग हैं।

स्वधर्म का मतलब है, पृथ्वी पर जितनी आत्माएं हैं, उतने धर्म हैं, उतने स्वभाव हैं। दो कंकड़ भी एक जैसे खोजना मुश्किल हैं, दो आदमी तो खोजना बहुत ही मुश्किल है। सारी पृथ्वी को छान डालें, तो दो कंकड़ भी नहीं मिल सकते, जो बिलकुल एक जैसे हों। आदमी बड़ी घटना है। कंकड़ों तक के संबंध में परमात्मा व्यक्तित्व देता है, तो आदमी के संबंध में तो देता ही है।

इसलिए कृष्ण कहते हैं, खोज, पीछे देख, लौटकर देख, तू क्या हो सकता है! अर्जुन को कृष्ण, अर्जुन से भी ज्यादा बेहतर ढंग से जानते हैं। कृष्ण की आंखें अर्जुन को आर-पार देख पाती हैं।

अब पश्चिम में मनोविज्ञान कह रहा है कि प्रत्येक नर्सरी स्कूल में, किंडरगार्टन में, प्रत्येक प्राइमरी स्कूल में मनोवैज्ञानिक होने चाहिए, जो प्रत्येक बच्चे का एप्टिट्यूड-अगर कृष्ण की भाषा में कहें, तो स्वधर्म-उस बच्चे का झुकाव पता लगाएं। और मनोवैज्ञानिक कहे कि इस बच्चे का यह झुकाव है, तो बाप उस बच्चे का कुछ भी कहे कि इसको डॉक्टर बनाना है, अगर मनोवैज्ञानिक कहे कि चित्रकार, तो बाप की नहीं चलनी चाहिए। सरकार कहे कि इसे डॉक्टर बनाना है, तो सरकार की नहीं चलनी चाहिए। सरकार कितना ही कहे कि हमें डाक्टरों की जरूरत है, हमें पेंटर की जरूरत नहीं है, तो भी नहीं चलनी चाहिए। क्योंकि यह आदमी डॉक्टर हो ही नहीं सकता। हां, डॉक्टर की डिग्री इसे मिल

सकती है, लेकिन यह डाक्टर हो नहीं सकता। इसके पास चिकित्सक का एप्टिटयूड नहीं है। इसके पास वह गुणधर्म नहीं है।

इसलिए पश्चिम का मनोवैज्ञानिक इस सत्य को समझने के करीब आ गया है। और वह कहता है, अब तक बच्चों के साथ ज्यादती हो रही है। कभी बाप तय कर लेता है कि बेटे को क्या बनाना है, कभी मां तय कर लेती है, कभी कोई तय कर लेता है। कभी समाज तय कर देता है कि इंजीनियर की ज्यादा जरूरत है। कभी बाजार तय कर देता है। मार्केट वेल्यू होती है-डाक्टर की ज्यादा है, इंजीनियर की ज्यादा है, कभी किसी की ज्यादा है-इन सब से तय हो जाता है। सिर्फ एक व्यक्ति, जिसे तय किया जाना चाहिए था, वह भर तय नहीं करता है। वह उस व्यक्ति की अंतरात्मा से कभी नहीं खोजा जाता है कि यह आदमी क्या होने को है। बाजार तय कर देगा, मां-बाप तय कर देंगे, हवा तय कर देगी, फैशन तय कर देगी कि क्या होना है।

स्वभावतः मनुष्य विजड़ित हो गया है, क्योंकि कोई मनुष्य वह नहीं हो पाता है, जो हो सकता है। और जब कभी भी हम करोड़ों लोगों में एकाध आदमी वही हो जाता है, जो होने को पैदा हुआ था, तो उसका आनंद और है, उसका नृत्य और है, उसका गीत और है। उसकी जिंदगी में जो खुशी है; फिर हम तड़पते हैं कि यह खुशी हमको कैसे मिले? कौन-सा मंत्र पढ़ें, कौन-सा ग्रंथ पढ़ें, यह खुशी कैसे मिले? सच बात यह है कि खुशी सिर्फ स्वधर्म के फुलफिलमेंट से मिलती है और किसी तरह मिलती नहीं है। बाकी सब समझाने की तरकीबें हैं, कन्सोलेशंस हैं। सिर्फ आदमी को आनंद उसी दिन मिलता है, जिस दिन उसके भीतर का बीज पूरा खिल जाता है और फूल बन जाता है। उस दिन वह परमात्मा के चरणों में समर्पित कर पाता है। उस दिन वह धन्यभागी हो जाता है। उस दिन वह कह पाता है, प्रभु तेरी अनुकंपा है, तेरी कृपा है; धन्यभागी हूं कि तूने मुझे पृथ्वी पर भेजा है। अन्यथा जिंदगीभर वह कहता रहता है कि मेरे साथ अन्याय हुआ है; मुझे क्यों पैदा किया है? क्या वजह है मुझे सताने की? मुझे क्यों न उठा लिया जाए?

कामू ने अपनी एक किताब का प्रारंभ एक बहुत अजीब शब्द से किया है। लिखा है, दि ओनली मेटाफिजिकल प्राब्लम बिफोर ह्यूमन काइंड इज़ स्युसाइड-

मनुष्य जाति के सामने एक ही धार्मिक, आध्यात्मिक, दार्शनिक प्रश्न है, सवाल है और वह है, आत्महत्या। कि हम आत्महत्या क्यों न कर लें? रहने का क्या प्रयोजन है? क्या अभिप्राय है? क्या अर्थ है? ठीक कहता है वह।

एक ओर कहां हम कृष्ण को देखते हैं बांसुरी बजाते, नाचते; कहां एक ओर हम दुख-पीड़ा से भरे हुए लोग! कहां एक ओर बुद्ध कहते हैं, परम शांति है; कहां एक ओर हम कहते हैं, शांति परिचित नहीं है, कोई पहचान नहीं है। कहां एक ओर क्राइस्ट कहते हैं, प्रभु का राज्य; और कहां हम एक ओर, जहां सिवाय नर्क के और कुछ भी दिखाई नहीं पड़ता है। या तो ये सब पागल हैं, या हम चूक गए हैं कहीं। जहां ये नहीं चूके हैं, वहां हम चूक गए हैं। चूक गए हैं, स्वधर्म से चूक गए हैं।

इसलिए मैं भी दोहराता हूं, स्वधर्म में असफल हो जाना भी श्रेयस्कर, परधर्म में सफल हो जाना भी अश्रेयस्कर। स्वधर्म में मर जाना भी उचित, परधर्म में अनंतकाल तक जीना भी नर्क। स्वधर्म में एक क्षण भी जो जी ले, वह मुक्ति को अनुभव कर लेता है। एक क्षण भी अगर मैं पूरी तरह वही हो जाऊं, जो परमात्मा ने चाहा है कि मैं होऊं, बस, उससे ज्यादा प्राणों की और कोई प्यास नहीं है।

प्रश्नः आप कहते हैं, धर्म एक है, समाधि एक है, परमात्मा एक है, लेकिन स्वधर्म अनेक हैं। तो इन दोनों में कैसे तालमेल बैठे, इसे स्पष्ट करें।

ऐसे ही, जैसे सरिताएं बहुत हैं और सागर एक है। ऐसे ही, जैसे वर्षा की बूंदें बहुत हैं, वर्षा एक है। ऐसे ही, जैसे गुलाब अलग है, कमल अलग है, लेकिन फ्लावरिंग एक है, फूल हो जाना एक है, खिल जाना एक है। स्वधर्म अलग-अलग हैं, धर्म अलग नहीं है। और जिस दिन स्वधर्म की, मैं अपने स्वधर्म की पूर्ति करता हूं और आप अपने स्वधर्म की पूर्ति करते हैं, तो जिस मंदिर पर हम पहुंच जाते हैं, वह एक है। लेकिन रास्ते अलग हैं। जिस रास्ते आप पहुंचते हैं, वह मेरा रास्ता नहीं है। जिस रास्ते मैं पहुंचता हूं, वह आपका रास्ता नहीं है।

एक कवि भी अपने गीत को गाकर उसी आनंद को उपलब्ध हो जाता है, जो एक गणितज्ञ अपने सवाल को हल करके होता है। लेकिन सवाल अलग और

कविता अलग। एक चित्रकार भी अपने चित्र को बनाकर उसी आनंद को उपलब्ध हो जाता है, जैसे एक नृत्यकार नाचकर होता है। लेकिन नाचना अलग, चित्रकारी अलग, वह आनंद एक है। स्वधर्म जहां पहुंचा देता है, वह मंजिल एक है।

जैसे पहाड़ पर हम चढ़ते हों अपने-अपने रास्तों से और सब शिखर पर पहुंच जाएं। वह शिखर पर पहुंच जाना एक, उस शिखर पर हवाएं, और सूरज, और आकाश, और उड़ते हुए बादल, वे एक हैं; लेकिन जिन रास्तों से हम आए, वे सब अलग।

दो आदमी एक रास्ते से नहीं पहुंचते शिखर तक, क्योंकि दो आदमी एक जगह नहीं खड़े हैं। एक जगह खड़े भी नहीं हो सकते। जो जहां खड़ा है, वहीं से तो यात्रा शुरू करेगा। अब मैं यहां बैठा हूं, आप सब अगर मेरी तरफ चलना शुरू करें, तो आप वहीं से शुरू करेंगे न जहां आप बैठे हैं! और आप अपनी जगह अकेले ही बैठे हैं। आपकी जगह और कोई नहीं बैठा हुआ है। दूसरे जहां बैठे हैं, वहां से चलेंगे। दिशाएं अलग होंगी, ढंग चलने के अलग होंगे, चलने की शक्तियां अलग होंगी, चलने के इरादे अलग होंगे, पहुंचने के खयाल अलग होंगे। पहुंच जाएंगे एक जगह। जैसे सब सरिताएं सागर में पहुंच जाती हैं, ऐसे ही सब स्वधर्म महाधर्म में पहुंच जाते हैं। वह धर्म एक है। लेकिन वह धर्म उस दिन मिलता है, जिस दिन स्व मिट जाता है।

अर्जुन से अभी कृष्ण उस धर्म की बात नहीं कर रहे हैं। उसकी भी बात करेंगे। तब वे अर्जुन से कहेंगे, सर्वधर्मान् परित्यज्य...। वे उसकी भी बात करेंगे। वे कहेंगे, अब तू सब धर्म छोड़ दे। अभी वे कह रहे हैं, स्वधर्म पकड़ ले। यही कृष्ण अर्जुन से कहेंगे, अब तू सब धर्म-वर्म छोड़। अब तू मुझमें आ जा।

हम गंगा से नहीं कह सकते कि तू यमुना के रास्ते पर चल। हम यमुना से नहीं कह सकते कि तू सिंधु के रास्ते पर चल। हम सिंधु से नहीं कह सकते कि तू ब्रह्मपुत्र के रास्ते पर चल। लेकिन फिर सागर के किनारे पहुंचेंगी वे, और सागर कहेगा, आ जाओ, सब अपने रास्तों को छोड़ो और मुझमें आ जाओ। चलेंगी अपने रास्ते पर, फिर एक दिन रास्ते भी छोड़ देने पड़ते हैं। जिस दिन मंजिल मिल जाती है, उस दिन रास्ता छोड़ देना पड़ता है। मंजिल मिलकर जो रास्ते को पकड़े

रहे, वह पागल है। परमात्मा सामने आ जाए और स्व को पकड़े रहे, वह पागल है। लेकिन परमात्मा सामने न हो और कोई पर को पकड़ ले परमात्मा की जगह, वह भी पागल है। पर, परमात्मा नहीं है। दि अदर, पर परमात्मा नहीं है।

स्व को, तब तक तो स्व ही सब कुछ है। जब तक परमात्मा नहीं मिलता, तब तक आत्मा ही सब कुछ है; तब तक आत्मा की ही फिक्र करें। जब तक सागर नहीं मिलता, तब तक नदी अपने रास्ते को पकड़े रहे। और जिस दिन सागर मिले, नाचे और लीन हो जाए। उस दिन सब रास्ते छोड़ दे, तट तोड़ दे। फिर उस दिन मोह न करे कि इन तटों ने इतने दिन साथ दिया, अब कैसे छोड़ूं! फिर उस दिन चिंता न करे कि जिन रास्तों ने यहां तक पहुंचाया, उन्हें कैसे छोड़ूं! रास्तों ने यहां तक पहुंचाया ही इसलिए कि अब यहां उन्हें छोड़ दो। बस, रास्ते समाप्त हुए। धर्म वहां मिलता है, जहां स्वधर्म लीन हो जाता है।

तीन बातें हुईं-परधर्म, स्वधर्म, धर्म। हम परधर्म में जीते हैं। अर्जुन परधर्म के लिए लालायित हो रहा है। है क्षत्रिय, एप्टिटयूड उसका वही है। अगर मनोवैज्ञानिक कहते, तो वे कहते कि तू कुछ और नहीं कर सकता। तेरी आत्मा निखरेगी तेरी तलवार की चमक के साथ। तू जागेगा उसी क्षण में, जहां प्राण दांव पर होंगे। तू कोई आंख बंद करके ध्यान करने वाला आदमी नहीं है। तुझे ध्यान लगेगा, लेकिन लगेगा युद्ध की प्रखरता में, इंटेंसिटी में। वहां तू लीन हो जाएगा। वहां तू भूल जाएगा। तू ऐसा बैठकर सुबह और ध्यान नहीं कर सकता कि मैं शरीर नहीं हूं। नहीं, जब तलवारें चमकेंगी धूप में और दांव पर सब कुछ होगा, तब तू भूल जाएगा कि तू शरीर है, तब तुझे पता भी नहीं रहेगा कि तू शरीर है। तू भी जानेगा कि शरीर नहीं हूं। लेकिन वह तलवार के दांव पर होगा। वह यहां घर में बैठकर माला पकड़कर तुझसे होने वाला नहीं है। वह तेरा एप्टिटयूड नहीं है, वह तेरा स्वधर्म नहीं है। तो अभी तू परधर्म पकड़ने की मत सोच।

बड़े मजे की बात है, जो परधर्म को पकड़ ले, वह परमात्मा तक कभी नहीं पहुंच सकता। परधर्म पकड़ने वाला तो स्वधर्म तक ही नहीं पहुंचता, परमात्मा तक पहुंचने का तो सवाल ही नहीं उठता। पहले परधर्म छोड़, स्वधर्म पकड़। फिर घड़ी आएगी वह भी-उसकी हम बात करेंगे-जब कृष्ण कहेंगे, अब स्वधर्म भी

छोड़, अब परमात्मा में लीन हो जा। पर को छोड़ पहले, फिर स्व को भी छोड़ देना, तब सर्व उपलब्ध होता है। पर को छोड़कर स्व, स्व को छोड़कर सर्व। उसके आगे फिर कुछ छोड़ने-पकड़ने को नहीं रह जाता।

स्वधर्म परधर्म के विपरीत है। और धर्म जो है, वह अधर्म के विपरीत है। स्वधर्म परधर्म के विपरीत है, धर्म जो है वह अधर्म के विपरीत है। परधर्म से यात्रा स्वधर्म तक, स्वधर्म से यात्रा धर्म तक। जो आदमी स्वधर्म को लेकर चलेगा, एक दिन धर्म में पहुंच जाएगा; और जो आदमी परधर्म को पकड़कर चलेगा, एक दिन अधर्म में पहुंच जाएगा। परधर्म का आखिरी कदम अधर्म होगा। क्योंकि परधर्म को पकड़ने वाले की निजता खो जाती है, उसकी आत्मा खो जाती है। और जिस दिन आत्मा खो जाती है, उसी दिन अधर्म घर कर लेता है। खुद का दीया तो बुझ गया, अब अंधेरा घर में प्रवेश कर जाएगा। जिसका स्वधर्म जागता है, वह अधर्म में कभी नहीं गिर पाता। स्वधर्म बढ़ते-बढ़ते, ज्योति बढ़ते-बढ़ते एक दिन सूर्य के साथ एक हो जाती है। उस दिन वह धर्म को उपलब्ध हो जाता है।

तो ये चार बातें खयाल में ले लें। हमारे सामने अभी विकल्प है, या तो स्वधर्म, या परधर्म। अगर अधर्म तक जाना हो, तो परधर्म का रास्ता उपयोगी है, हितकर है, सहयोगी है। अगर धर्म तक जाना हो, तो स्वधर्म का रास्ता हितकर है, सहयोगी है। अधर्म तक हम दूसरे के द्वारा पहुंचते हैं।

इस संबंध में एक छोटी-सी कहानी आपको कहूं। अधर्म तक सदा ही हम वाया दि अदर, दूसरे के द्वारा पहुंचते हैं। और धर्म तक हम सदा ही वाया दि सेल्फ, स्व के द्वारा पहुंचते हैं।

इसलिए धर्म पर जाने वाला आदमी एकांत में चला जाता है, ताकि दूसरे न हों, जहां दूसरे न हों, दूसरे का चित्र भी न बने। इसलिए धर्म की खोज में बुद्ध जंगल चले जाते हैं, महावीर पहाड़ों पर चले जाते हैं, मोहम्मद पहाड़ चढ़ जाते हैं, मूसा सनाई के पर्वत पर खो जाते हैं।

धर्म की खोज में जाने वाला आदमी दूसरे से हटता है, चुपचाप हट जाता है। न पर रहे-न रहे बांस, न बजे बांसुरी-न पर रहे, न पर को पकड़ने का प्रलोभन रहे। हट जाता है छोड़कर चुपचाप। लेकिन जिस आदमी को अधर्म करना है, वह

आदमी भीड़ खोजता है। वह आदमी कभी अकेलापन नहीं खोजता। क्योंकि अधर्म करने के लिए दूसरा बिलकुल जरूरी है।

यह बड़े मजे की बात है कि शांत तो आप अकेले भी हो सकते हैं, अशांत के लिए दूसरा बिलकुल जरूरी है। यह बड़े मजे की बात है कि आनंदित तो आप अकेले भी हो सकते हैं, लेकिन दुखी होने के लिए दूसरा बहुत जरूरी है। यह बड़े मजे की बात है कि पवित्रता में तो आप अकेले भी हो सकते हैं, लेकिन पाप में उतरने के लिए दूसरा बिलकुल ज़रूरी है। ब्रह्मचर्य में तो आप अकेले भी हो सकते हैं, लेकिन कामुकता के लिए दूसरा बिलकुल जरूरी है। त्याग तो आप अकेले भी कर सकते हैं, लेकिन भोग के लिए दूसरा बिलकुल जरूरी है। इसे खयाल ले लें।

एक ईसाई पैरेबल है, ईसाई कहानी है ओल्ड टेस्टामेंट में। ईदन के बगीचे में अदम और ईव को परमात्मा ने बनाया। कहानी है, लेकिन एक बात देखने जैसी है, इसलिए आपसे कहता हूं। और परमात्मा ने कहा कि यह एक वृक्ष है, इसके फल मत खाना। यह ज्ञान का वृक्ष है, इसके फल खाए कि तुम स्वर्ग के दरवाजे के बाहर कर दिए जाओगे। बड़ी अजीब बात! बड़ी अजीब बात! अज्ञान का कोई फल खाए और स्वर्ग के बाहर कर दिया जाए, समझ में आता है। ज्ञान का कोई फल खाए और स्वर्ग के दरवाजे के बाहर कर दिया जाए, समझ में आने में कठिनाई होती है। लेकिन साफ परमात्मा ने कहा कि यह ज्ञान का वृक्ष है, इसके फल खाए तो स्वर्ग के बाहर कर दिए जाओगे।

सांप ने आकर ईव को, स्त्री को कहा कि तू पागल है, इस धोखे में मत पड़ना। परमात्मा खुद इसी वृक्ष के फल खाकर परमात्मा है। और पागल, कहीं ज्ञान के फल खाकर कोई स्वर्ग खोता है! ज्ञान के फल से ही स्वर्ग मिलता है। तुम्हें पता ही नहीं है कुछ। खा लो और परमात्मा जैसे हो जाओ। ईव ने अदम को समझाया कि इस फल को खा ही लेना चाहिए। इसमें जरूर कोई राज है, जरूर कोई रहस्य है। और जब परमात्मा ने रोका, तो मतलब गहरा है। और परमात्मा ज्ञान के फल खाने से रोके, तो हमारा दोस्त नहीं दुश्मन है। ज्ञान का फल!

अदम को भी बात जंची, जैसा कि सदा ही स्त्रियों की बातें पुरुषों को जंच जाती हैं। यानी उसी दिन ईदन के बगीचे में ऐसी भूल हुई हो, ऐसा नहीं, हर बगीचे

में और हर घर में यही भूल होती है। जंच ही जाती है। क्योंकि स्त्री परसुएड करने में बहुत कुशल है।

उसने फुसलाया अदम को। अदम ने फल खा लिया, और तत्काल स्वर्ग के दरवाजे के बाहर निकाल दिए गए। परमात्मा ने कहा, अदम, तूने फल क्यों खाया? उसने कहा, मैं क्या करूं! दूसरे ने मुझे फुसलाया, ईव ने मुझे फुसलाया। ईव से कहा कि तूने इसे क्यों फुसलाया? तो उसने कहा, दूसरे ने मुझे फुसलाया, सांप ने मुझे फुसलाया।

ईसाई कहानी कहती है कि दूसरे के मार्ग से पाप आता है। इस कहानी में दो-तीन बातें हैं। दूसरे के मार्ग से! और इसमें एक और बात खयाल करने की है। और वह यह कि ज्ञान के फल ने आदमी को स्वर्ग के बाहर क्यों कर दिया? क्योंकि जैसे ही अदम ने फल खाया और जैसे ही ईव ने फल खाया उस ट्री आफ नालेज का, ज्ञान के वृक्ष का, वैसे ही अदम को पता चला कि मैं नंगा हूं, ईव को पता चला कि मैं नग्न हूं, उसने जल्दी से पत्ते रखकर अपनी नग्नता ढांक ली। परमात्मा ने कहा कि तुमने ज्ञान तो पा लिया, लेकिन सरलता खो दी। और सरलता में ही स्वर्ग है, कांशसनेस में नहीं, ज्ञान में नहीं, सरलता में। अब तक तुम बच्चों जैसे सरल थे। नग्न थे, तो तुम्हें पता न था कि तुम नग्न हो। अब तुम बच्चों जैसे सरल न रहे। अब तुम चालाक हो गए, अब तुम कनिंग हो गए, अब तुम कैलकुलेटिंग हो गए, अब तुम हिसाब लगाने लगे कि नग्न हैं; ऐसा है, वैसा है। अब तुम सवाल उठाओगे, अब तुम सवालों में उलझोगे और गिरोगे।

ज्ञान का फल इसलिए, जो ज्ञान इसलिए सरलता को नष्ट कर दे, वह धोखा है, ज्ञान नहीं है। नाम ही उसका ज्ञान है। जो ज्ञान सरलता को वापस लौटा दे, वही ज्ञान है। और दूसरे के मार्ग से ज्ञान नहीं आता, अज्ञान आता है। और दूसरे के मार्ग से धर्म नहीं आता, अधर्म आता है। धर्म का मार्ग स्वयं के भीतर है। वह गंगोत्री स्वयं के भीतर है जहां से ज्ञान की, धर्म की गंगा जन्मती है और एक दिन सर्व के सागर में लीन हो जाती है।

अर्जुन उवाच

अथ केन प्रयुक्तोऽयं पापं चरति पूरुषः।
अनिच्छन्नपि वार्ष्णेय बलादिव नियोजितः।। 36।।

श्री भगवानुवाच

काम एष कोध एष रजोगुणसमुद्भवः।
महाशनो महापाप्मा विद्धयेनमिह वैरिणम्।। 37।।

इस पर अर्जुन ने पूछा कि हे कृष्ण, फिर यह पुरुष बलात्कार से लगाए हुए के सदृश, न चाहता हुआ भी, किससे प्रेरणा पाकर पाप का आचरण करता है?

श्री कृष्ण भगवान बोले, हे अर्जुन, रजोगुण से उत्पन्न हुआ यह काम क्रोध ही है; यही महाअशन अर्थात अग्नि के सदृश, भोगों से तृप्त न होने वाला और बड़ा पापी है।

इस विषय में इसको ही तू वैरी जान।

अर्जुन ने एक बहुत ही गहरा सवाल कृष्ण से पूछा। अर्जुन ने कहा, फिर अगर सब कुछ परमात्मा ही कर रहा है, अगर सब कुछ प्रकृति के गुणधर्म से ही हो रहा है, अगर सब कुछ सहज ही प्रवाहित है और अगर व्यक्ति जिम्मेवार नहीं है, तो फिर पाप कर्म न चाहते हुए भी कि करे, आदमी बलात पाप कर्म क्यों कर लेता है? कौन करवा देता है? अगर परमात्मा ही चला रहा है सब कुछ और मैं भी नहीं चाहता कि बुरा कर्म करूं, और परमात्मा चला रहा है सब कुछ, फिर भी मैं बुरे कर्म में प्रवृत्त हो जाता हूं, तो बलात मुझे कौन बुरे कर्म में धक्का दे देता है?

गहरा सवाल है। कहना चाहिए कि मनुष्य जाति में जो गहरे से गहरे सवाल उठाए गए हैं, उनमें से एक है। सभी धर्मों के सामने-चाहे हिब्रू, चाहे ईसाई, चाहे मोहमडन, चाहे हिंदू, चाहे जैन-गहरे से गहरा सवाल यह उठा है कि अगर परमात्मा ही चला रहा है और हम भी नहीं चाहते...। और फिर आप तो कहते हैं कि हमारे चाहने से कुछ होता नहीं। हम चाहें भी, तो भी परमात्मा जो चाहता है, उससे अन्यथा नहीं हो सकता। और हम चाहते भी नहीं कि बुरा कर्म करें और परमात्मा तो चाहेगा

क्यों कि बुरा कर्म हो! फिर कौन हमें धक्के देता है और बलात बुरे कर्म करवा लेता है? फ्राम व्हेयर इज़ ईविल? यह बुराई कहां से आती है?

अलग-अलग चिंतकों ने अलग-अलग उत्तर खोजे हैं जो बहुत गहरे नहीं गए, उन्होंने कहा, शैतान है, वह करवा लेता है। उत्तर खोजना जरूरी था, लेकिन यह कोई बहुत गहरा उत्तर नहीं है। वे कहते हैं, डेविल है, एक पापात्मा है, वह सब करवा लेती है। लेकिन यह उत्तर बहुत गहरा नहीं है, क्योंकि अर्जुन को अगर यह उत्तर दिया जाए, तो अर्जुन कहेगा, वह परमात्मा उस पापात्मा पर कुछ नहीं कर पाता? वह परमात्मा उस शैतान को कुछ नहीं कर पाता? तो क्या वह शैतान परमात्मा से भी ज्यादा शक्तिशाली है? और अगर शैतान परमात्मा से ज्यादा शक्तिशाली है, तो मुझे परमात्मा के चक्कर में क्यों उलझाते हो, मैं शैतान को ही नमस्कार करूं!

अनेक चिंतकों ने दूसरा एक तत्व खोजने की कोशिश की है। कि एक दूसरा भी है परमात्मा के अलावा, जो लोगों को पाप में धक्के दे रहा है। लेकिन यह उत्तर न तो मनोवैज्ञानिक है, न बहुत गहरा है। इससे तो केवल वे ही राजी हो सकते हैं, जो किसी भी चीज के लिए राजी हो सकते हैं। इस उत्तर से और कोई राजी नहीं हो सकता।

इसलिए कृष्ण ऐसा उत्तर नहीं देते हैं। कृष्ण बहुत मनोवैज्ञानिक उत्तर देते हैं। वे यह कहते हैं, प्रकृति के तीन गुण हैं, रजस, तमस और सत्व। उनका उत्तर बहुत वैज्ञानिक है। वे कहते हैं, प्रकृति त्रिगुणा है।

और मैं आपको यह कहूं कि यह तीन गुणों की बात जब कृष्ण ने कही थी, तब बड़े वैज्ञानिक आधार रखती थी। लेकिन कृष्ण के बाद पिछले पांच हजार सालों में जितने लोगों ने कही, उनको इसके विज्ञान का कुछ बोध नहीं था। दोहराते रहे। लेकिन अभी पश्चिम में पिछले बीस साल में विज्ञान ने फिर कहा कि प्रकृति त्रिगुणा है। जिस दिन हम आधुनिक सदी में परमाणु का विषण कर सके, परमाणु को तोड़ सके, उस दिन बड़े चकित होकर हमें पता चला कि परमाणु तीन हिस्सों में टूट जाता है। पदार्थ का जो अंतिम परमाणु है, वह तीन हिस्सों में टूट जाता है, इलेक्ट्रान, न्यूट्रान और प्रोटान में टूट जाता है। और वैज्ञानिक कहते हैं कि इन तीन के बिना परमाणु नहीं बन सकता। और इन तीन के जो गुणधर्म हैं, वे

वही गुणधर्म हैं, जो सत, रज और तम के हैं। ये तीन जो काम करते हैं, वे वही काम करते हैं, जो हम बहुत पुराने दिनों से सत, रज और तम शब्दों से लाते थे।

उसमें तमस जो है, इनरशिया, वह अवरोध का तत्व है, स्थिरता का तत्व है। अगर तमस न हो, तो जगत में कोई भी चीज स्थिर नहीं रह सकती। आप एक पत्थर उठाकर फेंकते हैं। अगर जगत में कोई तमस न हो, कोई ग्रेविटेशन न हो, रोकने वाली कोई ताकत, अवरोधक न हो, तो फिर पत्थर कभी भी गिरेगा नहीं। फिर आपने फेंक दिया, फेंक दिया; फिर वह चलता ही रहेगा, अनंत काल तक। फिर वह गिरेगा कैसे? कुछ अवरोध हो, कोई हो जो रोकता हो। आप भी पृथ्वी पर नहीं हो सकेंगे। कभी के हम उड़ गए होते। वह जमीन खींच रही है, तमस, ग्रेविटेशन का भार हमें रोके हुए है।

अभी जो अंतरिक्ष यात्री अंतरिक्ष यात्रा पर गए, उनकी बड़ी से बड़ी कठिनाइयों में एक कठिनाई यह है कि जैसे ही जमीन के ग्रेविटेशन के बाहर होते हैं दो सौ मील के पार, वैसे ही कशिश समाप्त हो जाती है, तो आदमी गुब्बारे जैसा हो जाता है, जैसे गैस भरा गुब्बारा उड़ने लगता है। तो अगर बेल्ट न बंधा हो कुर्सी से, तो आप यान की कुर्सी से तत्काल उठकर यान के टप्पर से गुब्बारे की तरह टकराने लगेंगे। फिर नीचे भी उतर नहीं सकते, कोई ताकत काम नहीं करती नीचे उतरने के लिए। चांद पर यही कठिनाई है, क्योंकि तमस चांद का कम है, आठ गुना कम है। इसलिए चांद पर अगर हम मकान बनाएंगे, तो चोर आठ गुना ऊंची छलांग लगा सकता है। फुटबाल को वहां चोट मारेगा खिलाड़ी, तो यहां जमीन पर जितनी ऊंची जाती है, उससे आठ गुनी ऊंची चली जाएगी।

यह जो तमस का अर्थ है इनरशिया, अवरोधक शक्ति। अब बड़े मजे की बात है कि अगर अवरोधक शक्ति न हो, तो गति भी असंभव है। गति भी इसीलिए संभव है कि अवरोधक शक्ति का उपयोग कर पाते हैं। आपकी कार में जैसे ब्रेक न हों, फिर गति भी संभव नहीं है, आप पक्का समझ लेना। फिर कार चलनी भी संभव नहीं है। इसका मतलब यह नहीं कि नहीं चल सकती। चल गई, बस एक ही दफा चल गई। उसमें वह ब्रेक भी चाहिए, जो अवरोधक है। एक्सीलेरेटर ही काफी नहीं है, उसमें अवरोधक...।

जीवन एकदम विस्फोट हो जाए, अगर उसमें रोकने वाली ताकत न हो। इनरशिया, तमस जो है, वह रोकने वाली ताकत है। रजस जो है, वह गति की मूवमेंट की ताकत है। ये उलटी ताकते हैं। तमस रोकता, रजस गति देता। शक्ति है, एनर्जी है। सत्व तीसरा कोण है। जैसे कि हम एक ट्राएंगल बनाएं, दो कोण नीचे हों और एक ऊपर हो। सत्व इन दोनों के ऊपर है, कहें कि इन दोनों का बैलेंस है, संतुलन है। सत्व बैलेंसिंग है, वह संतुलन है। अगर गति भी हो, रोकने वाला भी हो, लेकिन संतुलन न हो...।

जैसे एक कार है, उसमें एक्सीलेरेटर भी है और ब्रेक भी है, लेकिन ड्राइवर नहीं है। वह जो ड्राइवर है, वह पूरे वक्त बैलेंसिंग है। जब जरूरत होती है, तो ब्रेक पर पैर ले जाता है; जब जरूरत होती है, तो एक्सीलेरेटर पर पैर ले जाता है। वह पूरे वक्त बैलेंस कर रहा है। सत्व जो है, वह बैलेंसिंग है।

ये तीन तत्व हैं, जिनको भारत ने ऐसे नाम दिए थे। पश्चिम जिनको इलेक्ट्रान, प्रोटान, न्यूट्रान कहे, कोई और नाम दे, इससे कोई अंतर नहीं पड़ता। एक बात बहुत अनिवार्य रूप से सिद्ध हो गई है कि जीवन का अंतिम विषण तीन शक्तियों पर टूटता है। इसलिए हमने इन तीन शक्तियों को ये कई तरह से नाम दिए थे। जो लोग वैज्ञानिक ढंग से सोचते थे, उन्होंने रजस, तमस, सत्व ऐसे नाम दिए। जो लोग मेटाफोरिकल, काव्यात्मक ढंग से सोचते थे, उन्होंने कहा, ब्रह्मा, विष्णु, महेश। उनका भी काम वही है। वे तीन नाम भी यही काम करते हैं। उसमें ब्रह्मा सर्जक शक्ति हैं, विष्णु सस्टेनिंग, संभालने वाले और शिव विनाश करने वाले। उन तीन के बिना भी नहीं हो सकता। ये जो इलेक्ट्रान, न्यूट्रान और प्रोटान हैं, ये भी ये तीन काम करते हैं। उसमें जो इलेक्ट्रान है, वह निगेटिव है। वह ठीक शिव जैसा है, निगेट करता है, तोड़ता है, नष्ट करता है। उसमें जो प्रोटान है, वह ब्रह्मा जैसा है, पाजिटिव है, इसलिए प्रोटान उसका नाम है। वह विधायक है, वह निर्माण करता है। और उसमें जो न्यूट्रान है, वह न निगेटिव है, न पाजिटिव है। वह सस्टेनिंग है, वह बीच में है, बैलेंसिंग है।

कृष्ण कहते हैं कि मनुष्य के भीतर-जो भी घटित होता है, बाहर और भीतर-वह इन तीन शक्तियों का खेल है। इन तीन शक्तियों के अनुसार सब घटित

होता है। आदमी धकाया जाता, रोका जाता, जन्माया जाता, मरण को उपलब्ध होता, हंसी को उपलब्ध होता, रोने को उपलब्ध होता-वह इन सारी तीन शक्तियों का काम है। ये तीन शक्तियां अपना काम करती रहती हैं। ये परमात्मा के तीन रूप जीवन को सृजन देते रहते हैं।

अर्जुन पूछता है, फिर नहीं भी हम करना चाहते, फिर कौन करवा लेता है? आप तो चाहते हैं कि जमीन पर न गिरें, लेकिन जरा पैर फिसला कि गिर जाते हैं। कोई शैतान गिरा देता है? कोई शैतान नहीं गिरा देता; ग्रेविटेशन अपना काम करता है। आप नहीं गिरना चाहते, माना, स्वीकृत कि आप नहीं गिरना चाहते, लेकिन उलटे-सीधे चलेंगे, तो गिरेंगे। आप नहीं गिरना चाहते थे, तो भी गिरेंगे। पैर पर पलस्तर लगेगा। आप डाक्टर से कहेंगे, मैं नहीं गिरना चाहता था और परमात्मा तो टांग तोड़ता नहीं किसी की, क्यों तोड़ेगा? इतना बुरा तो नहीं हो सकता कि अकारण मुझ भले आदमी की, जो गिरना भी नहीं चाहता, उसकी टांग तोड़ दे। लेकिन मेरी टांग क्यों टूट गई? तो डाक्टर वही उत्तर देगा, जो कृष्ण ने दिया। डाक्टर कहेगा, ग्रेविटेशन की वजह से। जमीन में गुरुत्वाकर्षण है, आप कृपा करके सम्हलकर चलें। उलटे-सीधे चलेंगे, तो ग्रेविटेशन टांग तोड़ देगी। क्योंकि प्रत्येक शक्ति अगर हम उसके अनुकूल न चलें, तो नुकसान पहुंचाने वाली हो जाती है। अगर अनुकूल चलें, तो नुकसान पहुंचाने वाली नहीं होती।

प्रत्येक शक्ति का उपयोग अनुकूल और प्रतिकूल हो सकता है। अब मनुष्य के भीतर कौन-सी शक्तियां हैं, जो उसे बलात-जैसे कि एक आदमी नहीं गिरना चाहता है और गिर जाता है और टांग टूट जाती है। और एक आदमी क्रोध नहीं करना चाहता है और क्रोध हो जाता है और खोपड़ी खुल जाती है। या दूसरे की खुल जाती है या खुद की खुल जाती है। क्या, कौन कर जाता है यह सब? परमात्मा? परमात्मा को क्या प्रयोजन है! और परमात्मा ऐसे काम करे, तो परमात्मा हम उसे कैसे कहेंगे? कोई कहेगा, शैतान। कृष्ण नहीं कहते। कृष्ण कहते हैं, सिर्फ जीवन की शक्तियां काम कर रही हैं।

मनुष्य के भीतर क्रोध है। वह भी अनिवार्य तत्व है। कहें कि वह हमारे भीतर निगेटिव फोर्स है, क्रोध विनाश की शक्ति है हमारे भीतर। प्रेम हमारे भीतर

निर्माण की शक्ति है। और विवेक हमारे भीतर बैलेंसिंग फोर्स है। जो आदमी विवेक को छोड़कर सारी शक्ति क्रोध में लगा देगा, वह बलात नर्क की तरफ चलने लगेगा; नहीं चाहेगा, तो भी जाएगा। जो सारी शक्ति प्रेम की ओर लगा देगा, वह बलात स्वर्ग की ओर जाने लगेगा, चाहे चाहे और चाहे न चाहे। उसके जीवन में सुख उतरने लगेगा। और जो आदमी बैलेंस कर लेगा और समझ लेगा कि दुख और सुख और दोनों के बीच में अलग, वह आदमी मुक्ति और मोक्ष की दिशा में यात्रा कर जाएगा।

इसलिए हमारे पास तीन शब्द और समझ लेने जैसे हैं, स्वर्ग, नर्क और मोक्ष। स्वर्ग में वह जाता है, जो अपने भीतर की विधायक शक्तियों के अनुकूल चलता है। नर्क में वह जाता है, जो अपने भीतर विनाशक शक्तियों के अनुकूल चलता है। मोक्ष में वह जाता है, जो दोनों के अनुकूल नहीं चलता है; दोनों को संतुलित करके दोनों को ट्रांसेंड कर जाता है, परे हो जाता है, अतीत हो जाता है।

कृष्ण कह रहे हैं, शक्तियां हैं और इन तीन शक्तियों के बिना जीवन नहीं हो सकता है। इसलिए अर्जुन, कौन तुझे धक्का देता है, ऐसा मत पूछ। यह समझ कि धक्का तेरे भीतर से कैसे निर्मित होता है। क्रोध, काम, अहंकार, अगर उनके प्रति तू अतिशय से झुक जाता है, तो जो तू नहीं चाहता वह तुझे करना पड़ता है।

कभी आपने देखा, कामवासना मन को पकड़ ले-ऐसा कहना ठीक नहीं है कि कामवासना मन को पकड़ ले, कहना यही ठीक होगा कि जब आप कामवासना को मन को पकड़ लेने देते हैं, आप जब पकड़ लेने देते हैं...। और ध्यान रहे, कामवासना आपके बिना पकड़ाए आपको नहीं पकड़ती है।

हां, एक सीमा होती है हर चीज की, उसके पार मुश्किल हो जाता है रोकना। एक सीमा होती है। जगह-जगह हमने कार की ट्रैफिक पर लिखा हुआ है कि यहां पांच मील रफ्तार। क्यों? क्योंकि वहां इतने ज्यादा लोग गुजर रहे हैं कि अगर तीस मील रफ्तार हो, तो रोकना समय पर मुश्किल है। पांच मील हो, तो समय पर रोकना आसान है। जहां लोग कम गुजर रहे हैं, वहां सत्तर मील भी हो, तो कोई हर्ज नहीं। वहां समय पर सत्तर मील भी रोकना आसान है। हर चीज की एक सीमा है।

फ्रायड, सिगमंड फ्रायड एक कहानी कहा करता था। वह कहा करता था कि एक छोटे-से गांव में एक गरीब म्युनिसिपल कमेटी ने गांव का कचरा ढोने के लिए एक घोड़ा खरीदा, एक घोड़ागाड़ी के लिए। लेकिन गरीब थी म्युनिसिपैलिटी और कहते हैं, गांव बड़ा बुद्धिमान था। बुद्धिमान था, ऐसा कहें; या लोगों में ऐसी मजाक प्रचलित थी कि गांव बहुत बुद्धिमान है, गांव को ऐसा खयाल था कि बहुत बुद्धिमान है। हालांकि वह जो भी करता था, वह बहुत बुद्धिहीनता के काम होते थे। म्युनिसिपल ने एक घोड़ा खरीदा। लेकिन घोड़े को घास, दाना, पानी इतना महंगा पड़ने लगा कि म्युनिसिपल के बजट पर भारी हुआ। गरीब, छोटी-सी म्युनिसिपल थी। कमेटी बुलाई गई। उन्होंने तय किया कि क्या किया जाए! उन्होंने कहा कि आधा राशन करके देखा जाए घोड़े के लिए। अगर आधे में काम चल जाए तो ठीक, नहीं फिर थोड़ा बढ़ा देंगे।

आधा राशन किया, लेकिन काम बिलकुल ठीक चल गया। घोड़ा आधे राशन पर भी जिंदा रहा। तब तो उन्होंने कहा कि हम पागल हैं, जो इसको इतना दें। और आधा करके देखें। उन्होंने और आधा किया। घोड़ा फिर भी जिंदा रहा और फिर भी काम करता रहा! उन्होंने कहा, हम बिलकुल पागल हैं। इसे और आधा करें। और भी आधा कर दिया। घोड़ा मुश्किल में रहा, लेकिन फिर भी किसी तरह काम करता रहा। म्युनिसिपल कमेटी ने कहा कि हम बिलकुल नासमझी कर रहे हैं, अब राशन बिलकुल बंद कर दें। राशन बिलकुल बंद कर दिया। जो होना था, वही हुआ। घोड़ा मर गया। एक सीमा थी, जहां तक घोड़ा कम राशन पर भी काम किया; फिर एक सीमा आई, जहां से काम नहीं कर सका।

हमारी प्रत्येक वृत्ति की सीमाएं हैं, जहां तक हम उन्हें रोक सकते हैं, और जहां से फिर हम उन्हें नहीं रोक सकते। एक विचार मेरे मन में उठा, शब्द बना मेरे भीतर। अभी मैं आपको न कहूं, तो रोक सकता हूं। फिर मेरे मुंह से शब्द निकल गया; अब इस शब्द को वापस नहीं ला सकता। एक सीमा थी, एक जगह थी; मेरे भीतर विचार भी था, शब्द भी था, ओंठ पर भी आ गया था, फिर भी मैं रोक सकता हूं। फिर एक सीमा के बाहर बात हो गई, मैंने आपसे बोल दिया, अब मैं

इसे वापस नहीं लौटा सकता। अब कोई उपाय इसे वापस लौटाने का नहीं है। एक जगह थी, जहां से यह वापस लौट जाता।

क्रोध, एक जगह है, जहां से वापस लौट सकता है। लेकिन जब उस जगह के बाहर निकल जाता है, उसके बाद वापस नहीं लौटता। काम, एक जगह है, जहां से वापस लौट सकता है। जब उसके आगे चला जाता है, तो फिर वापस नहीं लौट सकता। और ध्यान रहे, बड़े मजे की बात यह है कि उस सीमा तक, जहां तक काम वापस लौट सकता है, उस समय तक आप उसको सहयोग देते हैं। और जब वह वापस नहीं लौटता, तब आप चिल्लाते हैं कि कौन मुझे धकाए जा रहा है परवश! कौन मुझे बलात काम करवा रहा है!

इसे ठीक से भीतर समझेंगे, तो खयाल में आ जाएगा। एक जगह है, जहां तक हर वृत्ति आपके हाथ में होती है। लेकिन जब आप उसे इतना उकसाते हैं कि आप का पूरा शरीर और पूरा यंत्र उसको पकड़ लेता है, फिर आपकी बुद्धि के बाहर हो जाता है। फिर आप कहते हैं कि नहीं-नहीं। और फिर भी घटना घटकर रहती है। तब आप कहते हैं, कौन बलात करवाए चला जाता है, जब कि हम नहीं करते हैं! कोई नहीं करवाता, शक्तियां करती हैं। लेकिन करवाने का अंतिम निर्णय गहरे में आपका ही कोआपरेशन है, आपका ही सहयोग है।

कृष्ण इतना ही कह रहे हैं कि कोई बैठा नहीं है पार, तुम्हें क्रोध में, काम में, युद्ध में, लड़ाई-झगड़े में ले जाने को। प्रकृति के नियम हैं। अगर उन नियमों को तुम समझ लेते हो और समता को, संतुलन को उपलब्ध होते हो; अनासक्ति को, साक्षीभाव को उपलब्ध होते हो; विवेक को, श्रद्धा को उपलब्ध होते हो, तो फिर तुम्हें कोई फिक्र करने की जरूरत नहीं है, फिर जो भी होगा परमात्मा पर। लेकिन जब तक तुम ऐसी समता को और अनासक्ति को उपलब्ध नहीं होते, भीतर तुम आसक्ति को पालते चले जाते हो, बारूद में चिनगारी डालते चले जाते हो, फिर जब आग भड़ककर मकान को पकड़ लेती है, तब तुम कहते हो, मैं तो चाहता नहीं था कि आग लगे, लेकिन यह आग लग गई है। बारूद का नियम है, धर्म है, वह आग लगा देगी। तुमने चिनगारी फेंकी, चिनगारी का धर्म है कि वह

आग पकड़ा देगी। और जब बारूद भड़क उठेगी, तब तुम छाती पीटोगे और चिल्लाओगे कि यह तो मैं नहीं चाहता था।

कभी आपने देखा, एक आदमी हत्या कर देता है... दोस्तोवस्की का एक बहुत कीमती उपन्यास है, क्राइम एंड पनिशमेंट। उसमें रोसकोलनिकोव नाम का एक पात्र है। वह रोज अपने सामने उसकी मकान मालकिन जो है, उसके मकान की बुढ़िया जो मालकिन है-वह कोई सत्तर साल की बूढ़ी औरत है-वह गिरवी रखने का काम करती है और लोगों से खींचकर ब्याज चूसती है। मरने के करीब है, लेकिन रत्तीभर दया नहीं करती। कोई नहीं है उसका; बहुत धन है। तो रोसकोलनिकोव-एक विद्यार्थी है-वह देखता रहता अपनी खिड़की से। गरीब आदमी गिड़गिड़ाते हैं, रोते हैं, चिल्लाते हैं, लेकिन कुछ भी नहीं। उनके कपड़े भी उतरवा लिए जाते हैं; कोई दया नहीं, कोई ममता नहीं। कई बार उसके मन में होता है, इस बुढ़िया को कोई मार क्यों नहीं डालता? इसके होने की कोई जरूरत ही क्या है? यह मर भी जाए, तो हर्ज क्या है? यह मर जाए, तो सैकड़ों लोग जो उसके चक्कर में फंसे हैं, वे मुक्त हो जाएं।

गरीब किसान, गरीब मजदूर, गरीब लोग, विधवा औरतें, बीमार आदमी, वे सब उससे ब्याज पर रुपया ले लेते हैं। फिर वह कभी चुकता नहीं। उनकी चीजें भी चुक जाती हैं और उन पर अदालत में मुकदमे भी चलते हैं, सजाएं भी हो जाती हैं। रोज यही काम। वह कई बार सोचता है, कोई इसकी गरदन क्यों नहीं दबा देता! और बहुत बार उसके हाथ खुद भिंच जाते हैं कि गरदन दबा दूं। फिर वह सोचता है कि मुझे क्या मतलब? और मैं क्यों दबाऊं? और मेरा क्या बिगाड़ा है? फिर वह बात भूल जाता है। फिर ऐसे वर्षों चलता रहा।

फिर एक दिन उसे भी फीस भरनी है और घर से पैसे नहीं आए। तो वह अपनी घड़ी रखने उस बुढ़िया के पास गया। सांझ का वक्त है, उसने घड़ी बुढ़िया को दी। बुढ़िया ठीक से देख नहीं सकती, सत्तर साल उसकी उम्र है। वह खिड़की के पास घड़ी को ले जाकर देखती है रोशनी में कि ठीक है या नहीं; कितने पैसे दिए जा सकते हैं। अचानक बस रोसकोलनिकोव को क्या हुआ कि उसने जाकर उसकी गरदन दबा दी। उसे पता ही नहीं चला, कब यह हुआ। गरदन जब दब गई और

जब उसके हाथ में उसकी नसें उभर आईं, और खून उसके मुंह से गिरने लगा, तब वह घबड़ाया कि यह मैंने क्या कर दिया! वह बुढ़िया नीचे गिर पड़ी। तब उसे पता चला, यह तो मैंने हत्या कर दी! तब वह भागा। और तब वह रातभर अपने बिस्तर में सोचता है कि मैं उसकी हत्या कैसे कर दिया! परवश। जो अर्जुन कह रहा है कि जैसे बलात कोई धक्का दे...। तो वह कहता है, कौन मेरे ऊपर सवार हो गया! कोई भूत, कोई प्रेत! क्या हुआ? मैंने हत्या क्यों कर दी? किसने मुझसे हत्या करवा दी? यह कौन शैतान मेरे पीछे पड़ा है?

कोई उसके पीछे नहीं पड़ा है। दो साल तक उसने सोचा, तैयारी की। दो साल तक उसने शक्तियों को रस दिया, दो साल तक हाथ भींचे, दो साल तक मन में क्रोध का जहर फैलाया। वह सब तैयार हो गया।

बीज बोते वक्त किसको पता चलता है कि वृक्ष निकलेगा? बीज बोते वक्त किसको पता चलता है कि इतना बड़ा वृक्ष पैदा होगा? फिर बलात वृक्ष पैदा हो जाता है। और बीज हम ही बोते हैं। बीज छोटा होता है, दिखाई भी नहीं पड़ता है। मन में क्रोध के बीज बोते हैं, काम के बीज बोते हैं, फिर शक्तियां पकड़ लेती हैं। फिर वे तीन शक्तियां अपना काम शुरू कर देती हैं। आपने बीज बोया, जमीन काम शुरू कर देती है, पानी काम शुरू कर देता है, रोशनी काम शुरू कर देती है। सूरज की किरणें आकर बीज को बड़ा करने लगती हैं।

आप हैरान होंगे कि जमीन बहुत कम काम करती है। अभी एक वैज्ञानिक ने प्रयोग किया; नाप-तौलकर प्रयोग किया। एक बट वृक्ष को लगाया एक गमले में, बड़े गमले में, नाप-तौलकर बिलकुल। इतनी मिट्टी, इतना गमले का वजन, इतने वृक्ष के बीज का वजन, सब नाप-तौलकर लगाया। फिर वृक्ष बहुत बड़ा हो गया। फिर उसने वृक्ष पूरा का पूरा निकाल लिया और फिर नापा। तो जितना कोई दो सौ सेर का गमला उसने रखा था, उसमें केवल चार सेर की कमी हुई। चार सेर कुल! और वृक्ष को नापा-तौला, तो वह तो कोई दो सौ अस्सी सेर निकला वृक्ष। और कुल चार सेर की कमी हुई मिट्टी में। और उस वैज्ञानिक का खयाल है कि वे चार सेर भी वृक्ष ने नहीं लिए। वह भी, हवा भी आती है, तूफान भी आता है, मिट्टी उड़ भी जाती है; पानी में बह भी जाती है। चार सेर! इतना बड़ा

वृक्ष कहां से आ गया? सूरज भी दे रहा है, हवाएं भी दे रही हैं, पानी भी दे रहा है, जमीन भी दे रही है, चारों तरफ से पूरा कास्मास उसको दे रहा है।

एक छोटे-से बीज को आपने बो दिया, फिर सारी दुनिया की ताकत उसको दे रही है और वह बड़ा हो रहा है। आपने इधर क्रोध का बीज बोया, सारी दुनिया से क्रोध को साथ देने वाली ताकतें-तमस की, इनरशिया की ताकतें-आपकी तरफ बहनी शुरू हो जाएंगी। आपने प्रेम बोया, सारी तरफ से दुनिया से शुभ शक्तियां आपकी तरफ बहनी शुरू हो जाएंगी। आपने साक्षीभाव निर्मित किया, दुनिया की सारी ताकतें आपके लिए बैलेंस में हो जाएंगी। कोई आपकी तरफ नहीं बहेगा, कोई आपके बाहर नहीं बहेगा; सब चीजें सम हो जाएंगी; ठहर जाएंगी।

कृष्ण कहते हैं, न तो कोई शैतान, न कोई परमात्मा; ये तीन शक्तियां हैं अर्जुन। और तू जिसका बीज बो देता है अपने भीतर, वही शक्ति सक्रिय होकर काम करने लगती है।

प्रश्न : तीनों गुणों से चलने वाली सृष्टि ईश्वर ने बनाई। तमस गुण मनुष्य की प्रकृति में ईश्वर ने दिया, उसके पीछे क्या उद्देश्य ईश्वर का है?

ईश्वर का कोई उद्देश्य नहीं होता। उद्देश्य की भाषा सदा मनुष्य की है। उद्देश्य तो उसका होता है, जिसे भविष्य में कुछ पाना हो। जैसे एक आदमी, एक कुम्हार एक घड़ा बनाता है। उसका उद्देश्य होता है कि बाजार में बेचना है या उसका उद्देश्य होता है कि घर का पानी भरना। फिर एक वानगाग चित्र बनाता है। वानगाग से कोई पूछता है कि यह चित्र तुमने किस उद्देश्य से बनाया है? तो वह कहता है, कोई उद्देश्य नहीं है। बनाना ही मेरा आनंद है। आप कहेंगे, बाजार में बिक सकता है। वानगाग का एक चित्र नहीं बिका, एक चित्र जिंदा रहते नहीं बिका। आप कह सकते हैं कि कोई प्रतिष्ठा मिलती होगी, कोई सम्मान करता होगा कि बड़े चित्रकार हो। किसी ने प्रतिष्ठा नहीं की, किसी ने सम्मान नहीं किया। आप कहते होंगे कि बड़ा धन वाला आदमी रहा होगा, पैसा पास में रहा होगा, फुर्सत रही होगी, तो कुछ न कुछ करता रहा होगा। नहीं, वानगाग बहुत

गरीब आदमी था। और उसका भाई उसे इतना ही पैसा देता था, जिसमें सात दिन की सिर्फ रोटी चल जाए रूखी-सूखी। न रंग के लिए पैसे, न कागज के लिए, न कैनवास के लिए। तो वह सप्ताह में चार दिन खाना खाता और तीन दिन उपवास करता। और तीन दिन में उपवास में जो बच जाए, उससे पेंट करता। और जब उससे कोई पूछता, किसलिए? तो वह कहता, बस, बना लेने में आनंद है।

परमात्मा उद्देश्य से जगत को नहीं बना रहा है; बना लेने में आनंद है; बनाना ही आनंद है। आगे-पीछे कुछ भी उद्देश्य नहीं, परपजलेस। और ध्यान रहे, आनंद हमेशा ही परपजलेस होता है। एक मां अपने बेटे को बड़ा कर रही है, उससे पूछें, किसलिए? अगर वह कहे कि बाद में नौकरी करवानी है, तो समझना मां नहीं है, कोई फैक्टरी है। अगर मां है, तो वह कहेगी, किसलिए? कैसा गलत सवाल पूछते हो! बस, मेरा आनंद है।

परमात्मा के लिए सृष्टि आनंद है, उसका आनंद-कृत्य है; इसलिए उद्देश्य तो कोई नहीं है। हां, लेकिन यह सवाल फिर भी संगत है कि वह आदमी में तमस क्यों रखता है?

असल में हम तमस शब्द को सदा ही गलत अर्थों में लेते रहे हैं। हम समझते हैं, तमस कोई बुरी चीज है। तमस बुरी नहीं है, तमस अपने आप में बुरी चीज नहीं है। हां, तमस में ही पूरी तरह भर जाना बुरा है। तमस अपने आप में बुरा नहीं है, जहर भी अपने आप में बुरा नहीं है; और कभी तो बीमारी में दवा का काम करता है। हम कहें कि जहर क्यों बनाया परमात्मा ने! एक आदमी जहर खाकर मर जाए। आप कहेंगे कि जिम्मेदार परमात्मा है। जहर क्यों बनाया? न बनाता परमात्मा, न यह आदमी खाता।

लेकिन जहर अपने आप में किसी को मारता नहीं। जहर तो जिला भी सकता है। लेकिन इस आदमी ने जहर ही जहर खा लिया, तो मर गया। अमृत भी खा लो ज्यादा मात्रा में, तो मौत घटित हो सकती है। अमृत भी मात्रा में ही खाना, अगर मिल जाए! एक तो मिलता नहीं, क्योंकि डर यही है कि जहर तो बहुत कम लोग खाते हैं, अमृत अगर मिल जाए, तो बिना मात्रा में बहुत लोग खा जाएंगे। शायद इसीलिए

नहीं मिलता है! क्योंकि रोकेंगे कैसे फिर अमृत मिल जाए, तो आप अपने को कि अब कहां रुकें, खाते ही चले जाएंगे। अमृत से मौत आ जाएगी।

जीवन में नियम हैं। कोई नियम बुरा नहीं, कोई नियम भला नहीं, अनिवार्य हैं। बिना तमस के, बिना इनरशिया के जगत अस्तित्व में नहीं हो सकता। उसके अस्तित्व में होने के लिए कोई अवरोधक शक्ति चाहिए। लेकिन अगर कोई आदमी सिर्फ अवरोधक शक्ति पर ही निर्भर रह जाए, तो भी खतरा हो जाएगा, क्योंकि दूसरी दो शक्तियां भी चाहिए। और श्रेष्ठतम स्वास्थ्य की स्थिति वह है, जहां तीनों शक्तियां बैलेंस करती हैं, संतुलित होती हैं। उसी क्षण में आदमी तीनों के बाहर निकल जाता है और परमात्मा को अनुभव कर पाता है। जब तक आदमी इधर-उधर डोलता है...।

कभी आपने देखा है नट को, रस्सी पर चलता है, कभी थिर नहीं रहता। आप कहें कि थिर क्यों नहीं रहता? थिर रहे-थिर रहे, तो फौरन गिरे और मर जाए। थिर क्यों नहीं रहता है नट? नट पूरे वक्त बैलेंस करता रहता है। और जब आपको दिखता है, अब बाएं झुक रहा है, तो आप गलती में मत पड़ जाना। बाएं झुकता ही तब है, जब दाएं गिरने का डर पैदा होता है। दाएं तब झुकता है, जब बाएं गिरने का डर पैदा होता है। वह बैलेंस कर रहा है पूरे वक्त। जब दाएं गिरने का डर पैदा होता है, वह वजन को बाएं ले जाता है, ताकि बैलेंस हो जाए। जब दाएं से बच जाता है, बाएं गिरने का डर पैदा होता है, तब उलटी तरफ बैलेंस ले जाता है कि बच जाए। और प्रकृति नीचे काम कर रही है। नट अगर बैलेंस न करे, तो जमीन पर गिरे, हड्डी-पसली टूट जाए। फिर प्रकृति से यह नहीं कह सकता कि तूने मेरी हड्डी-पसली तोड़ी! प्रकृति कहेगी, हमें कोई मतलब नहीं; तुम अपनी रस्सी पर बैलेंस करते रहो, हमें कोई मतलब नहीं।

ये तीन जो गुण हैं, इनमें जो बैलेंस कर लेता है, वह व्यक्ति धर्म को उपलब्ध हो जाता है। नहीं बैलेंस कर पाता, तो गिरता है, हड्डी-पसली टूट जाती है। फिर हम कहते हैं, किसने बलात गिरा दिया! किसी ने नहीं गिराया, आप बैलेंस नहीं कर पाए।

कृष्ण का पूरा योग समतायोग है, दि योग आफ बैलेंस। बस, नट की

तरह पूरे वक्त जिंदगी एक बैलेंस है, एक संतुलन है; सदा, सदा संतुलन है। ज्यादा खा लिया, तो उपवास करो; ज्यादा उपवास कर लिया, तो ग्लूकोस के इंजेक्शन लो! बस, बैलेंस पूरे वक्त। पूरे समय जिंदगी एक बहुत बारीक संतुलन है, डेलिकेट बैलेंस है। उसमें जरा इधर-उधर हुए कि आप गए। प्रकृति अपना काम करती रहेगी। वह नीचे खड़ी है। वह कह रही है कि नट, जब तक तुम बैलेंस करो, रहो ऊपर; जब न कर पाओ, नीचे आ जाओ। हम तैयार हैं।

अनिवार्य तत्व हैं तीन, उससे कम नहीं हो सकते। तीन के बिना सृष्टि खो जाएगी, इसलिए वे हैं। लेकिन तमस में आप गिरें, इसलिए नहीं। आप तमस के द्वारा रजस को साधते रहें। जब तमस बढ़ जाए, तो रजस की तरफ झुक जाएं। जब रजस बढ़ जाए, तो तमस की तरफ झुक जाएं। दोनों को साधते रहें। और जब दोनों बिलकुल सध जाएं, तो आपकी वर्टिकल यात्रा सत्व की तरफ शुरू होगी। फिर तीनों के बीच साधना पड़ेगा। वह और भी गहरी कीमिया है। दो के बीच साधना बहुत आसान है। दो के बीच साधेंगे, तो सत्व में उठ जाएंगे।

साधु उसे कहते हैं, जो सत्व में पहुंच गया है, जिसने दो को साध लिया। जो तमस और रजस के बीच संतुलित हो गया, उसका नाम साधु है। जो रजस, तमस और सत्व तीनों के बीच सध गया, उसका नाम संत है। वह बहुत अलग बात है। जब तीनों के बीच कोई साधता है, तो सेंटर पर पहुंच जाता है ट्राएंगल के। वह सेंटर ही द्वार है ट्राएंगल का। तीन शक्तियों के बीच में वह स्पेस है, खाली जगह है, जहां से व्यक्ति परमात्मा में, ब्रह्म में प्रवेश कर जाता है।

लेकिन यह धीरे-धीरे हम बात करेंगे, तो खयाल में आएगी। पहले साधु बनें, दो के बीच साधें। फिर संत बनें, तीन के बीच साधें। और जिस दिन तीन के बीच सधा, उस दिन बनना बंद हो जाता है, उसी दिन परमात्मा में प्रवेश हो जाता है। उस दिन प्रकृति के तीनों गुणों के बाहर आदमी हो जाता है।

इसलिए प्रकृति है त्रिगुणा और परमात्मा है त्रिगुणातीत, वह तीनों के बाहर है।

शेष कल बात करेंगे।

दसवां प्रवचन

वासना की धूल, चेतना का दर्पण

धूमेनाव्रियते वह्निर्यथादर्शो मलेन च।
यथोल्बेनावृतो गर्भस्तथा तेनेदमावृतम्।। 38।।
आवृतं ज्ञानमेतेन ज्ञानिनो नित्यवैरिणा।
कामरूपेण कौन्तेय दुष्पूरेणानलेन च।। 39।।

जैसे धुएं से अग्नि और मल से दर्पण ढंक जाता है (तथा) जैसे स्निग्ध झिल्ली से गर्भ ढंका हुआ है, वैसे ही उस काम के द्वारा यह ज्ञान ढंका हुआ है।

और हे अर्जुन! इस अग्नि (सदृश) न पूर्ण होने वाले कामरूप ज्ञानियों के नित्य वैरी से ज्ञान ढंका हुआं है।

कृष्ण ने कहा है, जैसे धुएं से अग्नि ढंकी हो, ऐसे ही काम से ज्ञान ढंका है। जैसे बीज अपनी खोल से ढंका होता है, ऐसे ही मनुष्य की चेतना उसकी वासना से ढंकी होती है। जैसे गर्भ झिल्ली में बंद और ढंका होता है, ऐसे ही

मनुष्य की आत्मा उसकी कामना से ढंकी होती है। इस सूत्र को ठीक से समझ लेना उपयोगी है।

पहले तो यह समझ लेना जरूरी है कि ज्ञान स्वभाव है-मौजूद, अभी और यहीं। ज्ञान कोई उपलब्धि नहीं है, कोई एचीवमेंट नहीं है। ज्ञान कोई ऐसी बात नहीं है, जो आज हमारे पास नहीं है और कल हम पा लेंगे। क्योंकि अध्यात्म मानता है कि जो हमारे पास नहीं है, उसे हम कभी नहीं पा सकेंगे। अध्यात्म की समझ है कि जो हमारे पास है, हम केवल उसे ही पा सकते हैं। यह बड़ी उलटी बात मालूम पड़ती है। जो हमारे पास है, उसे ही हम केवल पा सकते हैं; और जो हमारे पास नहीं है, हम उसे कभी भी नहीं पा सकते हैं। इसे ऐसा कहें कि जो हम हैं, अंततः वही हमें मिलता है; और जो हम नहीं हैं, हमारे लाख उपाय, दौड़-धूप हमें वहां नहीं पहुंचाते, वह नहीं उपलब्ध होता, जो हम नहीं हैं।

बुद्ध को जिस दिन ज्ञान हुआ, लोग उनके पास आए और उन्होंने पूछा, आपको क्या मिला? तो बुद्ध ने कहा, यह मत पूछो; यह पूछो कि मैंने क्या खोया! वे लोग हैरान हुए; उन्होंने कहा, इतनी तपश्चर्या, इतनी साधना, इतनी खोज क्या खोने के लिए करते थे या पाने के लिए? बुद्ध ने कहा, कोशिश तो पाने के लिए की थी, लेकिन अब जब पाया, तो कहता हूं कि सिर्फ खोया, पाया कुछ भी नहीं। नहीं उनकी समझ में आया होगा। उन्होंने कहा, हमें ठीक से समझाएं! तो बुद्ध ने कहा, वही पाया जो मुझे मिला ही हुआ था; और सिर्फ वही खोया, जो मेरे पास था ही नहीं, लेकिन मुझे मालूम पड़ता था कि मेरे पास है। जो नहीं था, उसे खो दिया है; और जो था, उसे पा लिया है।

जैसे धुएं में आग ढंकी हो, तो आग पाना नहीं होती; केवल धुआं अलग हो जाए, तो आग प्रकट हो जाती है। जैसे सूरज बदलियों से ढंका हो, तो सूरज पाना नहीं होता; सिर्फ बदलियां हट जाएं, तो सूरज प्रकट हो जाता है। जैसे बीज ढंका है, वृक्ष पाना नहीं है। वृक्ष बीज में है ही, अप्रकट है, छिपा है, कल प्रकट हो जाएगा। ऐसे ही ज्ञान सिर्फ अप्रकट है, कल प्रकट हो जाएगा।

इसके दो अर्थ हैं। इसका एक अर्थ तो यह है कि अज्ञानी भी उतने ही ज्ञान से भरा है, जितना परमज्ञानी। फर्क अज्ञानी और ज्ञानी में अगर हम ठीक से

समझें, तो अज्ञानी के पास ज्ञानी से कुछ थोड़ा ज्यादा होता है, धुआं ज्यादा होता है। आग तो उतनी ही होती है, जितनी ज्ञानी के पास होती है; अज्ञानी के पास कुछ और ज्यादा भी होता है, धुआं भी होता है। सूरज तो उतना ही होता है जितना ज्ञानी के पास होता है; अज्ञानी के पास काली बदलियां भी होती हैं। अगर इस तरह सोचें, तो अज्ञानी के पास ज्ञानी से कुछ ज्यादा होता है। और जिस दिन ज्ञान उपलब्ध होता है, उस दिन यह जो ज्यादा है, यही खोता है, यही आवरण टूटकर गिर जाता है। और जो भीतर छिपा है, वह प्रकट हो जाता है।

तो पहली बात तो यह समझ लेनी जरूरी है कि अज्ञानी से अज्ञानी मनुष्य के भीतर ज्ञान पूरी तरह मौजूद है; अंधेरे से अंधेरे में भी, गहन अंधकार में भी परमात्मा पूरी तरह मौजूद है। कोई कितना ही भटक गया हो, कितना ही भटक जाए, तो भी ज्ञान से नहीं भटक सकता, वह उसके भीतर मौजूद है। हम कहीं भी चले जाएं और हम कैसे भी पापी हो जाएं और कितने भी अज्ञानी और कितना ही अंधेरा और जिंदगी कितने ही धुएं में घिर जाए, तो भी हमारे भीतर जो है, वह नहीं खोता है। उसके खोने का कोई उपाय नहीं है।

लोग मेरे पास आते हैं और पूछते हैं कि ईश्वर को खोजना है! तो उनसे मैं पूछता हूं, तुमने खोया कब? इसका मुझे सब हिसाब-किताब दे दो, तो मैं तुम्हें खोजने का रास्ता भी बता दूं। ईश्वर ऐसे तत्व का नाम है, जिसे हम खोना भी चाहें, तो नहीं खो सकते हैं। खोने का जिसे उपाय ही नहीं है, उसका नाम स्वभाव है, उसका नाम स्वरूप है। आग उत्ताप नहीं खो सकती, वह उसका स्वभाव है। मनुष्य ज्ञान नहीं खो सकता, यह उसका स्वभाव है। लेकिन फिर भी अज्ञान तो है। तो अज्ञान को हम क्या समझें?

अज्ञान से दो मतलब हो सकते हैं। ज्ञान का अभाव मतलब हो सकता है अज्ञान से, एब्सेंस आफ नोइंग। कृष्ण का यह मतलब नहीं है। अज्ञान ज्ञान का अभाव नहीं है, अज्ञान ज्ञान का ढंका होना है। अज्ञान ज्ञान का अभाव नहीं है, अज्ञान सिर्फ ज्ञान का अप्रकट होना है। यह भी बहुत मजे की बात है कि धुआं वहीं प्रकट हो सकता है, जहां आग हो। धुआं वहां प्रकट नहीं हो सकता, जहां आग न हो। अज्ञान भी वहीं प्रकट हो सकता है, जहां ज्ञान हो। अज्ञान भी वहां

प्रकट नहीं हो सकता, जहां ज्ञान न हो। इसलिए तर्कशास्त्री से अगर पूछेंगे, नैयायिक से अगर पूछेंगे, तो वह कहेगा, जहां-जहां धुआं है, वहां-वहां आग है। हम धुआं देखकर ही कह देते हैं कि आग जरूर होगी।

दूसरी मजे की बात यह है कि धुआं तो बिना आग के कभी नहीं होता, लेकिन आग कभी बिना धुएं के हो सकती है, होती है। असल में धुएं का संबंध आग से इतना ही है कि आग बिना ईंधन के नहीं होती। और ईंधन अगर गीला है, तो धुआं होता है; और ईंधन अगर सूखा है, तो धुआं नहीं होता। लेकिन धुआं बिना आग के नहीं हो सकता, ईंधन कितना ही गीला हो। ईंधन अगर सूखा हो, तो आग बिना धुएं के हो सकती है, दमकता हुआ अंगारा बिलकुल बिना धुएं के होता है।

अज्ञान के अस्तित्व के लिए पीछे ज्ञान जरूरी है, इसलिए अज्ञान ज्ञान का अभाव नहीं है, एब्सेंस नहीं है, अनुपस्थिति नहीं है। अज्ञान भी बताता है कि भीतर ज्ञान मौजूद है। अन्यथा अज्ञान भी संभव नहीं है, अज्ञान भी नहीं हो सकता है। अज्ञान सिर्फ आवरण की खबर देता है। और आवरण सदा उसकी भी खबर देता है, जो भीतर मौजूद है। बीज सिर्फ आवरण की खबर देता है, अंडे के ऊपर की खोल सिर्फ आवरण की खबर देती है। साथ में यह भी खबर देती है कि भीतर वह भी मौजूद है, जो आवरण नहीं है।

इसलिए अज्ञानी को हताश होने की कोई भी जरूरत नहीं है। अज्ञानी को निराश होने की कोई भी जरूरत नहीं है। और ज्ञानी को भी अहंकारी हो जाने की कोई जरूरत नहीं है। अगर हिसाब रखा जाए, तो अज्ञानी के पास ज्ञानी से सदा ज्यादा है। यह ज्ञानी को अहंकारी होने की कोई भी जरूरत नहीं है। अज्ञानी को निराश होने की कोई भी जरूरत नहीं है। जो ज्ञानी में प्रकट हुआ है, वह अज्ञानी में अप्रकट है। जो अप्रकट है, वह प्रकट हो सकता है। वह अप्रकट क्यों है? क्या कारण है? क्या बाधा है?

कृष्ण कहते हैं, धुआं जैसे आग को घेरता है, वैसे ही वासना मन को घेरे हुए है।

वासना को समझना जरूरी है, अन्यथा आत्मा को हम न समझ पाएंगे। वासना को समझना जरूरी है, अन्यथा अज्ञान को हम न समझ पाएंगे। वासना

को समझना जरूरी है, अन्यथा का ज्ञान प्रकट होना असंभव है। अब अगर हम ठीक से समझें, तो ज्ञान में अज्ञान बाधा नहीं बन रहा है; ठीक से समझें, तो ज्ञान में वासना बाधा बन रही है। क्योंकि वासना ही गीला ईंधन है, जिससे कि धुआं उठता है; वासनामुक्त आदमी सूखे ईंधन की भांति है।

मैंने सुना है, फरीद के जीवन में एक छोटा-सा उल्लेख है। एक आदमी आया है और फरीद से पूछने लगा, कि मैंने सुना है कि मंसूर के हाथ-पैर काट डाले गए और उसे दुख न हुआ, यह कैसे हो सकता है? और मैंने सुना है कि जीसस को फांसी लगाई गई और जीसस परमात्मा से कहते रहे, इन सबको माफ कर देना, क्योंकि ये लोग जानते नहीं हैं कि क्या कर रहे हैं। यह कैसे हो सकता है? यह असंभव है। सूली लगाई जाए, हाथ-पैर काटे जाएं, खीले ठोंके जाएं, गरदन काटी जाए-यह संभव नहीं है, पीड़ा तो होगी ही, दुख तो होगा ही। मुझे ये सब कहानियां मालूम पड़ती हैं!

फरीद हंसने लगा। उसके पास एक नारियल पड़ा था, कोई भक्त चढ़ा गया था। उसने उसे उठाकर दे दिया और कहा, जाओ, देखते हो इस नारियल को, इसे ठीक से तोड़ लाओ; खोल अलग कर देना, गिरी अलग कर लाना; और गिरी को साबित बचा लाना। उस आदमी ने कहा, माफ करें, यह न होगा। नारियल कच्चा है। गिरी और खोल जुड़े हुए हैं। अभी मैं खोल तोडूंगा, तो गिरी भी टूट जाएगी। फरीद ने कहा, छोड़ो, दूसरा नारियल ले जाओ। यह सूखा नारियल है, इसकी तो गिरी और खोल अलग कर लाओगे! उस आदमी ने कहा, बिलकुल कर लाऊंगा।

फरीद ने कहा, अब जाने की जरूरत नहीं है, नारियल को यहीं रख दो। मैं तुमसे यह पूछता हूं कि सूखे नारियल की गिरी और खोल को तुम बचा लाओगे, अलग कर लाओगे; खोल टूट जाएगी, गिरी बच जाएगी। क्यों? उस आदमी ने कहा, यह भी कोई पूछने की बात है? सूखे नारियल की गिरी और खोल अलग-अलग हो गई हैं। कच्चे नारियल की जुड़ी हैं। फरीद ने कहा, बस अब जाओ; तुम्हारे सवाल का जवाब मैंने दिया है। जीसस या मंसूर जैसे लोगों का नारियल सूखा नारियल है। तो शरीर को कोई चोट पहुंचाता है तो शरीर टूटता है; लेकिन आत्मा

तक चोट नहीं पहुंचती है, आत्मा तक घाव नहीं बनता। हम सब कच्चे नारियल हैं; शरीर पर चोट लगी नहीं कि आत्मा तक चोट पहुंच जाती है। जुड़ा है सब।

वासना कच्चा ईंधन है। गीली लकड़ी है। क्या मतलब है मेरा? वासना को देखने के दो-तीन प्रकार हैं। एक तो वासना की मान्यता है कि जो मुझे चाहिए, वह मेरे पास नहीं है। वासना का आधार है कि जो मुझे चाहिए, वह मेरे पास नहीं है; जो भी चाहिए, वह नहीं है। वासना का स्वरूप सदा यही है कि जो भी चाहिए, वह मेरे पास नहीं है। ऐसा नहीं कि कल वह चीज मिल जाएगी तो वासना मर जाएगी, सिर्फ वासना उस चीज से सरककर किसी दूसरी चीज पर लग जाएगी। दस हजार रुपये नहीं हैं, तो वासना कहती है कि दस हजार रुपये चाहिए। दस हजार रुपये होते हैं, तो वासना कहती है कि दस लाख चाहिए। दस लाख होते हैं, तो वासना कहती है कि दस करोड़ चाहिए।

एण्ड्रू कार्नेगी अमेरिका का एक अरबपति मरा। जब मरा, तो वह दस अरब रुपए छोड़कर मरा। मरने के दो दिन पहले उसका जीवन लिखने वाले एक व्यक्ति ने उससे पूछा कि आप तो तृप्त होंगे! आपसे बड़ा अरबपति पृथ्वी पर कोई दूसरा नहीं है; आपने तो जिंदगी में जो पाना चाहा था, वह पा लिया है। एण्ड्रू कार्नेगी ने गुस्से से उसको कहा, चुप रहो, बकवास बंद करो। जो मैंने पाना चाहा था, वह मैंने कहां पाया है? मेरे इरादे सौ अरब रुपये छोड़ने के थे।

लेकिन क्या आप सोचते हैं, सौ अरब रुपये एण्ड्रू कार्नेगी के पास होते, तो बात हल हो जाती? क्योंकि जिसकी दस अरब से हल न हुई, उसकी सौ अरब से भी हल न होती। हां, सौ अरब होते, तो इरादे और आगे बढ़ जाते, हजार अरब पर हो जाते, लाख अरब पर हो जाते।

वासना, जो नहीं है, उसकी मांग है। इसलिए एक अर्थ में समझें, तो वासना सदा ही रिक्त है, सदा खाली है। सदा रिक्त, सदा खाली, सदा एंप्टी, कभी भरती नहीं। भर नहीं सकती। उसका स्वभाव यही है कि जो नहीं है, वह। और कुछ तो नहीं होगा ही। कुछ तो नहीं होगा ही। वह, जो नहीं है, वासना वहीं लगी रहती है। और चूंकि वासना जो नहीं है, वहां लगी रहती है, इसलिए आत्मा, जो है, वह हमें प्रकट नहीं हो पाती। हमारा सारा चित्त उस पर अटका रहता है, जो

नहीं है। हम उसको कैसे देख पाएं, जो है। आत्मा अभी है, यहीं है; और वासना कल है, कहीं है। वासना सदा भविष्य में है, आत्मा सदा वर्तमान में है। इसलिए जिस आदमी का मन वासना में भटक रहा है, वह आत्मा तक नहीं पहुंच पाता। इसलिए कृष्ण कहते हैं, उसे ज्ञान उपलब्ध नहीं हो पाता।

जैसे आप अपने दरवाजे पर खड़े हैं और रास्ते पर चलते लोगों को देख रहे हैं, तो फिर घर के लोगों को न देखे पाएंगे। सच तो यह है कि अगर रास्ते पर चलते लोगों को देखने में बहुत लीन हो गए, तो अपने को भूल ही जाएंगे। असल में दूसरे को देखने में ध्यान दूसरे पर चला जाता है, स्वयं से च्युत हो जाता है।

वासना पर लगा हुआ ध्यान आत्मा से च्युत हो जाता है। आत्मा भीतर खड़ी है, मौजूद है, सदा तैयार है। आओ कभी भी, द्वार खुले हैं। लेकिन वासना की यात्रा पर निकला आदमी जन्मों-जन्मों भटकता है और वहां नहीं आता है। वह खोजता ही चला जाता है। वह खोजता ही चला जाता है। और जहां तक पहुंचता है, वासना आगे के स्वप्न बना लेती है। क्षितिज की तरह है वासना। हॅराइजन दिखाई पड़ता है आकाश का। लगता है, थोड़ी ही दूर, दस मील दूर आकाश जमीन को छू रहा है। कहीं भी छूता नहीं। मन कहता है, बस पास ही है; जरा दौडूं और पहुंच जाऊं। पहुंचें आप, दौड़ें आप। पहुंच भी जाएंगे दस मील, लेकिन पाएंगे कि आकाश अब भी छूता है, लेकिन अब दस मील आगे छूता है। और दस मील चलें। पहुंच जाएंगे दस मील, फिर भी पाएंगे, आकाश फिर भी छूता है, आगे दस मील छूता है। आकाश सदा ही आगे दस मील छूता है। कहीं छूता नहीं; सिर्फ छूता हुआ प्रतीत होता है। दौड़ते रहें, पूरी पृथ्वी का चक्कर लगा लें, आकाश कहीं छूता हुआ नहीं मिलेगा। लेकिन सदा मालूम पड़ेगा कि बस, जरा और आगे, और छुआ, और छुआ। बस, यह तो छू रहा है! दौड़ाता सदा रहेगा, कभी छूता हुआ मिलेगा नहीं।

वासना आकाश छूती हुई क्षितिज की रेखा जैसी है। सदा लगती है, बस अब पूरी हुई-एक वर्ष और, दो वर्ष और, दस वर्ष और, यह कारखाना और, यह मकान और, यह दुकान और-बस पूरा हुआ जाता है, क्षितिज की रेखा आई जाती है, आकाश छू लेगा। पहुंच जाते हैं वहां, पाते हैं कि रिक्त, खाली हाथ वैसे ही

खड़े हैं, जैसे दस साल पहले थे, पचास साल पहले थे और आकाश अभी भी थोड़े आगे छू रहा है। वासना अभी भी थोड़े आगे कह रही है, थोड़े और चल आओ, तो तृप्ति हो जाएगी।

इसलिए आदमी बढ़ता चला जाता है। और तब एक चीज से वंचित रह जाता है, जो उसे मिली हुई थी, जो उसके पास ही थी, जो कि परमात्मा की उसे भेंट थी, गिफ्ट थी, जो कि परमात्मा ने उसे दी थी, उस चीज से भर वंचित रह जाता है। और जो वासनाएं उसे दे नहीं सकतीं, कभी नहीं दे सकतीं, उन्हीं की दौड़ में वह दौड़ता चला जाता है। इस दौड़ के धुएं में खो जाता है ज्ञान; इस दौड़ में छिप जाता है वह, जो है। इस दौड़ में भूल जाता है वह, जो सदा से साथ है; और स्मरण आता है उसका, जो कभी साथ नहीं हो सकता है।

वासना ही अज्ञान है, डिजायरिंग इज़ इग्नोरेंस। ठीक से समझें, तो अज्ञान कुछ और नहीं है। वासना में दौड़ा हुआ चित्त आत्मा को उपलब्ध नहीं हो पाता है। यह विस्मरण बन जाता है। वासना का स्मरण आत्मा का विस्मरण है। इच्छा के पीछे ध्यान का जाना, स्वयं से ध्यान का चूक जाना है। और ध्यान हमेशा वन डायमेंशनल है। ध्यान एक आयामी है। अगर आप इच्छा के पीछे चले गए, तो वह पीछे नहीं लौट सकता। कोई उपाय नहीं है। हां, इच्छा जाए, विदा हो, धुआं न हो, तो वह अपने पर लौट आए। इसलिए कृष्ण इस सूत्र में कहते हैं कि ज्ञान कोई खोता नहीं, लेकिन ज्ञान विस्मरण हो जाता है। फारगेटफुलनेस, खोना नहीं है, सिर्फ विस्मृति है।

मैंने सुना है, पिछले महायुद्ध में एक आदमी चोट खाकर गिर पड़ा और भूल गया नाम, पिता का नाम, घर का पता। कठिनाई न पड़ती, कठिनाई न पड़ती, अगर उसका नंबर भी रह गया होता। लेकिन युद्ध के मैदान में कहीं उसका नंबर भी गिर गया और वह बेहोश उठाकर लाया गया। नंबर होता, तो पता चल जाता। नंबर भी नहीं था और उस आदमी को होश आया, उसे पता भी नहीं था कि मैं कौन हूं! उसे रिटायर्ड भी कर दिया गया, लेकिन उसे कहां पहुंचाया जाए! उसे अपना कोई पता ही नहीं।

फिर किसी मनोवैज्ञानिक ने सुझाव दिया कि उसे इंग्लैंड के गांव-गांव में घुमाया जाए, ट्रेन से ले जाया जाए। हो सकता है, किसी स्टेशन को देखकर उसे

याद आ जाए कि यह मेरा गांव है। क्योंकि गांव खोया तो नहीं है, सिर्फ विस्मरण हो गया है। गांव तो अपनी जगह होगा और यह आदमी अपनी जगह है। और गांव अपनी जगह है और यह आदमी अपनी जगह है। सब अपनी जगह है, लेकिन बीच की स्मृति का धागा टूट गया है, शायद जुड़ जाए।

उसे गांव-गांव ले जाया गया। बड़े-बड़े नगरों में ले जाया गया। लेकिन वह बस खड़ा हो जाता, उसे कुछ याद न आता। फिर एक जगह तो ट्रेन रुकनी नहीं थी, किसी कारण से छोटी स्टेशन पर रुकी थी, उस आदमी ने खिड़की से झांककर देखा। फिर वह मनोवैज्ञानिकों को बताने के लिए नहीं रुका, जो उसके साथ थे, दरवाजा खोलकर भागा। उसने कहा, मेरा गांव! मनोवैज्ञानिक, उसके साथी, जो उसे घुमा रहे थे, वे उसके पीछे भागे। उसे कहा कि रुको भाई! वह नहीं रुका। वह तो स्टेशन पार कर गया। वह तो अपनी गली में पहुंच गया। वह तो अपने घर के सामने पहुंच गया। उसने कहा, वह रहा मेरे पिता का घर। वह रही मेरी तख्ती, जो घर के सामने लगी है। विस्मरण टूट गया; स्मरण लौट आया।

परमात्मा पुनःस्मरण है, रिमेंबरिंग है। वह हमारे भीतर बैठा है। हम एक दुर्घटनाग्रस्त स्थिति में हो गए हैं। हमारा एक्सिडेंट, हमारी दुर्घटना यह है कि जो नहीं है, उसने हमें आकर्षित कर लिया है। इसका कारण है कि जो होता है, उसका आकर्षण नहीं होता है; जो नहीं है, उसमें आकर्षण होता है। जो पास है, उसे हम भूल जाते हैं; जो दूर है, उसे हम याद करते हैं। कभी आपने खयाल किया, मित्र पास हो, तो याद नहीं आती; मित्र दूर हो, तो याद आती है। प्रियजन बगल में बैठा हो, तो भूल जाता है; अखबार पढ़ते रहते हैं। और प्रियजन दूर चला जाए, तो अखबार क्या गीता भी नहीं पढ़ी जाती; बंद करके रख देते हैं; उसकी याद आती है। दूर है कोई चीज, तो याद आती है; नहीं है पास, तो याद आती है। पास है, बिलकुल पास है, तो याद भूल जाती है।

और परमात्मा से ज्यादा पास हमारे और कोई भी नहीं है। मोहम्मद ने कहा है, गले की नस-जो कट जाए, तो जीवन चला जाए-उससे भी पास है परमात्मा। श्वास-जो बंद हो जाए, तो प्राण निकल जाएं-मोहम्मद ने कहा है, उससे भी

पास है परमात्मा। श्वास से भी जो पास है, उसे अगर हम भूल गए, तो कोई आश्चर्य नहीं, स्वाभाविक है।

अज्ञान बिलकुल स्वाभाविक है, लेकिन तोड़ा जा सकता है, अनिवार्य नहीं है। स्वाभाविक है, अनिवार्य नहीं है। प्राकृतिक है, मंगलदायी नहीं है। भूल गए, यह ठीक, लेकिन इस भूल से सारा जीवन दुख और पीड़ा और नर्क से भर जाता है। हमारी सारी पीड़ा एक ही है बुनियाद में, गहरे में, केंद्र पर कि हम उसे भूल गए हैं, जो हमारे भीतर बैठा है।

कृष्ण कहते हैं, जैसे धुएं से आग छिपी है, ऐसे ही तुम भी छिपे हो अपनी ही वासना से।

कभी आपने खयाल किया कि यह धुआं बड़ा कीमती शब्द है। कुछ और शब्द भी प्रयोग किया जा सकता था, लेकिन धुआं कितना हवाई है, ठोस नहीं है जरा भी। जरा भी ठोस नहीं है, हाथ हिलाएं, तो चोट भी नहीं लगती धुएं को। तलवार चलाएं, तो धुआं कट भी नहीं सकता। धक्के देकर हटाएं, तो आप ही हट जाएंगे, धुआं वहीं का वहीं रह जाएगा। कितना ना-कुछ, जस्ट लाइक नथिंग। धुएं का इसलिए उपयोग किया है कि बिलकुल ना-कुछ है, सब्सटेंशियल जरा भी नहीं, तत्व कुछ भी नहीं है; धुआं-धुआं है।

वासना भी ऐसी ही धुआं-धुआं है। तत्व कुछ भी नहीं है, सिर्फ धुआं-धुआं है। हाथ से हटाएं, हटती नहीं; तलवार से काटें, कटती नहीं; फिर भी है। और उसे छिपा लेती है, जो बहुत वास्तविक है। अब आग से ज्यादा वास्तविक क्या होगा! आग किसी को भी जला दे और धुएं को नहीं जला पाती! आग किसी को भी राख कर दे, और धुएं को राख नहीं कर पाती। अगर धुआं होता कुछ, तो आग उसको जला देती। वह ना-कुछ है, इसलिए जला भी नहीं पाती। और धुआं उसे घेर लेता है। ऐसे ही मनुष्य के भीतर के ज्ञान को उसकी वासना घेर लेती है। वासना अगर कुछ होती, तो ज्ञान काट भी देता, लेकिन बिलकुल धुआं-धुआं है।

कभी आपने अगर खयाल किया होगा अपने चित्त का, जब वह वासना से भरता है, तो आपको फौरन पता लगेगा कि जैसे धुआं-धुआं चारों ओर घिर गया। कभी कामवासना से जब मन भर जाता है, तो ऐसा ही लगता है, जैसे

सुबह, सर्दी की सुबह आप बाहर निकले हों और चारों ओर धुआं-धुआं है। कुछ दिखाई नहीं पड़ता, अंधापन घेर लेता है, फिर भी बढ़े जाते हैं। कोई चीज, जहां नहीं बढ़ना चाहिए, ऐसा भी लगता है, फिर भी बढ़े जाते हैं। कोई भीतर से पुकारता भी है कि अंधेरे में जा रहे हो, गलत में जा रहे हो, फिर भी बढ़े जाते हैं।

कृष्ण ने दूसरा एक प्रतीक लिया है, जैसे दर्पण पर धूल जम जाए, दर्पण पर मल जम जाए। दर्पण है, धूल जम गई है। धूल जमने से दर्पण जरा भी नहीं बिगड़ता है, जरा भी नहीं। दर्पण का कुछ भी नहीं बिगड़ता। और दर्पण इंचभर भी कम दर्पण नहीं होता है धूल के जमने से, दि मिरर रिमेंस दि मिरर; कोई फर्क नहीं पड़ता। धूल कितनी ही पर्त-पर्त जम जाए कि दर्पण बिलकुल खो जाए, तो भी दर्पण नहीं खोता। उसकी मिरर-लाइक क्वालिटी पूरी की पूरी बनी रहती है। उसमें कुछ फर्क नहीं पड़ता। धूल के पहाड़ जमा दें दर्पण के ऊपर, छोटे-से दर्पण पर एवरेस्ट रख दें धूल का, तो भी दर्पण का जो दर्पणपन है, मिरर-लाइक जो उसका गुण है, वह नहीं खोता। वह अपनी जगह है। और जब भी धूल हट जाएगी, दर्पण दर्पण है। और जब धूल थी दर्पण पर, तब भी दर्पण दर्पण था, कुछ खोया नहीं था। इसलिए दूसरा प्रतीक भी कृष्ण का बहुत कीमती है। वे कहते हैं, जैसे धूल जम जाती है दर्पण पर, ऐसे ही वासना जम जाती है आदमी की चेतना पर।

चेतना को दर्पण कहना बहुत सार्थक है। चेतना है ही दर्पण। लेकिन हमारे पास चेतना दर्पण की तरह काम नहीं करती। धूल बहुत है। कुछ नहीं दिखाई पड़ता। अपनी ही शक्ल नहीं दिखाई पड़ती अपनी ही चेतना में, तो और क्या दिखाई पड़ेगा! कुछ नहीं दिखाई पड़ता। अंधे की तरह टटोलकर चलना पड़ता है। वह दर्पण, जिसमें सत्य दिखाई पड़ सकता है, जिसमें परमात्मा दिखाई पड़ सकता है, जिसमें स्वयं की झलक का प्रतिबिंब बन जाता, कुछ नहीं दिखाई पड़ता, सिर्फ धूल ही धूल है। और हम उस धूल को बढ़ाए चले जाते हैं। धीरे-धीरे हम बिलकुल अंधे हो जाते हैं, एक स्प्रिचुअल ब्लाइंडनेस।

एक अंधापन तो आंख का है। जरूरी नहीं कि आंख का अंधा आदमी भीतर से अंधा हो। जरूरी नहीं कि आंख का ठीक आदमी भीतर से अंधा न हो। एक और अंधापन भी है, जो भीतर के दर्पण पर धूल के जम जाने से पैदा हो जाता है। हम तो

दर्पण की तरह व्यवहार ही नहीं करते। एक तो हमें पता ही नहीं चलता कि हमारे भीतर कोई दर्पण है, जिसमें सत्य का प्रतिफलन हो सके! दर्पण का पता कब चलता है? जब दर्पण रिफ्लेक्ट करता है, तभी पता चलता है। अगर आपके पास दर्पण है, उसमें तस्वीर नहीं बनती, प्रतिबिंब नहीं बनता, तो उसे कौन दर्पण कहेगा?

आपने कभी खयाल किया कि आपके भीतर सत्य का आज तक कोई प्रतिबिंब नहीं बना! जरूर कहीं न कहीं आपके भीतर दर्पण जैसी चीज खो गई है। वे जो जानते हैं, वे तो कहते हैं, वे तो कहते हैं कि दिल के आईने में है तस्वीरे-यार, वह तो यहां हृदय के दर्पण में उस प्रेमी की तस्वीर है; जब जरा गरदन झुकाई देख ली। बाकी हम कितनी ही गरदन झुकाएं, कुछ दिखाई नहीं पड़ता। अपनी गरदन भी नहीं दिखाई पड़ती, तस्वीरे-यार तो बहुत मुश्किल है। उस प्रेमी की तस्वीर दिखाई पड़नी तो बहुत मुश्किल है। धूल है।

धूल क्यों कहते हैं? धुआं क्यों कहते हैं, मैंने कहा। धूल क्यों कहते हैं? और कृष्ण जैसा आदमी जब एक भी शब्द का प्रयोग करता है, तो यों ही नहीं करता। कृष्ण जैसे लोग टेलीग्राफिक होते हैं; एक-एक शब्द बड़ी मुश्किल से उपयोग करते हैं।

जैसे टेलीग्राफ आफिस आप चले जाते हैं, तो एक-एक शब्द को काटते हैं कि कहीं ज्यादा न हो जाए, ज्यादा दाम न लग जाएं। आठ अक्षर, पहले दस, अब आठ से ही काम चलाना पड़ता है; आठ में ही काम हो जाता है। लेकिन कभी आपने खयाल किया कि आठ सौ शब्दों की चिट्ठी जो काम नहीं करती, वह आठ अक्षर का तार काम कर जाता है। असल में जितने बेकार शब्द अलग हो जाते हैं, उतना ही इंटेंस, उतना ही गहरा भाव प्रकट हो जाता है।

कृष्ण जैसे लोग टेलीग्राफिक हैं, एक भी शब्द का ऐसे ही उपयोग नहीं कर लेते। जब वे कहते हैं धूल की भांति वासना को, तो कुछ बात है। उन्होंने तो ठीक शब्द मल प्रयोग किया है। मल और भी, धूल से भी कठिन शब्द है। मल में गंदी धूल का भाव है, सिर्फ धूल का नहीं। गंदगी से भर गया। धूल ही नहीं सिर्फ, गंदगी भी।

वासना में गंदगी क्या है? दुर्गंध क्या है? बहुत दुर्गंध है। और वह दुर्गंध इस बात से आती है कि एक तो वासना कभी भी दूसरे का गुलाम हुए बिना पूरी नहीं होती और जीवन में सारी दुर्गंध परतंत्रता से आती है। जीवन की सारी दुर्गंध परतंत्रता से आती है और जिंदगी की सारी सुगंध स्वतंत्रता से आती है। जितना स्वतंत्र मन, उतना ही सुवास से भरा होता है। और जितना परतंत्र मन, उतनी दुर्गंध से भर जाता है। और वासना परतंत्र बनाती है।

अगर आप एक स्त्री पर मोहित हैं, तो एक गुलामी आ जाएगी। अगर आप एक पुरुष पर मोहित हैं, तो एक गुलामी आ जाएगी। अगर आप धन के दीवाने हैं, तो धन की गुलामी आ जाएगी। अगर आप पद के दीवाने हैं, तो जाकर दिल्ली में देखें! एक दफे दिल्ली में सबको पकड़ लिया जाए और एक पागलखाना बना दिया जाए, तो मुल्क बहुत शांति में हो जाए। अलग-अलग पागलखाने खोलने की जरूरत नहीं, पूरी दिल्ली घेरकर पागलखाना बना देना चाहिए। या पार्लियामेंट को ही पकड़ लिया जाए, तो भी काफी है। कुर्सी! तो आदमी ऐसा गुलाम हो जाता है, ऐसा गिड़गिड़ाता है, ऐसी लार टपकाता है, ऐसे हाथ जोड़ता है, ऐसे पैर पड़ता है, और क्या-क्या नहीं करता-वह सब करने को राजी हो जाता है। एक गुलामी है, एक दासता है।

जहां भी वासना है, वहां गुलामी होगी। जो पैसे का पागल है, उसको देखा है आपने कि रुपये को कैसा, कैसा मोहित, कैसा मंत्रमुग्ध देखता है! रात सपने में भी गिनता रहता है। पैसा छिन जाए, तो उसके प्राण चले जाएं। उसका प्राण पैसे में होता है। पैसा बच जाए, तो उसकी आत्मा बच जाती है। वासना दुर्गंध लाती है, क्योंकि वासना परतंत्रता लाती है। और इसलिए वासना से भरा हुआ आदमी कभी सुगंधित नहीं होता। उसके चारों तरफ वह सुगंध नहीं दिखाई पड़ती, जो किसी महावीर, किसी बुद्ध, किसी कृष्ण के आस-पास दिखाई पड़ती है।

और बड़े मजे की बात है कि वासना तृप्त न हो, तो भी चित्त पीड़ित और परेशान होता है; और जो चाहा था वह मिल जाए, तो भी चित्त फ्रस्ट्रेट होता है, तो भी पीछे विषाद छूट जाता है। कामवासना तृप्त न हो, तो मन कामवासना के चित्रों की दुर्गंध से भर जाता है। और कामवासना तृप्त होने का मौका आ जाए, तो पीछे

सिवाय हारे हुए, दुर्गंध से पराजित व्यक्तित्व के कुछ भी नहीं छूटता। दोनों ही स्थितियों में चेतना धूमिल होती है और चेतना पर गंदगी की पर्त जम जाती है।

लेकिन गंदगी की पर्त पता नहीं चलती, क्योंकि धीरे-धीरे हम गंदगी के आदी हो जाते हैं। दुर्गंध मालूम नहीं पड़ती! नासापुट राजी हो जाते हैं, कंडीशनिंग हो जाती है। तो ऐसा भी हो सकता है कि हमें दुर्गंध नहीं, सुगंध मालूम पड़ने लगे। ऐसा भी हो जाता है। ऐसा भी हो जाता है कि जो दुर्गंध निरंतर हम उसके आदी हो गए हैं, कंडीशनिंग हो गई है, तो हमें लगता है कि बड़ी सुगंध आ रही है। ऐसा ही हो भी गया है। और जिस दिन दुर्गंध सुगंध मालूम होने लगती है, उस दिन तो जैसे फिर छुटकारा बहुत मुश्किल है। जिस आदमी को कारागृह निवास मालूम पड़ने लगे, घर मालूम पड़ने लगे, फिर तो छुटकारा बहुत मुश्किल है। जिस आदमी को सूली सिंहासन मालूम पड़ने लगे, आप उसे उतारना भी चाहें सूली से, तो वह नाराज हो कि भाई हम सिंहासन पर बैठे हैं, आप हमें उतारने की बात करते हैं! तुम भी आ जाओ।

तो अगर हम जीसस पर, कृष्ण और क्राइस्ट पर, और बुद्ध और मोहम्मद पर अगर नाराज हो जाते हैं, तो नाराज होने का कारण है। हम अपनी दुर्गंध में बड़े मस्त हैं, तुम नाहक हमें बेचैन करते हो, डिस्टर्ब करते हो। हम बड़े मजे में हैं। गोबर का कीड़ा है, वह गोबर में ही मजे में है। आप उसे गोबर से हटाएं, तो वह बड़ी नाराजगी से फिर गोबर की तरफ चला जाता है। उसके लिए गोबर नहीं है, उसके लिए जीवन है!

खयाल शायद हमें न आए कि जहां हम जी रहे हैं, वह दुर्गंध है। लेकिन दुर्गंध तो है ही, चाहे हम कितने ही कंडीशंड हो जाएं। फिर हम कैसे पहचानें कि वह दुर्गंध है? हम एक ही बात पहचान सकते हैं, जिससे दुख मिलता हो, हम उसे पहचान सकते हैं। अगर सुगंध है वासना, तो दुख नहीं मिलना चाहिए। लेकिन दुख मिलता है, दुख ही दुख मिलता है, फिर भी हम कहे चले जाते हैं, सुगंध।

कृष्ण कहते हैं, दुर्गंधयुक्त मल से ढंक जाए जैसे दर्पण। दर्पण कहते हैं।

दर्पण के साथ एक और बात समझ लेनी जरूरी है। दर्पण पर, आपने कभी खयाल किया कि दर्पण के सामने आइए, तो आपकी तस्वीर बन जाती है;

और हट जाइए, तो तस्वीर मिट जाती है। यह दर्पण की खूबी है। यही उसकी क्वालिटी है, यही उसका गुण है। फोटो कैमरे के भीतर भी फिल्म होती है। वह उस पर भी तस्वीर बनती है, लेकिन मिटती नहीं; बन गई, तो बन गई। एक्सपोजर हो गया, तो हो गया। एक दफे बनती है, फिर तस्वीर को पकड़ लेती है कैमरे की फिल्म, फिर छोड़ती नहीं।

दर्पण जैसा कहने का कारण है। सिर्फ जो व्यक्ति धुएं से और दुर्गंधयुक्त मल से मुक्त होता है और जिसका चित्त शुद्ध दर्पण हो जाता है, उसकी स्थिति ऐसी हो जाती है-उसके सामने जो आता है, उसकी तस्वीर बन जाती है; जो हट जाता है, दर्पण कोरा और खाली और मुक्त हो जाता है। मित्र आया, तो खुशी; और चला गया, तो भूल गए। परिवार के लोग रहे, तो आनंद; नहीं रहे, तो बात समाप्त-दर्पण जैसा। फिर कोई चीज पकड़ती नहीं, एक्सपोजर होता ही नहीं। चीजें आती हैं, चली जाती हैं, और दर्पण अपनी शुद्धता में जीता है।

दर्पण को अशुद्ध नहीं किया जा सकता। फोटो के कैमरे की जो फिल्म है, उसको अशुद्ध किया जा सकता है, वह अशुद्ध होने के लिए ही है। वही उसकी खूबी है कि वह फौरन तस्वीर को पकड़ लेती है और बेकार हो जाती है। दर्पण बेकार नहीं होता। लेकिन हम जिस चित्त से जीते हैं, उसमें हमारी हालत दर्पण जैसी कम और फोटो की फिल्म जैसी ज्यादा है। जो भी पकड़ जाता है, वह पकड़ जाता है, फिर वह छूटता नहीं। एक्सपोजर हो जाता है, छूटता ही नहीं। कल किसी ने गाली दी थी, वह अभी तक नहीं छूटी; चौबीस घंटे बीत गए, वह गूंज रही है, वह चल रही है। देने वाला हो सकता है, भूल गया हो; देने वाला हो सकता है, अब माफी मांग रहा हो मन में; देने वाला हो सकता है, अब हो ही न इस दुनिया में-लेकिन वह गाली गूंजती है। हो सकता है वह आज गूंजे, कल गूंजे; हो सकता है कब्र में आप उसे अपने साथ ले जाएं और वह गूंजती ही रहे। एक्सपोजर हो गया, दर्पण जैसा नहीं रहा आपका चित्त।

एक सुबह बुद्ध के ऊपर एक आदमी थूक गया और दूसरे दिन माफी मांगने आया। तो बुद्ध ने कहा, पागल, गंगा का बहुत पानी बह चुका है। कहां की बातें

कर रहा है! इतिहासों को मत उखाड़, गड़े मुरदों को मत उखाड़; बात खत्म हो गई। अब न तो मैं वह हूं, जिस पर तू थूक गया था; न अब तू वह है, जो थूक गया था; न अब वह सूरज है, न वह आकाश है, न जमीन है; सब बदल चुका। चौबीस घंटे में गंगा बहुत बह गई। तू किससे माफी मांगता है! लेकिन वह कहने लगा, नहीं, मुझे माफ कर दें। बुद्ध ने कहा, तूने थूका ही नहीं। मालूम होता है, तू जो थूक गया था, चौबीस घंटे उसको दोहराता भी रहा है, उसकी जुगाली करता रहा है।

हम सब ऐसे ही जीते हैं। यहां कोई हम में दर्पण जैसा नहीं है। दर्पण जैसा व्यक्ति ही अनासक्त हो सकता है, क्योंकि तब चीजें आती हैं और चली जाती हैं।

वही कृष्ण अर्जुन से कह रहे हैं कि तू दर्पण जैसे ज्ञान को उपलब्ध हो जा। हटा धूल को, जिस धूल के कारण चित्र पकड़ जाते हैं। हटा धुएं को, जिस धुएं के कारण तुझे दिखाई नहीं पड़ता कि तेरे भीतर जो ज्योति है ज्ञान की, वह क्या है। अपने दर्पण को उसकी पूरी शुद्धता में, पूरी प्योरिटी में ले आ, ताकि चीजें आएं और मिटें और जाएं और तेरे ऊपर कोई प्रभाव न छूट जाए, कोई इंप्रेशन, कोई प्रभाव तेरे ऊपर पकड़ न जाए, तू खाली...।

कबीर ने कहा न, ज्यों की त्यों धरि दीन्हीं चदरिया, खूब जतन से ओढ़ी कबीरा; बहुत जतन से ओढ़ी चादर और फिर ज्यों की त्यों धरि दीन्हीं। जरा भी दाग नहीं लगाया। दर्पण जैसी हो चादर, तभी हो सकता है ऐसा। अगर चादर दर्पण जैसी न हो, तो दाग लग ही जाएगा। जिस चादर की बात कबीर कह रहे हैं, वह कृष्ण के दर्पण की ही बात है। अगर चित्त दर्पण जैसा है, तो कितना ही ओढ़े, कोई दाग नहीं लगता। दर्पण पर दाग लगता ही नहीं। दर्पण कुछ पकड़ता ही नहीं। सब चीजें आती हैं और चली जाती हैं, और दर्पण अपने खालीपन में, अपनी शून्यता में, अपनी निर्मलता में, अपनी शुद्धता में रह जाता है।

लेकिन शुद्धता दर्पण की तो तब हो न, जब उसके ऊपर धूल अशुद्धि की न जमे। दर्पण शुद्ध तो तब हो न, जब मैं स्वयं रहूं, मेरे ऊपर दूसरे न जम जाएं। दर्पण तो शुद्ध तब हो न, जब मैं जो हूं, वही रहूं; उसकी आकांक्षा न करूं, जो मैं नहीं हूं। दर्पण तो शुद्ध तभी हो सकता है न, जब वर्तमान का क्षण पर्याप्त हो और

जब भविष्य की कामनाएं न पकड़ें और अतीत की स्मृतियां न पकड़ें, तभी मन का दर्पण शुद्ध हो सकता है।

ऐसे शुद्ध दर्पण को कृष्ण कहते हैं, ज्ञान। और ऐसा ज्ञान मुक्ति है।

प्रश्न : आप कहते हैं कि खाद की दुर्गंध ही फूल की सुगंध बनती है और काम-ऊर्जा ही आत्म-ऊर्जा बनती है, लेकिन यहां काम को ज्ञानियों का नित्य वैरी कहकर उसके प्रति निंदाभाव क्यों व्यक्त किया गया है?

नहीं, निंदा भाव नहीं है। वैरी कहकर सिर्फ एक तथ्य की सूचना दी गई है। और जब मैं कहता हूं कि खाद की दुर्गंध ही फूल की सुगंध बनती है, तब मैं यह नहीं कह रहा हूं कि खाद में दुर्गंध नहीं होती। खाद में दुर्गंध तो होती ही है। और आप घर में खाद ही रख लें लाकर, तो फूलों की सुगंध पैदा नहीं हो जाती। सिर्फ दुर्गंध ही बढ़ेगी; खाद सड़ेगा और दुर्गंध बढ़ेगी। जो आदमी खाद को घर में रखकर बैठ जाता है, उसके लिए खाद वैरी है। लेकिन जो आदमी खाद को बगिया में डालकर, मिट्टी में मिलाकर, बीजों के साथ बिछा देता है, उसके लिए खाद मित्र हो जाता है। और ध्यान रहे, वैरी का होना वैरी, कोई उसकी नियति नहीं है, वह मित्र भी हो सकता है। जो वैरी हो सकता है, वह मित्र भी हो सकता है। जो मित्र हो सकता है, वह वैरी भी हो सकता है।

यहां कृष्ण सिर्फ इतना ही कह रहे हैं कि जिसकी वासना धुआं बनकर उसके चित्त को घेर लेती है, उसकी वासना उसकी ही दुश्मन हो जाती है। लेकिन जो इस धुएं से अपनी अग्नि को पहचानता है कि अग्नि भी भीतर होनी चाहिए, क्योंकि धुआं बाहर है। और जहां-जहां धुआं है वहां-वहां अग्नि है, बिना अग्नि के धुआं नहीं हो सकता। जो इस वासना के धुएं को देखकर भीतर की अग्नि के स्मरण से भर जाता और धुएं को हटाकर अग्नि को उपलब्ध होता है, उसके लिए वासना शत्रु नहीं रह जाती, मित्र हो जाती है। लेकिन कृष्ण अर्जुन से कह रहे हैं कि वैरी है। वैरी का मतलब केवल इतना ही है कि अभी तू जिस स्थिति में खड़ा है, वहां तूने अपनी वासना को वैरी की स्थिति में ही बांध रखा है। वह तेरी मित्र नहीं बन पाएगी।

इस जगत में जो भी चीज हानि पहुंचा सकती है, वह लाभ पहुंचा सकती है। रास्ते पर पड़ा हुआ पत्थर रुकावट भी बनता है, समझदारों के लिए सीढ़ी भी बन जाता है। उसी पर चढ़कर वे और ऊपर उठ जाते हैं। जिंदगी में ऐसा कुछ भी नहीं है, जिसका शुभ उपयोग न हो सके। और जिंदगी में ऐसा भी कुछ भी नहीं है, जिसका दुरुपयोग, अशुभ उपयोग न हो सके। उपयोग सदा हम पर निर्भर है।

हम वासना का शत्रु की तरह व्यवहार कर सकते हैं। हम करते हैं। हम वासना से करते क्या हैं? हम वासना से सिर्फ अपने को थकाते हैं। हम वासना से सिर्फ अपने को गंवाते हैं। हम वासना से सिर्फ अपने को चुकाते हैं। हम वासना से सिर्फ छेद-छेद से जैसे पानी रीतता चला जाए किसी घड़े से, ऐसे हम अपने जीवन को रिताते हैं। हम और वासना से करते क्या हैं? वासना हमारे लिए शक्ति का, ऊर्जा का, परमात्मा की उपलब्धि का द्वार नहीं बनती है। वासना हमारे लिए ऊर्जा का, शक्ति का, प्रभु का, आत्मा का खोने का मार्ग बनती है। वासना का रूपांतरण हो सकता है।

इसलिए कृष्ण जब वैरी कह रहे हैं, तो उनका प्रयोजन निंदा का नहीं है। और जब मैं मित्र कहता हूं, तो मेरा प्रयोजन भी प्रशंसा का नहीं है। फिर से दोहराऊं-जब कृष्ण कहते हैं, वासना शत्रु है, तो उनका प्रयोजन निंदा का नहीं है; और जब मैं कहता हूं, वासना मित्र है, तो मेरा प्रयोजन प्रशंसा का नहीं है। कृष्ण आधी बात कह रहे हैं कि शत्रु है और सूचना दे रहे हैं कि उसे शत्रु ही मत बनाए रखना। मैं भी आधी बात कह रहा हूं कि मित्र है और सूचना दे रहा हूं कि उसे मित्र बना लेना है।

शत्रु मित्र बनाए जा सकते हैं; दुर्गंधें सुगंधें बनाई जा सकती हैं; धुआं आग की तरफ ले जाने वाला बन सकता है और धुआं आग से दूर ले जाने वाला भी बन सकता है। यह हम पर निर्भर करता है कि हम वासना का क्या उपयोग करते हैं। वासना विनाशक हो सकती है और वासना सृजनात्मक भी हो सकती है। वासना ही मनुष्य को वहां पहुंचा सकती है, जहां परमात्मा का मंदिर है। और वासना ही वहां भी पहुंचा सकती है, जहां परमात्मा की तरफ पीठ भी हो जाती है। दोनों ही हो सकता है।

हमने तुलसीदास की कहानी पढ़ी है; सभी को पता है। वासना शत्रु थी-कृष्ण के अर्थों में-वैरी थी। पत्नी गई है मायके, तो रुक नहीं सके। पागल की

तरह, विक्षिप्त की तरह, अंधे की तरह भागे। आंखें देखती नहीं, कान सुनते नहीं, हाथ छूते नहीं! वर्षा है, बाढ़ है, कूद पड़ते हैं। लगता है कि कोई लकड़ी बहती है, उसका सहरा ले लेते हैं। लकड़ी नहीं है वहां, सिर्फ एक मुरदा बह रहा है! उसी का सहारा लेकर नदी पार कर जाते हैं। मुरदा नहीं दिखाई पड़ता, दिखाई पड़ता है लकड़ी है। वासना अंधी है। आधी रात पहुंच गए हैं घर पर, द्वार खुलवाने की हिम्मत नहीं पड़ती। वासना सदा कमजोर है, वासना सदा भयभीत है। जहां भय है, वहां वासना है। जहां वासना है, वहां भय है। सिर्फ अभय वही होता है, जो वासना में नहीं है। चोरी से घर के पीछे से चढ़ते हैं। लगता है रस्सी लटकी है, सांप लटकता है वर्षा का। दिखाई नहीं पड़ता, हिप्नोटाइज्ड हैं, सम्मोहित हैं।

जो देखना चाहते हैं, वही दिखाई पड़ता है वासना में; वह नहीं दिखाई पड़ता है, जो है। जो देखना चाहते हैं, वही दिखाई पड़ता है। अभी रस्सी चाहिए चढ़ने के लिए, इसलिए सांप रस्सी दिखाई पड़ता है। अभी पार होने के लिए लकड़ी चाहिए, तो मुरदा लकड़ी दिखाई पड़ता है। वासना में वही दिखाई पड़ता है, जो आप देखना चाहते हैं; वह नहीं दिखाई पड़ता, जो है। आत्मा में वही दिखाई पड़ता है, जो है; वह नहीं दिखाई पड़ता, जो आप देखना चाहते हैं। इसलिए आत्मा तो सत्य को देखती है, वासना अपने खुद के झूठे सत्य निर्मित करती है, प्रोजेक्ट करती है। अब यह सांप नहीं दिखाई पड़ा, रस्सी दिखाई पड़ी। प्रोजेक्शन हो गया। रस्सी चाहिए थी, चढ़ गए।

पत्नी ने एक बात कही कि जितना मेरे लिए दौड़ते हैं, काश, इतना राम के लिए दौड़ें! बस, वासना मित्र हो गई! उसी दिन से मित्र हो गई, उसी घड़ी, उसी क्षण। इस क्षण के पहले तक शत्रु थी। यात्रा बदल गई, रुख बदल गया, मुंह फिर गया। कल तक जहां पीठ थी, उस तरफ आंखें हो गईं; और कल तक जहां आंखें थीं, वहां पीठ हो गई। रास्ता वही है, लेकिन यात्रा बदल गई।

आप यहां तक आए हैं। जिस रास्ते से आए हैं, उसी रास्ते से वापस लौटेंगे। रास्ता वही है, लेकिन अभी मेरी तरफ आते थे, तो आंखें मेरी तरफ थीं; अब घर की तरफ जाएंगे, तो घर की तरफ आंखें होंगी। अभी आए थे, तो घर की तरफ पीठ थी।

वासना ही रास्ता है परमात्मा से दूर जाने का भी और परमात्मा के पास आने का भी। वासना में ज्यादा जाइए, तो दूर चले जाएंगे; वासना में कम से कम जाइए-लौटते आइए, लौटते आइए-तो परमात्मा में आ जाएंगे। जिस दिन वासना पूर्ण होगी, उस दिन परमात्मा से डिस्टेंस एब्सोल्यूट होगा। जिस दिन वासना शून्य होगी, उस दिन परमात्मा से नो डिस्टेंस पूर्ण होगा। उस दिन निकटता पूरी हो जाएगी, जिस दिन वासना नहीं होगी। जिस दिन वासना ही वासना होगी, उस दिन दूरी पूर्ण हो जाएगी। रास्ता वही होता है। सीढ़ी वही होती है, जो ऊपर ले जाती है मकान के। सीढ़ी वही होती है, जो नीचे लाती है मकान के। आप भी वही होते हैं, सीढ़ी भी वही होती है, सिर्फ रुख बदल जाता है। चढ़ते वक्त ऊपर की तरफ नजर होती है, उतरते वक्त नीचे की तरफ नजर होती है।

नहीं, कृष्ण जब वैरी कह रहे हैं वासना को, तो निंदा नहीं कर रहे हैं, सिर्फ सूचना दे रहे हैं अर्जुन को कि वासना वैरी बन सकती है, बन जाती है। सौ में निन्यानबे मौकों पर वैरी ही होती है। और जब मैं कहता हूं कि वासना मित्र है, तो मैं कह रहा हूं कि सौ में निन्यानबे मौकों पर वासना वैरी होती है, लेकिन सौ में निन्यानबे मौके पर भी वासना मित्र बन सकती है। मैं संभावना की बात कह रहा हूं, कृष्ण वास्तविकता की बात कह रहे हैं। कृष्ण कह रहे हैं, जो है; मैं कह रहा हूं वह, जो हो सकता है। और जो है, वह इसीलिए कह रहे हैं, ताकि वह हो सके, जो होना चाहिए। अन्यथा जो है, उसको कहने का कोई भी प्रयोजन नहीं है।

प्रश्न : अभी आपने कहा कि वासना, अधिक वासना का अर्थ है, परमात्मा से अधिक दूरी; और दूसरी जगह आप कहते हैं कि वासना की चरम ऊंचाइयों पर ही रूपांतरण होता है। कृपया इसे स्पष्ट करें।

निश्चय ही, जितने दूर होते हैं हम, वासना में जितने गहरे होते हैं, उतने परमात्मा से दूर होते हैं। लेकिन गहराइयों का भी अंत है। और जब कोई व्यक्ति वासना की चरम सीमा पर पहुंच जाता है, तो उसके आगे वासना नहीं है फिर। जिस दिन कोई वासना के आखिरी छोर को छू लेता है, उस दिन ऐसा आदमी है

वह, जो पूरी पृथ्वी का चक्कर लगा आया और अब भलीभांति जानता है कि क्षितिज आकाश को कहीं भी नहीं छूता। उस दिन रूपांतरण, उस दिन परमात्मा की तरफ लौटना शुरू होता है।

इसलिए जब मैं कहता हूं कि वासना पूरी है, तो परमात्मा से पूरी दूरी है, तब मैं यह नहीं कह रहा हूं कि लौटना असंभव है। सच तो यह है कि पूरी दूरी से ही लौटना आसान होता है, बीच से लौटना आसान नहीं होता। इसलिए हम अक्सर देखते हैं कि पापी शीघ्रता से संतत्व को उपलब्ध हो जाते हैं। मीडियाकर, मध्यवर्गीय चित्त के लोग शीघ्रता से संतत्व को उपलब्ध नहीं होते। कोई वाल्मीकि शीघ्रता से...। पाप की आखिरी गहराई छू ली। और जब कृष्ण ऐसे आदमी से कहेंगे कि पाप वैरी है, तो वाल्मीकि जितना ठीक से समझ सकता है, उतना अर्जुन नहीं समझ सकता। क्योंकि अर्जुन ने वासना को उस गहराई तक छुआ भी नहीं है, जहां उसका वैरीपन पूरा प्रकट हो जाए। वाल्मीकि जानता है अनुभव से, कृष्ण जो कहते हैं, वाल्मीकि जानता है अपनी पीड़ा से, वह कहेगा कि ठीक है। वाल्मीकि के पूरे प्राण से निकलेगा, हां, यही है सच कि वासना दुख और पीड़ा और नरक है। और उसके नरक को वह जानता है, उसका लौटना शीघ्रता से होता है।

तो जब मैं कहता हूं कि दूरी पूर्ण है परमात्मा से, तभी छलांग का क्षण भी है। वह मैं नहीं कह रहा हूं कि छलांग नहीं लग सकती। कोई आदमी इतनी वासना में नहीं हो सकता कि वहां से लौट न सके, क्योंकि कोई आदमी किसी रास्ते पर इतना आगे नहीं जा सकता कि उसी रास्ते से वापस न आ सके। हां, अगर कल-डि-सेक आ जाए, रास्ते का अंत आ जाए, वहां से रास्ता ही खत्म हो जाए, आगे खड्ड हो अनंत और कोई रास्ता न हो, तो लौटना ज्यादा तीव्रता से होता है कि व्यर्थ हो गया यह रास्ता।

लेकिन बीच में जो लोग होते हैं, उन्हें आगे रास्ता दिखाई पड़ता है। उन्हें लगता है, अभी तो रास्ता शेष है। आप कहते हैं कि नर्क है, लेकिन हम आखिर तक जाकर तो देख लें! क्योंकि अब तक तो मन ने कहा कि स्वर्ग आगे है। आप कहते हैं, पीछे है! मन तो कहता है, आगे है। वासना तो कहती है, और थोड़ा, और थोड़ा, बस एक मील का पत्थर और पूरा करो। और वासना कभी भी पूरी

बात नहीं कहती, हमेशा इंस्टालमेंट में कहती है। इतना और कर लो, बस इतने में तो देर नहीं, थोड़ी-सी तो बात रह गई है। दस-पांच कदम और, और मंजिल आ रही है। अब यहां से लौट रहे हो! पागल हो! कहते होंगे कृष्ण। पता नहीं, यह आदमी झूठ कहता हो; पता नहीं, यह आदमी धोखा देता हो; पता नहीं; इस आदमी की बात कहां तक सच है!

अर्जुन को दिक्कत होती है समझने में, वाल्मीकि को दिक्कत नहीं होगी। वाल्मीकि कहेगा, ठीक कहते हो! आगे रास्ता कहां है! अब तो सब मील के पत्थर खत्म हुए। तो वाल्मीकि जैसा आदमी क्षण में, क्षण में, सडेन क्रांति से गुजर जाता है। अनेक लोग मुझसे पूछते हैं कि वाल्मीकि जैसे पापी, और इतने बड़े संत कैसे हो सकते है! तो मैं उनसे कहता हूं कि जो आदमी इतना पापी होने की हिम्मत कर सकता है, वह आदमी उतनी ही मात्रा में संत होने की हिम्मत कर सकता है-साहस है।

हममें तो पापी होने का भी साहस नहीं होता, पुण्यात्मा होने का साहस तो जरा दूर की बात है। अगर हम पापी नहीं होते, तो उसका कारण यह नहीं होता कि हम पुण्यात्मा हैं; उसका कुल कारण इतना होता है कि पापी होने का भी साहस नहीं है। अगर आदमी चोरी नहीं करता, तो उसकी वजह यह नहीं कि वह अचोर है, सौ में निन्यानबे मौकों पर वजह इतनी ही होती है कि चोर के लिए जितनी हिम्मत चाहिए, उतनी भी उसमें नहीं है। चोर तो वह है ही, सिर्फ हिम्मत नहीं है, इसलिए एक्ट नहीं कर पाता; विचार ही करता रहता है। सोचता ही रहता है, कर नहीं पाता। सोचता ही सोचता रहता है।

वाल्मीकि जैसे लोग हिम्मतवर हैं। और जब वे पाप में छलांग लगा सकते हैं बेशर्त, तो किसी दिन अगर उनको पता चल जाए कि पाप का रास्ता समाप्त हुआ, तो परमात्मा में वे छलांग नहीं लगा सकेंगे! इतनी ही बेशर्त छलांग परमात्मा में भी लगा देते हैं। छलांग की हिम्मत जिसको पाप में भी है, उसको परमात्मा में न होगी! जो नर्क में कूद सकता है, उसके सामने स्वर्ग आ जाए, तो नहीं कूदेगा!

लेकिन हम, हम कोई हिम्मत नहीं जुटा पाते। इसलिए बीच के आदमियों की कठिनाई है; वे दोनों बातें मानते रहते हैं। इधर रोज गीता भी पढ़ लेते हैं और

कहते हैं कि वासना वैरी है, और दिन-रात वासना को सोचकर सोचते भी हैं कि होता है। कहते तो हैं कृष्ण, पता नहीं, चित्त तो यही कहता है कि वासना ही मित्र है। इसलिए फिर सुबह गीता पढ़ लेते हैं, फिर चौबीस घंटे वासना में जीते हैं, फिर सुबह गीता पढ़ लेते हैं। फिर उनकी यह नियमित आदत हो जाती है। वासना में भी जीते हैं, वासना के खिलाफ पढ़कर अपने मन को भी हलका कर लेते हैं।

यह बड़ी तरकीब है चालाक, कनिंग! इस भांति वे दोहरा काम करते हैं। इस भांति वे वासना में भी जीते रहते हैं और अपने मन को भी समझाते रहते हैं कि मैं कोई बुरा आदमी नहीं हूं, रोज गीता पढ़ता हूं, वासना वैरी है। आदमी तो अच्छा हूं, जरा समय नहीं आया; अभी प्रभु की कृपा नहीं है; अभी पिछले जन्मों के कर्म बाधा डाल रहे हैं; अभी स्थिति नहीं बनी, इस तरह समझाते। गीता तो रोज पढ़ता ही हूं, इसलिए अपने अहंकार को भी भीतर बचाए रखते हैं कि मैं जानता हूं कि वासना वैरी है। और अपने चित्त को भी चलाए रखते हैं वासना में। ऐसे वे दो नावों पर सवार होते हैं। कहीं नहीं पहुंचते। न पाप के अंत पर पहुंचते, न पुण्य के अंत पर पहुंचते। सदा ही उनकी दो नावें बीच में ही भटकती रहती हैं। अनंत जन्म ऐसे बीत सकते हैं।

अगर कोई आदमी साहस से वासना में ही चला जाए, तो आज नहीं कल वासना के बाहर आना पड़ेगा। सिर्फ परमात्मा के बाहर आने का उपाय नहीं है, बाकी तो कहीं से भी बाहर आना पड़ेगा। क्योंकि जिस दिन पता चलेगा कि व्यर्थ है, उसी दिन लौटना शुरू हो जाएगा। उस दिन फिर कृष्ण की बात उधार नहीं मालूम पड़ेगी, आथेंटिक, प्रामाणिक हो जाएगी। प्राणों की, अपने ही प्राणों से आई हुई मालूम पड़ेगी। उस दिन गवाही दे सकेगा वाल्मीकि कि ठीक कहते हो तुम, मैं भी दस्तखत करता हूं, मैं भी गवाह हूं, विटनेस हूं कि यही बात है। सिर्फ नर्क के और कुछ भी नहीं आता।

इसलिए जब मैं कहता हूं कि वासना की पूर्णता पर ही रूपांतरण होता है, तो मेरी दोनों बातों में कोई विरोध नहीं है। वासना की पूर्णता पर आप परमात्मा से सर्वाधिक दूर होते हैं, लेकिन वासना की पूर्णता पर, चरम स्थिति में रूपांतरण की संभावना भी सर्वाधिक होती है। असल में जो परमात्मा से सर्वाधिक दूर है, वही

शायद परमात्मा की सर्वाधिक कमी भी अनुभव कर पाता है। और जो परमात्मा से सर्वाधिक दूर है, वही शायद दौड़कर परमात्मा की गोद में भी गिर पाता है। जिनको लगता है कि हम तो पास ही हैं मंदिर के, पड़ोस में, वे सोचते हैं, कभी भी हो लेंगे। ऐसी कोई जल्दी भी क्या है? पड़ोस में ही मंदिर है, कभी भी मंदिर में चले जाएंगे। आदमी हम भले हैं, ऐसा परमात्मा की तरफ दौड़ने की जरूरत भी क्या है? कभी भी, कभी भी।

एक अंग्रेज लेखक ने एक छोटी-सी किताब लिखी है। उस किताब में उसने लिखा है कि लंदन में दूसरे यात्री आते हैं सारी दुनिया से, तो लंदन का टावर देख लेते हैं; पर लंदन में ऐसे लाखों लोग हैं, जिन्होंने लंदन का टावर नहीं देखा है। नहीं देखा इसलिए कि देख लेंगे कभी भी। रोज उसी के पास से दफ्तर के लिए जाते हैं, देख लेंगे कभी भी! इतने पास है, ऐसा अहसास जो है-देख लेंगे। पेकिंग से आदमी आता है, देख लेता है। टोकियो से आता है, देख लेता है। बंबई से आता है, देख लेता है। लंदन का निवासी टावर के सामने ही रहता है, पत्थर फेंके तो टावर पर पहुंच जाए, लेकिन वह नहीं पहुंचता। वह सोचता है, देख लेंगे।

वैटिकन के पोप से एक दफा एक अमेरिकी यात्री मिलने आया। तीन मित्र साथ ही आए। वैटिकन के पोप ने पूछा कि फ्रांस में कितने दिन रुकने का इरादा है? एक अमेरिकन ने कहा, छः महीने। वैटिकन के पोप ने कहा कि तुम थोड़ा-बहुत फ्रांस जरूर देख लोगे। दूसरे से पूछा, तुम कितने दिन रुकोगे? उसने कहा, मैं तो सिर्फ तीन सप्ताह रुकूंगा। वैटिकन के पोप ने कहा, तुम काफी फ्रांस देख लोगे। तीसरे से पूछा, तुम कितने दिन रुकोगे? उसने कहा, मैं तो सिर्फ एक सप्ताह के लिए आया हूं। वैटिकन के पोप ने कहा कि तुम पूरा फ्रांस देख लोगे। तीनों चकित हुए। उन्होंने कहा, आप क्या कहते हैं! मैं छः महीना रुकूंगा, मुझसे कहते हैं कि थोड़ा-बहुत देख लोगे। तीन सप्ताह वाले से कहते हैं, काफी देख लोगे। एक सप्ताह वाले से कहते हैं, पूरा देख लोगे! वैटिकन के पोप ने कहा कि जिंदगी का मेरा अनुभव यही है कि जिसके पास लगता है कि बहुत समय है, वह उतना आराम कर लेता है। जिसके पास लगता है कि समय कम है, वह शीघ्रता से दौड़-धूप कर लेता है। जो चीज लगती है कि कभी भी मिल जाएगी, उसे हम

कभी नहीं पाते। और जो चीज लगती है कि अब आखिरी घड़ी आ गई, जहां से छूटी तो सदा को छूट जाएगी, हम दौड़ पड़ते हैं।

इसलिए अगर कभी पापी अपने पाप की चरम सीमा से परमात्मा की गोद में सीधा पहुंच जाता है, तो बहुत चकित होने की जरूरत नहीं है। वह दौड़ पाता है। उसे लगता है, आ गई आखिरी जगह, यहां से एक कदम और कि मैं सदा के लिए खो जाऊंगा; फिर लौटने की कोई जगह न रह जाएगी। लौट पड़ता है। आपको नहीं लगता है। आपको लगता है, रास्ता साफ सुथरा है; बिलकुल मेटल रोड है; मजे से चले जा रहे हैं। गति अच्छी है। और फिर भगवान पास है। भले आदमी हैं, दान भी देते हैं, गीता भी पढ़ते हैं, मस्जिद भी जाते हैं, मंदिर भी जाते हैं, साधु-संत को नमस्कार भी करते हैं, और क्या चाहिए! कभी भी चले जाएंगे। पास है।

नहीं। इसलिए पाप की पीड़ा मनुष्य को परमात्मा के पास पहुंचा देती है और पुण्य का अहंकार मनुष्य को परमात्मा से दूर कर देता है।

इन्द्रियाणि मनो बुद्धिरस्याधिष्ठानमुच्यते।
एतैर्विमोहयत्येष ज्ञानमावृत्य देहिनम्।। 40।।
तस्मात्त्वमिन्द्रियाण्यादौ नियम्य भरतर्षभ।
पाप्मानं प्रजहि ह्येनं ज्ञानविज्ञाननाशनम्।। 41।।

इंद्रियां, मन (और) बुद्धि इसके वासस्थान कहे जाते हैं (और) यह (काम) इनके द्वारा ही ज्ञान को आच्छादित करके (इस) जीवात्मा को मोहित करता है।

इसलिए, हे अर्जुन! तू पहले इंद्रियों को वश में करके ज्ञान और विज्ञान को नाश करने वाले इस (काम) पापी को निश्चयपूर्वक मार।

कृष्ण कहते हैं, अर्जुन! इंद्रियां, मन, यही काम के, वासना के मूल स्रोत हैं। इन्हीं के द्वारा वासना का सम्मोहन उठता है और जीवात्मा को घेर लेता है। यही हैं स्रोत, जहां से विषाक्त झरने फैलते हैं और जीवन को भटका जाते हैं। तू पहले

इन पर वश को उपलब्ध हो, तू इन्हें मार डाल। कृष्ण सख्त से सख्त शब्द का उपयोग करते हैं। वे कहते हैं, तू इन्हें मार डाल, तू इन्हें समाप्त कर दे।

इस शब्द के कारण बड़ी भ्रांति पैदा हुई है। इंद्रियों को, मन को मार डाल- इससे अनेक लोगों को ऐसा लगा कि इंद्रियां काट डालो, आंखें फोड़ डालो, टांगें तोड़ दो। न रहेंगे पैर, जब पैर ही न रहेंगे, तो भागोगे कैसे वासना के लिए!

लेकिन उन्हें पता नहीं कि वासना बिना पैर के भागती है, वासना के लिए पैरों की कोई जरूरत नहीं है। लंगड़े भी वासना में उतनी ही तेजी से भागते हैं, जितने तेज से तेज भागने वाले भाग सकते हैं। फोड़ दो आंखों को, लेकिन अंधे भी वासना में उसी तरह देखते हैं, जैसे आंख वाले देखते हैं। बल्कि सच तो यह है, आंख बंद करके वासना जितनी सुंदर होकर दिखाई पड़ती है, खुली आंख से कभी दिखाई नहीं पड़ती। इसलिए जो बहुत खुली आंख से देखता है, वह तो कभी वासना से ऊब भी जाता है। लेकिन जो आंख बंद करके ही देखता है, वह तो कभी नहीं ऊबता है।

इंद्रियों को मार डाल अर्जुन, इस वचन से बड़े ही गलत अर्थ लिए गए हैं। क्योंकि मारने की बात नहीं समझी जा सकी। हम तो मारने से एक ही मतलब समझते हैं कि किसी चीज को तोड़ डालो। जैसे कि एक बीज है। बीज को मारना दो तरह से हो सकता है। एक, जैसा हम समझते हैं। बीज को मार डालो, तो हम कहेंगे, दो पत्थरों के बीच में दबाकर तोड़ दो, मर जाएगा। लेकिन यह बीज का मारना बहुत कुशलतापूर्ण न हुआ। क्योंकि उसमें तो वह भी मर गया, जो वृक्ष हो सकता था। बीज को मारने की कुशलता तो तब है, कि बीज मरे और वृक्ष हो जाए। नहीं तो बीज को मारने से क्या फायदा होगा? निश्चित ही, जब वृक्ष पैदा होता है, तो बीज मरता है। बीज न मरे, तो वृक्ष पैदा नहीं होता। बीज को मरना पड़ता है, मिट जाना पड़ता है। राख, धूल हो जाता है, मिट्टी में मिलकर खो जाता है, तब अंकुर पैदा होता है और वृक्ष बनता है।

इंद्रियों को मारना, दो पत्थरों के बीच में बीज को दबाकर मार डालने जैसी बात समझी है कुछ लोगों ने। और उसके कारण एक बहुत ही न्यूरोटिक एसेटिसिज्म, एक बहुत विक्षिप्त, पागल त्यागवाद पैदा हुआ; जो कहता है, तोड़

दो, मिटा दो! लेकिन जिसे तुम मिटा रहे हो, उसमें कुछ छिपा है। उसे तो मुक्त कर लो। अगर वह मुक्त न हुआ, तो तुम भी मिट जाओगे। उसमें तुम भी मिटोगे, क्योंकि इंद्रियों में कुछ छिपा है, जो हमारा है। मन में कुछ छिपा है, जो हमारा है। मन को तोड़ना है, लेकिन मन में जो ऊर्जा है, वह आत्मा तक पहुंचा देनी है। इंद्रियों को तोड़ना है, लेकिन इंद्रियों में जो छिपा है रस, वह आत्मा तक वापस लौटा देना है। इसलिए मारने का मतलब ट्रांसफार्मेशन है, मारने का मतलब रूपांतरण है। असल में रूपांतरण ही ठीक अर्थ में मृत्यु है।

अब यह बड़े मजे की बात है। अगर आप बीज को दो पत्थरों से भी कुचल डालें, तब भी बीज होता है, कुचला हुआ होता है। लेकिन जब एक बीज टूटकर वृक्ष बनता है, तो कहीं भी नहीं होता। कुचला हुआ भी नहीं होता। खयाल किया आपने! जब एक बीज वृक्ष बनता है, तो फिर खोजने जाइए कि बीज कहां है, फिर कहीं नहीं मिलेगा। लेकिन दो पत्थरों के बीच में दबाकर कुचल दिया, तो कुचला हुआ मिलेगा। और कुचली हुई इंद्रियां और भी कुरूप जीवन को पैदा कर देती हैं। बहुत परवर्टेड हो जाती हैं।

तीन शब्द आपको कहना चाहूंगा। एक शब्द है प्रकृति। अगर प्रकृति को कुचला, तो जो पैदा होता है, उसका नाम है विकृति। और अगर प्रकृति को रूपांतरित किया, तो जो पैदा होता है, उसका नाम है संस्कृति। प्रकृति अगर कुरूप हो जाए, कुचल दी जाए, तो विकृत हो जाती है, परवर्ट हो जाती है। और प्रकृति अगर रूपांतरित हो जाए, ट्रांसफार्म हो जाए, सब्लिमेट हो जाए, तो संस्कृति पैदा होती है।

तो इंद्रियों और मन को अर्जुन से जब वे कहते हैं, मार डाल। तो कृष्ण के मुंह में ये शब्द वह अर्थ नहीं रखते, जो अर्थ त्यागवादियों के मुंह में हो जाता है। क्योंकि कृष्ण इंद्रियों के कहीं भी विरोधी नहीं हैं। कृष्ण से, इंद्रियों का कम विरोधी आदमी खोजना मुश्किल है। कृष्ण रोते हुए, उदास, मुरदा आदमी नहीं हैं।

कृष्ण से ज्यादा नाचता हुआ, कृष्ण से ज्यादा हंसता हुआ व्यक्तित्व पृथ्वी पर खोजना मुश्किल है। इसलिए कृष्ण कहीं इंद्रियों को कुचलने के लिए कह रहे हों, यह तो असंभव है; यह इंट्रिंजिकली इंपासिबल है। यह कृष्ण के व्यक्तित्व में

बात आ ही नहीं सकती। जो आदमी बांसुरी बजा रहा है, जो आदमी रात चांद-तारों के नीचे नाच रहा है, इस आदमी के मुंह से इंद्रियों को कुचलने की बात समझ में नहीं आती। यह मोर-मुकुट लगाकर खड़ा हुआ आदमी, यह प्रेम से भरपूर व्यक्तित्व, यह जीवन को उसकी सर्वांगता में स्वीकार करने वाला चित्त, यह मारने की बात!

इसके मारने की बात का मतलब कुछ और है। नहीं तो, यह निरंतर अर्थ लिया गया है।

और अर्थ हम वही ले लेते हैं, जो हम लेना चाहते हैं। इंद्रियां दुख में ले जाती हैं, यह सच है। इसलिए जो दुख में ले जाता है, उसको हम मार डालें वायलेंटली, यह हमारा मन होता है। जो दुख में ले जाता है, काट डालो। आंख रूप पर मोहित करती है, फोड़ दो। कान संगीत में डांवाडोल होते हैं, फोड़ दो। लग सकता है तर्कयुक्त। ठीक है, जो दुख में ले जाता है, उसे मिटा दो। लेकिन हमें पता नहीं कि जो दुख में ले जाता है, उसमें भी हमारी ऊर्जा छिपी है; जो दुख में ले जाता है, उसमें भी हम छिपे हैं। उस छिपे हुए को भी अगर हमने कुचल दिया, तो हम ही कुचल जाएंगे।

इसलिए त्यागी-तपस्वी-तथाकथित, दि सोकाल्ड-जिसको पता नहीं है, वह आमतौर से खुद के साथ हिंसा करता रहता है। कहीं कोई रूपांतरण नहीं होता है, सिर्फ हिंसा होती है। और अगर हम दूसरे के साथ हिंसा करें, तो हम अदालत में पहुंचा दिए जाएं। और अपने साथ करें...तो अभी तक दुनिया में इतना न्याय नहीं है कि हम उस आदमी को अदालत में पहुंचाएं, जो अपने साथ हिंसा करता है।

अब यह बड़े मजे की बात है! आपकी छाती पर छुरा रख दूं, तो अदालत। और अपनी छाती पर छुरा रख लूं, तो सम्मान है! पागलपन है। छुरा दोनों हालत में छाती पर रखा जाता है। इससे क्या फर्क पड़ता है कि वह किसकी छाती है। आंखें आपकी फोड़ दूं, तो मुझे सम्मान मिलना चाहिए न, क्योंकि मैंने आपकी इंद्रियां मारने में सहायता दी! आत्मज्ञान का रास्ता दे रहा हूं। लेकिन कोई राजी न होगा। लेकिन अपनी फोड़ लूं, तो आप ही मेरे पैर छूने आएंगे कि यह आदमी

परम तपस्वी है, इसने आंखें फोड़ लीं! लेकिन अगर आपकी आंखें फोड़ना अपराध है, तो मेरी आंखें फोड़ना कैसे पुण्य हो जाएगा?

इंद्रियों के विरोध में यह वक्तव्य नहीं है, इंद्रियों के रूपांतरण के लिए यह वक्तव्य है। और मजा यह है कि रूपांतरण से ही इंद्रियां मरती हैं, मारने से कोई इंद्रिय कभी नहीं मरती। इसलिए मैं कहता हूं कि रूपांतरण के लिए यह वक्तव्य है। मारकर देखें किसी इंद्रिय को। और जिस इंद्रिय को मारेंगे, वही इंद्रिय सबसे ज्यादा सशक्त हो जाएगी। सच तो यह है कि जो इंद्रिय मरती है, उसी इंद्रिय पर सारी इंद्रियों की शक्ति दौड़कर लग जाती है। नियम है हमारे शरीर का एक कि शरीर का जो हिस्सा हम कमजोर कर लेते हैं, पूरा शरीर उसे सहारा देने लगता है। देना ही चाहिए। कमजोर को सहारा मिलना ही चाहिए।

शरीर की जिस इंद्रिय से आप लड़ेंगे और कमजोर करेंगे, पूरा शरीर उस इंद्रिय को सहायता देगा और वही इंद्रिय आपके भीतर सब कुछ हो जाएगी। यानी ऐसा हो जाएगा कि अगर आप कामवासना से लड़े, तो आपके भीतर कामवासना की इंद्रिय ही आपका व्यक्तित्व हो जाएगी। सब कुछ वही हो जाएगी। अगर आप लोभ से लड़े, क्रोध से लड़े, ईर्ष्या से लड़े-जिससे भी आप लड़े-तो उसका जो केंद्र आपके भीतर है, वही सबसे ज्यादा सेंसिटिव, संवेदनशील हो जाएगा और आप उसी में घिरे हुए जीएंगे।

मैंने अभी एक...थियोडर रैक; एक बहुत बड़े मनोवैज्ञानिक ने अपने संस्मरण लिखे। उसने एक बहुत अदभुत बात लिखी है। उसने लिखा है, योरोप में ऐसे छोटे-छोटे द्वीप हैं। एक छोटा द्वीप है, जिस पर अब तक किसी स्त्री ने पैर नहीं रखा। क्योंकि वह कैथोलिक मोनेस्ट्री है; कैथोलिक ईसाइयों के साधु सिर्फ उस द्वीप पर रहते हैं। छोटा-सा दस-बारह मील के घेरे का द्वीप है। पिछले पांच सौ वर्ष से एक भी स्त्री उस पर पैर नहीं रख सकी है, क्योंकि स्त्री को मनाही है उस द्वीप पर आने की। और उस द्वीप पर जो पुरुष एक दफा उतर जाता है साधना के लिए, वह फिर जिंदा हालत में वहां से नहीं लौट सकता। पांच सौ वर्ष से शुद्ध पुरुषों का समाज है।

लेकिन थियोडर रैक ने लिखा है कि एक बड़ी अजीब बात वहां दिखाई पड़ती है और वह यह कि उस द्वीप के जो भी निवासी हैं, जो भी साधु वहां तपश्चर्या कर रहे हैं, उनके स्वप्न जितने स्त्रियों से भरे हुए हैं, उतने दुनिया में किसी भी, पृथ्वी के किसी कोने में किसी के भी स्वप्न उतने भरे हुए नहीं हैं। और इससे भी बड़े मजे की बात लिखी है और वह यह, वह यह लिखी है कि उन पुरुषों में से कुछ पुरुष स्त्रियों जैसे चलते हैं और स्त्रियों जैसे बोलते हैं। उसमें उसने कारण खोजा है कि जिंदगी पोलर है। अगर स्त्रियां बिलकुल न होंगी, तो कुछ पुरुष स्त्रियों का एक्ट करने लगेंगे और कुछ पुरुष उन स्त्री रूपी पुरुषों के साथ प्रेम के एक्ट करने लगेंगे। होमो-सेक्सुअल सोसाइटी वहां पैदा हो जाएगी। वहां पुरुष पुरुष के साथ ही स्त्री-पुरुष जैसा व्यवहार करने लगेंगे।

अब उस द्वीप की तकलीफ हम समझ सकते हैं कि तकलीफ क्या है। उन्होंने एक इंद्रिय को मार डालने की कोशिश की। परिणाम जो होना था वही हुआ है, इंद्रिय नहीं मरी, सिर्फ विषाक्त हो गई, विकृत हो गई, कुरूप हो गई। और उसने और दूसरे उपद्रव के रास्ते खोज लिए। मनुष्य जाति की अधिकतम विकृति और परवर्शन इंद्रियों को काट डालने और मार डालने के खयाल से पैदा हुआ है।

लेकिन कृष्ण का वह मतलब नहीं है। कृष्ण का मतलब है, रूपांतरण। और रूपांतरण ही वस्तुतः इंद्रियों की मृत्यु है। यह रूपांतरण ही इंद्रियों को वश में करना है। इंद्रियां मार डालें, तो फिर वश में करने की कोई जरूरत नहीं रह जाती है।

अगर बाप अपने बेटे को मार डाले और फिर कहे कि बेटा मेरे वश में है, ओबिडिएंट है, बेकार की बात करता है। मरा हुआ बेटा तो ओबिडिएंट होता ही है। और अक्सर ऐसा होता है कि ओबिडिएंट बेटे मरे हुए बेटे होते हैं। अक्सर। क्योंकि उनको ओबिडिएंट बनाने में करीब-करीब मार डाला जाता है। लेकिन मरे हुए बेटे के आज्ञाकारी होने का क्या अर्थ? बेटा होना चाहिए जिंदा, जिंदा से जिंदा, और फिर आज्ञाकारी, तब पिता का कुछ अर्थ है, अन्यथा कोई अर्थ नहीं। मरे-मराए विद्यार्थी को बिठाकर गुरु अगर अकड़ता रहे और मरे हुए विद्यार्थी घिराव न करें, तो ठीक है। जिंदा होने चाहिए-पूरे जिंदा, पूरे जीवंत-और फिर गुरु के चरणों पर सिर रख देते हों, तो कुछ अर्थ है।

इंद्रियां मार डाली जाएं, काट डाली जाएं और आपके वश में हो जाएं, तो होती नहीं हैं, सिर्फ भ्रम पैदा होता है। मरी हुई इंद्रियों को क्या वश में करना! नहीं, इंद्रियां वश में हों। स्वस्थ हों, जीवंत हों, लेकिन मालिक न हों। आपको न चलाती हों, आप उन्हें चलाते हों। आपको आज्ञा न देती हों, आपकी आज्ञा उन तक जाती हो। वे आपकी छाया की तरह चलती हों।

साक्षी व्यक्ति की इंद्रियां अपने आप छाया की भांति पीछे चलने लगती हैं। जो अपने को कर्ता समझता है, वही इंद्रियों के वश में होता है। जो अपने को मात्र साक्षी समझता है, वह इंद्रियों के वश के बाहर हो जाता है। जो इंद्रियों के वश में होता है, उसके वश में इंद्रियां कभी नहीं होतीं। और जो इंद्रियों के वश के बाहर हो जाता है, सारी इंद्रियां समर्पण कर देती हैं उसके चरणों में और उसके वश में हो जाती हैं। समर्पण का, इंद्रियों के समर्पण का सूत्र क्या है? भीतर हम दो तरह के भाव रख सकते हैं, या तो भोक्ता का, कर्ता का, या साक्षी का। कर्ता भोक्ता होता है।

मैं एक छोटी-सी कहानी आपसे कहूं, फिर दूसरा सूत्र हम ले लें।

मैंने सुना है, कृष्ण के गांव के बाहर एक तपस्वी का आगमन हुआ। कृष्ण के परिवार की महिलाओं ने कहा कि हम जाएं और तपस्वी को भोजन पहुंचा दें। लेकिन वर्षा और नदी तीव्र पूर पर और तपस्वी पार। उन स्त्रियों ने कहा, हम जाएं तो जरूर, लेकिन नाव लगती नहीं, नदी कैसे पार करेंगे? खतरनाक है पूर, तपस्वी भूखा और उस पार वृक्ष के नीचे बैठा है। भोजन पहुंचाना जरूरी है। क्या सूत्र, कोई तरकीब है? कृष्ण ने कहा, नदी से कहना, अगर तपस्वी जीवनभर का उपवासा हो, तो नदी राह दे दे। भरोसा तो न हुआ, पर कृष्ण कहते थे, तो उन्होंने कहा, एक कोशिश कर लेनी चाहिए।

जाकर नदी से कहा कि नदी, राह दे दे, अगर तपस्वी उस पार जीवनभर का उपवासा हो। भरोसा तो न हुआ, लेकिन जब नदी ने राह दे दी, तो कोई उपाय न रहा! स्त्रियां पार हुईं। बहुत भोजन बनाकर ले गई थीं। सोचती थीं कि एक व्यक्ति के लिए इतने भोजन की तो जरूरत भी नहीं, लेकिन फिर भी कृष्ण के घर से भोजन आता हो, तो थोड़ा-बहुत ले जाना अशोभन था, बहुत ले गई थीं, सौ-

पचास लोग भोजन कर सकें। लेकिन चकित हुईं, भरोसा तो न आया, वह एक तपस्वी ही पूरा भोजन कर गया।

फिर लौटीं। नदी ने तो रास्ता बंद कर दिया था, नदी तो फिर बही चली जा रही थी। तब वे बहुत घबड़ाईं कि अब तो गए! क्योंकि अब वह सूत्र तो काम करेगा नहीं कि तपस्वी जीवनभर का उपवासा हो...। लौटकर तपस्वी से कहा, आप ही कुछ बताएं। हम तो बहुत मुश्किल में पड़ गए। हम तो नदी से यही कहकर आए थे कि तपस्वी जीवनभर का उपवासा हो, तो मार्ग दे दे। नदी ने मार्ग दे दिया। तपस्वी ने कहा, वही सूत्र फिर कह देना। पर उन्होंने कहा, अब! भरोसा तो पहले भी न आया था, अब तो कैसे आएगा? तपस्वी ने कहा, जाओ नदी से कहना, तपस्वी जीवनभर का उपवासा हो, तो राह दे दे।

अब तो भरोसा करना एकदम ही मुश्किल था। लेकिन कोई रास्ता न था, नदी के पार जाना था जरूर। नदी से कहा कि नदी राह दे दे, अगर तपस्वी जीवनभर का उपवासा हो। और नदी ने राह दे दी! भरोसा तो न आया। नदी पार की। कृष्ण से जाकर कहा कि बहुत मुश्किल है! पहले तो हम तुमसे ही आकर पूछने वाले थे कि अदभुत मंत्र दिया! काम कैसे किया? लेकिन छोड़ो उस बात को अब। लौटते में और भी बड़ा चमत्कार हुआ है। पूरा भोजन कर गया तुम्हारा तपस्वी और नदी ने फिर भी राह दी है और हमने यही कहा कि उपवासा हो जीवनभर का...।

कृष्ण ने कहा, तपस्वी जीवनभर का उपवासा ही है, तुम्हारे भोजन करने से कुछ बहुत फर्क नहीं पड़ता। पर वे सब पूछने लगीं कि राज क्या है इसका? अब हमें नदी में उतनी उत्सुकता नहीं है। अब हमारी उत्सुकता तपस्वी में है। राज क्या है? उससे भी बड़ी घटना, नदी से भी बड़ी घटना तो यह है कि आप भी कहते हैं।

तो कृष्ण ने कहा, जब वह भोजन कर रहा था, तब भी वह जानता था, मैं भोजन नहीं कर रहा हूं; वह साक्षी ही था। भोजन डाला जा रहा है, वह पीछे खड़ा देख रहा है। जब वह भूखा था, तब भी साक्षी था; जब भोजन लिया गया, तब भी साक्षी है। उसका साक्षी होने का स्वर जीवनभर से सधा है। उसको अब तक डगमगाया नहीं जा सका। उसने आज तक कुछ भी नहीं किया है; उसने आज तक कुछ भी

नहीं भोगा है; जो भी हुआ है, वह देखता रहा है। वह द्रष्टा ही है। और जो व्यक्ति साक्षी के भाव को उपलब्ध हो जाता है, इंद्रियां उसके वश में हो जाती हैं।

इन्द्रियाणि पराण्याहुरिन्द्रियेभ्यः परं मनः।
मनसस्तु परा बुद्धिर्यो बुद्धेः परतस्तु सः।। 42।।

(इस शरीर से तो) इंद्रियों को परे (श्रेष्ठ, बलवान और सूक्ष्म) कहते हैं (और) इंद्रियों से परे मन है और मन से परे बुद्धि है और जो बुद्धि से (भी) अत्यंत परे है, वह आत्मा है।

कृष्ण कहते हैं अर्जुन से कि और यदि तू ऐसा सोचता हो कि तेरी शक्ति के बाहर है इंद्रियों को वश में करना, तो तू गलत सोचता है, तू भूल भरी बात सोचता है।

इसे थोड़ा समझ लें। हम सब भी ऐसा ही सोचते हैं, इंद्रियों को वश में करना कठिन है। लेकिन यह ऐसी ही नासमझी की बात है कि कोई कहे, अपने हाथ को वश में करना कठिन है। हाथ मेरा है, मैं हाथ से बड़ा हूं। हाथ अंग है, मैं अंगी हूं। हाथ अंश है, मैं अंशी हूं । हाथ एक पार्ट है, मैं होल हूं। कोई भी हिस्सा अपने पूरे से बड़ा नहीं होता, कोई पार्ट होल से बड़ा नहीं होता। मेरी आंख मेरे वश में न हो! मैं आंख से ज्यादा हूं। आंख मेरे बिना नहीं हो सकती, लेकिन मैं आंख के बिना हो सकता हूं। जैसे हाथ मेरे बिना नहीं हो सकता। इस हाथ को काट दें, तो हाथ मेरे बिना नहीं हो सकता, मर जाएगा, लेकिन मैं हाथ के बिना हो सकता हूं। मैं हाथ से ज्यादा हूं। मैं सारी इंद्रियों से ज्यादा हूं। मैं सारी इंद्रियों के जोड़ से ज्यादा हूं।

कृष्ण कहते हैं, यह तेरी भूल है, अगर तू सोचता हो कि मैं कमजोर हूं और इंद्रियों पर वश न पा सकूंगा, तो तू गलत सोचता है। इंद्रियों पर तेरा वश है ही, लेकिन तूने कभी घोषणा नहीं की, तूने कभी स्मरण नहीं किया, तूने कभी समझा नहीं है। मालिक तू है ही, लेकिन तुझे पता ही नहीं है कि तू मालिक है और अपने हाथ से तू नौकर बना हुआ है।

दूसरी बात वे यह कहते हैं कि इंद्रियों के पार मन है, मन के पार बुद्धि है, और बुद्धि के पार वह है, जिसे हम परमात्मा कहें। और ध्यान रहे, जो जितना पार होता है, वह जिसके पार होता है, उससे ज्यादा शक्तिशाली होता है। एक उदाहरण से समझें।

एक वृक्ष है। उसके पत्ते हमें दिखाई पड़ रहे हैं। पत्तों के पार शाखाएं हैं। शाखाएं पत्तों से ज्यादा शक्तिशाली हैं। आप पत्तों को काट दें, नए पत्ते शाखाओं में तत्काल आ जाएंगे। आप शाखा को काटें, तो नई शाखा को आने में बहुत मुश्किल हो जाएगी। शाखा पत्तों से शक्तिशाली है; वह पत्तों के पार है, पत्तों के पूर्व है, पत्तों से पहले है। पत्तों के प्राण शाखा में हैं, शाखा का प्राण पत्तों में नहीं है। शाखा को काटते ही पत्ते सब मर जाएंगे; पत्तों को काटने से शाखा नहीं मरती। पत्ते शाखा के बिना नहीं हो सकते हैं, शाखा पत्तों के बिना हो सकती है।

फिर शाखा से और नीचे चलें, तो पींड है वृक्ष की। पींड शाखाओं के पार है। पींड शाखाओं के बिना हो सकती है, लेकिन शाखाएं बिना पींड के नहीं हो सकती हैं। और पींड के नीचे चलें, तो जड़ें हैं। जड़ें पींड के भी पार हैं। पींड को भी काट दें, तो नए अंकुर आ जाएंगे; लेकिन जड़ों को काट दें, तो फिर नए अंकुर नहीं आएंगे। पींड के बिना जड़ें हो सकती हैं, जड़ों के बिना पींड नहीं हो सकती। जो जितना पार है, वह उतना शक्तिशाली है। जो जितना आगे है, वह उतना कमजोर है। जो जितना पीछे है, वह उतना शक्तिशाली है। असल में शक्तिशाली को पीछे रखना पड़ता है, क्योंकि वह सम्हालता है।

इसलिए कृष्ण कहते हैं, इंद्रियों के पीछे मन है। मन शक्तिशाली है, अर्जुन, इंद्रियों से बहुत ज्यादा। इसलिए अगर मन चाहे, तो किसी भी इंद्रिय को तत्काल रोक सकता है। और जब मन सक्रिय होता है, तो कोई भी इंद्रिय तत्काल रुक जाती है। आपके घर में आग लगी है, आप रास्ते से भागे चले जा रहे हैं। रास्ते पर कोई मिलता है; कहता है, नमस्कार! आपको दिखाई नहीं पड़ता है। आंखें पूरी ठीक हैं। नमस्कार करता है, कान दुरुस्त हैं, सुनाई नहीं पड़ता है। आप भागे जा रहे हैं। क्यों?

मन कहीं और है, मन अटका है, मकान में आग लगी है। अब यह वक्त नमस्कार करने का नहीं है और न लोगों को रास्ते पर देखने का है। कल वह आदमी मिलता है और कहता है, रास्ते पर मिले थे आप। बड़े पागल जैसे मालूम

पड़ते थे। देखा, फिर भी आपने देखा नहीं; सुना, फिर भी आपने जवाब नहीं दिया। बात क्या है ? नमस्कार की, आप कुछ बोले नहीं ? आप कहते हैं, न मैंने सुना, न मैंने देखा। मकान में आग लगी थी, मन वहां था।

अगर मन हट जाए, तो इंद्रियां तत्काल बेकार हो जाती हैं। मन शक्तिशाली है। जहां मन है, इंद्रियां वहीं चली जाती हैं। जहां इंद्रियां हैं, वहां मन का जाना जरूरी नहीं है। आप ले जाते हैं, इसलिए जाता है। अगर आप मन कहीं ले जाएं, इंद्रियों को वहां जाना ही पड़ेगा। वे कमजोर हैं, उनकी शक्ति मन से आती है; मन की शक्ति इंद्रियों से नहीं आती।

फिर कृष्ण कहते हैं, मन के पार बुद्धि है। बुद्धि जहां हो, मन को वहां जाना पड़ता है। बुद्धि जहां न हो, वहां मन को जाने की कोई जरूरत नहीं। लेकिन हमारी हालत उलटी है। मन जहां जाता है, वहीं हम बुद्धि को ले जाते हैं। मन कहता है, यह करो; हम बुद्धि से कहते हैं कि अब इसके लिए दलील दो कि क्यों और कैसे करें। मन बताता है करने के लिए और बुद्धि सिर्फ जस्टीफिकेशन खोजती है। बुद्धि से हम पूछते हैं कि चोरी करना है, तुम बताओ तर्क क्या है ? तो बुद्धि कहती है कि सब धन चोरी है। जिनके पास है, उनकी भी चोरी है। तुम भी चोरी करो, हर्ज क्या है ? हम बुद्धि से मन का समर्थन खोजते हैं।

कृष्ण कहते हैं, बुद्धि मन के पार है। है ही, क्योंकि जहां मन भी नहीं रह जाता, वहां भी बुद्धि रहती है। रात जब आप गहरी प्रगाढ़ निद्रा में खो जाते हैं, तो मन नहीं रह जाता। स्वप्न नहीं रह जाते, विचार नहीं रह जाते। मन गया। मन तो विचारों का जोड़ है। लेकिन सुबह उठकर आप कहते हैं कि रात बड़ा आनंद रहा, बड़ी गहरी नींद आई। न स्वप्न आए, न विचार उठे। किसको पता चला फिर कि आप गहरी नींद में रहे ? किसने जाना, आनंद था ? वह बुद्धि ने जाना।

बुद्धि मन के भी पार है। जो समर्थ हैं, वे बुद्धि से मन को चलाते हैं, मन से इंद्रियों को चलाते हैं। जो अपने सामर्थ्य को नहीं पहचानते और अपने हाथ से असमर्थ बने हैं, उनकी इंद्रियां उनके मन को चलाती हैं, उनका मन उनकी बुद्धि को चलाता है। वे शीर्षासन में जीते हैं; उलटे खड़े रहते हैं। फिर उनको अगर सारी दुनिया उलटी दिखाई पड़ती है, तो इसमें किसी का कोई कसूर नहीं है।

मैंने सुना है-पता नहीं कहां तक सच बात है, लेकिन सब सच हो सकता है-मैंने सुना है कि पंडित नेहरू एक दिन शीर्षासन कर रहे थे अपने बगीचे में और एक गधा उनके बंगले में घुस गया। एक तो राजनीतिज्ञों के बंगलों के आस-पास गधों के अतिरिक्त और कोई जाता नहीं। और आदमी जाता, तो संतरी रोक लेता, गधे को क्या रोकना! लेकिन वह साधारण गधा नहीं था, वह बोलने वाला गधा था। कई गधे बोलते हैं, इसमें कोई कठिनाई भी नहीं है। वह आकर पंडितजी के पास खड़ा हो गया। वे कर रहे थे शीर्षासन, उनको गधा उलटा दिखाई पड़ा। वे बड़े हैरान हुए। उन्होंने कहा, गधा, तू उलटा क्यों है? उस गधे ने कहा, पंडितजी! मैं उलटा नहीं हूं, आप शीर्षासन कर रहे हैं। तब तो वे घबड़ाकर उठकर खड़े हो गए। उन्होंने कहा, तू बोलता भी है! उस गधे ने कहा, मैं यही डर रहा था कि कहीं बोलने की वजह से आप मुझे मिलने से इनकार न कर दें। नेहरूजी ने कहा, बेफिक्र रह। मेरे पास इतने गधे आते हैं बोलते हुए कि मैं सुनते-सुनते आदी हो गया हूं। तू बेफिक्री से बोल। पर नेहरू को दिखाई पड़ा कि गधा उलटा है!

हम सबको भी जगत उलटा दिखाई पड़ता है। हम एक बहुत गहरे शीर्षासन में हैं। वह गहरा शीर्षासन शरीर के शीर्षासन से भी गहरा है, क्योंकि सब उलटा किया हुआ है। इंद्रियों की मानकर मन चल रहा है, मन की मानकर बुद्धि चल रही है और बुद्धि कोशिश करती है कि परमात्मा भी हमारी मानकर चले। पत्तों की मानकर शाखाएं चल रही हैं, शाखाओं की मानकर पींड चल रही है, पींड कोशिश कर रही है, जड़ें भी हमारी मानकर चलें। और अगर जड़ें नहीं मानती, तो हम कहते हैं, होंगी ही नहीं। अगर परमात्मा हमारी नहीं मानता, हम कहते हैं, नहीं है।

एक आदमी मेरे पास आया। उसने कहा, मैं तो परमात्मा को मानने लगा। क्या हुआ, मैंने कहा। उसने कहा कि मेरे लड़के को नौकरी नहीं लगती थी, मैंने परमात्मा को सात दिन का अल्टिमेटम दिया। सात दिन में नौकरी लग जाए तो ठीक, अन्यथा तू नहीं है। और लग गई! और अब मैं मानने लगा। मैंने कहा कि तू परमात्मा को मानने लगा या परमात्मा तेरे को मानने लगा? उसको भी मनाने की कोशिश चल रही है। मैंने कहा, अगर कल लड़के की नौकरी छूट जाए? तो उसने कहा कि फिर मुझे भरोसा नहीं रहेगा। हम उलटे चल रहे हैं जीवन को।

कृष्ण कहते हैं, इंद्रियां मानें मन की, मन माने बुद्धि की, बुद्धि परमात्मा के लिए समर्पित हो, बुद्धि माने परमात्मा की। तब व्यक्तित्व सीधा, सरल, ऋजु- और तब व्यक्तित्व धार्मिक, आध्यात्मिक हो पाता है।

एक और, एक आखिरी और।

एवं बुद्धेः परं बुद्ध्वा संस्तभ्यात्मानमात्मना।
जाहि शत्रुं महाबाहो कामरूपं दुरासदम्।। 43।।

इस प्रकार बुद्धि से परे अपने आत्मा को जानकर (और) बुद्धि के द्वारा मन को वश में करके हे महाबाहो, (अपनी शक्ति को समझकर इस) दुर्जय कामरूप शत्रु को मार।

अंतिम श्लोक है। कृष्ण कहते हैं, अपनी शक्ति को पहचानकर, और अपनी शक्ति परमात्मा की ही शक्ति है, और अपनी परम ऊर्जा को समझकर, और अपनी परम ऊर्जा परमात्मा की ही ऊर्जा है, इंद्रियों को वश में कर मन से, मन को वश में ला बुद्धि से और बुद्धि की बागडोर दे दे परमात्मा के हाथ में। और फिर इस दुर्जय काम के तू बाहर हो जाएगा, इस दुर्जय वासना के तू बाहर हो जाएगा।

इसमें दो-तीन बातें बहुत कीमत की हैं। एक तो यह कि क्रमशः जो जितना गहरा है, उतना ही सत्यतर है; और जो जितना गहरा है, उतना ही शक्तिवान है; और जो जितना गहरा है, उतना ही भरोसे योग्य है, ट्रस्टवर्दी है। जो जितना ऊपर है, उतना भरोसे योग्य नहीं है। लहरें भरोसे योग्य नहीं हैं, सागर की गहराई में भरोसा है। ऊपर जो है, वह सिर्फ आवरण है; गहरे में जो है, वह आत्मा है। इसलिए तू ऊपर को गहरे पर मत आरोपित कर, गहरे को ही ऊपर को संचालित करने दे। और एक-एक कदम वे पीछे हटाने की बात करते हैं। कैसे?

इंद्रियों को मन से। साधारणतः इंद्रियां आदत के अनुसार चलती हैं, मन के अनुसार नहीं, क्योंकि मन के अनुसार हमने उन्हें कभी चलाया नहीं होता। इंद्रियां आदत के अनुसार चलती हैं। आपका समय हुआ, हाथ खीसे में जाएगा, सिगरेट का पैकेट निकाल लेगा, सिगरेट निकाल लेगा। अभी आपको कुछ पता नहीं कि

क्या हो रहा है। हाथ कर रहा है, आटोमैटिक। हो सकता है, आपको बिलकुल खयाल ही न हो। अपनी दूसरी धुन में लगे हैं। मन कुछ और कर रहा है, मन कुछ और सोच रहा है। हाथ सिगरेट निकाल लेगा, मुंह में दबा देगा, माचिस जला लेगा, आग लगा देगा। धुआं खींचने लगेंगे, बाहर निकालने लगेंगे; और मन अपना काम जारी रखेगा। मन को इसका पता ही नहीं है। हां, मन को तो पता तब चले, जब खीसे में हाथ डालें और पैकेट न हो। तब मन को पता चलता है, क्या बात है? पैकेट कहां है? अन्यथा मन की कोई जरूरत ही नहीं पड़ती। इंद्रियों से हम इतने वशीभूत होकर जीते हैं कि इंद्रियां जब अड़चन में होती हैं, तभी मन की जरूरत पड़ती है। अन्यथा मन को वे कहती हैं कि तुम आराम करो, तुमसे कोई लेना-देना नहीं है, हम अपना काम कर लेंगे। पता ही नहीं चलता!

इंद्रियों ने सारा काम अपने हाथ में ले लिया है। ले लिया है, कहना ठीक नहीं, हमने दे दिया है। हमने धीरे-धीरे उन्हें आटोनामस सत्ता दे दी है, कह दिया है कि तुम सम्हालो यह काम। वे सम्हाल लेती हैं। इस स्थिति में मन को बीच में लाना पड़ेगा। अभी मन आता है बीच में, लेकिन तभी आता है, जब इंद्रियां अड़चन में होती हैं। अर्थात इंद्रियों को जब सेवा की जरूरत होती है, तभी मन बीच में आता है। मालकियत के लिए कभी मन को बीच में नहीं बुलातीं वे। सेवा की जरूरत होती है, वे कहती हैं, पैकेट नहीं है सिगरेट का! जाओ, बाजार से खरीदकर लाओ, इंद्रियां कहती हैं। वह बाजार जाता है, वह सिगरेट का पैकेट खरीदकर लाता है। नहीं तो सिगरेट हैं, तो वे कहती हैं, तुम अपना काम करो, तुम क्यों बीच में दखलंदाजी करते हो, हम अपना काम कर रहे हैं।

हमने सारा काम अपनी इंद्रियों पर सौंप दिया है, अब वे हमें चलाती रहती हैं। मन को बीच में कब लाया जाएगा, जब हम मन को सिर्फ सेवा के लिए न लाते हों, मालकियत के लिए लाते हों।

अगली बार जब खीसे में हाथ जाए, तो मन को लाएं; हाथ से मत निकालें सिगरेट, मन से निकालें। मनःपूर्वक निकालें। मनःपूर्वक सिगरेट निकालने का मतलब है, जानते हुए निकालें कि अब मैं सिगरेट पीने जा रहा हूं, सिगरेट निकाल रहा हूं। जानते हुए मुंह में लगाएं कि अब मैं सिगरेट मुंह में लगा रहा हूं।

जानते हुए आग जलाएं और जानते हुए कि अब मैं धुआं भीतर ले जाता और बाहर निकालता और मैं बड़ा बुद्धिमान आदमी हूं! परमात्मा है या नहीं, इसका विचार करता। गीता का क्या अर्थ है, इसका हिसाब लगाता। और अब मैं धुआं बाहर और भीतर करने का काम कर रहा हूं-ईडियाटिक, स्टुपिड। एक आदमी धुआं बाहर-भीतर करे, इससे स्टुपिड और कोई काम हो सकता है! अब मैं यह कर रहा हूं, मैं स्टुपिड आदमी हूं, ऐसा समझकर करें। बुद्धिमान मत समझें। हालांकि हालत उलटी है। सिगरेट पीने वाले जब सिगरेट नहीं पीते, तो उतने अकड़े हुए नहीं मालूम पड़ते, जब पीते हैं तब वे ज्यादा अकड़ जाते हैं। लगता है कि बहुत बुद्धिमानी का काम कर रहे हैं। बड़ा कोई, कोई ऐसा काम कर रहे हैं प्रतिभा का, जिसका कोई हिसाब लगाना मुश्किल है।

जरूर कहीं भूल हो रही है। थोड़ा एनालाइज करें, विषण करें कि क्या, कर क्या रहे हैं? धुआं बाहर-भीतर कर रहे हैं! मशीन भी कर सकती है। इसमें बुद्धिमानी की कहां जरूरत आती है? और जानते हुए कर रहे हैं कि यह धुआं क्या करता है! भलीभांति जानते हुए कर रहे हैं। यह क्या कर रहे हैं? अगर एक आदमी अपने कमरे की कुर्सी इधर से उठाकर उधर रखे, उधर से उठाकर इधर रखे, तो आप कहेंगे, पागल है। क्यों? धुआं इधर से उधर करना पागलपन नहीं है, तो कुर्सी इधर से उधर करना पागलपन है? तो धुएं ने ऐसा कौन-सा पुण्य कर्म किया है और कुर्सी का ऐसा क्या पाप है!

नहीं, मनःपूर्वक करें, और करना मुश्किल हो जाएगा। जो भी इंद्रियां करवाती हों, उसको पूरे मनःपूर्वक, विद फुल अवेयरनेस, पूरे होशपूर्वक करें कि यह मैं कर रहा हूं। और जानते हुए करें कि मैं क्या कर रहा हूं! और आप पाएंगे कि इंद्रियों की शक्ति मन से कम होती चली जाएगी और मन की शक्ति इंद्रियों पर बढ़ती चली जाएगी।

फिर ऐसा ही मन के साथ बुद्धि के द्वारा करें। मन कुछ भी करता रहता है, आप करने देते हैं। कभी बुद्धि को बीच में नहीं लाते, जब तक कि मन उलझ न जाए। आप करते रहते हैं मन में।

एक आदमी बैठा हुआ है अपनी कुर्सी पर। वह न मालूम क्या-क्या सोच रहा है कि इस बार अब मध्यावधि चुनाव में खड़े हो गए हैं, इलेक्शन जीत ही गए। अभी मध्यावधि हुआ नहीं, लेकिन वे जीत गए अपनी कुर्सी पर। अब वे देख रहे हैं, उनका जुलूस निकल रहा है, प्रोसेशन निकल रहा है। अब यह मन कर रहा है और बुद्धि कहीं नहीं आएगी इसमें बीच में। बुद्धि को कोई मतलब ही नहीं है; मन को करने दे रहे हैं आप।

बुद्धि को हम तभी बीच में लाते हैं। जब मन उलझ जाता। उलझ जाता मतलब यह कि आप जब कोई ऐसी चीज पाते हैं जो मन हल नहीं कर पाता, कोई प्राब्लम खड़ा हो जाता, मन के बाहर होता। गाड़ी चलाए चले जा रहे हैं अपनी, स्टीअरिंग हाथ में लिए हैं, सिगरेट मुंह में दबी है; चले जा रहे हैं कार चलाते हुए। और मन इलेक्शन जीत रहा है और यह सब चल रहा है। एकदम एक्सिडेंट होने की हालत आ जाती है, तो मन बंद होता है और बुद्धि आती है। कभी आपने खयाल किया, जब एकदम से ब्रेक लगता है, तो मन एकदम झटके से बंद हो जाता है। श्वास भी ठहर जाती है, विचार भी ठहर जाता है। तत्काल बुद्धि आ जाती है कि उसकी जरूरत पड़ी; अब यह मन के हाथ में नहीं छोड़ा जा सकता इतना खतरनाक मामला, तो बुद्धि बीच में आ जाती है। तत्काल बुद्धि कुछ करती है। बुद्धि को आप तभी बुलाते हैं, जब उसकी सेवा की जरूरत होती है। अन्यथा मन अपना करता रहता है।

नहीं, बुद्धि को बीच में लाएं। जब मन चुनाव जीतने लगे, जब प्रोसेशन निकलने लगे, तब जरा बुद्धि को कहें कि आओ, देखो, यह मन क्या कर रहा है! यह मैं क्या कर रहा हूं! तो आपके कितने सपने न बिखर जाएं, और आपके मन की कितनी कामनाएं न गिर जाएं, और मन के कितने व्यर्थ के जाल न टूट जाएं। और बुद्धि बीच में आए, तो मन एकदम डर जाता है। बुद्धि बीच में आए, तो मन की हालत वैसी हो जाती है, जैसे शिक्षक कमरे में आता है, तो बच्चों की हो जाती है। वे जल्दी अपनी-अपनी जगह ठीक-ठाक बैठ गए हैं। सब काम ठीक हो गया, कोई दूसरे की जगह पर नहीं है।

लेकिन बुद्धि को हम बीच में आने नहीं देते। हमारे मन की हालत ऐसी है जैसे...पुराने जमाने में तो ऐसा होता था, अब तो इससे उलटा होगा, अभी होता तो नहीं, लेकिन होगा। शिक्षक अक्सर उपद्रवी लड़कों को क्लास के बाहर कर देता था। अब आगे तो ऐसा ही होगा कि लड़के अक्सर उपद्रवी शिक्षकों को क्लास के बाहर कर देंगे, कि आप बाहर रहिए, हम भीतर अपने शांति से हैं। तो मन जो है वह शिक्षक को, बुद्धि को बाहर किए जीता है। और मन अपना करता रहता है, वह जो नासमझियां कर सकता है, करता है; क्योंकि मन के पास कोई विवेक नहीं है। मन ड्रीमिंग फैकल्टी है, सिर्फ स्वप्नवान है। मन सिर्फ सपने देख सकता, कल्पना कर सकता, स्मृतियां कर सकता है। मन सोच नहीं सकता। मन के पास विचार की शक्ति नहीं है। विचार की शक्ति बुद्धि के पास है।

बुद्धि को बीच में लाएं और मन के कामों को बुद्धि के लिए कहें कि जागरूक होकर मन को करने दे। मन जो भी करे, बुद्धि को सदा खड़ा रखें और कहें कि देख, मन क़्या कर रहा है! और मन उसी तरह दीन हो जाता है, जैसे इंद्रियां मन के आने से दीन होती हैं। बुद्धि के आने से मन दीन हो जाता है।

और यह जो बुद्धि है, इसको भी सब कुछ मत सौंप दें, क्योंकि यह भी परम नहीं है। परम तो इसके पार है, जहां से यह बुद्धि भी आती है। तो यह भी हो सकता है, एक आदमी बुद्धि से मन को वश में कर ले, मन से इंद्रियों को वश में कर ले, लेकिन बुद्धि के वश में हो जाए, तो अहंकार से भर जाएगा। बुद्धि ईगोइस्ट हो जाएगी। बुद्धि बहुत ईगोइस्टिक है, बुद्धि बहुत अहंकारपूर्ण है। वह कहेगा, मैं जानता, सब मुझे पता है। मैंने मन को भी जीता, इंद्रियों को भी जीता, अब मैं बिलकुल ही अपना सम्राट हो गया हूं। तो यहां भी अटकाव हो जाएगा। बुद्धि सोच सकती है, विचार सकती है। लेकिन जीवन का सत्य अगम है, बुद्धि की पकड़ के बाहर है। बुद्धि कितना ही सोचे, सोच-सोचकर कितना ही पाए, फिर भी जीवन एक रहस्य है, एक मिस्ट्री है; और उसके द्वार बुद्धि से नहीं खुलते।

हां, बुद्धि भी जब उलझती है, तब परमात्मा को याद करती है। लेकिन जब तक सुलझी रहती है, तब तक कभी याद नहीं करती। धंधा बिलकुल ठीक चल

रहा है, दुकान ठीक चल रही है, पैसा ठीक आ रहा है, लाभ ठीक हो रहा है, गणित ठीक हल हो रहा है, विज्ञान की खोज ठीक चल रही है-परमात्मा की कोई याद नहीं आती। आपने खयाल किया, जब दुख में पड़ती है बुद्धि, तब परमात्मा की याद आती है। जब उलझती है, जब लगता है, अपने से अब क्या होगा! पत्नी मरती है और डाक्टर कहते हैं कि बस यहीं मेडिकल साइंस का अंत आ गया। अब हम कुछ कर नहीं सकते। जो हम कर सकते थे, वह हम कर चुके। जो हम कर सकते हैं, वह हम कर रहे हैं। लेकिन अब हमारे हाथ में कुछ भी नहीं है। तब एकदम हाथ जुड़ जाते हैं कि हे भगवान! तू कहां है? लेकिन अभी तक कहां था भगवान? यह डाक्टर की बुद्धि थक गई, अपनी बुद्धि थक गई, अब भगवान है!

नहीं, इतने से नहीं चलेगा। जब बुद्धि हारती है, तब समर्पण का कोई मजा नहीं। हारे हुए समर्पण का कोई अर्थ है? जब बुद्धि जीतती है और जब सुख चरणों पर लोटता है और जब लगता है, सब सफल हो रहा है, सब ठीक हो रहा है, बिलकुल सब सही है, तब जो आदमी परमात्मा को स्मरण करता है, उसकी बुद्धि परमात्मा के लिए समर्पित होकर परमात्मा के वश में हो जाती है।

इंद्रियों को दें मन के हाथ में, मन को दें बुद्धि के हाथ में, बुद्धि को दे दें परम सत्ता के हाथ में।

और कृष्ण कहते हैं, हे कौन्तेय, हे अर्जुन, ऐसा जो अपने को संयमित कर लेता, वह व्यक्ति दुर्जय कामना के पार हो जाता है अर्थात वह आत्मा को उपलब्ध हो जाता है।

मेरी बातों को इतनी शांति और प्रेम से सुना, उससे बहुत अनुगृहीत हूं और अंत में सबके भीतर बैठे परमात्मा को प्रणाम करता हूं, मेरे प्रणाम स्वीकार करें।

•••